[제3판]

경영학원론

[제3판]
경영학원론

제1판 발행 2007년 9월 10일
제2판 발행 2012년 2월 25일
제3판 발행 2019년 8월 30일

지은이 최성용 · 한동여
펴낸이 이찬규
펴낸곳 북코리아
등록번호 제03-01240호
주소 13209 경기도 성남시 중원구 사기막골로 45번길 14
우림라이온스밸리2차 A동 1007호
전화 02-704-7840
팩스 02-704-7848
이메일 sunhaksa@korea.com
홈페이지 www.북코리아.kr
ISBN 978-89-6324-603-1 93320

값 22,000원

[제3판]

Principles of Management

경영학원론

최성용 · 한동여 지음

북코리아

제3판 머리말

오늘날 세상은 무섭게 빠른 속도로 변화되고 발전하고 있다. 미국 하버드대학교 미래학자 존 네이스비트 박사는 메가트렌드에서 탈산업사회는 정보화사회이며 글로벌화가 가속화되고 세계시장은 단일화되어 갈 것이라고 예측한 바 있다. 정보화사회는 이제 4차 산업혁명(Industrie 4.0)으로 우리에게 다가왔으며 기업과 경영의 세계에 미증유의 대변혁을 초래하였다. 스마트 팩토리(Smart Factory)는 그 대표적인 예이다. AI(인공지능)의 발달과 함께 인간과 알파고의 세기적 바둑 대결은 전대미문의 새로운 사회적 현상을 초래하였다.

빅 데이터(Big Data), 인공지능(AI), 사물인터넷(IoT), 증강현실/가상현실(AR/VR), 3D 프린팅, 로봇 등은 우리에게 이미 낯설지 않은 주요 용어가 되었다. 특히 이들을 기업경영의 의사결정 문제에 활용함으로써 새로운 혁신(innovation)을 낳고 있다.

또한 이들은 기업, 경영활동에 지대한 영향과 변화를 가져오고 있으며, 획기적이고 유용한 혁신 및 솔루션을 제공해 주고 있다. 혁신은 오늘날 기업 세계에서 새로운 아이콘으로 떠올랐으며 바야흐로 혁신 없는 기업 성장이란 기대할 수조차 없게 되었다. 미국의 구글과 애플은 계속 세계 10대 혁신기업의 정상을 차지하고 있으며, 기업들은 '창조적 파괴'에서 '파괴적 혁신'으로 변화 중이다. 초지능(Hyper Intelligence), 초연결(Hyper Connectivity), 초경쟁(Hyper Competition) 등은 21세기형 경제환경의 특징으로 대표될 수 있겠다.

전 세계적으로 전통적 산업 부문의 대기업들은 차츰 기업 세계의 무대에서 멀어져 가고 있으며 구글, 애플, 페이스북, 샤오미, 알리바바, 아마존, 텐센트, 우버, 테슬라 등의 혁신기업들이 저들을 서서히 대체해 가고 있다.

국내에서도 엔씨소프트, 네이버, 넷마블, 카카오 등의 새로운 형태의 기업들이 등장하여 모두가 혁신적 아이디어의 구현으로 새로운 대기업군을 형성하게 되었다. 결국 오늘날에는 새로운 혁신의 등장이 세계시장을 제패하게 된 것이며 이러한 혁신 없이는 글로벌 경쟁에서 승리할 수가 없다. 이제는 소비자들이 상상에 그리던 제품과 서비스가 현실화되고 있다. 자율주행차의 등장, 무인 드론의 광범위한 활용 등이 단적인 예이다. 스포츠계에서도 예외는 아니다. 신기록 달성[혁신]은 또다시 경신된 새 기록에 의해 신기록[새로운 혁신]으로 대체되는 것이다. 2018년 평창 동계올림픽 남자 빙속 500m 대회 결승에서 한국 선수는 34초 42로 올림픽 타이기록을 수립했는데, 이는 곧 이어진 노르웨이선수의 34초 41의 신기록이 달성되면서 불과 0.01초 차이의 새 기록이 아주 짧은 시간 내에 경신된 것을 볼 수 있었다. 결국 혁신은 예상키 어려운 시간 내에 빠르게 또 하나의 새로운 혁신으로 이어지는 것을 보게 된다.

혁신의 가속화와 더불어 혁신적인 기업가(CEO)들도 새로이 등장하였는데 기존의 빌 게이츠(마이크로 소프트), 스티브 잡스(애플), 손정의(소프트 뱅크) 등과 함께 일론 머스크(테슬라 자동차), 트레비스 칼라닉(우버 택시), 마윈(중국 상거래 마켓), 최태원(SK의 혁신전도사) 등은 우리가 주목하는 혁신 CEO들이라 할 수 있겠다.

본 서는 출간 이래 꾸준히 독자들의 사랑을 받아왔으며 새롭게 등장한 경영학 이론과 실무 면에서의 변화를 고려해서 40여 개에 이르는 '사례'들을 전부 새로운 것으로 교체했으며, 일부내용은 추가되었고 내용 면의 연계성을 고려해서 일부 내용은 그 위치를 옮기기도 하였다. 주요 변경 내용은 다음과 같다.

제1장의 4절 내용은 내용의 연계성을 고려해 제2장의 4절로 옮겼다. 제3부는 '경영의 새로운 활동들'로 타이틀을 바꾸었다. 또 제1장 2절에 '기업의 사회적 책임(CSR)'을 추가함으로써 내용을 보충하였다.

제10장은 '환경경영 및 윤리경영'으로 바꾸고 중요 이슈인 '환경경영'을 새로 추가하였다. 제11장은 '기술경영 및 지식경영'으로 바꾸었으며, '스피드 경영'은 제외되었다.

앞으로도 본 서를 찾는 독자들이 있는 한 저자들은 계속해서 책의 내용과 구성 등을 새로워진 패러다임에 맞게 수정하고 보완해 나감으로써 독자들의 기대에 부응하고자 한다. 마지막으로 북코리아의 이찬규 사장님의 노고에 깊은 감사를 드린다.

2019년 8월

공저자 일동

제2판 머리말

오늘날 기업은 현대 산업사회의 핵심을 이루고 있는 조직이다. 경영은 기업의 성공적인 운영 및 관리를 극대화할 수 있는 주요 활동이며, 경영은 기업을 성공으로 이끄는 중요한 활동이다.

21세기를 이끌어 가는 글로벌 기업 및 CEO는 고도 자본주의사회의 주역임에 틀림없다. 애플, 마이크로 소프트, 페이스북, 삼성전자 등은 세계적인 초일류 글로벌 기업들이며, 스티브 잡스, 빌 게이츠, 마크 주커버그, 이건희 등의 CEO들은 글로벌 기업세계를 이끄는 대표적 인물들이다.

오늘날의 경영은 '창조경영', '지속가능경영', '환경경영' 및 '윤리경영' 등이 대세를 이루고 있다. 'PC시대'를 열었고, 스스로 그 PC시대를 저물게 한 천재 경영자인 애플의 스티브 잡스는 아이팟, 아이폰, 아이패드 등으로 전 세계인의 라이프스타일을 바꿔 놓은 '창조경영의 아이콘'이자 '디지털 제왕'으로 불린다.

요즘은 '지속가능경영'에 대한 관심도 높아지고 있다. 글로벌 선진기업들은 지속가능경영을 성장을 위한 신사업 발굴과 새로운 비즈니스 모델 개발의 기회로 활용하고 있다. 최근 많은 기업들이 경제적 성과에만 매달려서는 지속적인 성장을 보장할 수 없다는 판단하에 경영방침을 경제적 성과중시에서 환경경영과 사회적 책임을 동시에 강조하는 지속가능경영으로 전환하고 있다.

돌이켜 보면, 경영학의 분야처럼 짧은 역사 속에서 급속한 발전을 거듭해 온 학문도 흔하지 않다. 경영학은 실용성이 매우 강한 학문이며, 영리 추구의 기업이든 비영리조직의 학교이든 조직의 형태에 관계없이 손쉽게 적용·응용하여 조직의 성과를 높일 수 있는 실용적인 학문으로 통한다.

'경영학의 살아있는 전설', '현대 경영학의 아버지'로 불리는 피터 드러커(Peter F. Durcker) 박사는 '경영은 최고의 기술'이라고 갈파하였다. 가정을 비롯 기업 및 국가에 이르기까지 경영마인드는 조직의 효율성 극대화에 결정적으로 기여한다.

이 책의 초판이 출간된 지 10여 년의 세월이 지났다. 그 동안 국내외의 경제상황 및 기업경영의 환경은 크게 바뀌었다. 글로벌 경쟁이 날로 치열해져 가는 때에 우리 기업들은 내수시장의 안정적 유지 및 확보는 물론 해외시장의 개척 및 확대에 의한 시장점유율의 증대라는 경영적 과제에 직면하게 되었다. 글로벌 경쟁의 심화에 따라 우리 기업들은 세계 1등 상품의 개발 · 생산에 노력해야 하며, 전천후 무한경쟁에서 승리하기 위해서는 우리 기업의 풍토에 효과적인 새로운 경영이론 및 기법을 적용해야 한다.

본 저자들은 다년간의 강의경험을 기초로 하여 경영학의 주요 내용들을 중심으로 새롭게 본 서의 체제를 재편성하였다. 진부한 내용은 되도록 배제하고 신경영이론을 적극 포함시킴으로써 차별화를 시도하였다.

지난해 여름은 유난히 자연환경의 이변이 연출된 역사적인 해였다. 한 세기만의 물폭탄이 지루하게 계속되었고 연이어서 폭염이 기승을 부린 여름철이었음에도 불구하고 공저자들은 본 서의 체제 및 사례를 포함한 내용을 더욱 충실하게 꾸며 마침내 개정판을 출간하게 되었다.

이 책을 엮는 데에는 수많은 선배 제현의 주옥같은 저서들을 참고로 하였다. 그러나 아직도 보완할 점이 많으리라 여겨진다. 따라서 앞으로도 꾸준히 수정 · 보완작업을 거쳐 더욱 내용의 충실을 기하고자 약속한다. 마지막으로 이 책의 개정판을 위하여 많은 관심을 보여주신 북코리아 출판사의 이찬규 사장님께 진심으로 감사드린다.

2012년 1월

공저자 일동

머리말

글로벌 경제의 체제에서 변화의 방향과 속도는 우리의 상상을 뛰어넘어 과거와는 판이하게 다른 양상을 보이고 있다. 국내외 글로벌 기업들은 무한경쟁을 돌파하기 위해 M&A 등을 통한 변신을 거듭하고 있으며, 가치혁신을 통한 기업체질 변화를 지속적으로 추구하고 있음을 본다.

이러한 상황변화에 순응하고 대처하기 위해서 국내외 일류기업들은 글로벌 경영체제로 전환하여 기업경영의 효율극대화를 달성하고자 노력하고 있다. 우리는 산업사회의 새로운 가치형성과 가치혁신을 요구하는 새로운 경영패러다임을 이해하고 수용하기 위한 경영마인드를 지녀야 한다. 이 책은 경영학을 공부하는 대학생, 직장인 및 일반인들의 눈높이에 맞추어 경영학에 대한 기초지식과 함께 경영학 전반의 내용을 대체로 간결하게 이해시킬 목적으로 꾸며졌다.

지난 2001년 저자들은 경영학원론을 처음으로 출간한 바 있는데, 이번에 위와 같은 상황변화를 고려하여 다시 원점에서 출발한다는 생각에서 책의 내용 및 체재를 전면적으로 수정 보완하여 새롭게 경영학원론 교재를 출간하게 되었다.

본 서의 내용은 모두 4부로 편제하였는데, 제1부는 경영학의 기초를 이루는 세 개의 장으로 편성하고, 제2부는 경영관리 과정을 네 개의 장으로, 그리고 제3부는 경영의 새로운 트렌드로서 네 개의 장으로 편성하였다. 제4부는 경영학의 각론 부분으로서 생산, 마케팅, 인적자원 및 재무관리 등으로 편성하였다.

또한 각 장의 기업사례들은 최근의 자료들로 구성하여 기업의 경영활동을 이해할 수 있도록 하였다. 이 책의 간행에는 선배 제현의 귀중한 저서들이 많이 참고 되었으며, 향후에도 책의 내용을 수정 · 보완 · 추가할 것임을 약속한다. 이 책의 출간을 위해 힘써 주신 북코리아 출판사의 이찬규 사장님께 진심으로 감사를 드리는 바이다.

2007년 8월

공저자 일동

차 례

CONTENTS

제1부 경영학의 기초

제2부 경영관리 과정

제4부 경영학 각론

제1부

경영학의 기초

제1장 경영과 기업의 이해

제2장 경영학의 발전 과정

제3장 기업환경

제1장

경영과 기업의 이해

1. 경영의 개념

1) 경영의 의의

경영학의 주요 연구대상으로서 경영(management)의 개념을 파악하는 것은 중요하다. 기업이나 조직은 나름대로 설정하고 있는 목적을 위하여 기업행동을 전개한다. 이를 위해 기업이 필요로 하는 자본 및 인력의 조달, 생산설비의 설치 및 유지, 계획의 수립 및 실행 등을 마련하게 되는 것이다.

조직의 규모가 확대 · 성장 · 발전되어 감에 따라 조직체는 그 내부에 여러 가지 자원들, 즉 노동력과 같은 인적자원, 원재료 · 건물 · 토지 · 기계 등의 물적 자원, 재무적 · 정보적 자원 등을 축적하게 된다.

경영이라는 활동은 조직화된 노력을 통해 소비자의 욕구를 충족시키려는 목적 때문에 존재해 왔다. 경영은 조직화된 집단 내에 있는 구성원들의 활동을 촉진시키며 목적달성을 위해 구성원들의 협력이 필요할 때 발생한다.

이처럼 기업의 목적 달성을 위하여 수행하는 활동, 과정, 기능이나 수단 등을 총칭해서 경영이라고 한다. 좀 더 구체적으로 말하면, 경영은 기업의 목적을 이루고자 하는 여러 가지 자원을 결합하고 조정하는 과정이라고 정의할 수 있다. 즉 경영은 목적을 달성하기 위해 인적 · 물적 및 지적 자원을 계획 · 조직 · 지휘 · 통제하는 일련의 과정인 것이다.

또한 경영은 타인과 함께 또는 타인들을 통해 일을 효율적 · 효과적으로 수행하는 과정이라고 할 수 있다. 폴렛(M. P. Follett)은 특히 경영을 사람들을 통해 일들이 수행되도록 하는 기술(the art of getting things done through people)이라고 규정한 바 있다.

드러커(Peter F. Drucker) 박사에 의하면 경영이란 공동의 목표와 가치관을 향해 다양한 업무를 수행하는 다양한 구성원들을 통합시켜 성과를 내는 것이며, 경영의 목적은 사람들이 성과를 내는 능력을 발휘하게 하는 데 있다고 한다.

이상의 논의를 종합하여 경영에 대한 정의를 내린다면, 경영은 조직의 목적을 효과적으로 달성하기 위해 경영자원을 효율적으로 활용하는 것으로서 계획(plan), 실행(do), 평가(see)의 과정을 거쳐서 이루어지는 활동이라고 할 수 있다.

경영은 흔히 이윤추구를 목적으로 하는 영리기업에만 적용되는 것이 아니라 목표를 효율적으로 달성하고자 바라는 비영리조직에 있어서도 적용되는 개념이다. 뿐만 아니라 경영은 기업 또는 조직의 상부 및 하부의 계층에 있는 모든 구성원들에게도 적용되는 것이다.

2) 경영의 기능

경영자에게는 기업활동상 수행해야 할 여러 가지 기능들이 있다. 이것을 경영기능(management functions), 관리과정 또는 경영과정이라고 부르는데 〈그림 1.1〉과 같이 계획화, 조직화, 지휘 및 통제의 네 가지가 있다. 여기서 화살표는 각 기능들의 상호관련성 및 상호의존성을 나타내며, 한 가지 기능의 중대한 변화는 다른 기능들에 영향을 미친다.

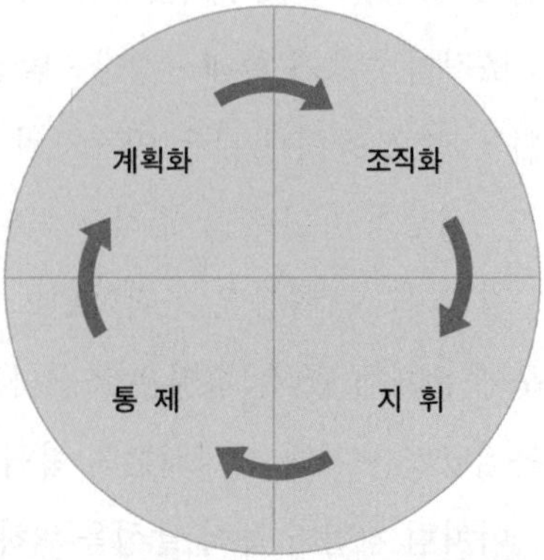

〈그림 1.1〉 경영과정

(1) 계획 활동

계획 활동/계획화(planning)는 무엇이 수행되어야 하고 그것을 어떻게 인식해야 되는지를 미리 결정하는 과정이다. 관리자 및 작업자들에게 명백한 지침을 제공하기 위해서는 특정한 용어로 언급되어야 한다. 즉 신제품개발에 의한 시장점유 획득시 생산될 신제품의 형태, 생산량, 그리고 바람직한 시장점유율 증대 등에 관한 특정한 의사결정이 이루어져야 한다.

이용가능한 모든 정보를 분석하고 의사결정을 내리는 일은 계획수립 과정의 주요 측면이 된다. 계획은 조직의 사명을 완수하기 위한 전체 계획의 많은 측면들을 계속 업데이트하는 것이 필요하고, 때로는 포기할 수도 있음을 의미한다.

(2) 조직 활동

조직 활동/조직화(organizing)는 목표달성을 위해 사람들과 자원들 간의 공식적인 관계를 기술하는 과정이다. 공식조직은 비공식조직을 고려해야 하는데, 이것은 공식적으로 표명되어 있지 않은 조직 내에서의 인간 상호작용의 관련성 및 유형을 포함하고 있다.

경영관리의 매우 중요한 한 가지 측면은 적절한 자격을 지닌 적절한 사람들을 조직의 목표를 달성하기 위해 적절한 장소와 시기에 이용할 수 있어야 함을 보장하고 있다. 이것을 충원화(staffing)라고도 하며, 중요한 인적자원 관리과제이다.

(3) 지휘 활동

지휘 활동(leading)은 타인의 행동을 결정하거나 영향을 미치는 과정을 말한다. 여기에는 동기부여(motivation), 리더십(leadership) 및 의사소통(communication) 등이 포함된다. 동기부여는 조직의 목표를 추구하는 노력을 경주하려는 자발성이다. 리더십은 타인들로 하여금 리더가 원하는 대로 행하도록 하는 영향력이다. 의사소통은 사람들 간에 정보, 아이디어, 이해력 또는 감정 등을 이전시키는 행위이다.

집단이란 공통목표나 물리적 근접성 등과 같은 통일된 관련성을 가지는 두 사람 이상으로 구성된다. 작업팀, 가족, 공식적 작업집단 및 팀, 비공식적 집단, 공식 조직 등이 이에 해당한다. 집단역학이란 직무성과와 구성원의 만족에 영향을 주는 집단 내의 힘을 의미하고, 집단역학은 집단에서의 구성원의 행위와 집단 전체로서의 기능과 동태를 결정하는 것이 무엇인가를 해명하려 하는 사회심리학의 한 연구 분야이다.

(4) 통제 활동

통제 활동(controlling)은 실제의 성과와 표준을 비교하고 어떤 필요한 시정조치를 취하는 과정이다. 통제는 계획에 일치하는 성과를 보장하는 데에 도움을 준다. 성과가 만족스럽지 못할 경우 시정조치가 취해진다. 예를 들면 어떤 기업이 생산비가 계획된 것보다도 더 높을 경우 경영진은 이 문제를 인식하여 시정하는 몇 가지 수단을 강구해야 한다.

인적자원에만 유일하게 관계되는 통제기능의 한 측면은 바람직하지 못한 행동을 시정하기 위해 취해진 징계행위이다. 징계행위는 구두의 경고에서부터 노골적인 해고에 이르기까지 여러 가지이다.

기업의 모든 경영자는 이상과 같은 네 가지의 기본적인 경영기능들을 수행하지만, 경영자에 따라 각 기능들에 부여하는 상대적 강조는 다르다고 할 수 있다. 즉 최고경영층은 계획화 · 조직화의 기능에 더 많은 노력과 시간을 투입하고, 하위의 일선관리자는 통제의 기능에 더 많은 노력과 시간을 투입한다. 그러나 지휘의 기능은 모든 계층의 경영자들이 거의 동일한 노력과 시간을 투입한다.

한편 위의 경영 · 관리기능과 함께 고려되는 기능으로서는 업무의 성격별로 구분되는 업무기능을 들 수 있는데 여기에는 인사 · 조직, 생산, 마케팅, 재무 및 회계 등의 분야들이 속한다. 기업이 부서들을 편성할 때 업무기능별로 나누는 것이 가장 일반적이다.

사례 1-1 존경받는 기업가 유일한 박사

시대를 앞선 참경영인

고 유일한 박사

9살의 나이로 홀로 미국 유학을 떠난 유일한은 31살에 미국에서 성공한 청년사업가가 되어 1926년 고국 땅을 밟는다. 하지만 꿈에 그리던 조국의 현실은 일제 식민 치하에 굶주림과 질병으로 고통받는 비참함 그 자체였다. 이런 조국의 비참한 현실은 그로 하여금 국민 건강을 지키는 제약업을 선택하게 하였다. "건강한 국민만이 장차 교육도 받을 수 있고, 나라도 되찾을 수 있다"라는 신념은 1926년 12월 10일 제약회사 '유한양행' 설립을 통해 실현된다.

유일한은 타고난 사업가로서 뛰어난 경영 감각과 혁신적 아이디어로 유한양행을 굴지의 제약회사로 키웠다. 하지만 그가 회사를 키운 목적은 개인적 부의 축척이 아닌 사회 환원이었다.

1936년 개인기업을 법인으로 바꾸는 결단도, 1962년 제약업계 최초로 주식을 상장하며 자본과 경영을 분리한 것도, 1969년 경영 일선에서 은퇴하며 자식이 아닌 회사 임원에게 사장직을 물려줘 전문경영인 등장의 선구자 역할을 한 것도 유일한이 가진 기업 철학의 실천이다.

특히 투명경영과 성실납세는 기업 경영의 제1원칙이었다. 일제시대와 1960년대 권력과 타협하지 않는 유한양행을 향한 세무조사의 칼날은 1원도 탈세하지 않은 사실이 알려지며, 오히려 모범납세기업으로 선정되는 계기가 되었다. 그래서 1968년 유한양행은 모범납세기업으로 선정되어 동탑산업훈장을 받기도 했다.

"기업의 존립 바탕인 국가에 성실하게 납세하는 것은 당연하지만 정치와 기업이 철저하게 분리되어 투명한 경영을 해야 한다"는 그의 신념이 유한양행의 기업이미지에 또 하나의 큰 보탬을 준 셈이다.

유일한이 평생 기업가로서 펼쳐온 국익 사상, 혁신을 바탕으로 한 합리적 실용주의, 낭비를 절대 허용치 않는 근검절약의 정신과 청지기 정신은 한국 사회 기업사의 보기드문 모범이 되고 있다. 기업에서 얻은 이익은 그 기업을 키워 준 사회에 환원하여야 한다.(유

일한 박사 어록 중에서)

선구적인 교육가 유일한

유일한에게 기업 활동은 그 자체가 교육 사업이며, 공익사업이었다. 귀국 후부터 시작된 개인적인 장학, 공익사업은 회사가 안정기에 접어든 1953년부터 본격화되었다. 유일한은 1952년 고려공과기술학원을 설립하고 1960년대에는 유한중학교, 유한공업고등학교를 설립했다. 그리고 항구적인 교육장학, 사회원조사업을 위해 유한양행 주식 등 자신의 재산을 출연해 1970년 '한국사회 및 교육원조신탁기금(현 유한재단 및 유한학원)'을 발족하였으며 유언장을 통해 전 재산을 이 기금에 기증했다.

생전에 유일한은 기업인으로서보다 교육 사업가로서 더 자부심을 가졌다고 한다. 유일한 박사가 외국 출장 시에도 '유한양행 회장' 명함보다는 'Educator'라 쓰여있는 명함을 즐겨 사용했다는 일화만 보더라도 교육에 대한 그의 애정과 태도를 엿볼 수 있을 것이다. 그리고 틈만 나면 우리나라가 부강해지려면 기술교육을 받은 사람이 늘어나야 한다고 강조했다고 한다.

현장에서 땀흘리며 일하는 진짜 기술인을 좋아했던 유일한이 기술 전문학교인 유한공고를 세운 것은 당연한 결과일지도 모른다. 그는 학교를 세울 때부터 탁상공론을 철저히 배격했다. 일하는 사람만이 배울 수 있다는 게 그가 갖고 있는 교육관이었다. 따라서 초창기 교육과정은 그의 뜻을 받아들여 실습을 대폭 강화했다.

유일한은 생전에 시간만 있으면 학교를 찾았다고 한다. 젊은 학생들을 보는 것만으로 행복해 했으며, 격의 없이 어린 학생들을 안아 주고 어깨를 두드려 주며 격려했다고 한다. 학생들을 만나는 것도 수업에 방해가 되지 않도록 철저하게 쉬는 시간이나 운동장에서 격식 없이 잠깐씩 만났으며, 학생들에게 하는 말도 늘 같았다.

"너희들이 훌륭한 사람이 되어야 우리나라가 발전한다."

신임교사들에게 했던 당부도 마찬가지였다.

"나라를 이끌 훌륭한 인재를 키워 달라."는 당부를 항상 잊지 않았다고 한다.

애국애족의 독립운동가

유일한은 독립 운동가이다. 하지만 그를 독립운동가로 아는 이는 많지 않다. 그는 미국에서 청소년기를 보내던 시절부터 조국 현실에 눈뜨고 14살에 조국 독립을 위한 군사학교인 한인소년병학교에 자원입대 할 정도로 애국심이 투철했다. 1919년 24살의 대학생이던 유일한은 미국 필라델피아에서 개최된 역사적인 한인자유대회에서 한인대표로 결의문을 작성, 낭독하는 등 기초위원회 위원장으로 활약하였다.

1926년 귀국하여 유한양행을 설립하고 민족기업으로 성장시킨 후, 유일한은 1938년 미국으로 다시 건너가 본격적인 독립운동가로서 활동을 전개한다. 1941년 하와이 호놀룰루에서 열린 해외한족대회 집행부에 가담하였고, 이후 재미 독립 운동가들과 활발한 애국운동을 전개해 나갔다.

1942년에는 LA에서 재미 한인들로 무장한 맹호군 창설의 주역으로 활동했으며, 1945년에는 버지니아주에서 12개국 대표 160명이 모이는 IPR총회에 한국대표로 참석해 전후 일본 처리 문제를 논의하기도 했다.

생전 그의 침묵으로 유 박사의 독립운동은 사후에야 비로소 연구가들에 의해 알려졌다. 그의 독립운동 활동 중 정점이라 할 만한 것은 목숨까지 바칠 각오로 임한 냅코(NAPKO) 작전이다. 유 박사는 1942년부터 미 육군 전략처(OSS)에서 한국 담당 고문으로 활동하다가 1945년 OSS의 비밀 침투작전인 냅코 작전에 공작원으로 입대하게 된다. 이 작전은 한국 임시정부 광복군의 독수리 작전과 합동 수행으로 한국인을 국내로 침투시켜 정보 수집, 폭파, 무장 유격활동 등을 전개하는 것이었다.

당시 유 박사는 50세라는 나이에도 불구하고 고된 군사훈련과 공수훈련까지 받으며 조국독립을 위해 헌신했다. 1945년 8. 15 광복으로 냅코 작전은 실행되지 못했지만, '나라 사랑을 위해서는 목숨을 바칠 것을 신성한 말로 서약하여야 한다'는 자신의 말을 몸소 실천한 그의 숭고한 애국애족 정신은 지금까지도 우리에게 많은 교훈을 남기고 있다.

헌신적인 사회사업가

유일한 박사는 교육장학 사업 외에도 다양한 방법으로 사회에 공헌하였다. 그 예로, 1956년부터 1968년까지 유한 사우공제회, 보건장학회, 유공관리기금 등을 설립하였고 1970년에는 '한국사회 및 교육원조 신탁기금'을 설립함으로써 교육뿐만 아니라 사회원조사업의 지속 가능한 발전을 꾀하였다. 이 기관은 1977년 법률규정에 따라 '재단법인 유한재단'으로 명칭이 변경되어 현재까지 각종 공익사업을 활발하게 수행하고 있다.

유일한 박사는 기관 설립 이듬해인 1971년 타계할 당시 개인소유주식 14만 941주(발행 주식 수의 20.6%) 모두를 이 기관에 기부하여 현재 유한재단의 기틀을 마련하였다.

1971년 3월 11일 영면 시까지 유일한이 각종 공익재단에 기증한 개인주식은 유한양행 총 주식의 40%(현재가치 약 8,850억 원 — 2014년 2월 기준 시가총액 2조 2,137억 원)에 달한다. 이는 그가 평생에 걸쳐 실천해 온 기업이윤의 사회환원이라는 철학의 완성작으로 40여 년이 지난 지금도 살아 숨쉬며 많은 기업인들에게 큰 영향을 끼치고 있다.

출처 : 유한양행 홈페이지에서 발췌하여 정리

유언장

첫째, 손녀 유일링(당시 7세)에게는 대학 졸업 시까지 학자금 1만 불을 준다.
둘째, 딸 유재라에게는 유한공고 안에 (내) 묘소와 주변 땅 5,000평을 물려준다.
그 땅을 유한동산으로 꾸미되 결코 울타리를 치지 말고 유한중 · 공업고교 학생들이 마음대로 드나들게 하여 어린 학생들의 티없이 맑은 정신에 깃든 젊은 의지를 지하에서나마 더불어 느끼게 해달라.
셋째, 내 소유주식 14만 941주는 전부 한국사회 및 교육원조 신탁기금에 기증한다.
넷째, 아들 유일선은 대학까지 졸업시켰으니 앞으로는 자립해서 살아가거라.

3) 경영자의 의의, 기능 및 유형

(1) 경영자의 의의

기업의 목적을 달성하기 위한 경영활동에 대한 의사결정 주체로서의 권한 및 책임을 갖는 기업 내의 상위계층을 경영자(manager)라고 부른다. 이들은 기업목적을 달성하기 위해 기업경영 활동의 핵심적 역할을 수행하며, 주요한 경영상의 의사결정을 행한다.

경영자는 기업자원의 결합과정을 경영목표와 관련시켜 관리 · 운용하는 역할을 수행하는 사람이며, 조직에 대한 전체적인 책임을 지고 있는 구성원이다. 경영자는 기업의 의사결정을 하며, 그 결정된 의사를 지휘하는 사람으로서 경영에 대한 책임을 진다.

또한 경영자는 기업을 둘러싸고 있는 여러 환경변화에 적응할 수 있도록 기업의 환경적응력을 키우고, 환경의 요구에 부응함으로써 기업내부의 활동들을 지휘 · 조정 · 통제하며, 기업의 인적 및 물적 요소를 결합하는 조정자로서의 역할을 수행한다.

경영자는 조직에서 다수 종업원의 직무수행 성과에 대하여 책임을 진다. 경영자의 직무는 조직으로 하여금 인적 · 물적 자원을 이용하여 높은 수준의 성과를 달성하도록 도와주는 것이다. 즉 경영자의 직무란 종업원을 통해 보다 좋은 성과가 이루어지도록 돕는 것이다.

경영자는 어떠한 형태 또는 규모의 조직에서도 반드시 필요한 존재이다. 소규모 소매업, 호텔, 대규모 주식회사는 물론 병원, 학교, 사회기관 등 모든 조직은 보다 나은 성과를 달성하기 위해 직무를 능률적으로 수행하는 경영자를 필요로 하는 것이다.

(2) 경영자의 기능

경영자는 몇 가지의 기본 기능을 갖추고 지속적으로 개선시켜 나갈 때 효율적인 경영자가 된다. 〈그림 1.2〉는 카츠(Robert L. Katz)의 연구결과 제시된 것인데, 일명 경영자의 스킬 믹스(skill mix)로도 불리며 경영자의 기능을 세 가지 범주로 구분하여 나타내고 있다.

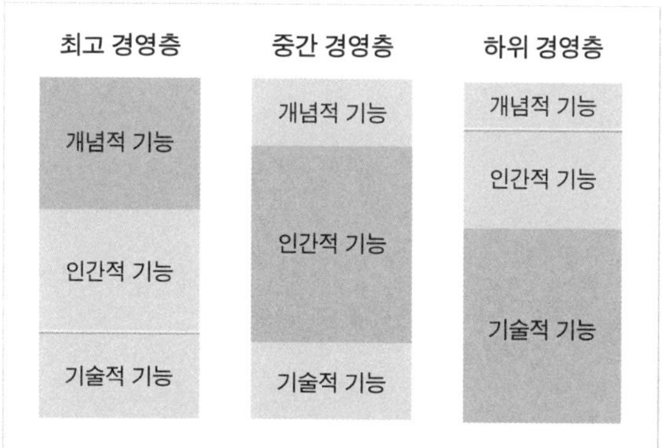

〈그림 1.2〉 경영자의 기능

자료: J. A. F. Stoner, Management, 2d ed.(Englewood Cliffs, New Jersey : Prentice-Hall Inc. 1982), p.19.

① 개념적 기능

개념적 기능(conceptual skill)은 추상적이거나 일반적인 아이디어를 이해하고 그들을 특수한 상황에 적용시키는 능력이다. 개념적 기능은 특히 최상위 계층의 경영자들에게 결정적인 것인데, 이들은 '큰 그림'에 명확하게 초점을 맞추어야 한다. 조직의 하위 수준으로 내려갈수록 개념적 기능은 점점 중요성이 낮아진다.

개념적 기능은 조직의 모든 관심사와 활동을 조정 · 통합할 수 있는 정신적 능력이라고 할 수 있다. 다시 말하면 이것은 조직을 전체로서 파악하고 각 부분들이 어떻게 상호의존 관계를 유지하고 있는가를 알 수 있게 하는 능력인 것이다.

② 인간적 기능

인간적 기능(human skill)이란 타인들을 이해하고 동기를 부여하며 화합하는 능력을 말한다. 인간적 기능은 모든 계층의 경영자들에게 똑같이 중요하다. 중간경영자들은 최고경영자들과 함께 영향력을 행사할 때 감독자들을 이해하고, 동기를 부여하고, 화합할 수 있는 중요한 역할을 담당한다.

인간적 기능에 요구되는 활동에는 커뮤니케이션, 리더십 및 동기부여 등이 포함된다. 예를 들어 점포경영자는 근로자, 고객 및 공급업자들과 상호작용해야 한다. 더욱이 보다 고참인 경영자들은 투자금융업자와 같은 기업 밖의 사람들뿐만 아니라 기업 내의 타 경영자들이나 감독자들과의 의사소통을 해야 하고 영향력을 미쳐야 한다.

③ 기술적 기능

기술적 기능(technical skill)은 작업수행에 있어서 특정의 지식, 방법 및 기법 등을 사용하는 능력이다. 이러한 기능은 감독자들에게는 중요한데, 이들은 이것을 새로운 작업자들의 훈련과 일상의 작업활동을 감시하는 데에 이용해야 한다. 만약 시정조치가 필요한 경우, 기술적인 기능을 보유한 감독자가 그들을 지휘하는 자격을 부여받는다.

(3) 경영자의 유형

경영자는 조직 내의 수준(경영계층), 직무의 범위 및 조직의 발전과정(기업소유 유무)의 세 가지 차원에서 구분될 수 있지만, 본 서에서는 경영계층별 및 기업소유의 유무에 따른 경영자 유형을 설명한다.

① 조직수준(경영계층)에 따른 분류

경영자라고 하면 때때로 대규모 조직의 최고경영층에 있는 사람들만으로 여겨지고 있다. 그러나 대부분의 경영자들은 기업 전체에 대해서 책임을 지지 않는다. 비록 경영자들에 대한 구별이 결코 쉽지는 않더라도 〈그림 1.3〉에서와 같이 세 가지 차원에서 파악하는 것이 바람직하다.

하위경영층(first-line managers)은 실제로 작업을 수행하는 사람들의 활동을 직접 감독한다. 대부분의 하위관리자들은 감독자, 직공장, 작업반장 및 사무실 관리자 등의 직책을 가진다. 대부분의 패스트푸드 체인점포에서는 어느 특정 점포의 책임을 맡은 사람이 바로 감독관리자가 된다.

중간경영층(middle managers)은 감독관리층 위에 위치하지만, 기업의 가장 고참인 경영자들에 종속되어 있다. 대부분의 기업들은 다양한 계층의 중간경영층들, 예를 들어 지역관리자는 10개의 판매사무소를 감독할 수도 있다. 부문관리자 또는 지역관리자는 수많은 구역관리자들에 대해 책임을 진다.

최고경영층(top managers)은 조직의 최고 고참경영자들이며, 흔히 CEO(Chief Executive Officer)로 불린다. 이들에는 보통 조직의 주요 하위부분의 책임을 맡은 부사장들과 함께 이사회의 의장 및 회장이 포함된다. 최고경영자들은 회사의 전체적인 방향을 제공하는 책임을 진다.

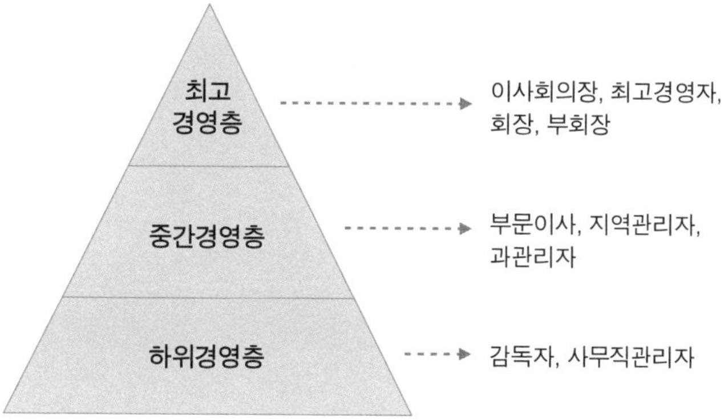

〈그림 1.3〉 계층별 경영자

사례 1-2 5G 올인, 이통사 시무식 CEO 따라 '3人3色'

"5세대 이동통신(5G) 상용화를 위해 매진하겠다"고 이구동성으로 다짐한 이동통신 3사 CEO. 메시지는 같았지만 스타일을 달랐다. 2일 진행된 이통3사 시무식 현장 이야기다.

"무엇이든 물어보세요" 국내 1위 이통사인 SK텔레콤

박정호 사장은 을지로 SKT타워에서 가진 신년회를 시종일관 유쾌한 분위기로 이끌었다. 4대 사업부장 발표 때 중간 중간 코멘트를 넣으며 좌중의 웃음을 자아냈다. 절정은 질의 응답 시간이었다. 내용은 경영설명회를 방불케 했지만 형식은 토크콘서트처럼 편안했다. SK텔레콤 미래에 대해 궁금해 하는 직원들의 질의를 소화해 내며 조직 내 소통의 중요성도 몸소 보여줬다. 박 사장은 국민이 가장 편안하게 사용할 수 있는 5G서비스를 SK텔레콤이 제공할 수 있어야 한다고 강조했다. 올해부터 본인이나 사업부장들이 참석하는 타운홀 미팅을 월 3~4회 열 계획도 밝혔다.

박정호 SK텔레콤 사장이 신년회에서 직원들의 질문에 답하고 있다.

"기회를 기적으로" 황창규 KT 회장

황창규 KT 회장은 올해가 통신시장의 격변기가 시작될 "결정적 순간"이라고 했다. 이에 맞춰 시무식도 '신년 결의식'으로 마련했다. 평창 동계올림픽에서 5G 시범 서비스를 성공적으로 마쳐야 하며 이를 통해 내년 5G 상용화에 성공하겠다는 결의를 다졌다. 황 회장은 3사 CEO 중에서는 유일하게 드레스셔츠를 차려 입고 시무식에 등장했다. 앞서 출근하는 직원들을 KT광화문 빌딩 입구에서 맞이하며 보여줬던 미소는 사라지고 결의에 찬 표정이 가득했다. 황 회장은 시무식 후 각 그룹사 CEO들과 "위기를 기회로, 기회를 기적으로"라는 구호를 제창하며 행사를 마무리했다.

황창규 KT 회장이 신년 결의식에서 직원들에게
올해 KT가 나아가야 할 방향에 대해 설명하고 있다.

"잡스처럼 터틀넥 입고" 권영수 LG유플러스

부회장은 용산 사옥에서 가진 시무식에 빨간색 터틀넥 스웨터와 청바지에 가디건을 받혀 입고 등장했다. 그가 취임 후 설치한 '즐거운 직장팀'에서 내놓은 복장 자율화 방침을 따른 것이다. 본인부터 조직문화 개선에 나서겠다는 의지가 엿보이는 부분이다. 특히 그는 이날 파격적인 조직문화 5대 개선안을 내놓으며 직원들에게 박수를 받았다. 호칭은 '님'으로, 보고서는 '1쪽'으로, 회식은 화 · 목요일로, 월 1회 금요일은 봉사시간 갖기, 하루 한 명에게 감사 메시지 보내기 등이다. 효율적 근무 환경 마련과 일 · 가정 양립, 회사 안팎으로 긍정 · 감동이 넘치는 분위기를 조성하기 위한 조치다. 그는 "조직문화 5대 과

권영수 LG유플러스 부회장이 시무식에서 5대 조직문화에 대해 설명하고 있다.

제를 적극 실천해 1등 기업문화를 구축하고 이를 토대로 비전을 반드시 달성하자"고 강조했다.

출처 : 아시아경제, 2018. 1. 3일자

② 조직의 발전과정(기업소유 유무)에 따른 분류

이에는 소유경영자(owner manager), 고용경영자(employed manager) 및 전문경영자(expert or professional manager)의 세 가지가 있다.

소유경영자는 출자자와 경영자가 분리되지 않은 형태로서 경영에 관한 모든 의사결정을 행하고, 기업을 완전히 지배 · 소유한다. 소유경영자는 산업화 초기에서나 오늘날 규모가 작은 중소기업에서 또는 소유와 경영이 분리되지 않은 전통적인 대기업에서도 볼 수 있다. 사회적으로 부정적 이미지를 얻고 있기는 하나 남들이 흉내내기 어려운 경영상의 리스크를 무릅쓰는 기업가의 강한 면을 보이기도 한다.

고용경영자는 기업규모의 확대와 경영활동의 복잡화에 따라 경영의 일부를 책임지고 대리인으로서 경영 내지 관리기능의 일부를 위임받은 경영자이다. 그러나 경영 전반에 대한 책임은 소유주인 출자자에게 있고 단지 출자자의 이익을 대변하므로 단순한 유급경영자이며, 실질적으로 소유경영자에 가깝다. 이런 점에서 오늘날 경영자는 소유경영자와 전문경영자의 두 가지 견해로 보는 것이 일반적이다.

전문경영자는 각 분야에 전문적인 지식과 능력, 교육적 배경을 지닌 경영자로서 기업에 대한 경영권을 확보하고 유일한 의사결정 주체로서의 역할을 수행할 수 있다. 오늘날과 같은 소유와 경영이 분리된 대규모의 주식회사에서 발견되고, 혁신 및 리스크부담을 포함하여 경영활동 전반에 걸쳐 포괄적으로 그의 권한이 미친다.

전문경영자는 기업경영의 최고방침을 정하여 기업을 대표하는 자격을 가진다. 따라서 주어진 방침을 수행하는 자격 밖에 갖지 못한 고용경영자와는 엄격히 구별된다. 전문경영자는 자주적으로 기업을 경영하고 자본가(주주)를 포함한 이해자집단 간의 이해관계를 조정하는 조정자로서의 책임을 아울러 수행한다. 최고경영자를 CEO라고 하는데, 이는 대표이사, 사장 또는 회장을 뜻한다.

증권거래소에 의하면 전문경영인은 최대주주 및 그 친족이 대표이사 또는 상근이사로 경영에 참여하지 않은 기업의 CEO를 말한다. 선진기업의 경우 압도적인 대주주가 없으므로 대부분 전문경영인이 바로 CEO가 되지만 국내에서는 소유주(owner)가 CEO인 경우가 대부분이다.

현대 기업의 사회적 또는 공중적 성격에 비추어 볼 때, 현대 기업의 경영은 소유경영자가 추구하는 투자자본의 자치중심의 목적만이 아니라 기업에 요청되고 있는 사회적 책임을 완수한다는 입장에서 전문경영자가 필요하게 되는 것이며, 오늘날은 전문경영자의 시대로 불리우기도 한다.

소유경영자와 전문경영자 중 어느 쪽이 더 바람직한지에 대해서는 의견이 많은데, 대리인이론(agency theory)으로 설명이 가능하다. 기업의 이윤보다는 자기 자신의 이익을 극대화하려고 노력하는 전문경영인에 비해 소유경영이 기업입장에서는 더 바람직하다는 것이다.

더구나 전문경영자는 개인적인 이익의 최대화에 중점을 둘 수 있으므로 도덕적 해이(moral hazard)가 야기된다. 도덕적 해이란 개인이 당장의 편익을 좇아 행동함으로써 장기적인 손실을 초래하는 현상을 의미한다. 이를 방지하기 위한 방안으로서 소위 스톡옵션(stock option : 주식매수 선택권)제도가 마련되어 있다.

이 제도는 전문경영자의 보수를 주가와 연계하는 것인데, 고정급 외에 회사의 주식을 일정가격에 살 수 있는 권리를 부여한다. 이에 따라 전문경영자는 열심히 노력하

〈표 1.1〉 소유경영자와 전문경영자의 비교

기 준	소유경영자	전문경영자
장 점	▪ 최고경영자의 강력한 리더십 ▪ 과감한 경영혁신 ▪ 외부환경변화에의 효과적 적응	▪ 민주적 리더십과 자율적 경영 ▪ 경영관리의 전문화 · 합리화 ▪ 회사의 안정적 성장
단 점	▪ 가족경영, 족벌경영의 위험 ▪ 개인이해와 회사이해의 혼동 ▪ 개인능력에 지나친 의존 ▪ 부와 권력의 독점	▪ 임기의 제한, 개인의 안정성 추구 ▪ 주주 이해관계의 경시 ▪ 장기적 전망과 투자부족 ▪ 단기적 기업이익 및 성과에의 집착

자료: 신유근, 『현대 경영학』(서울: 다산출판사, 1996), p.89.

여 기업의 주가상승이 실현되면 그 만큼 자기자신의 이익도 증가할 것이다. 〈표 1.1〉은 소유경영자와 전문경영자의 장단점을 비교한 것이다.

2. 기업의 개념

1) 기업의 의의

오늘날 기업은 '자본주의의 꽃'이라고 불리운다. 기업은 자본주의 경제시스템 하에서 발달한 역사적 제도인 동시에 시장경제사회의 대표적인 조직의 하나로 꼽힌다. 기업은 오늘날 사회의 유지와 발전에 크게 공헌하는 중요한 사회적 기관으로서 인식되고 있다. 따라서 기업은 한 국가경제의 동맥이며, 그 사회의 생활수준을 향상시키는 수단이 되고 있다.

기업은 경제시스템에 필요한 재화나 서비스를 제공하는 모든 이윤추구적 활동과 사업을 말하며, 투입에 비해 보다 많은 산출물을 생산하기 위해 경제성 원칙에 입각하여 운영되는 공동체라고 볼 수 있다. 이러한 관점에서 기업은 창조적 · 혁신적이고 진취성 · 모험성을 띠고 있으며, 영원히 존재하는 영구존속체, 또는 투자를 반복하여 계속적으로 경영행동을 전개하는 계속기업(going concern)이 되어야 하며, 기업을 사람에 의한, 사람을 위한, 사람의 조직으로 표현하기도 한다.

기업과 흔히 바꾸어 사용할 수 있는 용어로서는 조직(organization)을 들 수 있다. 조직이란 인간의 집단이 공통목표를 달성하기 위해 상호협력하는 유기체이다. 기본적으로 경영의 대상은 기업이지만 넓은 의미에서 보면 경영의 대상은 조직인 것이다.

조직은 공통목표가 무엇인가에 따라 영리조직과 비영리조직의 두 가지로 나누어진다. 영리조직은 특히 이윤극대화를 주요 목표로 삼는 조직인데 기업이 바로 여기에 해당된다. 비영리조직은 이윤 이외의 것, 즉 공익성을 추구하는 조직으로서 정부, 군대, 학교, 교회, 자선단체 등 다양하다.

우리는 이처럼 다양한 조직체 가운데에서 기업이라는 조직 또는 기관을 대상으로 하여 경영학을 연구하는 가장 큰 이유는 기업조직이 현대사회에서 가장 대표적인 조직이기 때문이다. '현대 경영학의 아버지'로 불리는 피터 드러커 박사는 자신의 저서 『단절의 시대』(1968)에서 산업사회의 결정적 기관은 기업이라고 말한 바 있다. 또한 그는 20세기 경제의 독특한 발명품 중 하나가 기업시스템이라고도 하였다.

또 다른 이유는 기업이 제품이나 서비스의 생산과 판매기능 외에 여러 가지의 기능을 갖추고 있기 때문이다. 오늘날 경영학의 연구결과를 다양한 분야에까지 적용할 수 있는데, 예를 들면 가정경영, 교회경영, 학교경영, 병원경영, 국가경영 등이 그것이다.

조직이라는 용어는 유형재를 산출하는 제조업 분야나 무형재를 산출하는 비제조업 분야의 기업체는 물론 그 밖의 비영리단체, 공공행정기관 등 다양한 계층의 모든 조직체를 가리킨다. 즉 영리를 추구하는 여러 형태의 산업조직체는 말할 것도 없이 정부, 군대, 학교, 단체, 협회, 경찰, 교회, 가정, 도서관, 박물관, 소방서, 공원, 동물원 등의 비기업체도 포함한다. 이러한 관점에서 조직이란 한 가정으로부터 소규모 상점, 대형 백화점, 각급 학교, 공장, 농장, 병원, 기타 기업체, 각종 정부기관, 공공사업체 또는 여러 가지 사회적 조직체에 이르기까지 매우 넓은 범위에 걸친 개념으로 파악된다.

현대의 사회에서는 이처럼 수 많은 종류의 조직체들 가운데 기업이라는 조직체가 경제활동의 중심적인 존재가 되어 그 기능과 역할을 수행하고 있으며, 현대사회를 가리켜 기업사회라고도 한다.

조직 중에서도 경제활동을 수행하는 조직으로는 〈표 1.2〉에서 보는 바와 같이 정

〈표 1.2〉 경제활동을 수행하는 조직의 형태

조 직	형 태
정 부	▪ 중앙정부 : 행정부, 사법부, 입법부 ▪ 지방정부 : 시청, 도청, 군청, 각급 교육위원회 등
기 업	▪ 공기업 : 정부투자기관, 정부출자기관 ▪ 영리기업 : 합명회사, 합자회사, 유한회사, 주식회사 등 ▪ 비영리기업 : 재단법인(학교, 병원 등), 사단법인(연구소, 학회 등)
가 계	▪ 1인 가계, 핵가족, 3세대 가족 등

자료: 조동성, 『21세기를 위한 경영학』(서울: 서울경제경영, 2002), p.67.

〈표 1.3〉 경영활동을 수행하는 조직의 역할과 목적

조 직		역할과 목적
정 부		▪ 공공성(공공목적의 달성)
기 업	공기업	▪ 공공성 · 수익성 · 안정성 등
	영리기업	▪ 수익성 · 안정성 · 성장성 등
	비영리기업	▪ 특정 목적의 달성 ▪ 정부 재정 자금의 조달 ▪ 공공재의 효율적인 조달, 분배
가 계		▪ 수입지출의 균형 ▪ 장기적 안정, 성장을 위한 저축 등

부, 기업 및 가계가 있다. 정부는 중앙정부와 지방정부로 구분된다. 기업은 정부가 경영권을 쥐고 있는 공기업과 민간인이 경영권을 쥐고 있는 사기업으로 나눌 수 있는데, 사기업은 다시 영리기업과 비영리기업으로 나누어진다.

모든 조직은 부여받은 역할에 따라 제각기 다른 목적을 추구하게 된다. 〈표 1.3〉에는 여러 가지 조직의 대표적인 목적이 나타나 있다. 세 가지 경제적 활동을 수행하는 조직 중 경영학의 주요 관심분야는 기업이고, 그중에서도 특히 영리기업이라고 할 수 있다. 영리기업이 추구하는 목적의 대표적인 것에는 수익성, 안정성 및 성장성 등이 있다.

기업의 개념에는 세 가지의 특징이 포함되어 있는 것으로 알려지고 있다. 첫째는 기업은 이윤추구를 목적으로 한 자본구성체이며, 둘째는 생산활동을 수행하는 경제주체이고, 셋째는 시장에 대한 위험부담을 갖는 경제주체라는 것이다.

기업이 존재하는 목적에는 단일목적론과 다원목적론의 두 가지가 있는데, 단일목적론은 기업의 목적을 하나로 보는 것이며, 전통적 경영이론에서 기업의 목적은 이윤극대화였다. 다원목적론은 기업의 궁극적인 목적을 기업의 존속과 성장에 두고, 이를 위해서는 단일 목적이 아닌 다원적 목적이 필요하다는 것이다. 다원목적론은 기업의 목적을 이윤극대화, 생산성증대, 봉사목적, 고객창조 등으로 구분하고 있다.

첫째로, 모든 기업이 추구하는 또 실현하도록 노력해야 하는 가장 중요한 목적은 기업이윤의 극대화이다. 특정기업체가 도산되지 않고 계속 존립하여 양적 · 질적으로 성장 · 발전하고 경쟁력을 강화하려면 필요한 경쟁우위 요소를 확보해야 한다. 그리고 좋은 평판과 이미지를 구축하고 기업의 역할 및 기능을 수행하려면, 기업은 자본주의적인 경영으로서 이윤의 극대화를 목적으로 삼아야 한다는 견해이다.

둘째로, 생산기능을 담당하는 기업으로서의 목적은 생산에 있어서 생산성을 증대시킬 필요가 있다. 기업의 목적은 영리성, 이윤추구, 생산성, 기업의 유지존속에 필요한 이윤확보, 종업원의 임금인상, 제품가격의 인하, 생산성 향상 등 최소의 투입으로 최대의 산출을 실현하여 성과를 적절하게 배분하는 것이라는 견해이다.

셋째로, 기업의 사회적 목적은 기업활동의 결과로 발생하는 부정적인 영향을 최소화하고 사회전체의 이익을 추구하는 것을 뜻한다. 이것은 사회가 기대하는 역할을 기업이 자발적으로 수행함으로써 달성된다. 헨리 포드(Henry Ford)는 기업의 목적으로서 이윤극대화를 부인하고, 고임금과 저가격의 경영이념에 따른 기업의 목적은 오로지 사회봉사에 있다고 하였다.

끝으로, 드러커박사는 기업은 제도적 존재라는 관점에서 이윤의 극대화라는 기업의 단일목적론을 부정하였다. 대신에 기업의 목적은 고객의 창조에 있다고 하였다. 고객이야말로 기업의 기반이며, 기업의 존속과 고용을 보증하는 것은 고객이라고 하였으며, 고객에게 재화를 제공해 주는 기능을 다하지 못하는 기업은 사회적으로 존립할 수 없다고 주장하였다.

2) 기업의 형태

기업은 법률적 및 경제적 형태의 두 가지 일반적인 기준을 적용하여 분류하는데 〈그림 1.4〉에서처럼 크게 사기업과 공기업으로 나눌 수 있다.

기업의 경제형태에서 보면, 기업자본의 출자자가 민간인인지 또는 정부·지방공공단체인지에 따라 사기업과 공기업으로 구분된다. 또한 출자주체가 일개인인지 집단적 공동인지에 따라 개인기업과 공동기업으로 분류된다. 공동기업은 출자자의 규모에 따라 소수공동기업과 다수공동기업으로 분류되고, 또한 공동기업에는 특수형태로서 협동조합, 상호회사가 있다. 그리고 민간인과 공동단체의 쌍방출자에 의한 공사공동기업도 있다.

다음으로 사기업의 형태를 법률적 형태로서 구분하면, 개인기업, 합명회사, 합자회사, 주식회사, 유한회사, 익명조합, 상호회사, 협동조합 등이 있다. 이들의 법률적 규정은 대체로 상법체계 속에 포함되어 있고, 유한회사도 상법에 규정되어 있다. 상호회사는 보험업법이라는 특별법에 규정되어 있다.

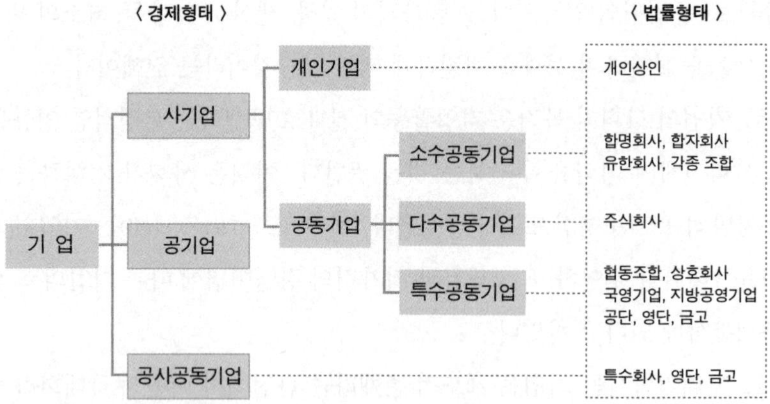

〈그림 1.4〉 기업의 형태

자료: 정수영, 『신경영학원론』(서울: 박영사, 1994), p.102.

(1) 개인기업

개인기업은 기업의 원초적 형태이지만 현재에도 소규모의 소매상, 시내에 있는 작은 공장으로서 많이 존재한다. 이 개인기업은 기업자본을 1개인이 출자하여 경영을 영위하는 기업이며 출자자가 바로 경영자이다. 즉 어떤 개인과 그 가족, 그리고 목적을 같이하는 소수의 사람이 자기자본을 기초로 사업을 전개하는 기업이며 자본력, 기술력, 생산력 등에는 한계가 있다. 그러나 출자자와 경영자가 같고, 사람 수도 소수이므로 기업의 설립, 운영이 용이하며 시장동향 등 환경에 신속하게 대응할 수 있다.

또한 개인기업의 경우 경영자의 능력에 대부분 의존하는 반면, 그 능력을 가진 사람은 그 자신의 창의가 충분히 반영된다. 그리고 개인기업에는 기업가정신과 영리추구가 직접 관계되고, 이에 비해 '생업 · 가업'적인 개인기업과는 별도로 벤처(venture)형의 기업이 이러한 개인기업의 기업형태를 취하는 수도 있다.

(2) 공동기업(소수공동기업)

개인기업이 갖는 한계를 극복하기 위한 기업으로서 2인 이상의 출자자에 의한 기업을 공동기업이라 부른다. 출자자의 사람 수에 따라 소수공동기업과 다수공동기업으로 나눈다. 소수공동기업은 법률형태로서 합명회사, 합자회사, 익명회사, 유한회사 등이 있다. 다수공동기업에는 주식회사, 협동조합과 상호회사, 공기업, 공사공동기업 등이 있다.

① 합명회사

합명회사는 2인 이상의 사원이 출자자로 되어 있는 회사로서 회사경영상의 책임에 대해 무한책임을 지는 무한책임사원으로 구성된다. 출자에 있어서는 물적재산, 인적신용, 노무 등 모두 가능하다. 이 때문에 사원 전원이 회사경영에 직접 참여한다. 또한 각자의 지분양도에는 다른 사원의 승낙이 필요하다. 출자자가 복수라는 점에서 개인기업의 한계를 조금 극복하고 있기는 하지만, 무한책임을 지는 부자, 친척 등 극히 밀접한 관계의 인적결합의 형태로 되어 있다. 이 같은 점에서 개인기업의 특징이 강한 공동기업이라고 할 수 있다. 따라서 합명회사는 대자본을 필요로 하는 회사에는 부적당하며, 우리나라의 합명회사는 소수자본의 소기업이 대부분이다.

② 합자회사

합명회사가 무한책임사원으로 구성되어 있는 데 비하여 합자회사는 무한책임사원과 유한책임사원으로 구성된다. 합자회사는 출자분에 대해 책임을 지는 유한책임사원을 추가함으로써 합명회사보다는 자본조달이 용이하다.

그러나 유한책임사원은 출자분에서만 책임을 지며, 출자분의 이익에 관여할 뿐 감독권은 갖지만 경영에는 직접 참가하지 않는다는 특징을 갖고 있다. 또한 유한책임사원의 출자는 재산에 한정되어 있다. 아울러 지분자본의 양도에 대해서는 무한책임사원 전원의 동의가 필요하며 자본의 교환성은 거의 없다. 이처럼 합자회사는 합명회사에 비하여 더욱 자본적 기업의 성격을 갖게 된다. 물론 합자회사도 합명회사처럼 법인격이 주어진다.

③ 익명조합

익명조합은 직접 업무를 담당하고 무한책임을 지는 상인인 영업자와 유한책임을 지는 익명출자자인 익명조합원으로 구성되는 기업형태이다. 익명조합도 합자회사와 마찬가지로 중세의 '코멘다(Commenda)'에서 유래되고, 법률적으로는 익명조합원이 영업자를 위해 출자하고, 그 영업에서 얻은 이익을 분배하는 것을 약속하는 계약이다.

익명조합원은 채권자의 입장에 있고 영업에는 참가하지 않으므로 외견상으로는 영업자 개인의 단독기업과 같아 보인다. 또 익명조합원은 자기 명의를 공표하지 않고 기업투자를 하려는 자이며, 영업자로서는 자기의 경영지배권을 잃지 않고 자본조달을 할 수 있는 유리한 면이 있다. 그러나 익명조합의 결점은 출자자의 성명이 드러나지 않고, 자본금액이 공표되지 않기 때문에 사회적 신용을 얻는 능력이 약하다는 결점이 있다.

④ 유한회사

유한회사란 상법상의 회사로서 상행위 기타 영리를 목적으로 하여 설립한 재단법인이다. 회사의 자본은 다수의 균등액으로 분할되고, 모든 사원은 그가 인수한 자본가액에 대한 출자의무를 질 뿐 회사채권자에 대하여는 아무런 책임을 지지 않는다. 즉 모든 사원은 유한책임을 지는 것이 주식회사와 공통되는 점이라고 할 수 있다.

그러나 사원의 구성이 폐쇄적이고 사원 상호간의 관계에 대하여는 자치에 맡기는 점이 주식회사와 다르고 인적회사와 유사하다. 그러나 출자자인 사원의 수는 50인으로 한정되고 지분의 양도가 엄하게 제한되어 있다.

⑤ 주식회사

대규모의 사업을 경영하는 데는 거액의 자본이 필요하다. 이러한 자본의 조달을 가능하게 하는 기업형태가 바로 주식회사이며, 자본주의의 번영은 주식회사제도 없이는 이루어지지 못한다 해도 과언이 아니다. 주식회사는 전출자자의 유한책임제도, 자본(지분)의 증권화제도와 양도가능성, 중역제도의 세 가지 특성을 갖는다.

첫째, 전출자자의 유한책임제도이다. 주식회사가 다액의 자본을 조달하기 쉬운 이유로서 유한책임제도를 들 수 있다. 주주의 책임은 출자액의 한도내이며, 또한 회사의 채무를 직접으로 부담할 필요가 없다. 따라서 출자자는 안심하고 기업에 출자할 수가 있다. 이것을 주주의 유한책임이라 한다(유한책임의 원칙이라고도 함).

둘째, 자본(지분)의 증권화제도와 양도가능성이다. 주식회사는 출자와 상환으로 회사의 지분을 나타내는 증권, 주식이 발행되고, 이 증권은 제3자에게 자유롭게 양도할 수가 있다.

셋째, 중역제도(출자와 경영의 분리제도)를 들 수 있다. 회사의 최고경영기관인 이사회를 구성하는 중역은 반드시 주주에 한정되지 않고 주주 이외의 유능한 경영자를 널리 등용하여 회사경영의 실권을 중역에게 위임하는 제도를 말한다.

3) 지속가능경영

오늘날에는 기업이 지속적으로 성장 · 발전해 가는 일이 매우 중요시 되어 지속가능경영(sustainable management)에 대한 관심이 부쩍 늘어가고 있다. 1990년대에 들어오면서 자연환경문제를 해결하는 접근 방식에 새로운 변화가 일어나기 시작하였다. 정

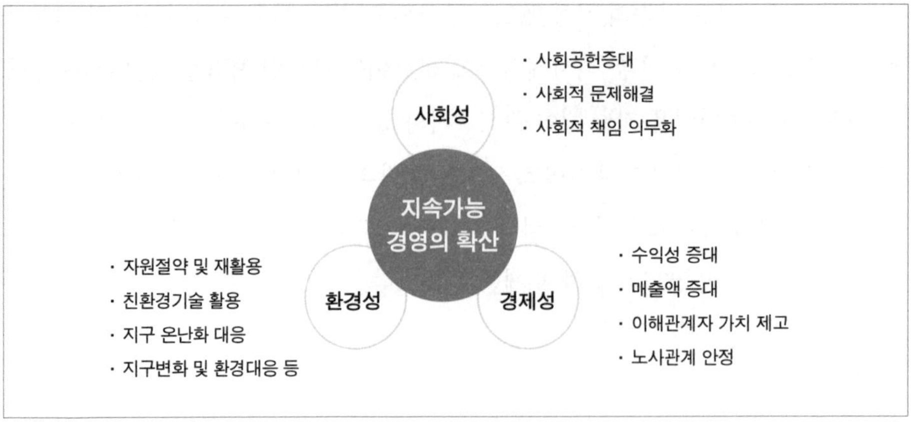

〈그림 1.5〉 지속가능경영

부는 환경정책의 골격을 규제준수 중심에서 시장경제원리를 수용하는 고-품질규제(high quality regulation based on market)로 점차 전환하면서 규제대상도 제조업뿐 아니라 서비스업(금융, 건축, 병원, 호텔 등)까지 확장하고 있다.

이에 기업은 환경경영(environment management)이라는 새로운 경영기능 영역을 확장하면서 자연환경문제를 혁신, 시장우위, 비용효율성과 결합하여 기업의 명성을 얻고, 자연환경에 따른 위험을 감소하여 궁극적으로는 기업의 가치를 상승시키는 소위 지속가능경영을 도입하고 있다. 지속가능경영이란 국가나 기업의 발전에서 경제성장만을 고려하는 것이 아니고 사회성 및 자연생태계환경을 동시에 고려하는 개념이다(〈그림 1.5〉를 참조).

오늘날 기업의 사회적 책임(Corporate Social Responsibility : CSR)에 대한 국내외의 관심이 매우 높아지고 있다. 일반적으로 CSR 개념은 기업들이 이윤추구라는 경제적 차원을 넘어 지속가능한 성장을 위해 환경이나 사회적 차원의 영역까지 자신의 책임영역을 확대해야 한다는 의미로 널리 사용되고 있다.

최근 기업과 사회가 서로 밀접하게 접근하는 현상이 두드러지고 있다. 그동안 사회라는 말은 주로 사회보장 혹은 복지라는 개념과 관련되는 경향이 있는 반면, 기업이라는 말은 이윤과 연결되어 왔다. 따라서 기업과 사회의 밀착현상은 한편으로 복지와 이윤이 결합하는 새로운 흐름으로 인식되기도 한다.

우리가 자주 대하게 되는 기업의 사회적 책임 또는 사회적 기업(social enterprise)과 같은 용어들은 기업과 사회가 접근하는 현상을 나타내는 대표적인 예라고 할 수 있다. 사회적 기업이란 일반적인 의미의 기업과는 달리 취약계층에게 일자리나 사회적 서비스를 제공하는 등 사회적 목적을 위하여 재화 및 서비스의 생산 · 판매 등 영업활동을 수행하는 비영리조직과 영리기업의 중간 형태를 뜻한다.

1970년 이후 기업의 사회적 책임을 찬성하는 주장이 제기되었으며, 기업도 사회를 구성하는 일원이기 때문에 당연히 살기 좋은 사회를 만드는 데 협력을 해야 한다는 것이다. 기업의 사회적 책임에 대한 찬성론은 다음과 같이 다섯 가지를 주장하고 있다.

첫째, 기업이 성장하면 규모의 경제(economies of scale)로 인해 이익이 극대화되는 반면에 사회 전체에 미치는 부정적인 영향으로 사회적 비용을 증대시킬 수 있기 때문에 당연히 사회적 책임을 부과해야 한다. 기업은 독과점 형성, 기업집중, 불공정거래, 공해배출과 같은 부정적인 영향을 미칠 수 있다.

둘째, 소유와 경영의 분리로 전문경영자가 등장하게 되었으며, 전문경영자는 과거의 소유경영자와는 달리 주주의 이익만을 대변할 수 없게 되었다. 즉, 전문경영자는 주주 외에 종업원, 고객, 공급업자, 지역사회와 같은 이해관계집단의 이익도 조정할 책임이 있다.

셋째, 기업이 사회적 책임을 수행하면 기업 자신에게 이익이 될 수 있다. 예를 들어 기업이 지역사회에 공헌한다면 장기적으로 기업에게 이익이 돌아간다.

넷째, 기업이 사회적 책임을 수행하면 기업의 이미지가 개선된다. 이러한 효과가 고객을 기쁘게 하고, 주가도 상승시켜 주주에게도 이익이 된다.

다섯째, 정부가 모든 사회적 문제를 해결할 수는 없기 때문에 기업이 부분적으로 참여해야만 한다.

기업과 경영자들에게는 윤리적인 책임이 요구되고 있으며, 이를 외면할 경우 사회 및 소비자들로부터 지탄의 대상이 될 뿐 아니라 기업들은 고객상실로 인한 기업이미지의 추락과 더불어 매출감소로 이어져 경영상의 심각한 타격을 받게 된다. 그 어느 때보다 CSR이 강조되는 시점에서 기업과 경영자들은 경영의 우선순위에 CSR을 두어야 할 것이다.

사례 1-3 사회적 책임(CSR) 다하는 프랜차이즈 기업 증가

공생 발전 위한 사회공헌 활동에 주력해야

소외 계층 일자리 창출 위한 기업 정신 발휘

기업의 전통적인 형태는 제품과 서비스를 판매해 올린 이익을 판관비로 쓰고, 남으면 주주에게 분배하는 것이다. 이러한 기업의 존재의 목적은 이윤창출이다. 그 반대편 극단에 적십자사 등과 같은 사회 공익 단체가 있다. 주로 기부나 보조금, 또는 간단한 수익사업을 통해 수입을 올려서 사회 공익사업에 지출한다.

이러한 형태의 기업의 양극단 중간에 위치하는 것으로 유럽 등 선진국에서 활발하게 움직이고 있으며, 우리나라에서도 큰 이슈가 되고 있는 '사회적 기업(Social Enterprise)'이 있다. 기업이 영리활동을 하되, 그 설립 목적 자체가 사회적 약자나 지구 환경을 위해 설립된 기업을 말한다. 그런데 이러한 사회적 기업의 가장 큰 문제는 정부의 보조금 지원이 끝나면 생존하기가 어렵다는 점이다. 경제적 동물인 인간의 욕망을 억제하면서 지속적으로 사회적 목적을 위해서 기업 경영을 하기가 쉽지 않기 때문이다.

성숙한 기부문화 확산

최근 대안으로 주목 받는 것이 바로 기업의 사회적 책임(CSR: Corporate Social Responsibility)이다. 점점 더 심화되고 있는 사회적 불평등 문제를 해결하고 공생발전을 위해 기업이 보다 적극적으로 사회공헌 활동을 해야 한다는 것이다. 자본주의 4.0 시대에 주목 받는 기업의 형태다. 그런데 이 역시 말이 쉽지 결코 쉬운 일이 아니다. 공급이 수요를 초과하는 과당경쟁의 소용돌이 속에서 웬만한 대기업이 아니고서는 기업이 생존하는 것 자체가 힘든 일이기 때문이다.

이와 같은 상황에서 기업의 사회적 책임(CSR: Corporate Social Responsibility) 활동을 활발히 하는 프랜차이즈 기업이 증가하고 있어 업계의 훈훈한 감동을 자아낸다. 이들 기업은 프랜차이즈에 대한 사회적 인식을 제고하는 착한 기업이 되는 활동을 강화하고 있다.

중견 프랜차이즈 기업인 홀랄라는 지난해에는 김병갑 회장과 부인인 최순남 부사장이 모두 고액기부자 모임인 아너 소사이어티 경기 100호, 101호로 회원으로 가입하기도 했다. 프랜차이즈 기업의 대표이사 부부가 함께 가입하는 진기록을 세운 것이다. 아너 소사이어티는 지난 2007년 사회복지공동모금회가 개인 기부의 활성화와 성숙한 기부문화 확산을 위해 설립한 개인 고액기부자 클럽으로 1억 원 이상을 기부해야 가입할 수 있다.

또 홀랄라는 국제 구호단체 월드비전을 통해 식수난을 겪고 있는 아프리카 5개국에 5개의 우물파기를 진행해왔으며, 2016년부터는 지역을 바꿔 아시아지역의 캄보디아 프레비히아에 2개의 우물파기 사업을 진행하는 등 지금까지 7년째 총 8개의 우물 파기 사업을 진행했다.

김병갑 홀랄라 회장은 "지난 20년간 수많은 어려움 속에서도 밤낮으로 현장을 누비며 서민과 중산층의 일자리 창출을 위해 노력해 왔다"며 "앞으로도 한국을 대표하는 프랜차이즈 기업이 되기 위해 더 열심히 할 것이며, 소비자 대중의 사랑을 받는 기업이 되기 위해서 사회적 책임 활동도 더 활발하게 추진해 나갈 것"이라고 말했다.

지역사회 공헌하는 활동 빈도 늘어

즉석 도시락 전문점 한솥도시락은 기업이념 자체가 '따끈한 도시락으로 지역사회에 공헌한다'이다. 특히 한솥의 사회공헌 활동이 주목받는 이유는 일시적인 이벤트가 아닌 10년이 넘는 세월 동안 지속적으로 시행하고 있는 진정성 때문이다.

해가 갈수록 사회공헌 활동의 빈도가 늘고, 강도가 세지고 있다. 그 종류도 다양한데 장애인, 노약자, 장학금, 사랑의 밥차 김장나눔 행사, 굿네이버스 기부, 각종 행사 등 도움의 손길을 필요로 하는 단체와 개인에게 달려가고 있다.

최근에는 서울시 주체 '장애인과 비장애인이 하나되는 어울림' 행사에도 도시락을 기부하기도 했다. 서울시가 보다 나은, 함께 사는 세상을 구현하는 데 노력하는 것에 힘을 보태기 위해서다. 한솥 관계자는 "작년에는 사회공헌 활동을 적극적으로 실시해, 총 20여 건에 기부금액만 4억 원이 넘고, 올해도 계속해 나갈 것"이라며 "한솥은 단지 남에게 보여주기 위해서가 아니라 지역과 국가 사회에 공헌하는 것을 기업이념으로 하고 있기 때문에 한 해 경영목표 중 가장 중요한 것을 사회공헌 활동으로 정하고 있다"고 말했다.

대표 외식문화 기업 원앤원도 해마다 서울 중구 유락종합사회복지관에서 지역 내 어르신을 모시고 나눔 행사를 진행해오고 있다. 원앤원은 청계천8가에서 시작한 작고 소박한 보쌈집 시절부터 한결같이 원할머니보쌈 · 족발을 찾아 준 어르신들에게 보답하고자 '마음 함께 나누어요'라는 슬로건 아래 지난 2005년부터 매년 유락종합사회복지관이 주최하는 청계천 은빛 사랑나눔을 후원하고 있다. 작년까지 12회째 행사를 진행했다.

또 원앤원은 매월 서울 황학동에 위치한 원할머니 본점(원할머니 본가)에서 홀로 사시는 어르신들을 모시고 생신잔치를 진행하는 등 지역 사회 어르신들과 함께 이웃사랑을 실천하는 사회공헌 활동을 지속적으로 펼치고 있다. 원앤원 관계자는 "앞으로도 원앤원㈜은 지역사회에 이바지할 수 있는 다양한 활동들을 적극 실천해 나가며 기업의 사회적 책임을 다할 것"이라고 전했다.

이처럼 프랜차이즈 기업의 사회적 책임 활동이 증가하고 있는 점은 바람직한 현장이다. 특히, 그동안 프랜차이즈 기업에 대한 사회적 시각이 곱지 않았다는 점에서 더더욱 그러하다.

또 기업의 사회적 책임 활동은 점점 더 심화되고 있는 사회적 불평등 문제를 해결하고 공생발전을 위해 기업이 보다 적극적으로 사회공헌 활동을 해야 한다는 시각이 증가하는 추세라 그 의미가 깊다.

전문가들은 "정부의 지원을 받는 사회적 기업(Social Enterprise)이 정부의 보조금 지원이 끝나면 생존하기가 어렵다는 점에서 전통적인 기업이 사회적 공헌 활동을 확대해 나가는 것은 자본주의 4.0 시대의 바람직한 기업 모델이 될 수 있다"고 말한다.

출처 : 일요신문, 2018. 2. 14일자

3. 경영학의 정의 및 학문적 특성

1) 경영학의 정의

경영학이란 한 사회현상으로서의 경영을 그 연구대상으로 하는 학문이다. 인간들의 상호관계에서 유발되는 현상은 곧 사회현상을 의미하며, 경영학은 이와 같은 사회현상을 대상으로 그 현상 속에서 나타나는 인과관계를 규명하는 학문인 것이다.

경영학은 경영체 내의 경영현상을 지속적으로 관찰하며 어떠한 인과법칙 내지는 보편타당한 원리 · 원칙을 발견하기 위한 학문으로서 그 결과를 경영실무의 능률화 내지 합리화를 위해 적용하려는 데에서 그 존재 의의를 발견할 수 있다.

경영학은 사회가 필요로 하는 재화와 서비스를 창출하기 위하여 인적 · 물적 자원을 효율적으로 관리하는 일련의 과정을 연구하는 학문으로 정의되기도 한다.

어떤 학자는 경영학이란 기업이 당면한 복잡한 경영문제를 풀어나갈 수 있는 이론적 지식과 방안, 그리고 현재의 기업을 미래의 성공적인 일류기업으로 만들기 위해 무엇을 어떻게 해야 할 것인가를 체계적으로 탐구하는 학문이라고 말하기도 한다. 결국 현대의 경영학은 기업이라는 조직체를 연구대상으로 삼고, 기업과 관련된 복잡한 경영현상을 연구하는 학문이라고 볼 수 있다.

2) 경영학의 학문적 특성

오늘날 경영학은 다음과 같은 학문적 특성을 가진다.

첫째, 경영학은 이론과학과 실천과학의 성격을 동시에 갖는 학문이다. 경영학은 지식을 위한 지식의 체계라기보다는 실천이나 행동을 위한 지식의 체계라고 할 수 있다.

둘째, 경영학은 과학과 기술로서의 성격을 동시에 갖는 학문이다. 경영은 근본적으로 인간을 다루는 기술을 요구하게 된다. 그러나 경영의 기술은 필연적으로 과학적 지식을 요구하게 되며, 또한 그것을 전제조건으로 하게 된다. 인간의 지식이 단편적이기 때문에 그 한계성을 극복하기 위해서는 일부는 과학에, 일부는 비과학적인 방법에 의존하게 된다. 그러므로 경영은 과학을 전제조건으로 하고 그 과학을 응용하는 기술인 것이다. 다음의 〈그림 1.6〉는 경영학의 학문적 성격을 나타낸 것이다.

결론적으로 오늘날 이론(theory)과 동시에 실천(practice)으로서의 성격을 함께 지니는 경영학은 과학(science)임과 동시에 기술(art)이라는 논리적 귀결에 이르게 된다. 결국 지식이나 이론이 없는 기술이나 기능은 맹목적인 것이며, 기술이 없는 지식 또한 무의미한 것이라는 주장은 이를 잘 나타내주고 있다.

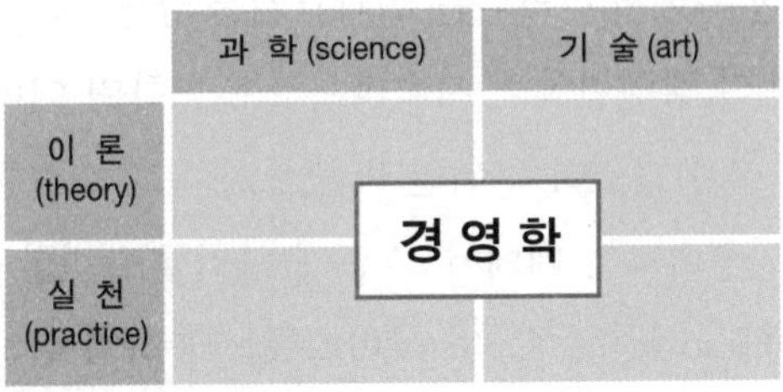

〈그림 1.6〉 경영학의 양면적 성격

자료: 김명학, 『경영학원론』(서울: 형설출판사, 2002), p. 41.

제2장

경영학의 발전 과정

1. 경영학의 등장

경영의 역사는 비록 길다고는 하지만 경영사고 및 하나의 원리 내지 학문으로서 정립된 것은 비교적 최근의 일이며, 이전까지는 경영이 하나의 독립된 분야로 인식되지 못하였다. 특히 1900년대 이후 비로소 현대적 의미의 경영개념이 생겨났으며, 경영학이 과학적 체계를 갖춘 독립된 학문으로 학계에 등장한 것은 1920년경이다.

경영의 연구에 큰 공헌을 한 사건은 1776년 애덤 스미스(Adam Smith)의 『국부론(*The Wealth of Nation*)』이라는 고전경제학을 발표하면서부터였다. 애덤 스미스는 노동분업이 각 작업자의 기술과 기능성을 향상시키고 작업을 전환하는 데 소비되는 시간을 절약하고, 작업량을 줄일 수 있는 방법이나 기계를 만들어 내도록 함으로써 생산성을 향상시킨다는 결론을 내렸다.

또한 18세기 영국에서 시작한 산업혁명(Industrial Revolution)은 가내 수공업으로부터 공장제 기계공업으로 발전하는 데 큰 기여를 하였다. 규모가 큰 공장을 효율적으로 가동하기 위해서 관리자들은 수요예측, 자재관리, 일정계획의 수립 · 운용, 기계정비, 제품의 판매시장을 개척하는 등 모든 경영활동을 수행하게 되었다.

제품이 가정에서 생산되는 수공업이었을 때의 효율성은 큰 문제가 되지 않았다. 그러나 갑자기 공장소유주들이 수백 명의 직원을 거느리게 되고, 그들에게 월급을 지급해야 되면서 근로자들이 쉬지 않고 일하도록 만드는 것이 중요하게 되었다. 즉 계획 · 조직화 · 지휘 및 통제가 필요하게 된 것이다. 결국 산업혁명으로 인하여 경영기법의 필요성이 더욱 증대되었고, 많은 연구가들은 경영이론의 개발에 관심을 두기 시작하였다.

제2차 세계대전 이후에는 산업국가들이 경영연구를 지원하였으며, 기업에서는 경영기법을 교육받은 사람들에게 관심을 보이기 시작하였다. 그 결과 학문분야로서의 경영학이 성장하기 시작하였다.

이러한 경영학의 생성과 발전에 주도적 역할을 수행한 나라는 독일과 미국이다. 따라서 독일경영학과 미국경영학이 경영학사의 양대 조류를 형성하고 있다. 이하에서는 독일과 미국의 경영이론들을 간략하게 살펴보고자 한다.

사례 2-1 한국에서 가장 존경받는 기업 어떻게 선정했나

기업인 · 소비자 등 1만여 명 참여… 철저한 데이터 분석 조사

'한국에서 가장 존경받는 기업 조사'는 국내 대표 30개 기업을 선정하는 올스타 조사와 산업별 1위를 꼽는 투 트랙으로 이뤄진다. 조사는 산업계 관계자 7440명, 증권사 애널리스트 230명, 일반소비자 4560명 등 총 1만2230명이 참여한다. 올스타 조사는 150개 후보 기업을 선정해 산업계 관계자, 증권사 애널리스트, 일반 소비자 등을 대상으로 진행한다. 이를 바탕으로 상위 30개 기업을 뽑아내는 식이다.

조사는 온라인, 대면, 전화 및 팩스 등을 이용한다. 조사 대상자의 상황을 고려해 보다 정확한 조사가 이뤄질 수 있도록 하기 위해서다. 산업별 조사의 경우 보다 정확한 업계의 현실을 반영하기 위해 일반 소비자를 조사 대상에서 배제하고 있다. 그 대신 산업에 대한 이해를 가진 업계 관계자과 증권사 애널리스트(대학의 경우 기업인사 담당자)를 대상으로 삼고 있다.

All Star 30대 기업

순위	선정 기업	순위	선정 기업
1	삼성전자	16	호텔신라
2	유한양행	17	신한카드
3	유한킴벌리	18	SK하이닉스
4	SK텔레콤	19	신세계백화점
5	카카오	20	신한은행
6	아모레퍼시픽	21	서울아산병원
7	현대자동차	22	오뚜기
8	LG전자	23	KT
9	인천국제공항공사	24	LG디스플레이
10	네이버	25	삼성화재해상보험
11	LG화학	26	CJ제일제당
12	풀무원	27	한국쓰리엠
13	삼성생명보험	28	이마트
14	포스코	29	KEB하나은행
15	삼성물산	30	아시아나항공

'한국에서 가장 존경받는 기업 조사'는 조사 발표 전년도인 8월께 조사설계에서 시작된다. 2017년도 조사에 대한 조사설계 및 기획 역시 2016년 8월부터 준비했다. 이후 해당 산업 및 관련 기업들 현안을 파악해 조사 대상 산업군으로서 의미가 있는지를 살펴보았다. 또한 신규 산업군에 대한 발굴 및 조사를 통해 2017년도 조사 산업군을 최종 확정했다.

올해 타 후보군은 1000대 기업에 대한 매출액, 순이익 등의 재무데이터를 분석하고, 추천율 지수를 고려해 정했다. 조사 대상 산업군은 관련 산업에 대한 전문가로 구성된 태스크포스팀(TFT)을 구성해 진행한다. 산업에 대한 조사 유지 및 신규 산업군에 대한 조사 필요성을 검토해 최종 92개 산업군을 결정한다. 선정된 올스타 후보기업과 산업군을 통해 지난해 9월부터 12월까지 약 4개월에 걸쳐 산업계 관계자 및 증권사 애널리스트, 일반 소비자에 대한 조사를 진행해 지난해 12월 말에 1차 조사를 완료했다. 이후 데이터에 대한 검증작업을 진행해 올해 1월 최종 결과를 얻었다.

'한국에서 가장 존경받는 기업 조사'는 2004년 36개 산업군 7000여 명에 대한 조사를 시작으로 조사 산업, 조사 기업, 응답자 수를 꾸준히 확대해왔다. 2007년까지만 해도 제조 부문과 서비스 부문에 대한 조사만 하다가 2008년에는 공공 부문에 대한 조사를 신설했다. 조사에서 제조 부문은 업의 특성상 다른 서비스, 공공 부문보다 많이 확대하지는 않았다. 그러나 서비스 부문과 공공 부문은 소비 트렌드의 변화, 새로운 기술의 등장과 글로벌화 등 급변하는 산업 이슈에 부합하기 위해 산업군 수를 지속적으로 확대했다. 이를 통해 산업 내 존경받는 기업의 중요성을 인지시키기 위해 노력해왔다.

올해 조사는 제조와 서비스 부문의 비중을 확대해 총 92개 후보 산업군을 선정했으며 1만 2,230명의 설문을 통해 조사 결과를 확정했다. 조사 기업도 796개로 국내 대부분의 산업과 주요 기업을 포함시켰다. 국내 몇 안 되는 10년 이상의 역사와 전통을 가진 '한국에서 가장 존경받는 기업' 조사는 중요한 기업 경쟁력 지표로 자리매김하고 있다.

산업별 존경받는 기업 1위

부문	산업군	1위
제조	가정용가구	한샘
	가정용 보일러	린나이코리아
	건강기능식품	KGC인삼공사
	건축자재	KCC
	냉장·냉동육	하림
	먹는샘물(생수)	농심
	면방직	일신방직
	모바일	삼성전자 IM부문
	반도체	삼성전자 DS부문
	베이커리	파리크라상(파리바게뜨)
	사무기기	캐논코리아 비즈니스솔루션
	생활가전	LG전자 H&A 사업본부
	생활용품	유한킴벌리
	석유화학	LG화학
	수산	동원산업
	시멘트	한일시멘트
	외국계 제약	글락소스미스클라인
	유가공	매일유업
	유아용품	보령메디앙스
	음료	코카콜라음료
	자동차	현대자동차
	자동차부품	현대모비스
	제약	유한양행
	제지	한솔제지
	종합식품	CJ제일제당
	주방가전	LG전자 H&A 사업본부
	철강	포스코
	타이어	한국타이어
	패션	신세계인터내셔날
	화장품	아모레퍼시픽
	환경가전	청호나이스
	LED	LG이노텍 LED사업부
	PC	삼성전자 IM부문
	조선	현대중공업
서비스	간편결제서비스	카카오페이
	건설	삼성물산 건설부문
	교육서비스	대교
	금융지주	신한금융지주회사
	금융투자	신한금융투자
	도시가스	삼천리
	렌터카	롯데렌터카
	백화점	신세계백화점
	보증보험	HUG주택도시보증공사
	빌딩관리서비스	에스엔아이 코퍼레이션
	사이버대학	한양사이버대학교
	생명보험	삼성생명보험
	서비스센터	삼성전자서비스

부문	산업군	1위
서비스	손해보험	삼성화재해상보험
	슈퍼마켓	이마트에브리데이
	식음서비스	신세계푸드
	신용카드	신한카드
	여행사	하나투어
	오픈마켓	11번가
	외국계보험	푸르덴셜생명
	은행	신한은행
	저비용항공	에어부산
	전문대학	영진전문대학교
	전자제품전문점	롯데하이마트(하이마트)
	정유	에쓰오일
	종합대학	성균관대학교
	종합물류서비스	CJ대한통운
	종합병원	서울아산병원
	종합상사	삼성물산 상사부문
	주차솔루션	AJ파크
	지역금융	부산은행
	콘도미니엄	대명리조트
	통신서비스	SK텔레콤
	편의점	GS리테일(GS25)
	프랜차이즈	비케이알(버거킹)
	할인점	이마트
	해운물류서비스	현대상선
	헬스&뷰티스토어	CJ올리브네트웍스(올리브영)
	헬스케어	바디프랜드
	IPTV	KT(올레TV)
	IT솔루션	인텔코리아
	TV홈쇼핑	CJ오쇼핑(CJENM)
	T-커머스	KTH(Kshopping)
	VR.AR	골프존
	포털서비스	구글코리아
	정보기술	삼성SDS
공공	건설공기업	한국수자원공사
	검사검증	한국교통안전공단
	공공병원	근로복지공단병원
	발전	한국동서발전
	수출지원	대한무역투자진흥공사
	에너지	한국가스공사
	연기금운용	한국자산관리공사
	의료지원서비스	국민건강보험공단
	주거복지	서울주택도시공사
	중소기업진흥	중소기업진흥공단
	창업보육	서울산업진흥원
	SOC시설관리	인천국제공항공사

*산업명 가나다순.

출처: 『매일경제』, 2017년 2월 21일자

2. 독일 경영학의 발전 과정

1) 독일 경영학의 의의

경영학의 역사에 가장 큰 영향을 미친 나라가 독일이라는 데에는 이의가 있을 수 없다. 경영학의 기원을 상업학이라고 하면 이 상업학을 발전시킨 나라는 독일이고, 또한 근대에 이르러 경영학을 학문으로 정립시킨 나라가 곧 독일이기 때문이다.

독일의 경영학은 일반적으로 경제학의 한 분야인 사경제학(私經濟學)으로부터 출발한 것으로 인식되고 있으나, 그 이전인 1900년대 이미 상업경제학이라는 명칭으로 경영학이 연구되고 있었다. 또한 18세기 초부터 독일에서는 말페르거, 루도비치, 로리크스 등과 같은 저명한 학자들에 의해 상거래학이 체계화되고 발전됨으로써 독일 경영학사의 중요한 획을 그었다. 그러나 상거래학은 어디까지나 상인의 상거래를 위한 상업학으로서의 수준을 벗어나지 못했다는 한계가 있으며, 이를 독일 경영학의 기원으로 보기 어려운 이유도 여기에 있다.

1900년대 초기에 처음으로 생성된 독일의 경영학, 즉 상업경영학(商業經營學)은 1910년경에는 그 명칭이 사경제학(私經濟學)으로 바뀌게 되었고, 1919년경에는 경영경제학(經營經濟學)이라는 명칭으로 다시 바뀌었다. 이는 사경제학의 연구대상이 본래 영리경제가 아니고, 경제성을 목표로 하는 개별경제인 상황하에서 사경제학이라는 용어가 사용됨으로써 마치 개인기업가들의 영리경제학인 것처럼 오해되기 쉽기 때문이다.

1920년대 말경에는 경영에 있어서 인적 측면이 강조되기 시작했고, 이로 인해 1950년대는 경영사회학이 등장하게 되었다. 그 후 1960년대부터는 미국의 경영관리론이 독일에 유입됨으로써 독일 경영학에 있어서 일대 변혁기가 도래하였다.

이 시대 독일 경영학의 주요한 특징은 기업환경이 급격하게 변동하는 상황하에서 합리적 의사결정을 내리기 위한 의사결정지향적 경영경제학이 대두되었고, 행동과학과 계량적 접근법이 경영학에 도입되는 등 미국식 경영학이 독일 경영학에 접목되었다.

독일 경영학 역사의 전반적인 특징은 학문의 성격, 인식대상 및 연구방법과 관련하여 장기에 걸쳐 광범위한 방법론적이 전개되는 과정에서 발전해 왔다는 것이다. 다음에서는 독일 경영학의 방법론을 간략하게 살펴보고자 한다.

2) 독일 경영학의 연구방법론

독일 경영학은 그 생성기로부터 현재에 이르기까지 방법론에 대한 논쟁이 성행되고 있는 것이 특징인데, 방법론의 차이에 따른 독일 경영학을 세 가지 관점에서 간략하게 살펴보고자 한다.

(1) 규범론적 방법

이 방법론은 경영경제학의 인식대상이 이성에 있다고 보고, 윤리적 · 도덕적 가치판단을 수용하는 연구방법 내지는 학파이다. 이 학파에 속하는 학자들은 니클리쉬(H. Nicklisch), 쉐어(J. F. Shar), 디트리히(R. Dietrich) 등을 들 수 있다.

이들은 경영경제학의 주요개념인 기업과 경영 중 경영이 학문의 연구대상이 되어야 한다는 입장을 취하였고, 경영의 지도원리 또한 수익성보다는 경제성이 되어야 한다고 주장하였다. 또한 경영조직은 기업가와 노동자가 공동으로 협력하여 욕구충족을 위한 재화를 생산하는 경영공동체이기 때문에 민심의 법칙에 따라 운영되어야 하고, 이윤도 기업가와 종업원들이 공정하게 분배해야 한다는 것이다.

(2) 기술론적 방법

기술론적 방법론의 학자들은 슈말렌바하(E. Schmalenbach), 호프만(A. Hoff mann), 지버(E. H. Sieber) 등으로 경영학의 인식대상이 경험에 있다고 하고, 이는 경험에 의해 뒷받침된 이론을 실천하는 응용과학으로서의 성격을 갖는 것이 곧 경영경제학이라고 주장한다.

기술학파에서는 공동경제적 생산성을 경영의 지도원리로 설정하면서도, 그 측정척도로서는 수익성에 의해 설명하였기 때문에 실질적으로는 수익성원리에서 벗어나지 못하고 있다. 그래서 세계 1차대전 이후의 서독 경영학은 슈말렌바하에 의해 개척된 응용과학으로서 경영경제학의 전성기를 이룩하였다.

사례 2-2 두산 창립 120년, 박정원 신체제로 '다음 100년' 설계

박승직(오른쪽 아래) 박두병(왼쪽 위) 박용곤 3대 부자가 카메라를 보며 기념 촬영을 하고 있는 가운데 박정원 신임 두산그룹 회장(작은 사진)이 가풍을 이어 두산그룹 120년 역사를 계승하고 있다. /두산그룹 제공

전국이 폭염으로 녹아내릴 듯 무더웠던 7월 말. 서울 종로구 동대문시장 일대는 물건을 사려는 고객과 하나라도 더 팔려는 상인들이 분주하게 움직였다. 한쪽에선 물건값을 두고 흥정이 벌어졌고, 또 다른 한쪽에선 침샘을 자극하는 기분 좋은 향기들이 가득했다. 또 한 무리의 관광객들은 한국에서의 추억을 간직하기 위해 연신 카메라 셔터를 눌렀다. 사람 냄새 가득한 동대문시장 일대는 저마다의 땀과 숨 그리고 꿈을 가득한 이들로 생기가 넘쳤다. 대한민국 100년 기업의 역사를 새롭게 쓰고 있는 두산그룹의 과거와 현재 그리고 미래를 짚어봤다. 서울 종로는 1일로 창립 120주년을 맞는 우리나라 100년 기업의 산실 두산그룹의 출발점이다.

'환골탈태' 두산, 배오개 상점에서 종합 중공업 그룹으로

두산의 시원(始原)은 조선 말로 거슬러 올라간다. 창업주 매헌 박승직은 조선 말 육의전 폐지와 함께 상인에게 기회가 올 것을 직감, 1895년 8월 서울 종로4가 배오개에 근대적 상점인 '박승직 상점'을 열었다.

현재 종로 2가에서 4가로 이어지는 귀금속 상가 끝자락에 문을 연 박승직 상점은 이후 한인상계의 발전적 본보기가 됐으며 1925년 '주식회사 박승직 상점'으로 상호를 변경하

1934년 당시 2층으로 증축해 새롭게 단장한 박승직 상점의 1층 소매부 모습이 종합 중공업 그룹으로 탈바꿈한 두산그룹의 현재 모습과 격세지감을 느끼게 한다. /두산그룹 제공

고 회계처리를 근대화하며 우리나라 최초의 근대 기업으로 면모를 갖췄다. 이후 1946년 '두산상회'로 이름을 바꾼 박승직 상점은 이후 박두병 두산그룹 초대회장이 본격적으로 경영 일선에 나서며 두산의 여명기를 열었다.

1950년대 두산상회는 무역업의 시작과 OB맥주 설립을 통해 소비재 기업으로 변신을 꾀했고, 1960년대에는 건설과 식음료, 기계산업과 언론, 문화 등 다양한 사업 분야에 진출했다. 이 과정에서 기업의 현대화와 전문 경영인 제도 도입, 경영의 다각화를 통해 현재 두산의 기틀을 다졌다.

1970년대에는 선진 외국기업과 제휴를 통해 기술 고도화를 이루는 동시에 다양한 연관 사업체 인수합병으로 내실을 다졌다. 1980년대 이후 두산은 비약적인 발전을 거듭했다. 맥주와 건설, 전자와 유리, 기계와 무역 부문을 중심으로 국외시장을 개척했고, 연관사업과 신규사업을 활발하게 추진하며 사업영역을 수평·수직적으로 심화·확대했다.

하지만 1990년대 내수중심 사업은 한계에 직면했다. 당시 주력이던 OB맥주의 시장점유율이 급격이 하락했고, 부채비율이 600%를 넘어서며 경영사정이 악화됐다.

1995년 창립 100주년을 앞두고 두산은 변화에 나섰다. 1995년 말 두산은 자체적인 구조조정안을 발표하고 한국3M, 코닥, 네슬레 등 식음료 사업 지분 매각을 시작으로 OB맥주까지 매각했다. 이후 1999년까지 피나는 구조조정을 단행 재무구조 개선에 성공했고, 새로운 성장 엔진 발굴에 나섰다.

새롭게 눈을 돌린 분야는 인프라 지원사업(ISB, Infrastructure Support Business)으로 두산은 도로와 항만, 철도, 공항 등 사회 간접시설뿐만 아니라 에너지와 국방, 생산설비, 물류와 운송설비 등을 총망라한 수천조 원의 IBS 시장에 뛰어들었다.

첫 출발은 2001년 한국중공업(현 두산중공업) 인수였다. 두산은 인수 후 저수익 사업이던 제철과 화공 사업을 정리하고 발전, 담수 등 핵심사업에 역량을 집중했다. 이후 두산은 고려산업개발(2003년 인수, 현 두산건설)과 대우종합기계(2005년, 현 두산인프라코어) 등을 차례로 인수하며 소비재 중심 사업 구조를 중공업 중심 중후장대 사업으로 전환했다.

두산의 변신은 계속됐다. 2005년에는 수(水) 처리 전문 기업인 미국 AES(American Engineering Servic Inc.) 사의 미주지역 수처리 사업 부문을 인수해 두산 하이드로 테크놀로지를 설립했으며, 2006년에는 보일러 설계, 엔지니어링 등의 원천 기술을 보유한 영국의 미쓰이 밥콕(현 두산밥콕), 2009년에는 스팀터빈 원천기술을 보유한 체코 스코다파워(현 두산스코다파워)를 인수했다. 2011년에는 순환유동층보일러와 탈황설비 등 친환경 발전 기술을 보유한 독일 AE&E렌체스(현 두산렌체스)를 인수해 보일러, 터빈, 발전기 등 발전사업 3대 원천기술과 친환경 기술을 확보했다.

또 같은 해 석탄화력 발전소용 보일러 제조업체 첸나이 웍스(Chennaiworks), 2012년 워터(Water) 사업 부문 전처리 설비 설계 및 제작 기술을 보유한 영국 엔퓨어(Enpure)를 연이어 인수했다. 아울러 2014년에는 신성장 동력으로 연료전지 사업에 진출해 건물용 연료전지 원천기술을 보유한 미국의 클리어엣지파워(ClearEdge Power)를 인수해 명실상부한 글로벌 기업으로 영토를 넓혀갔다.

이 밖에도 2014년 두산은 동박적층판 원천기술을 보유한 룩셈부르크의 서킷포일을 인수했고, 지난해 오리콤은 한국 한컴을 인수하며 종합 광고대행사로 발돋움했다. 지난 12일 두산중공업은 ESS(Energy Storage System · 에너지저장시스템) 소프트웨어(S/W) 원천기술을 보유한 미국의 원에너지시스템스(1Energy Systems)를 인수하며 지속적인 혁신을 이어가고 있다.

또 다른 100년, 박정원 회장 체제 4개월 재무구조개선 마침표

상업으로 시작해 맥주 중심의 소비재 기업을 거쳐 종합 중공업 그룹으로 변모한 두산은 신임 박정원 두산그룹 회장을 정점으로 또 다른 100년을 준비하고 있다. 박정원 회장은 1일 창립 120주년을 두산그룹 사내 포털에 "창립 120주년을 맞아 다시 한번 대한민국 최고 기업인 두산의 역사에 대한 자긍심을 갖고 또 한번의 힘찬 도약을 위해 힘을 모으자"라며 지난 3월 취임 이후 소회와 각오를 밝혔다.

박 회장은 "한국 어느 기업도 밟지 못한 120년 역사를 일궈낸 임직원들의 헌신에 감사드린다"면서 지난 4개월간 가장 중점을 두고 살폈던 것이 '현장'을 챙기는 일이었다고 밝혔다. 그는 "현장 직원들이 자신감 넘치고 당당한 모습으로 제품 경쟁력과 생산성을 향상시키고자 노력하는 모습을 보았다"면서 "모든 직원의 노력으로 올 상반기에 기대에 부

120년 역사의 두산그룹은 조선 말 상업을 시작으로 맥주 중심의 소비재 기업을 거쳐 2016년 현재 종합 중공업 기업으로 거듭났다. /두산그룹 제공

응하는 성과를 거뒀고, 재무구조 개선 작업도 사실상 마무리 지어 한층 단단해진 재무 기반을 마련했다"고 강조했다.

그러면서 박 회장은 하반기에도 국내외 현장을 돌며 현장경영을 펼쳐나갈 계획이라고 덧붙이면서 "하반기에는 안정된 기반을 바탕으로 영업 성과를 높이는데 보다 주력해 나가자"고 강조했다. 박 회장은 세계 경제 현황에 대해 "장기 저성장 기조가 여전하며 잠재

적 위험이 커지고 있는 등 여전히 녹록하지 않다"고 진단한 뒤 "두산이 걸어온 120년 역사를 돌아보면 이보다 더한 고비도 수없이 많았으나 버텨왔고, 계속 성장하고 세계로 무대를 넓혀왔다"면서 "이것이 두산의 저력"이라고 임직원을 독려했다.

지난 3월 취임 당시 박 회장은 두산의 새로운 도약을 위해 그룹 재무구조 개선, 신규 사업 정착, 현장 중시 기업문화 세 가지 과제를 최우선으로 제시했다. 4개월여가 지난 현재, 두산의 현주소는 어떨까.

100년의 먹거리, 두산 신규 사업 정착

2년 간의 혹독한 재무구조 개선과 함께 두산의 앞으로 100년을 책임질 신규 사업 역시 안정적으로 정착하고 있다. 두산은 2014년 새로운 성장동력으로 연료전지 사업에 진출했다. 연료전지 사업은 지난해 6월 분당 연료전지 발전 구축사업을 시작으로 2,800억 원 규모의 부산연료전지발전소용 연료전지 공급 계약을 체결하는 등 사업 첫 해에만 5,800억 원이 넘는 수주액을 기록하며 안착했다.

연료전지는 화석연료 연소 없이 수소와 산소의 전기 화학 반응으로 전기와 열을 생산하는 신재생 에너지로 두산은 건물용, 규제용, 주택용 연료전지 시장에서 원천기술을 보유하고 있으며 전 세계 연료전지 시장의 90% 이상을 차지하고 있다. 이를 바탕으로 연평균 30%의 가파른 성장세를 보이고 있어 2023년 38조 원까지 성장할 것으로 전망된다.

두산은 오는 2020년까지 매출 1조 3,000억 원, 영업이익 2,400억 원을 달성한다는 계획이다. 또 다른 신규 먹거리는 단연 지난 5월20일 프리 오픈 한 두타면세점이다. 현재 두타면세점은 신생 면세점인 만큼 초기 안정화에 주력하고 있다. 6월 말 매출 5억 원을 넘어서기 시작한 두타면세점은 10월 그랜드 오픈 전 화장품, 시계, 세계 유수의 명품 등 주요 브랜드 유치를 통해 안정적인 면세사업 수익기반을 확보하고 4분기 중 분기 손익분기점 달성을 목표로 하고 있다.

두산중공업은 지난 12일 ESS 소프트웨어 원천기술 보유업체인 미국 원에너지시스템즈를 인수했다. 두산중공업은 이번 인수로 ESS 분야에서 업계 최고 수준의 컨트롤 시스템과 소프트웨어 기술을 확보하게 됐으며, ESS의 설계, 설치, 시운전 등의 과정을 일괄 수행할 수 있게 됐다. ESS는 전력 사용량이 적은 시간에 배터리에 전기를 비축해 두었다가 사용량이 많은 시간에 전기를 공급해 에너지 효율을 높이는 설비다.

특히 출력이 일정하지 않은 풍력과 태양광과 같은 신재생에너지는 ESS를 통해 전력을 안정적으로 공급할 수 있기 때문에 2025년에는 세계 시장이 12조 원 규모로 커질 정도로 전망이 밝다.

두산중공업 COO 정지택 부회장은 "이번 인수를 통해 두산중공업은 글로벌 ESS 시장 공략을 위한 유리한 고지를 선점했다"며 "높은 성장이 예상되는 국내와 북미 지역을 집중 공략하는 한편, 중장기적으로 동남아와 유럽 지역까지 시장을 확대해 나갈 것"이라고 밝혔다.

현장에서 앞으로 100년의 답을 찾다

박정원 회장은 '현장'을 최우선에 두고 현업에서 기회가 보이면 곧바로 실행에 옮길 줄 아는 현장 중심 기업문화를 강조하고 있다. 여기에는 환경변화를 예측하기 어려운 시기에는 현장의 판단과 빠른 대응이 성패를 좌우한다는 경영철학이 바탕에 깔려 있다.

실제로 박 회장은 지난 4월 경남 창원에 있는 두산중공업을 시작으로 인천의 두산인프라코어, (주)두산 생산현장, 5월에는 (주)두산 증평 사업장과 군산 두산인프라코어 사업장, 그리고 지난 6월에는 중국 옌타이 생산현장을 방문해 현장의 목소리를 직접 청취하며 현장의 중요성을 강조하고 직원들을 격려했다. 박정원 회장은 하반기에도 국내외 현장을 꾸준히 방문한다는 계획이다.

한 세기가 넘는 긴 역사를 거치며 오늘의 두산을 있게 한 원천은 실패를 두려워하지 않는 '도전 정신'이다. 대한민국 최초의 근대적 기업인 두산은 120년의 긴 역사를 거치며 많은 변화를 거듭해왔다. 특히 1990년대 후반부터 국내 기업사에 유례를 찾기 힘든 과감한 혁신으로 빠른 변화를 추구한 결과 이제는 세계적 경쟁력을 갖춘 ISB(Infrastructure Support Business, 인프라 지원 사업) 기업으로 성장했다. 한때 내수 중심의 국내 최고 소비재기업이었던 두산은 2000년 이후 연평균 12%의 성장률로 2015년 매출 19조 원을 기록하고, 매출의 64%를 해외에서 달성하는 글로벌 기업으로 자리매김했다.

120주년을 맞이한 두산은 대한민국에서 가장 오래된 기업이지만, 한편으로는 변화를 두려워하지 않는 가장 젊은 기업으로서 또 다른 100년의 도약을 준비하고 있다.

출처 : BizFact, 2016. 8. 1일자

(3) 이론적 방법

이 학파의 대표자는 슈미트(F. Schmidt), 리거(W. Rieger) 등으로 이 학파의 지도원리 역시 경영경제학의 인식대상이 경험 내지 존재에 있다고 보는 것이다. 과학은 이론적 인식을 연구대상으로 하기 때문에 경영경제학도 이론적인 측면에서 기업이나 경영에 관한 현상들을 관찰하고, 그에 내재되어 있는 원칙 내지 법칙을 발견하여 이를 일반화함으로써 장차 경영현상을 설명, 예측 및 통제할 수 있다는 것이다.

독일의 경영경제학은 이상과 같이 세 가지 연구방법이 있으나, 이들 방법은 경영학적 연구의 생성과 더불어 그 과학성에 대해 많은 논쟁과 비판이 가해졌고, 이 비판으로 인해 경영경제학을 확립하려는 노력이 더욱 이루어졌다고 할 수 있다.

3. 미국 경영학의 발전 과정

오늘날 대부분의 나라들에서 수용하고 실행중인 경영학의 주류는 역시 미국에서 생성 · 발전되기 시작한 것이다. 미국의 경영학은 전문경영자의 양성을 위한 경영관리학으로서 성립 · 발전하였으며, 실천적인 성격이 강한 실용주의에 입각하고 있다. 그리고 생산현장에서의 능률과 합리성을 주요 과제로 하여 경영이론이 형성되어 왔다.

또한 미국 경영학은 시대의 흐름에 따라 경영학에 대한 접근 방법 및 그에 따른 학파가 새로이 형성되면서 발전되었는데, 대표적인 이론은 고전적 경영이론(과학적 관리론, 경영관리론), 인간관계론, 행동과학론, 계량경영론, 시스템이론 그리고 상황이론 등으로 각 이론들에 대해 간략히 살펴보면 다음과 같다.

1) 고전적 경영이론

산업혁명의 결과 나타난 공장시스템에서는 노동력의 효율과 생산성을 증진하기 위한 노력이 전개되었는데, 19세기와 20세기 초반에 이러한 현대 경영학의 연구 초기에 나온 이론을 고전적 경영이론(Classical Management Theory)이라고 한다.

고전적 경영이론은 작업자 개인이 과업을 수행함에 있어 생산효율을 강조하는 과학적 관리법과 경영관리의 기본원칙을 설정하는 데 주력한 경영관리이론으로 구성되어 있다.

(1) 과학적 관리론

과학적 관리는 1900~1910년대에 테일러(Frederick W. Taylor)에 의해서 제시된 관리에 관한 최초의 과학적 이론이다. 물론 테일러 이전에도 과학적 관리에 대한 선구자들은 많았지만, 과학적 관리를 체계적으로 집대성한 사람은 바로 테일러였다. 엔지니어로서 풍부한 실무경험과 연구를 했던 테일러는 『과학적 관리의 원칙(*The Principles of Scientific Management*)』라는 저서를 통하여 주먹구구식 관리방법을 버리고 새로운 과업관리를 할 것을 주장하였다.

20세기 초에 산업과 기술은 확대되고 자본은 충분하였지만, 기능을 갖춘 노동력의 공급은 부족하였다. 따라서 경영자들은 노동자들을 더욱 효율적으로 사용하는 방법을 찾기 시작하였다. 이러한 개별 노동자들의 성과를 증진시키기 위하여 전개된 이론이 과학적 관리론(Scientific Management)이다.

과학적 관리론은 테일러에 의해서 창안되었으며, 길브레드(Frank and Lillian Gilbreths)부부와 간트(Henry Gantt) 등을 중심으로 19세기 말과 20세기 초에 크게 유행한 작업장 및 과업의 합리화 운동이다.

과학적 관리법은 작업장에서 능률을 증진시키기 위하여 작업공정을 재설계하는 목적으로 작업자와 과업(task) 사이의 관계를 체계적으로 연구하는 기법이다. 테일러의 기본사고는 관찰, 측정 및 분석을 통해 신체적 과업들을 재설계함으로써 이들의 효율을 더욱 높일 수 있다는 데에서 출발하였다.

테일러는 '미국 경영학의 시조'로 불리며, 그의 경영이념은 테일러시스템 혹은 테일러리즘(Taylorism)으로 잘 알려져 있다. 그의 경영이념은 고임금과 저노무비(high wage and low labor cost)의 실현에 있으며, 이 이념의 실현을 위해 제시한 것이 과업관리(task management)인데, 여기서 과업(task)이란 작업자가 1일에 달성해야 할 생산량을 뜻한다.

테일러는 과업관리로서의 과학적 관리의 목표를 달성하기 위하여 다음과 같은 과업관리의 4대 원칙을 제시하였다.

① 공정한 과업의 설정(a large daily task)
각 노동자는 그 지위의 높고 낮음에 불구하고 모두가 명확하게 정해진 매일의 과업을 가져야 한다.

② 표준화된 작업조건(standard conditions)
각 노동자의 과업은 하루의 충분한 노동량이 되어야 함과 동시에 각 노동자가 이 같은 과업을 확실히 완수하는 데 필요한 표준적 요건과 도구가 준비되어야 한다.

③ 성공에 대한 고임금(hign pay for success)
노동자가 과업을 달성할 경우에는 반드시 높은 임금이 지불되어야 한다.

④ 실패에 대한 손실(loss in case of failure)
과업을 달성하지 못한 경우에 노동자는 자신이 반드시 손실을 감수해야 한다.

테일러는 임금지급의 방법으로 차별성과급제도를 창안하였다. 만약 작업자가 어떤 생산표준량을 달성한다면, 그들은 표준적 임금률에 따라 지급된다. 그러나 표준량보다 더 많이 생산한 작업자는 단지 표준량을 초과한 부분에 대해서뿐만 아니라 모든 생산품에 대하여 보다 높은 임금률을 적용하여 지급된다. 그는 만약 작업자들이 더 많은 돈을 벌 수 있다면 더 열심히 일할 것이라고 생각하였다.

테일러는 고임금 저노무비의 목표달성을 위한 전제조건으로 과업을 과학적인 방법으로 수행할 수 있도록 시간연구(time study)와 동작연구(motion study)를 실시하였다. 이는 작업자가 실시하는 직무를 과업으로, 과업을 다시 요소동작으로 세분한 후 불필요하고 낭비적인 동작을 제거하고 직무를 수행하는 최선의 표준화된 작업방법과 이러한 직무를 수행하는 표준시간을 측정하는 연구를 말한다.

길브레드 부부는 테일러의 뒤를 이어 시간·동작연구를 더욱 발전시키는 데 공헌하였다. 그들은 과업구조를 연구하기 위하여 동작 사진촬영기법을 사용하였고, 이러한 과업구조의 변경을 통하여 18개의 동작을 5개로 줄이고 생산량도 200% 이상 증가시킬 수 있었다.

테일러의 과학적 관리론은 실무에서의 중요한 영향은 물론이고, 오늘날까지도 과학적 관리의 기본원칙은 공장과 산업활동에 있어서 중요한 부분을 차지하고 있다. 그러나 과학적 관리는 다음과 같은 몇 가지의 문제점으로 한계점을 나타내고 있다.

첫째, 인간을 기계적 존재로 보고 있다는 것이다. 인간행위의 내면적 측면을 고려하지 않고 인간의 존엄성을 무시하였으며, 조직을 '인간 없는 조직'이라고 평가할 정도로 기계적이고 반복적인 작업만을 하도록 만들었다.

둘째, 인간은 경제적 유인에 의해서만 동기유발이 된다고 보았다는 점이다. 인간은 경제적 욕구만을 가진 단순한 존재가 아니라 다양하고 복합적인 욕구를 가진 존재이다.

셋째, 작업의 능률에 주로 초점을 맞춤으로써 조직을 폐쇄체계로 보았다는 점이다. 그러나 조직은 환경변화에 대하여 폐쇄적일 수 없으며, 오히려 개방체계인 것이다.

한편 테일러의 과학적 관리는 자동차 왕 헨리 포드(Henry Ford)에 의해 계승 · 발전되었다. 포드는 현대 대량생산체제를 태동시킨 장본인으로서 과학적 관리법을 더욱 확산시키는 데에 결정적인 공헌을 하였다.

과학적 관리법의 대표적 관리방식으로 포드시스템을 들 수 있다. 포드는 1914년 그가 소유하고 있는 자동차 생산공장에 컨베이어 시스템(conveyor sys tem)을 도입함으로써 대량생산과 원가절감을 달성할 수 있었다. 포드는 각 작업을 단순작업으로 분해하고, 각 작업의 소요시간을 평균화(tact system)하여 일정한 속도로 이동하는 컨베이어 시스템에 따라 전 공정을 연결하여 동시에 진행시켰다. 이러한 이동조립방법에 의하여 작업능률을 향상시키고, 원가절감과 대량생산을 실현하였으며, 나아가 그의 공장에서 생산되는 자동차의 판매가격을 인하시킬 수 있었다. 이와 같은 컨베이어 시스템에 의한 유동작업을 기반으로 한 새로운 생산관리방식을 포드시스템 또는 동시관리(management by synchronization)라고 한다.

포드는 포디즘을 실현하기 위해서는 경영합리화에 의한 원가절감뿐이라고 여기고 경영합리화에 대한 구체적인 방법으로 생산의 표준화와 이동조립법을 채택하였다. 이때 컨베이어 벨트에 의한 이동조립 생산방식은 표준화가 전제되어야 하는데 생산의 표준화에 대하여 포드가 구상한 내용은 제품의 단순화, 부분품의 규격화, 기계 및 공구의 전문화, 작업의 단순화 등 이었다.

이것을 포디즘의 3S라 하며, 3S는 단순화(simplification), 전문화(specialization), 표준화(standardization)를 가리킨다. 이러한 표준화에 의하여 부품의 호환성이 가능하게 되었고, 호환성 부품은 연속 대량생산을 가능하게 하였으며 또한 소비자에게도 부품의 신속한 교환과 수리를 가능하게 해 주었다.

포드시스템이 생산의 표준화를 통해 대량생산을 이루었지만 반면에 다음과 같은 문제점을 가지고 있다.

첫째, 작업자의 작업속도를 강제한다. 컨베이어에 의한 작업의 진행은 사람의 작업활동을 기계설비의 흐름에 종속시켜 자칫 작업자의 비인간화를 초래할 수 있다.

둘째, 한 공정의 작업상태가 전체 공정에 영향을 미친다. 한 공정에서 작업이 정지되거나 지연되면 이동 공정으로 이루어진 전체 공정이 정지되거나 지연된다.

셋째, 설비투자비가 너무 높아 제품 단위당 제조원가에 미치는 영향이 크다. 특수한 기계설비는 고가장비여서 불경기나 노사분규, 자재조달 차질과 같은 사태가 일어나면 적정 조업도를 유지하지 못하므로 제조원가가 상승한다.

넷째, 대량생산을 위해 제품을 단순화하는 탓으로 시장에서 고객의 다양한 요구에 적절한 대응을 하지 못한다.

포드는 양질의 제품을 저가로 공급하는 '봉사의 기관'으로서 기업을 강조하였다. 즉 기업은 사회에 대한 봉사기관이며, 종업원에게는 고임금을 주고 소비자에게는 저가격으로 봉사해야 한다는 고임금과 저가격(high wage and low price)의 원리를 적용하였다. 기업을 단순히 이윤의 동기로만 보는 당시의 상식을 뒤집고 대기업에 알맞은 근대적 경영이념을 제시한 것이다.

사례 2-3 포드 자동차는 진정한 산업혁명의 성공 사례

1896년 포드차(포드 홈페이지)

산업혁명은 영국에서 시작됐다. 처음 산업혁명을 주도한 것은 면공업이었다. 증기력을 동력으로 이용해 기계화된 생산공장 방식에 적용했다. 이렇게 시작된 공업화는 자연스럽게 기계를 만들기 위한 철과 에너지 원인 석탄 분야를 발전시켰다. 연관산업으로 퍼져나가면서 공업화가 진전된 것이다.

산업혁명은 기술혁신의 과정이었다. 새로운 기술을 접목하고 과학을 활용하면서 점차 영역을 넓혀 나갔다. 새로운 재료, 원자재를 찾아 활용하면서 새로운 상품을 만들고 산업화했다.

지금 인류가 풍요롭게 누리고 있는 물질문명은 증기기관을 활용한 공업화에 이은 자동차, 전기, 화학 공업의 기술 혁신에서 비롯됐다. 이를 주도한 나라는 독일과 미국이었다. 1867년 내연기관이 처음 등장한 이후 1876년 독일에서 디젤 엔진이 발명됐다. 1896년에는 4기통 자동차가 처음 판매됐다. 그 주인공은 32세의 헨리 포드였다.

미국의 자동차 왕 헨리 포드는 훗날 자신의 이름을 따 '포디즘'이라고 불리게 될, 매우 혁신적인 생산 방식을 고안했다. 포디즘은 간단히 말하면 컨베이어 벨트로 길게 이어진 대규모의 자동차 조립, 생산 라인이다. 효율적인 생산 체계를 구현하기 위해 고심하던 포드는 당시 미국 최대의 우편 회사에서 물류 체계를, 시카고의 거대한 도축장에서 라인 생산이라는 아이디어를 얻었다고 한다.

포디즘은 포드 공장의 노동 생산성을 비약적으로 향상시켰다. 완성된 자동차가 공장 안에서 밖으로 그야말로 물 흐르듯 튀어나왔다. 포드의 대표작인 'T형 자동차'는 한 대를 만드는 데 원래 750분이 걸렸으나 컨베이어 벨트에 올린 뒤부턴 93분으로 제작 시간이 크게 단축됐다. 이러한 놀라운 변화를 가져온 컨베이어 벨트는 지금은 전 세계 어느 공장을 가도 쉽게 찾아볼 수 있게 됐지만 당시에는 매우 획기적인 장치였다. 부품생산에서도 규모의 경제를 실현했다. 부품을 규격화하고 호환성을 확보하기 위해 정밀도를 높였다. 이는 정밀한 기계를 통해 이루었다.

자동차가 대량 생산되기 시작하자 차의 가격도 그만큼 낮아졌다. 포드가 1908년 최초의 T형 자동차를 세상에 내놓을 무렵, 다른 회사의 자동차 값은 평균 2000달러였다. 포드는 이때 T형 자동차를 불과 825달러에 내놨다. 그 뒤에도 T형 모델은 생산성이 올라가 가격이 계속 내려갔고, 1913년에는 550달러, 1920년에는 255달러에 판매됐다. 값싸고 질 좋은 자동차가 시장에서 무섭게 팔려 나갔음은 물론이다.

포드는 여기서 그치지 않았다. 포드는 차의 값을 낮추면서 임금을 올렸다. 1910년대 미국의 철강 노동자들은 평균적으로 하루 12시간을 일하고 1달러를 받았는데, 포드는 자신의 노동자들에게 하루 8시간 일을 시키고 5달러를 줬다. 새로운 생산 방식으로 생산성이 높아진 결과가 임금 인상으로 연결된 것이다. 1910년대 하루 8시간 노동은 누구도 상상하지 못했던 일이다.

높은 임금을 받게 된 포드 공장의 노동자들은 돈을 모아 자신이 생산한 자동차를 구매할 수 있었다. 당시에 자동차는 부유한 사람들이 구입할 수 있었던 상품이었다. 그런 고가의 자동차를 노동자가 구입할 수 있게 된 것이다.

포드의 대량생산 방식에 의한 혁신은 부유층의 상징이었던 자동차를 대중적인 생필품으로 자리 잡도록 했다. 이는 소비자의 편익을 획기적으로 높인 진정한 산업혁명의 성과라고 하겠다. 우리 사회에 4차 산업혁명을 역설하는 목소리가 높다. 혁신은 소비자의 편익을 얼마나 높이느냐에 그 성공이 판가름 난다는 점을 포드 자동차가 잘 보여주고 있다.

출처 : 아시아투데이, 2017. 12. 29일자

(2) 경영관리론

프랑스의 페이욜(Henri Fayol)은 관리과정론(management process) 혹은 고전적 관리론으로 불리는 경영관리론을 최초로 체계화하였다. 테일러의 과학적 관리론이 작업장 및 개별 작업자의 능률과 생산성을 증대시키는 데에 초점을 맞추고 있지만, 경영관리론은 공장과 같은 복잡한 조직에 대한 관리지침을 제시할 목적으로 등장하였다. 이 이론을 주장하는 사람들은 조직 전반을 효율적으로 관리하는 보다 광범위한 문제에 초점을 맞추었다.

이들은 모든 조직에 공통으로 적용할 수 있는 보편적인 원칙이나 이론을 개발하는 데에 목적을 두었다. 더욱이 이들이 개발한 원칙 또는 이론들은 과학적인 방법론보다는 주로 개인의 직접적인 경험에 의존한 것이 특징이다.

페이욜은 경영자의 관리행동을 몇 가지 주요 기능으로 분류하고, 이 기능들이 효과적으로 발휘되었을 때 기업목표가 달성되는 것으로 보았다. 그리고 조직의 구성 및 종업원들의 관리에 관한 원칙들을 확립하였다.

페이욜은 기업경영의 활동을 여섯 가지로 분류하였는데 이는 다음과 같다.

① 기술적 활동(생산)
② 상업적 거래활동(구매, 판매, 교환 등)
③ 재무적 활동(자본의 조달 및 운용)
④ 보전 활동(개인과 재산의 보호)
⑤ 회계적 활동(비용, 수익 및 부채 등의 통계 기록)
⑥ 관리적 활동(계획, 조직, 명령, 조정, 통제 등)

또한 페이욜은 다음 〈표 2.1〉에서와 같이 14가지 일반적인 관리의 원칙(principles of management)을 제시하고 있다.

경영관리론은 나중에 원리의 일반성과 보편성에 있어서 많은 비판을 받았다. 사이몬(H. A. Simon)은 경영관리론에서 관리 원칙들이 너무 중복되는 것이 큰 결함이며, 서로 중복되고 과학적 방법으로 이론적 근거를 제시하는 데 불충분하다고 지적하였다.

〈표 2.1〉 페이욜의 경영관리의 원칙

원 칙	내 용
1. 분업 (division of labor)	작업은 분업을 시켜야 하며, 분업은 일을 전문화시키고 전문화는 효율성을 높여 작업생산량을 증가
2. 권한과 책임 (authority & responsibility)	경영자는 하급자에게 지시를 할 수 있는 권한이 있어야 하며, 권한과 함께 책임이 뒷받침되어야 함
3. 규율 (discipline)	규율은 조직과 종업원 간의 행동에 대한 규칙이며, 위반 시에는 벌칙을 사용
4. 명령의 통일 (unity of command)	종업원은 오로지 한 사람의 상급자로부터 명령과 지시를 받아야 함
5. 지휘의 통일 (unity of direction)	종업원은 한 사람의 경영자에 의해 계획되고 지휘되어야 함
6. 공공이익에 대한 개인이익의 종속 (subordination of individual interest to the common good)	개인의 이익이 조직의 이익에 우선해서는 안됨
7. 개인의 보상 (remuneration of personnel)	일한 대가는 공정하게 보상되어야 함
8. 집권화 (centralization)	조직의 각 부분을 총괄할 수 있는 중심점이 있어야 함
9. 계층성 (hierarchy)	권한계층이 상층에서 하층에 이르기까지 연결되어야 함
10. 질서 (order)	조직 내의 모든 인적 · 물적 자원은 적절한 시간과 적절한 장소에 있어야 함
11. 평등 (equity)	경영자는 모든 부하들에게 우호적이고 평등해야 함
12. 인력의 안정성 (stability of staff)	종업원의 높은 이직율은 비능률을 초래, 고용 안정을 추구하여야 함
13. 솔선 (initiative)	종업원에게 계획수립과 수행에 참여와 자율을 부여하도록 함
14. 단결심 (esprit de corps)	단체정신의 촉진으로 조직의 협동노력과 일체감을 유발

오늘날에도 페이욜의 조직이론은 많이 활용된다. 다만 서로 다른 조직들이 전적으로 동일한 원칙을 적용하는 경우는 거의 없다. 왜냐하면 조직이 처한 상황은 다양하며 그래서 적용되는 원칙들도 다양할 수밖에 없기 때문이다.

2) 인간관계론

(1) 인간관계론의 탄생 배경

테일러의 과학적 관리나 포드시스템은 인간을 오직 임금 획득이라는 경제적 동기에서 합리적이고 자동적으로 일하는 기계로 간주하였다. 그래서 노동자의 근로의욕 감퇴로 목표지향적인 협력체계가 확립되지 못하여 생산성과 능률을 저하시키게 되었다. 그들의 경영관리는 인간의 기계화와 소외로 종업원의 불만을 가중시켰고, 오히려 노동 능률이 떨어지게 되어 강한 비판을 면하지 못하였다.

따라서 대량시장을 위한 대량생산의 생산합리화를 위해서는 인간상호 간의 관계를 중요시하여, 인간행동과 욕구 간에 부합되는 동기(motivation)를 고려하게 되었다. 그래서 개인의 차이에 대한 상호이해를 합리적으로 조정해서 인간의 존엄성을 인정함으로써 인간의 목표지향적인 협력체계를 확립하는 인간관계의 경영이론이 등장하게 되었다.

경영관리론을 주장했던 사람들은 공정한 보수의 지급, 경제적 인센티브의 제공 및 공식적 관계의 확립 등과 같은 문제들에 대해 관심을 보이기는 했지만, 인적 요소를 조직유효성에 관한 중요한 요건으로는 파악하지 못하였다. 이에 대한 일종의 반성으로서 생겨난 것이 바로 인간관계론(human relations)이다.

(2) 호손실험

인간관계론을 정립한 대표적인 인물로는 미국 하버드대학의 메이요(E. Mayo)와 뢰스리스버거(F. J. Roethlisberger)를 들 수 있다. 인간관계론이 본격적으로 등장한 결정적인 계기는 바로 메이요 등에 의해 실시된 호손실험(Hawthorne Experiment)이다. 1927년부터 1932년 사이 4회에 걸쳐 웨스턴 전기회사의 호손공장에서 작업현장에 있어

〈표 2.2〉 호손실험

단 계	실험내용	실험결과
1단계 (1924~1927년) 조명실험	공장 내의 조명도와 종업원의 피로에 의한 생산능률의 상관관계를 규명하려는 실험	조명도와 생산능률 간에는 아무런 상관관계가 없음
2단계 (1927~1928년) 계전기 조립작업실험	계전기를 조립하는 여공을 상대로 작업조건과 생산성과의 관계를 실험 (실험기간 중 휴식시간의 연장과 간식의 제공, 작업시간의 단축 등)	작업에 있어서 물리적 조건보다는 인간의 인정감, 책임감 등의 심리적 만족감이 더욱 중요
3단계 (1928~1930년) 면접실험	검사부에 근무하는 종업원을 면접방법을 통해 불평 불만, 고충 등의 의견을 수렴하기 위해 실행	생산능률의 저하는 물적 작업조건의 미비에서뿐만 아니라 인간적 · 사회적 환경에 대한 개인의 부적응에서도 나타남
4단계 (1931~1932년) 배전기 전선작업실험	배전기 종업원들에 대한 면접과 관찰방법으로 종업원들 상호 간의 대면관계를 조사	종업원들 상호간에는 공식적인 조직도표상에나타나지않는 자발적인 비공식화된 조직이 형성되어 이러한 조직이 공식적 조직과 일체감을 가질 때 생산성이 향상

서의 인간행동 유형에 관한 실험을 실시하였다. 4차에 걸친 호손실험의 내용과 결과를 간략하게 요약해 보면 〈표 2.2〉와 같다.

호손실험은 우리에게 조직에 있어서 능률의 논리를 따르는 공식집단(formal group)보다는 감정의 논리를 따르는 비공식집단(informal group)이 생산성 향상에 더 중요한 역할을 한다는 사실을 가르쳐 주었다. 그러므로 인간관계론에서 중요한 것은 경영자들의 효과적인 감독, 종업원과의 상담, 작업장에서의 의사소통 등과 같은 인간관계 지향적인 방법들을 사용해야 한다는 점이다.

그 후 인간관계론은 리더십과 소집단 행동에도 많은 영향을 미쳤으며, 1940년대부터 발전한 행동과학의 기초를 마련하였다. 그러나 이러한 인간관계론에도 몇 가지의 한계점을 내포하고 있다. 감정적, 정서적 인간의 중요성을 발견한 것에 대해 흥분한 나머지 공식조직은 무시하고 비공식조직집단만을 강조했으며, 합리적 · 경제적 요소를 등한시 하고 감정만족과 인간관계 유지에만 경영력을 집중시키는 실수를 했던 것이다. 그래서 과학적 관리법이 '인간없는 조직'이라고 비판 받은 것처럼 인간관계론은 '조직없는 인간'의 시각을 갖고 있다고 많은 비판을 받았다.

인간의 욕구충족, 동기부여 문제에 초점을 맞춘 학자들로는 매슬로우(A. Maslow), 아지리스(C. Argyris), 허쯔버그(F. Herzberg) 및 맥그리거(D. McGregor) 등을 들 수 있으며, 조직에 있어서 리더십을 중심으로 연구한 학자들로는 리커트(R. Likert), 블레이크(R. R. Blake) 및 무톤(J. S. Mouton) 등이 있다.

3) 행동과학론

행동과학론(behavioral science)은 인간관계론의 등장 이후 조직에 있어서 인적 요소의 역할을 더욱 체계적으로 연구하고자 심리학, 사회학 및 문화인류학 등의 사회과학 분야를 종합하여 접근한 연구방법이다.

행동과학적인 접근은 조직의 설계 및 관리에 행동과학적 개념 및 이론을 도입함으로써 종업원들로 하여금 최대한의 잠재능력을 발휘하게 하는 데에 목적을 두고 있다. 행동과학자들은 인적자원의 유효성을 증대시키는 것이 결국은 조직의 유효성을 증대시키는 것이라고 믿었다. 그래서 그들은 과학적인 분석을 통해서 작업장의 인간행동을 설명, 예측함으로써 조직의 설계와 관리에 반영시키는 것이 바람직한 것으로 보았다.

대표적인 행동과학자들은 피들러(F. Fiedler), 브룸(V. Vroom), 로크(E. Locke), 맥클리랜드(D. McClelland), 해크맨(R. Hackman) 등과 같은 심리학자들이 리더십, 동기부여, 직무설계에 대한 이해에 중요한 기여를 했다.

그러나 행동과학자들의 공헌에도 불구하고 이 분야의 잠재력이 완전히 실현되지 않았다고 보았다. 왜냐하면 많은 경영자들은 행동과학자들이 제시한 모델과 이론이 너무 추상적이고 복잡하다는 이유로 특수한 경영현실의 문제들을 적용하기가 곤란하다는 지적을 했기 때문이다.

4) 계량경영론(경영과학론)

제2차 세계대전 당시 영국군이 처음으로 OR(Operations Research)팀을 구성하여 전쟁에서 성과를 거두게 되었고, 전후에는 OR기법이 산업계에 적용되어 기업의 실제 문제들을 효과적으로 해결할 수 있었다. 그래서 OR 전문가들에 의한 계량적 접근법은 그 이용이 더욱 늘어났는데, 컴퓨터의 등장과 보급은 경영과학적 접근법을 급속도로 발전시켰다.

계량적 접근법은 모형(model)의 개발 및 적용을 통해 현실의 복잡한 경영문제의 해결에 유용할 뿐만 아니라, 특히 불확실하고 위험한 상황하에서 경영자의 최적 의사결정에 매우 효과적인 도구가 되었다. 오늘날 경영과학(MS/OR)은 각종의 조직에서 빈번히 발생하는 자본예산, 현금관리, 생산계획, 제품전략, 인적자원 개발계획, 최적재고, 공장입지의 결정, R&D(연구개발) 등의 분야에 적용되어 큰 효과를 나타내고 있다.

경영과학적 접근법의 이용은 더욱 확대되어 갈 경향이지만, 실제로 경영문제에 적용하는 데에는 몇 가지 한계점이 존재한다. 첫째, 현실의 경영문제는 매우 복잡하고 계량적 방법으로 개발된 모형들은 극히 단순하다는 점, 둘째, 경영과학기법은 각종의 통계자료를 필요로 한다는 점, 끝으로 경영과학기법은 경영현상의 구조적인 변화가 극심한 경우에는 유용하게 활용되기 곤란하다는 등의 한계가 있다.

5) 시스템이론

시스템이론(systems theory)은 생물학자인 버틀란피(L. V. Bertalanffy)가 창시한 것으로 동물들이 어떻게 먹이를 먹고, 배설물을 발생시킴으로써 균형상태를 유지하는지를 설명하기 위한 이론이었다. 그러나 1960년대에 연구자들은 경영을 시스템의 관점에서 조직을 분석하기 시작하였다.

경영은 상호 관련된 여러 부분들로 이루어진 복합적이고 합목적적인 하나의 시스템(system)이라고 할 수 있다. 시스템이론은 경영의 각 구성요소들을 따로 분리해서 생각하는 것이 아니라, 각 요소들을 하나의 전체로서 간주함으로써 어느 한 부분의 활동이 다른 모든 요소들에도 영향을 미치고 있음을 전제로 한다.

시스템이론에서는 조직의 각 구성요소와 경영활동들을 동태적이고 상호관련적인 차원에서 보고 있다. 기업 내의 모든 활동이나 관계들을 시스템으로 인식한다면, 경영자는 전체와 부분, 그리고 그들 상호간의 관계를 더욱 명확하게 규명할 수 있으므로 경영상의 의사결정 또는 문제해결이 더욱 용이해질 수 있게 된다.

기본적인 형태의 시스템은 폐쇄형과 개방형의 두 가지가 있다. 폐쇄형시스템(closed system)은 환경의 영향을 받지 않고, 환경과 상호작용을 하지 않는다. 사람과 조직에 대한 테일러의 기계적 관점은 바로 폐쇄형의 시스템 견해였다. 그러나 개방형시스템(open system)은 시스템과 환경의 역동적인 상호작용을 인정한다. 비록 바나드(Barnard)가 1930년대에 개방형시스템으로서의 조직개념을 제안하기는 했지만, 그 개념이 광범위하게 수용될 때까지는 30년이 넘는 오랜 시간이 걸렸다. 오늘날 우리가 시스템으로서의 조직을 말할 때는 개방형시스템을 말하며, 조직은 환경과 끊임없는 상호작용을 하고 있다는 것을 알아야 한다.

〈그림 2.1〉은 개방형시스템의 관점에서 조직의 형태를 나타내고 있다. 투입(input)에는 원재료, 인적자원, 자본, 기술, 정보 등이 포함되며, 변환과정(transformation process)에서 투입 대상물들은 근로자들의 작업활동, 경영활동, 조직의 기술과 운영방법 등을 통해 완제품 또는 서비스로 전환시킨다. 산출(output)에는 제품과 서비스, 재무결과, 종업원들의 직무만족도와 생산성과 같은 인적 결과가 포함된다.

또한 피드백(feedback)은 시스템을 통제하는 데 열쇠가 된다. 시스템에서는 원하는 제품이나 서비스를 생산하기 위하여 변환공정의 결과인 산출물에 대해서 측정이 이루어지고, 이 산출물을 사용하는 고객과 시장에 대한 조사가 이루어지는데, 이러한 정보는 투입물의 선정과 변환공정에 반영하여야 한다.

시스템은 환경(environment)과의 효과적인 상호작용에 따라 궁극적인 성공여부가

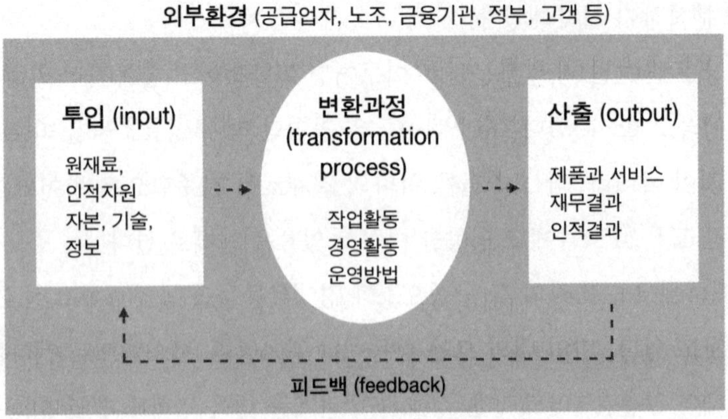

〈그림 2.1〉 시스템의 구성요소

가려진다. 이러한 환경요인에는 경제적, 사회적, 정치적, 기술적 요인 등의 거시요인은 물론이고, 납품업자, 노동조합, 금융기관, 정부기관, 고객 등의 과업관련 요인들도 포함된다.

시스템이론은 경영이나 조직현상을 이해하는 데 많은 도움이 있었지만, 조직운영에 관련된 해결책을 찾기에는 너무 추상적이고 복잡한 문제가 많다는 지적을 받기도 하였다.

6) 상황이론

1960년 이후 경영의 사고에 공헌을 한 이론은 상황이론(contingency theory)이다. 고전적, 행동적, 계량적인 접근법들은 다양한 상황에서 기업을 경영함에 있어서 가장 좋은 방법을 적용하려 했기 때문에 보편적 관점이라고 한다. 즉 모든 상황에 동일한 경영원칙을 적용하려 한 것이었다.

그러나 상황이론은 각 조직은 유일하기 때문에 모든 조직에 일률적으로 보편적 이론을 적용할 수 없다고 주장하였다. 즉 어떤 상황에 가장 알맞는 경영활동은 그 상황에 유일한 요소들에 의존한다는 것이다. 어떤 상황에서는 가장 효과적인 행동일지라도 모든 다른 상황에 이를 일반화할 수 없다는 것이다. 모든 상황이 다르기 때문에 결과가 다르고, 어떤 상황에서 가장 효과적인 방법이 다른 상황에서는 전혀 다른 결과를 가져오는 것이다.

각 상황에서 조직에 영향을 미치는 요소들을 정의함에 있어서 고려해야 할 중요한 요인들은 환경, 기업규모, 기업문화 등이다. 예를 들면 대기업에서는 기업활동을 관리하기 위해 좀 더 구조적이고 엄격한 틀, 규정, 정책 등을 사용하지만, 중소기업에서는 공식적인 구조에 덜 의존하고 작업자들에게 자율적 결정권을 부여하는 것이 효과적이라고 할 수 있다. 대기업에서는 좀 더 관료적 경영스타일이 어울리고, 중소기업에서는 좀 더 행동적 이론이 적용되어야 한다는 것을 의미한다.

상황이론이 시스템이론과 다른 점이라면, 시스템이론이 조직 각 부분의 상호관련성을 중요시하는 데 비하여 상황이론은 그러한 상호관련성의 성격에 초점을 맞추어 특정의 과업 또는 문제의 결정적인 요인들을 찾아내어 각 요인들 사이의 기능적인 관

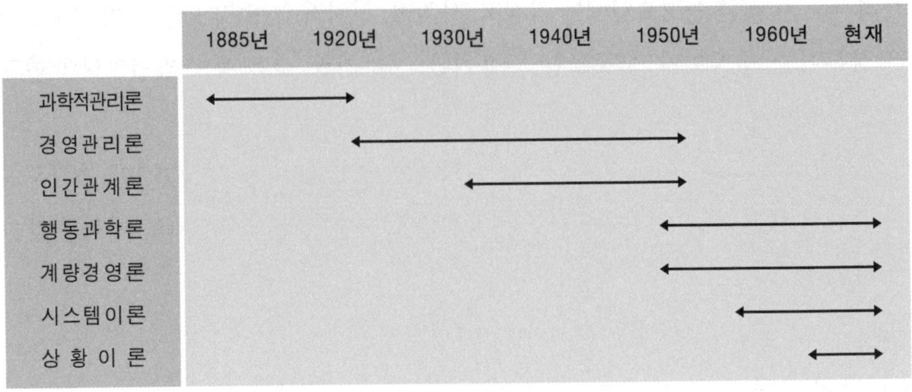

〈그림 2.2〉 미국 경영학의 시대적 발전과정

자료: 오상락, 『경영학원론』(서울: 박영사, 1992), p. 81.

련성을 뚜렷이 하려는 데에 그 차이를 발견할 수 있다.

이상 시대의 흐름에 따른 미국 경영학의 발전과정을 요약하면 〈그림 2.2〉와 같다.

4. 한국의 경영학

우리나라의 경영학은 조선시대 동안 독자적인 거래기술이나 장부를 다루는 기법이 생성하여 전해진 것으로 알려져 있다. 그러나 송도부기와 개성부기를 제외하고는 비공개리에 전수되었기 때문에 그 문헌을 찾아보기가 어렵다. 더욱이 일제침략 36년간 일본에 합병되어 우리의 전통적인 학문을 연구할 수 없었기 때문에 독자적인 경영학에 관한 학문적 발전은 없었다. 다만 일본의 단편적인 상업학이 연구되었을 뿐이며, 그 후 우리나라에는 독일 경영경제학의 학문체계가 일본을 거쳐 일제식민지 시대를 통해 수입된 바 있다.

1954년 고려대 정수영 교수의 '경영경제학'이 우리나라에서 처음으로 출판된 경영학의 교재였으며, 1961년에 '경영학원론'으로 명칭을 변경했다. 이는 경영학의 이름이 어떻게 변화되어 왔는지를 알게 한다.

우리나라에 경영학이 처음으로 도입된 명확한 연대를 규명하기는 어렵지만 그 발자취는 대체로 다음과 같은 몇 가지 단계로 나누어 설명할 수 있다.

첫째 단계는 일제통치하에서 보성전문학교(현 고려대학교), 연희전문학교(현 연세대학교), 경성고등상업학교(현 서울대학교 경영대학) 등의 교육기관이 일본어로 된 경영학 교과목을 채택하였다는 사실이다. 물론 당시의 우리나라 경영학의 내용은 독일 경영경제학의 영향 아래에 있었던 일본의 경영학을 그대로 답습하는 정도에 그쳤으며, 그 내용은 대체로 경영학방법론과 경영비용론 등에 관한 것이었다.

둘째 단계는 1945년의 해방으로부터 6.25동란의 해인 1950년에 이르는 기간으로서 극심한 국내외정세의 불안정 때문에 다른 학문 분야에서와 마찬가지로 경영학에 있어서도 뚜렷한 업적이 나타나지 않았다. 이때의 특기할 사실은 1950년에 계리사제도(현 공인회계사제도)가 생겼으며, 이에 따라 경영학이 시험과목의 하나로 채택되었다는 점이다.

셋째 단계는 1950년대의 10년 간을 들 수가 있는데, 이 기간에는 내외정세의 안정화 추세, 동란 후의 재건 붐 등이 크게 작용하여 경영학계에서도 많은 연구업적이 나타났다. 각 대학들은 앞 다투어 경영학과를 신설하였고, 1957년에는 경영합리화 내지는 생산성향상 운동을 뒷받침하기 위한 조사기관으로서 현재의 한국생산성본부(K.P.C.)가 창설되고, 같은 해 12월에는 한국경영학회가 발족되었다. 이어 1958년에는 ICA(미국국제협조처)의 기술원조계획에 의거 고려대학교와 연세대학교가 미국의 워싱턴대학교(Washington University)와 5개년 간의 교수교환계약을 체결함으로써 미국 경영학의 직접적인 도입계기가 마련되었다.

넷째 단계는 1960년대 시작하여 오늘에 이르는 기간인데, 이 기간 중에 성공적인 경제개발 5개년 계획의 추진에 힘입어 고도의 경제성장이 달성되었다. 이 같은 추세에 따라 경영학계의 업적도 크게 늘어났다. 각 대학들에서는 교과과정을 경영학 중심으로 재편성하는 일에 착수하는가 하면, 이른바 산학협동의 취지 아래 유능한 경영간부양성을 목적으로 경영대학원을 설립하였다. 이리하여 오늘에는 거의 대다수의 상경계 대학에서 경영학과를 설치 · 운영하기에 이르렀고, 경영대학원 · 경영전문대학원이 현재 많은 대학들에 설치 · 운영되고 있다.

한국경제는 세계시장에서 조선업, 철강업, 반도체 등의 산업부문에서 두각을 나타내는 성과를 거두었다. 최근에는 자동차, LCD TV 및 스마트폰을 비롯한 IT기기 분야에서도 경쟁력이 크게 높아지고 글로벌시장에서의 시장점유율도 더욱 높아져 가고 있다. 이와 더불어 국내의 일부 기업들은 해외의 유수기업들에 대한 M&A(기업 인수합병)도 활발히 성사시키고 있다.

그래서 미국 및 유럽 등 선진국의 저명한 대학들에서는 한국의 경영자 및 기업에 대한 소위 '한국경영학'에 대한 관심이 높아져 한국의 주요 글로벌기업 사례를 연구하는 강좌가 개설되기도 했다. 또한 동남아를 포함한 여러 지역의 국가들이 한국의 기업경영에 많은 관심을 갖고 벤치마킹 하려는 경향을 보이고 있다.

이제 한국의 기업 및 CEO들도 글로벌 시각과 사고로 무장하고 지구촌 곳곳에 세계경영을 전개하고 있어서 한국의 경영학이 세계인의 주목을 끌고 있음은 너무도 당연한 일이라 하겠다. 따라서 앞으로는 선진국을 포함한 각국의 연구대상으로서의 '한국경영학'의 위상은 더욱 높아질 것으로 보인다.

제3장

기업환경

1. 기업환경의 의의 및 중요성

오늘날 외부환경은 끊임없이 변화하면서 기업에 막대한 영향력을 행사하고 있다. 아시아와 유럽의 기업들이 세계시장에서 미국 기업에 강한 경쟁자로 부상했으며, 인터넷과 같은 정보통신기술의 발달로 정보의 교환이 획기적으로 빨라졌다.

따라서 오늘날의 경영자들은 기업을 경영함에 있어서 글로벌하게 사고하고, 수 많은 외부환경의 변화를 예상하여 이에 대응하도록 하는 압력 속에 놓여 있다. 본 절에서는 기업환경의 의의와 그 중요성에 대하여 살펴보고자 한다.

1) 기업환경의 의의

오늘날 기업을 둘러싼 경영환경 또는 기업환경은 급속히 변화하고 있으며, 앞으로도 더욱 가속화될 것으로 전망된다. 특히 오늘날과 같이 경영환경의 변화가 급속히 일어나는 시기에 있어서는 기업이 경영환경과 어떤 관련성을 맺으며, 어떻게 경영환경의 변화에 대응할 것인가의 문제가 기업의 사활을 결정할 정도로 매우 중요하다.

인간을 중심으로 할 때 환경(environment)이란 인간의 외부에 있는 사물이나 여건을 지칭한다. 즉 우리들의 주변 생활에서 직·간접으로 접촉하거나, 어떤 관계를 맺거나 또는 우리에게 영향을 미치는 외부의 사물이나 여건 등을 환경으로 인식한다.

기업에 있어서도 자사에게 직 · 간접적으로 영향을 미치는 외부의 사물이나 여건, 상황 등을 기업환경으로 인식한다. 예를 들어 기업이 만든 제품을 구입해주는 소비자, 임금 및 고용조건을 둘러싸고 기업과 교섭을 행하는 근로자 및 노동조합, 유사한 제품을 놓고 시장에서 경쟁하는 타기업, 경제 상황, 환경보호주의의 대두 등이 모두 기업환경인 것이다.

기업을 하나의 시스템으로 파악한다면 기업환경(business environment)이란 기업경영 시스템의 경계 외부에 존재하여 여기에 영향을 미치는 여건이나 상황을 말한다. 이처럼 기업환경이 기업에 영향을 미친다고 가정하는 것은 기업을 하나의 개방시스템(open system)으로 파악하기 때문이다. 만약 기업을 외부환경과는 완전히 단절된 폐쇄시스템(closed system)으로 간주한다면 기업환경을 고려할 필요가 없을 것이다.

이처럼 광범위한 영향력을 행사하는 기업환경은 한편으로 기업에게 성장의 기회를 제공하기도 하고 다른 한편으로는 기업의 생존 문제에까지 영향을 미칠 수 있는 위협요인이 되기도 한다. 그러나 대부분 기업환경의 변화로부터 야기되는 성장기회와 생존위협은 기업이 이에 어떻게 대응하느냐에 따라 상이한 결과를 초래하게 된다.

즉 기업에게 불리한 환경변화에 직면한 기업들 중에서도 신속한 대응을 통해 위협요인을 극복한 기업은 다시 성장의 기회를 맞을 수 있겠지만, 이를 게을리한 기업은 실패할 위험성이 높아지게 된다. 따라서 기업은 기업환경의 변화를 긍정적인 시각에서 수용하고 이에 적극적으로 대응하려는 자세를 가질 필요가 있다.

2) 기업환경의 중요성

오늘날 기업이 당면한 환경의 문제들은 급속하게 변하고 있다. 경영학에서 기업환경의 중요성이 처음 인식되기 시작한 때에는 환경의 대상으로 시장(market)만을 고려하였다. 그러나 주주, 노동조합, 고객, 정부 등 여러 이해자집단(interest group)을 기업의 중요한 환경요소로 인식하게 되었고, 최근에는 국제환경과 정보화환경 그리고 자연환경 등이 새롭게 중요한 환경요인으로 부각되었다. 이와 같이 기업의 환경은 시대의 변천과 더불어 확대되고 있으며, 기업의 환경적응은 더욱 중요하게 되었다.

사례 3-1 '파괴적 혁신'은 잘 나갈 때 변방에서부터

비즈니스 디스럽션 준비할 땐

호황때 주력 아닌 변방 사업부터

온라인 상거래 외에 클라우드 키운 아마존의 성공이 대표적 예'

글로벌 금융위기를 예견한 나심 탈레브의 저서 『블랙 스완』을 보면 '추수감사절 칠면조' 이야기가 나온다. 천 일 동안 칠면조에게 먹이를 주며 정성껏 보살피자 칠면조는 주인이 자기를 무척 아낀다고 생각한다. 추수감사절 식탁에 오를 신세라는 것을 전혀 예상치 못한다. 이처럼 과거 경험과 고정관념으로는 예측할 수 없는 일이 벌어지는 현상을 '블랙 스완'이라 한다.

기술이 빠르게 발전하고 융합해 기존 비즈니스 구조가 허물어지면서 기업 운명을 가르는데도 '블랙 스완'이 작용하는 듯 하다. 이렇게 패러다임이 급변하는 시기에는 '기술 이노베이션(Innovation)'을 넘어 '비즈니스 디스럽션(Disruption · 파괴적 비즈니스 혁신)'으로 대비해야 한다. 디지털 카메라를 개발해 기술 이노베이션을 먼저 이루고도, 시장 출시를 꺼려 비즈니스 디스럽션에 실패한 코닥 사례는 익히 알려져 있다.

애플의 사례는 꽤 흥미롭다. 애플은 중대형 컴퓨터가 주류를 이루던 시장에 고성능 PC와 GUI(그래픽 사용자 인터페이스)라는 디스럽션으로 성공을 거둔다. 성공에 안주한 애플은 기술 이노베이션과 달리 비즈니스 디스럽션은 소홀히 하면서 침체하게 되고, 스티브 잡스가 퇴출되는 등 크게 주춤한다. 그러다 스마트폰과 앱스토어라는 디스럽션으로 화려하게 부활한다. 하지만 다시 안주 사이클에 들어가, 아이폰X의 부진과 배터리 게이트로 '벌레 먹은 애플'이라는 조롱을 받으며 침체하고 있다. 디스럽션으로 올라서고 안주로 내려앉는 사이클의 반복이다.

디스럽션은 회사가 잘 나갈 때 해야 합리적이다. 하지만 호황 기업이 디스럽션을 추진해 성공한 사례는 찾아보기 힘들다. 성장 기업에서 디스럽션을 주장하면, "지금 잘 되고 있는데 왜?" 라며, 갖은 이유로 반박당하기 때문에, 그 주장에 힘이 실리지 못한다. 그래서 대부분 기업들은 망가지기 시작해서야 부랴부랴 디스럽션을 추진하지만, 그때는 이미 추진할 동력을 상실해 대부분 실패로 끝난다.

그렇다면 기업이 잘 나갈 때 디스럽션을 추진해서 성공을 거둘 방법은 없을까? 딜로이트 센터포더엣지(Deloitte Center for the Edge) 존 헤이글 대표의 조언은 의미 있다. 먼저 주력사업보다 변방사업을 그 대상으로 선정할 것을 권한다. 주력 사업에 대한 디스럽션은 현황을 거스르는 불안감, 사업 주체들의 반발 등으로 CEO의 강력한 의지가 있어도 실행이 여의치 않다. 현실적으로 CEO는 여기에 온 힘을 쏟을 여유가 부족하고, 그 업무를 맡은 사람들도 현재에 안주해 수동적으로 진행하기 때문에 실패하게 된다. 반면 변방 사업을 디스럽션 대상으로 선정하면 조직 내 주력세력의 저항에서 훨씬 자유로울 수 있다. 변방사업 디스럽션 책임을 진 조직은 이를 주력사업으로 키워보고 싶은 의욕으로 충만해지고, 이것에 CEO가 관심과 힘을 쏟아줌으로써 성공과 추진속도를 높일 수 있다. 변방에서 성공을 체험한 이후 대상을 점차 확대하면 주력 사업도 거부하기 쉽지 않아, 조직의 저항을 최소화하면서 디스럽션을 전체로 확대해 나갈 수 있다.

이런 방식으로 디스럽션에 성공한 예가 아마존이다. 온라인 종합쇼핑몰 1위 아마존은 기존 온라인 마켓은 유지한 채 변방인 클라우드 사업을 추진하는 디스럽션으로, 이를 전세계 시장 점유율 35%, 아마존 순이익 70% 이상을 책임지는 사업으로 성장시켰다. 그리고는 미국, 영국 등에 460여 매장을 보유한 '홀푸드마켓'을 인수해 또 다른 변방인 오프라인으로 진출해, 월마트 등 기존 식품 · 유통기업들을 넘어서려 한다. 이런 변방에서의 성공에 힘입어, 최근에는 AI 스피커와 무인 마트로 주력사업 디스럽션을 추진하고 있다.

경제주간지 이코노미스트는 올해 세계 경제가 성장세를 이어가겠지만, 다음 침체기의 시작이 될 수도 있다고 경고한다. 최근 애플과 인텔이 '안주의 저주'에 발목이 잡혀 고전하고 있다. 안주하면 '화무십일홍'이다. 그렇다면 2018년 지금이 바로 우리 기업들이 비즈니스 디스럽션에 착수해야 하는 적기이지는 않을까?

출처 : 중앙일보, 2018. 2. 5일자

기업과 기업환경과의 관계에 대한 체계적인 접근방식은 다음과 같다.

첫째, 기업을 둘러싼 환경에는 어떤 것이 있는지를 미리 알아보는 것이다. 자신을 둘러싸고 있는 환경을 이해하는 것은 모든 기업에 있어서 경영활동의 첫 단계라고 할 수 있다. 그러나 환경의 종류는 대단히 많이 존재하고 복잡하여 그 실체를 정확하게 이해 또는 인지하는 일이 결코 쉬운 것이 아니다. 기업환경을 제대로 이해하는 위해서는 먼저 환경을 어떻게 분류하여 파악할 것인지가 중요하다. 환자에 대한 올바른 처방은 정확한 진단이 우선인 것처럼 환경에 대한 정확한 인식은 기업의 경영활동의 방향을 결정하는 데 매우 중요하다.

둘째, 인식된 기업환경의 변화가 기업에게 어떤 영향을 미칠 것인가에 대한 가치판단의 문제이다. 인식된 환경의 요소 가운데 변화의 크기와 속도가 서로 다르고, 또한 기업에게 기회와 위협 중 어떤 측면으로 작용할 것인지에 대한 판단을 해야 한다.

셋째, 기업은 누구나 자원을 무한히 가지고 있지 않기 때문에 환경의 변화 속에서 지속적으로 성장하기 위해서는 한정된 자원을 어떻게 사용 또는 배분하는가가 중요하다. 즉 기업의 여러 환경요인 중 중요한 환경요소를 고려하여 기업의 방향을 결정하고, 이를 전제로 자사의 경영자원을 투입하여 최대한의 산출물이 나오도록 해야 한다.

2. 기업환경의 유형

기업은 경영전략의 새로운 기회, 문제와 도전을 올바르게 발견하기 위해 기업의 단기 및 장기적 존속에 영향을 주는 전체 환경을 파악해야 한다. 전체로서의 기업환경을 서로 성격이 다른 구성환경으로 분류하는 기준 및 방식으로는 여러 가지가 알려져 있다. 그러나 가장 기본적이며 대표적인 분류방식은 환경의 조직에 대한 영향력과 조직의 환경에 대한 관리가능성을 동시에 고려하여 환경을 일반환경과 과업환경으로 분류하는 방법이다.

일반환경(general environment)이란 어떤 특정조직에 대해서만 영향을 미치는 환경이 아니라, 사회 전체에 속해 있는 모든 조직에 공통적인 영향을 미치는 환경을 말한다. 기업의 입장에서 보면, 특정 대상이 파악되지 않기 때문에 일반환경요인에 대하여 어떤 영향력을 행사하기가 어렵다. 이러한 일반환경에는 크게 경제적 환경, 사회 · 문화적 환경, 법률 · 정치적 환경, 기술적 환경, 자연적 환경 등의 요인들을 들 수 있다.

또한 과업환경(task environment)이란 기업과 매우 밀접한 관련을 가지면서 기업활동에 직접적으로 영향을 미치는 근접 환경을 뜻하며, 기업의 입장에서도 그 대상이 명확히 확인되고 어떤 영향력의 행사가 가능하여 관리 가능한 기업환경을 말한다.

앞의 일반환경이 거의 모든 조직에 광범위하게 영향을 미치는 환경이라면, 과업환경은 특정기업의 경영활동 과정에 직접적으로 영향을 주어 상호작용하는 환경이라고 할 수 있다.

일반적으로 과업환경은 기업경영활동으로 인해 직 · 간접적인 이득이나 손해를 보는 이해관계자(stakehoder)로 분류할 수 있으며, 주주, 노동조합, 소비자, 정부, 지역사회, 경쟁기업, 공급자, 금융기관 등이 포함된다. 오늘날 사회 전반적인 추세에 따라 기업경영에 대한 이들 이해관계자의 영향력은 점차 커지고 있다.

일반환경과 과업환경의 구분은 상황의 변화나 조직의 성격 · 활동에 따라 달라질 수 있다. 상황의 변화에 따라 일반환경의 일부가 과업환경으로 변화하기도 하며, 일부 과업환경은 그 영역이 더욱 넓어져 일반환경으로 흡수되기도 한다. 또한 특정기업에게는 과업환경이지만, 다른 기업에게는 일반환경에 속하는 경우도 나타날 수 있다. 다음의 〈그림 3.1〉은 일반환경과 과업환경을 구분하여 나타낸 것이다.

1) 일반환경

거시환경으로도 불리는 일반환경을 경제적 환경, 사회 · 문화적 환경, 법률 · 정치적 환경, 기술적 환경, 자연적 환경 등으로 나누어 살펴보고자 한다.

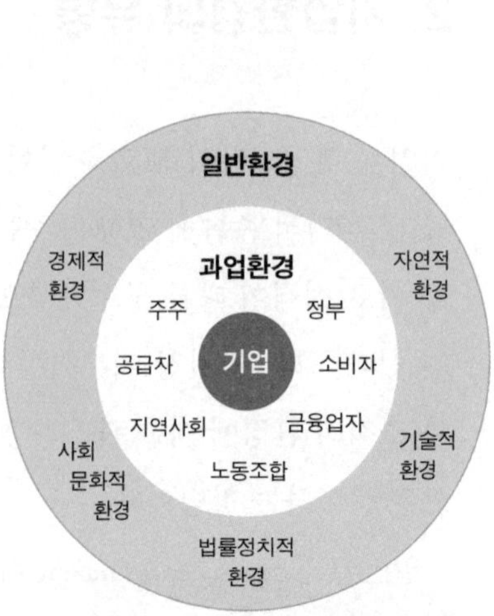

〈그림 3.1〉 기업의 환경요인들

자료: 신유근, 『현대경영학』(서울: 다산출판사, 1996), p. 55.

(1) 경제적 환경

경제적 환경(economic environment)이란 기업의 국내·외 시장에서 경쟁하고 있는 또는 앞으로 경쟁할 그 나라 경제의 성격과 방향을 의미한다. 경제적 환경의 요인들은 경제성장, 산업구조, 경쟁, 자본시장 동향 그리고 정부의 경제정책, 인플레이션, 임금, 경쟁자의 가격 등으로 제품을 생산하는 원가는 물론 그 제품의 시장조건에 영향을 미친다.

경제가 호경기에는 투자가 활발히 이루어져 많은 일자리가 창출되고 근로자의 소득이 증가되어 소비지출이 확대된다. 따라서 기업은 더 많은 제품이나 서비스를 생산하게 된다. 경기가 호황이면 모든 기업의 판매량 증가를 의미하는 것은 아니지만, 기업성장에 유리한 환경을 제공하는 것은 분명하다.

한편 불경기에는 소비자들의 소비지출이 줄어들고 사고 파는 제품이 감소하여 개인기업이 성장하는 데 어려움을 겪게 된다. 그리고 경영활동을 함에 있어서 생산시설의 확장, 근로자 채용의 문제, 은행대출에 의한 시설투자의 문제 등 여러 가지 경제환경을 검토할 필요가 있다.

따라서 국내경제의 건전성은 물론 세계경제의 일반적 상태는 기업의 의사결정에 많은 영향을 미치기 때문에 기업의 전략을 수립할 때 국내·외 경제상황의 변화와 추이에 대한 면밀한 검토가 이루어져야 한다.

우리나라는 1997년 IMF 외환위기를 맞이하여 경제환경에 큰 변화를 초래하였다. 초기에는 이자율이 급등하여 개인대출과 기업대출이 축소하게 되었고, 민간의 소비지출과 기업의 시설재투자가 저조하여 낮은 경제성장률을 가져오기도 하였다.

국가에 따라 정도의 차이는 있지만 금리, 물가, 그리고 환율 등은 경제적 환경에 일정한 영향을 미친다. 특히 우리나라에서는 소비자물가의 안정을 위하여 정부가 억제정책을 취하는 경우가 많은데, 이는 기업의 수익에 직접적으로 영향을 주기도 한다. 수출입에 영향을 미치는 환율 역시 정부의 정책적 판단에 따라 중앙은행이 외환시장에 개입하는 사례가 있으며, 따라서 정부의 일반 경제지표에 대한 정책방향은 기업의 경영에 매우 중요한 변수로 작용하는 것이다.

오늘날 경제가 세계화됨에 따라 국가경제는 세계경제와 분리하여 생각하기 힘든

데, 세계경제의 변화가 기업에 미치는 영향이 매우 커지고 있다. 우리가 일상생활에서 사용하고 있는 각종 제품을 보면 하나의 국가에서 생산된 것은 거의 없다. 경제의 글로벌화는 국가 간의 분업구조의 변화를 의미한다. 따라서 한 국가의 경제적 환경 변화는 세계시장에서의 변화와 직결되어 있으며, 결국 기업의 경영에 중대한 영향을 미치게 됨을 알 수 있다.

(2) 사회 · 문화적 환경

사회 · 문화적 환경(socio-cultural environment)이란 사회를 구성하고 있는 개인의 행위에 영향을 미치는 집단, 문화, 가치관, 전통 내지 관습 등과 같은 사회제도 및 사회적 태도 등을 포함한다. 이와 같은 요인은 기업에 종사하는 구성원의 행동은 물론 기업이 생산하는 제품을 구입하는 소비자의 행동에 직접적인 영향을 미치며, 나아가서는 기업에 영향을 미치는 여론이나 기업이미지를 형성시켜 주기도 한다.

기업에 영향을 주는 사회 · 문화적 요인을 몇 가지로 나누어서 살펴보면 다음과 같다.

첫째, 사회집단의 형성과 그의 변화는 기업과 사회의 관계에 중요한 영향을 미친다. 오늘날 기업은 제각기 다른 요구와 이해를 지닌 사회집단 속에서 이루어지고 있다. 예를 들면 소비자집단, 노동조합, 지역사회 주민, 기타 각종의 이해관계자 집단들은 조직화된 행동을 함으로써 기업에 상당한 영향을 미치고 있다. 사회구성 요소의 하나인 고객은 기업과 밀접한 관련을 가지고 있으며, 원재료의 공급업자나 자금을 공급하는 금융업자, 노동력을 제공하는 노동자들도 저마다 다른 방법과 요구를 지니고 기업에 영향을 미치고 있다.

둘째, 인구통계적 요인으로 출생률 · 사망률의 저하, 고령층의 증가, 가족구성원의 변화 등을 그 요인으로 볼 수 있다. 특히 인구증가의 문제는 자원문제 및 공해문제와 관련되는 환경요인이다. 공해의 주된 원인은 산업화 그 자체이지만 인구증가는 이에 상승작용을 일으킨다고 할 수 있을 것이다. 따라서 인구의 증가는 자원고갈과 공해의 촉진요인이 됨으로써 사회적 · 경제적 문제가 되고 있는 실정이다.

셋째, 가치관의 변화이다. 가치관이란 인간이 무엇에 가치를 두는가 하는 인간의 근본적인 사고, 태도와 신념을 의미한다. 가치개념에는 경제적 가치, 효용가치, 도덕적 가치, 심미적 가치 등이 있는데, 어떤 대상에 어떤 가치를 부여하느냐는 인식하고

자 하는 대상 여하에 달려있다. 예를 들면 재화에는 경제적 가치나 효용가치가 부여될 것이고 옳거나 그른 행동에는 도덕적 가치개념이 부여될 것이다.

사람들이 자라면서 습득한 생활방식은 기업에 종사하는 경영자나 종업원의 행동은 물론 소비자행동의 패턴에 지속적이고 일관된 성향이 나타나게 할 만큼 큰 영향을 미치고 있다. 따라서 기업은 자신이 속한 사회적 · 문화적 특성을 잘 이해하고 있어야 하며 새로운 사회적 · 문화적 환경의 변화에 주목해야 한다.

오늘날 기업의 사회 · 문화적 환경이 변화하고 있다는 것은 기업에 대한 사회구성원의 가치관이나 태도가 변화하고 있다는 것을 의미하지만, 특히 사회집단의 기업에 대한 비판과 요구가 증가하고 있다는 데 문제의 심각성이 있다. 이러한 현상은 산업공해의 심화, 소비자주권의 확대, 복지사회에 대한 시민적 요구의 증대 등에 의해 더욱 촉진되고 있으며, 이러한 환경변화는 기업의 경영이념에의 재정립이 요망되고 있다.

(3) 법률 · 정치적 환경

법률 · 정치적 환경(legal & political environment)은 기업의 전략경영에 매우 중요한 측면을 차지하고 있다. 대기업의 활동은 국가가 규정하는 법적인 테두리하에서만 이루어져야 한다. 따라서 국가의 제도 및 법적 규범 그리고 이를 산출하는 정치적 과정은 기업의 지위와 생산활동에 직 · 간접으로 영향을 미친다.

일반적으로 법은 기업활동을 포함한 모든 사회적 활동에 대해 적용되는 게임의 규칙과 같은 것이다. 기업이 경영활동을 수행하는 과정에서 관련되는 입법분야의 추세나 법원의 판례 등은 중요한 법률적 환경을 구성한다. 예를 들어 상법, 회사법, 공정거래 및 독과점규제법, 경제특별법, 노동법 등은 기업경영 활동과 직접적 관련을 맺는 법률이다.

오늘날 기업경영 활동과 관련된 각종 법률이 증가하는 추세에 있으므로 기업은 기업활동에 대해 합법성을 부여하기도 하고 제재를 가하기도 하는 법률적 환경의 변화에 능동적으로 대응해야만 한다.

또한 새로운 법률을 낳게 하는 정치적 요인 역시 일반환경의 중요한 요소이다. 정치적 환경은 주로 법률과 공공정책이 형성되는 과정에 영향을 미치는 정치집단 및 이해관계자 집단을 의미한다. 정치적 환경에는 사회의 정치풍토나 권력집중의 정도, 정치조직의 성격, 정치 · 정당체계 등이 포함되며, 이것은 기업경영과 관련된 여러 이해관계자 집단 간의 갈등을 정치적으로 해결해야 할 필요성 때문에 기업행동의 큰 테두리를 설정해 준다.

따라서 기업은 자신에게 우호적인 환경이 조성될 수 있도록 정치적 환경에 대처하는 방법을 배우는 것도 오늘날 현대기업의 필수적인 과제 중의 하나가 되고 있다.

(4) 기술적 환경

기술적 환경(technological environment)이란 기업에 영향을 미치는 한 나라 또는 산업의 기술수준 내지 상태를 말한다. 기술이라고 하면 대체로 기계, 장치, 생산라인 등 생산과정을 떠올리게 된다. 그러나 기술이란 이러한 것만이 아니라 기능과 지식을 적용하는 방식, 이론 등을 총체적으로 말하는 것이다. 따라서 이를 적용하는 인간에 내재하는 지식의 종류와 수준도 역시 중요시 해야 한다.

최근 들어서 컴퓨터를 이용한 정보와 관련된 기술의 개발이 매우 빠른 속도로 진행되고 있으며, 이러한 기술적 환경의 변화는 다양한 산업에 구조적 변화를 일으키고 있다. 예를 들어 금융산업의 경우 정보기술의 발달은 전 세계의 금융시장을 연결함으로써 특정 시장에서의 변화가 즉각적으로 세계로 전파되는 결과를 가져왔다. 또한 제조업의 경우에도 컴퓨터가 통제하는 생산라인과 기계로봇, 컴퓨터에 의한 제조시스템 등의 발전은 기업으로 하여금 시장의 수요 변화에 빠른 속도로 대응하게 하고 제품의 질을 향상시키는 데 기여하고 있다.

우리나라의 기업도 이제 기술모방의 단계에서 한 단계 뛰어올라 자체적으로 기술개발을 해야 할 단계에 와 있다는 것이 이 분야 전문가들이 하는 말이다. 특히 로봇, 생명공학, 우주공학, 컴퓨터 등 첨단기술에서 앞서가는 기업과 경제가 앞으로 세계시장을 제패할 것이라는 것이 현실화되어 가고 있다. 그러나 첨단기술이 지니는 중요한 속성 중의 하나가 급격한 진부화 현상이라는 점은 앞으로의 기술개발 경쟁이 얼마나 치열하게 이루어지는가를 알 수 있다.

따라서 기술환경의 요인들은 경영자에게 두 가지의 시사점을 제시하고 있다. 첫째, 새로운 기술의 영향으로 제품진부화와 경쟁이 증가한다는 점이다. 둘째, 기술변화에 대한 정교한 탐지 및 예측기법의 개발 필요성이 증대된다는 점이다. 그러므로 경영자는 경쟁적 지위를 계속 유지해 가기 위하여 산업 내외에서의 기술발전을 탐지 · 예측하기 위한 통합적 기술과 진단적 기술을 개발해 가야 한다.

(5) 자연적 환경

자연적 환경(ecological environment)이란 입지, 기후, 자원, 공해 등 기업이 경영활동을 영위해 가는 데 작용하는 환경요인들을 말한다. 자연환경이 우리의 생존에 필수적임은 말할 필요가 없다. 특히 1980년대에 와서 정부 및 기타 관련 민간단체의 캠페인을 통해 자연환경 보호의 중요성이 소비자와 시민들 간에 어느 때보다도 깊이 인식되었다. 기업이 자연환경 훼손의 가장 큰 주체임을 감안하면 윤리적 차원에서 또 법적 차원에서 이 문제에 대한 대처방안은 당연히 마련되어야 할 것이다.

모든 기업이 공해의 소지를 안고 있으며, 규모가 크면 클수록 자연훼손의 가능성도 아울러 커질 것임을 명심하고, 이에 대한 현명한 대책을 준비해야 한다. 아무리 좋은 상품을 생산하고 마케팅을 하기 위해서라도 대기, 수질, 기타 자연환경 등을 오염시키거나 소음으로 소비자의 정신건강을 위협할 수는 없는 것이다. 따라서 인간다운 생활의 질에 대한 관심이 고조됨에 따라 자연환경의 중요성이 더욱 부각되고 있는 실정이다.

사례 3-2 **"인류의 가장 큰 고민은 노동인구 감소… AI 같은 신기술이 해결"**

배리언 구글 수석경제학자

인구감소로 경제 위기 직면 신기술이 생산성 높일 것

"인공지능(AI) 빅데이터 등 신기술이 모두가 원하는 더 많은 일자리, 더 적은 노동시간을 가능하게 할 것이다."

할 배리언 구글 수석경제학자(사진)는 7일(현지시간) 미국 뉴욕 맨해튼의 미국외교협회(CFR)에서 강연하면서 이같이 말했다. 그는 구글 사업전략을 설계한 사람 중 하나로 월스트리트저널이 '구글노믹스의 애덤 스미스'라고 지칭하기도 했다.

배리언은 향후 몇십 년 동안 인류가 부딪힐 가장 큰 문제로 인구 감소를 지적했다. 그는 "2020년께부터 베이비부머 은퇴, 출산율 하락 등으로 노동인구 감소가 본격화돼 세계 각국 경제가 위험에 처할 것"이라고 했다. 배리언은 "한국과 일본, 중국, 독일 등 모든 국가가 인구 감소란 끔찍한 시한폭탄을 안고 있으며, 앞으로 25년 동안 노동인구는 현재 인력의 절반밖에 채워지지 않을 것"이라며 "미국도 이민이 없으면 노동력이 줄어들 것"이라고 설명했다. 생산성을 높이기 어렵다는 뜻이다. 그는 "이런 상황에서 경제 수준을 유지하거나 발전시키려면 기술을 통해 혁신하는 것밖에 없다"고 강조했다.

AI 등이 일자리를 빼앗을 것이란 지적에 그는 "과거에도 사람들은 기술 변화에 대해 걱정했다"며 "하지만 기계가 일을 맡으면서 새 일자리가 창출됐고, 사람들은 다른 일을 시작할 수 있었다"고 말했다. 그는 "인류는 산업혁명 이전보다 훨씬 더 부유해졌다"고 덧붙였다. 배리언은 또 "사람들은 모두 일자리를 원하지만 일하는 시간은 줄어들기를 원한다"며 "그런 희망을 해결할 것도 신기술"이라고 강조했다. 1800년대 이후 주당 70시간이 넘던 노동시간은 최근 35시간(미국)까지 줄었다.

그는 '배리언 룰'을 만들었다. 부자들이 현재 뭘 가지고 있는지를 보고 미래를 예측하는 것으로, 10년이 지나면 중산층이 그걸 갖게 되고, 20년 뒤엔 가난한 사람들도 보유할 수 있게 된다는 내용이다. 배리언은 스마트폰 등 모바일 기기를 대표적인 예로 들었다. 과거 엄청나게 비쌌던 모바일 기기가 인도, 아프리카까지 보급돼 삶을 바꾸고 있다는 설명이다. 향후엔 구글 홈과 아마존 에코 등 AI 스피커가 그런 예가 될 것으로 예상했다.

구글의 기술 독점 문제에는 "유럽연합(EU) 등은 구글과 아마존 페이스북 애플 등이 서로 치열하게 경쟁한다는 사실을 외면한다"며 "야후와 노키아가 무너졌듯이 구글도 매일 도전받고 있다"고 말했다.

출처 : 한국경제, 2018. 2. 8일자

2) 과업환경

과업환경과 일반 환경과의 차이는 항상 명확한 것은 아니며, 경영의 성격이나 활동 영역에 따라 변화한다. 현대 산업사회로 발전해 오면서 기업은 과업환경으로부터 이해관계자들의 요구에 대한 단순한 적응이라는 입장에서 한 걸음 더 나아가 과업환경에 대한 보다 적극적인 대응을 통해 우호적인 관계를 조성해 나감으로써 장기적 관점에서 기업이익을 도모하려는 생각을 갖게 되었다. 이러한 과업환경에는 주주, 노동조합, 소비자, 정부, 지역사회, 금융기관, 공급업자 등으로 간략하게 살펴보면 다음과 같다.

(1) 주주

주주(stockholder)란 기업의 금융 또는 실물자본 중 자기자본에 해당하는 부분을 제공하는 개인이나 투자집단 또는 투자기관을 지칭한다. 주주가 기업의 과업환경으로 인식되기 시작한 것은 대규모 자본을 필요로 하는 거대기업이 출현하고 자본시장이 발달한 이후이다. 그 동안 기업의 의사결정은 대주주 중심으로 이루어졌으나, 기업의 주인은 일부 대주주나 임직원이 아니라 모든 주주라는 의식, 즉 주주를 위한 경영의 주주자본주의가 점차 확산되고 있다.

주주 자본주의가 점차 확산되면 주주에게 손해를 끼쳐 가면서 부실계열사에 지급보증을 하거나 자금을 지원하는 편법은 더 이상 할 수 없게 되었다. 그리고 주주들에게 경영을 투명하게 공개하는 노력을 게을리하거나 주주이익을 보호하기 위한 제도를 도입하지 않을 경우, 주식시장에서 자금을 조달하기 어렵게 되어 결국 기업은 자금조달에 어려움을 겪게 된다.

따라서 우리나라 기업의 경우에도 주주를 진정한 기업의 주인으로 인식하는 주주자본주의를 적극적으로 받아들이는 자세가 새롭게 대두되고 있다. 오늘날 일반주주들은 기업 내 노동조합과 더불어 기업경영에 영향을 미치는 중요한 과업환경임에 틀림없다.

(2) 노동조합(종업원)

노동조합(labor union)은 기업에서 사용자인 경영자에 비해 약한 위치에 있는 노동자들이 지위향상과 권익을 보호하기 위하여 결성된 조직이다. 우리나라에서는 1953년에 노동조합법을 제정하여 노동조합에 단결권, 단체협약권, 단체행사권 등 노동 3권을 보장하고 있으며, 사업장 단위로 기업별 노동조합을 인정하고 있다.

노동조합은 단체교섭권(collective bargaining)을 이용하여 조합원의 임금, 작업조건, 직업안정, 근무시간, 복지와 각종 혜택 등에 관해 경영자와 협상을 벌인다. 이러한 협상과 협약이 원만히 타결되지 않으면, 노동조합은 법적 절차에 따라 파업이나 태업을 단행할 수 있고 사용자측은 직장폐쇄로 맞설 수 있다.

노동조합은 산업화가 진전되면서 필연적으로 발생되는 집단으로서, 사용자(경영자)집단과 함께 기업조직을 구성하는 기업조직의 주요 과업환경이다. 산업화 이후로 노동조합 및 종업원 집단은 오랫동안 기업에 대한 주요 대항세력으로 존재하여 왔으며, 그 세력을 지속적으로 성장시켜 왔다.

일반적으로 노동조합은 기업의 내부구성원(조합원)의 의견을 대표하여 기업의 경영활동에 직접적인 영향이나 제한을 가하려 하기 때문에 기업의 중요한 요인이 된다. 노동조합의 목표가 종업원의 이익을 보호하는 것이라는 점에서 노동조합의 발생초기에 기업과 노조는 상호 적대적인 관계를 형성하는 경우가 일반적이다.

그러나 기업이 국내뿐만 아니라 해외로부터의 경쟁에 노출되는 정도가 높아짐에 따라 지나친 노조활동은 기업의 비용을 증대시키고 생산성을 저하시켜 경쟁력을 떨어뜨림으로써, 결국은 기업의 안정성을 저해하는 결과를 가져오는 경우도 많아졌다. 따라서 종래의 적대적인 관계에서 상호 협조하여 기업의 성장과 직업의 안정성 유지를 도모하는 경우도 늘어나고 있다. 이 과정에서 기업은 종업원을 경영에 참가시키는 한편, 종업원 지주제도 등을 통하여 종업원이 기업의 장기적 발전에 관심을 가지도록 유도하는 정책을 많이 사용하게 되었다.

또한 종업원은 경영의 과정에서 독립적인 의사를 표명함으로써 경영활동의 방향에 영향을 미치는 주체로서의 기능도 있다. 따라서 궁극적인 기업목표의 달성을 위해서는 종업원을 투입요소 중의 하나로만 간주할 것이 아니라 기업조직 운영상의 반드시 고려해야 할 의사결정 주체임을 인식해야 한다.

(3) 소비자

소비자(consumer)란 제품, 서비스, 아이디어 등을 직접 구매 · 사용 · 소비하는 개인이나 조직뿐만 아니라, 구매결정 과정에 직접 혹은 간접적으로 영향력을 행사하는 사람들까지도 포함하는 매우 포괄적인 개념이다. 산업화 초기에는 소비자가 기업에 대해 개별적 거래의 상대방으로서 존재할 뿐이었지만, 오늘날 공급자간 경쟁이 격화됨으로써 상대적으로 소비자의 위상이 높아지게 되었다.

따라서 소비자행동의 변화는 직접적으로 기업의 경영성과에 영향을 미치게 된다. 그런데 소비자의 행동은 경제발전에 따른 소득수준의 변화, 각종 사회 · 문화적 환경의 변화, 소비자주권에 대한 인식을 촉발하는 교육 및 정치적 의식의 변화 등 대체로 거시적 환경요소에 의해 영향을 많이 받게 된다.

우리나라에서도 소비자주의(consumerism)의 등장은 종래의 기업과 소비자간의 관계를 크게 바꾸어 놓고 있는데, 이것은 무엇보다도 소비자들의 교육 및 소득수준, 각종 단체의 활동을 포함하는 사회적 분위기, 그리고 이와 같은 여론을 반영한 정부의 정책에 영향이 있다고 볼 수 있겠다.

소비자주의 또는 소비자중심주의란 경제적 약자인 소비자의 힘을 강화하고, 사회경제 부문에서 소비자의 주권을 확립하려는 주장과 운동을 말한다. 소비자들의 조직화된 운동이 점차 강화되어 정부에 압력을 가함에 따라 정부도 소비자들의 권익을 보호하기 위해 많은 소비자보호 관련입법을 통하여 기업에 대해 제약을 가하기 시작하였다. 이처럼 소비자의 영향력이 증대됨에 따라 최근에는 대부분의 기업들이 제품과 서비스의 질 향상을 통한 고객만족경영(CSM)을 실천하기 위해 노력하고 있다.

사례 3-3 **소비자가 생각하는 웰빙적 삶은?**

한국표준협회 온라인 설문 조사 '2018 대한민국 라이프 트렌드'

웰빙상품 선택의 객관적 정보 제공을 위해 2000년부터 '한국소비자웰빙지수'를 조사·발표하고 있는 한국표준협회는 지난해 전국 5대 도시(서울, 대전, 대구, 광주, 부산) 1000표본을 대상으로 '2018 대한민국 라이프 트렌드' 온라인 설문 조사를 실시했다. 이번 조사는 크게 소비트렌드, 개인과 웰빙, 지역과 웰빙, 4차 산업혁명과 웰빙을 주제로 성별, 지역별, 연령별 그리고 1인 가구별 특성을 도출할 목적으로 진행됐다.

설문조사 결과 국민의 관심 분야는 자산관리(30.9%)가 가장 높았으며 건강(20.6%), 노후(10.3%)순으로 나타났다. 전체 연령대 가운데 30대가 자산관리에 대한 관심이 가장 많은 것으로 나타났다. 50대 이상에서는 건강에 대한 관심이 가장 높았고 20대는 자산관리 다음으로 학업, 취업에 대한 관심이 높았다. 남녀 모두 자산관리, 건강 순으로 관심이 많다고 응답했지만 여자는 자녀양육을, 남자는 노후를 그 다음으로 선택했다. 미혼은 기혼에 비해 학업, 취업과 외모에 관심이 많았고 기혼은 노후와 자녀양육에 관심이 높았다.

평소 상품을 구입할 때 고려하는 요소로는 기능·성능(50.6%)이 가장 많으며 다음으로 가격, 브랜드, 내구성의 순으로 조사됐다. 1인 가구에서도 기능·성능(40.3%)을 가장 먼저 고려하지만 전체에 비해 가격, 브랜드, 내구성을 고려하는 비율이 상대적으로 높았다. 기혼은 미혼에 비해 기능·성능을 고려하는 비율이 높았으며 연령이 낮을수록 브랜드와 기업 이미지를 고려하는 비율이 높았다.

현재의 행복을 위한 소비와 안정적 노후를 위한 투자 중에서 전체의 57.5%가 현재의 행복을 위한 소비보다는 노후를 위한 투자를 더 중요하게 생각했다. 1인 가구, 미혼, 300만 원 이하 소득자의 경우 현재를 위한 행복한 소비를 더 중요하게 생각했다. 반면 연령이 높을수록, 서울 거주자, 맞벌이, 기혼은 상대적으로 안정적 노후를 위한 투자를 더 중요하게 생각했다. 특히 남자는 20대에는 현재를 위한 소비를 더 중요하게 생각하지만 연령이 높을수록 노후를 위한 투자를 중요하게 생각하는 한편 여자는 20대부터 노후를 위한 투자를 중요하게 생각했고 50대 이상부터는 현재를 위한 소비도 다른 연령에 비해 중요하게 고려하는 것으로 나타났다.

웰빙하면 떠오르는 것으로는 건강한 삶, 건강한 식생활, 잘먹고 잘사는 것, 여유로운 삶, 자연친화적인 삶, 경제적 여유, 행복한 삶 등이 떠오른다고 응답하였으며 그중 건강 관련 내용이 43.6%로 가장 많았다.

개인의 웰빙적인 삶을 평가했을 때 60.6점으로 조사됐다. 1인 가구와 월평균 300만 원 미만 소득자는 타 집단에 비해 개인의 웰빙적인 삶의 평균이 낮았다. 소득이 높을수록 개인의 웰빙적인 삶의 평균은 높아졌으며 맞벌이가 외벌이보다, 기혼이 미혼보다 웰빙 삶의 평균은 높았다.

웰빙적인 삶을 위한 구체적인 활동으로 운동이 58.6%로 가장 높으며 다음으로 여행과 휴식이 58.4%로 같았다. 문화활동은 48.4%였다. 1인 가구, 남자, 20대, 40~50대 이상은 웰빙적 삶을 위해 운동을 가장 많이 하며 2인 가구 이상, 여자, 맞벌이, 기혼은 여행을 가장 많이 했다. 연령이 높아질수록 웰빙적 삶을 위해 종교활동을 하는 비율이 상승하는 한편 마사지 · 미용, 취미 · 강습, 독서와 같은 활동은 감소했다.

우리나라 국민이 꼽는 가장 웰빙 도시로는 서울과 제주였다. 광주 · 대구 지역 거주자, 1인 가구, 30대 이상, 여자, 기혼은 제주를 가장 웰빙 도시로 생각했다. 서울, 대전, 부산 거주자는 자신이 거주하고 있는 지역을 웰빙 도시로 꼽은 비율이 가장 높았다.

4차 산업혁명이 인간의 삶에 미치는 영향에 대해서는 전체의 69.2%가 인간의 삶에 긍정적 영향을 미친다고 생각하며 10.4%는 부정적 영향을 줄 것이라고 인식했다. 남자, 연령이 높을수록, 맞벌이, 기혼이 타 집단에 비해 긍정적 영향을 줄 것이라는 의견이 높았다.

출처 : 동아일보, 2018. 2. 14일자

(4) 정부

정부(government)는 상법, 세법, 공해방지법, 독과점규제법, 공정거래법 등과 같은 법률을 제정하는 한편, 행정명령을 통하여 기업의 경영활동에 영향을 미치고 있다. 그래서 정부는 기업의 자율성을 보장하여 주고 조세감면, 금융지원, 벤처기업 육성 등 기업의 경영활동을 촉진하고 보호하기도 한다. 또한 자유경쟁질서의 파괴, 공공이익의 침해 등과 같은 기업 경영활동의 부정적인 결과를 방지하기 위하여 기업의 경영활동에 대하여 여러 가지 규제를 가하기도 한다.

오늘날과 같은 고도화된 시장경제 체제하에서 어느 정도 정부의 개입은 당연하다고까지 생각하지만, 특정기업에 단독으로 영향력을 행사하기보다는 사회 각 조직의 각각의 이해가 침해받지 않고 잘 조화되도록 중재역할을 하는 것으로 볼 수 있다. 즉 정부는 여러 가지 법률을 바탕으로 하여 모든 기업들이 경영활동을 조화롭게 수행할 수 있도록 기업환경을 조성하는 역할을 담당하며, 각 기업에 직접적으로 조세를 징수함으로써 영향을 미친다.

(5) 지역사회

지역사회(community)는 기업을 둘러싼 이익집단 중에서 가장 최근에 중요성이 증가하고 있는 과업환경이다. 비교적 조직화되지 못한 산발적 형태로 특정의 문제가 발생할 때에만 기업에 대해 영향력을 행사한다. 그러나 이러한 일시적인 영향력의 행사가 기업의 전략적 의사결정에 커다란 영향을 미칠 뿐만 아니라, 최근 환경문제 등과 같은 기업의 사회적 책임문제와 관련하여 그 중요성이 더욱 증가하고 있다.

과거에는 공장에서 배출되는 더러운 공기와 오염된 폐수는 기업을 하는 대가로 받아들여졌다. 지역사회는 그 기업에서 임금도 지불하고 구매도 하기 때문에 오염된 물질도 참아왔다. 그러나 지금은 상황이 많이 변했다. 깨끗한 물과 공기, 폐기물의 안전한 저장과 처리, 지역주민과 근로자의 건강보장 등 환경문제에 관심을 쏟지 않으면, 지역주민들로부터 외면을 당하거나 심지어는 공장의 이전을 요구하는 집단행동을 당할 수도 있고, 법정에 제소 당하여 보상금을 지급하는 경우도 발생한다. 오늘날 지역사회는 공해문제 외에도 자원의 보존·유지, 자연환경의 보호, 지역사회 개발 및 문화발전에 기여할 것을 요구하고 있다.

(6) 금융기관

기업의 규모가 점차 대형화되어 가는 것이 현대기업의 특징이며, 기업의 대규모화는 단순히 규모의 확장뿐만 아니라 신기술의 도입 및 생산성의 향상을 위한 고정자산의 급격한 증가를 수반하는 것이 보통이다.

기업환경으로서의 금융기관(financial circles)은 기업조직의 참가자이면서 경영전략을 위한 의사결정에 큰 영향을 미치고 있다. 즉 기업의 대형화 및 국제화전략을 뒷받침하는 자본조달의 문제는 주주의 의존도보다 금융업자의 지원이 큰 역할을 하고 있다는 것이다.

더욱이 자본주의 체제 아래에서의 기업활동에는 자금조달이 필수적이며, 동시에 기업의 전략결정에 항상 재무적인 고려가 큰 비중을 차지하고 있기 때문에 기업의 이해집단 중에서 금융업자의 영향력을 무시할 수 없는 것이다.

(7) 공급업자

기업환경으로서의 공급업자(suppliers)와 하청업자의 역할도 중요하고, 또 그 영향력도 크다. 특히 판매자로서의 공급자보다도 구매자 입장에서 기업의 이해관계는 더욱 중요하다. 원자재 · 원료 · 부품 및 반제품 등을 하청공급자로부터 구매할 경우에는 장기적으로 하청공급자에 대해여 재무적 · 기술적으로 지원하여 쌍방 기업이 상호 이해관계에서 균형을 이루면서 존속하고 성장할 수 있도록 균형을 유지하는 것이 중요하다.

또한 공급업자에는 자금이나 노동력을 제공하는 사람들도 포함된다. 주주, 은행, 보험회사, 벤처캐피탈 등 끊임없는 자본의 공급이 이루어질 수 있도록 하는 공급업자이다. 뿐만 아니라 노동조합, 직업소개소, 경제인 총연합회, 인재은행, 지역노동시장 등은 노동력을 제공하는 공급업자이다.

경영자들은 필요한 투입요소를 가장 저렴한 가격으로 지속적으로 공급받을 수 있도록 노력한다. 그러나 이러한 투입요소들은 불확실성을 지니고 있기 때문에 경영자들은 지속적으로 신뢰할 수 있는 공급원을 확보하기 위하여 노력을 한다.

제2부

경영관리 과정

제4장

계획 활동

1. 계획 활동의 의의 및 중요성

1) 계획 활동의 의의

오늘날 모든 조직은 불확실한 환경에서 경영활동을 운영한다. 조직이 성공하기 위해서는 이러한 변화와 불확실성에 잘 순응해야 한다. 계획화는 바로 환경의 변화에 순응하는 데 도움을 주는 활동이다. 만일 기업이 계획을 수립하지 않는다면 환경의 변화에 수동적인 반응을 보이게 되며, 계획된 조치는 취할 수 없게 된다. 장기적 목표를 달성하기 위해서는 기업의 현재 압력에 단순히 반응하기보다는 계획을 수립하여 능동적인 자세를 취하는 것이 훨씬 현명한 일이라고 할 수 있다.

계획 활동, 즉 계획화(planning)는 무엇을 할 것인가, 어떻게 그것을 할 것인가, 언제 그것을 할 것인가, 그리고 누가 그것을 할 것인가를 사전에 결정하는 것을 말한다. 어떠한 개인이나 조직을 막론하고 모두 계획을 세운다. 계획이란 결코 조직에 특유한 현상은 아니며, 기업에서만 찾아볼 수 있는 현상은 더욱 아니다.

계획은 목표를 설정하고 그것을 달성시키기 위한 방법을 결정하는 기본적 과정이라 할 수 있으며, 기업의 목적을 행동으로 옮기도록 만든다. 계획을 수립하지 않으면 기업은 환경, 기술, 고객요구의 변화에 단순히 반응할 뿐이다. 그러나 계획이 수립되면 기업은 미래에 발생할 사건을 사전에 예측하고 이에 영향을 미칠 수 있게 된다.

계획 활동은 경영의 가장 기본적인 기능이며, 계획기능이 적절히 수행되면 조직화, 지휘 및 통제기능에 대한 방향을 제시한다. 결국 계획은 기업의 사명(mission)과 장 · 단기목표를 선택하여 목표달성을 위한 전략수립, 선택된 전략의 수행을 위하여 어떻게 자원을 배분할 것인가에 대한 기업의 공식적인 의사결정과정이라고 할 수 있다.

2) 계획 활동의 중요성

효율적으로 수립된 계획은 여러 가지의 이점을 제공하여 우수한 경영성과를 창출해 낼 수 있다. 다음에서 계획수립의 중요성을 간략하게 살펴보고자 한다.

첫째, 조직구성원들로 하여금 일관성 있는 행동을 합리적으로 조정하고 통합함으로써 상승 효과(synergy effect)를 창출할 수 있다.

둘째, 불확실한 환경의 변화가 조직에 미칠 영향들을 미리 예측하고 이에 대응할 수 있는 적절한 반응을 개발하게 함으로써 불확실성을 감소시켜 주고 미래의 기회를 지향하게 한다.

셋째, 자원배분의 우선 순위를 확립하고, 조직, 부서, 프로그램, 개인의 책무를 결정할 수 있게 함으로써 자원의 효율적인 이용을 가능하게 한다.

넷째, 계획수립에 의해 설정된 효과적인 목표는 통제의 과정에서 성과를 측정하고 비교하기 위한 객관적인 기준을 제공한다. 계획추진을 위한 각 단계마다 목표와 실제 성과를 비교하여 발견한 편차에 대해 수정행동을 취함으로써 환경으로부터의 정보를 조직에 투입할 수 있다.

다섯째, 조직의 목표를 효과적으로 설정함으로써 경영자는 각 계층의 구성원들이 조직의 목표를 지향하면서 동시에 개인적인 목표도 성취할 수 있도록 동기를 유발시킨다.

그러나 지나치게 합리적이고 치밀한 경영계획 수립절차는 오히려 환경의 불확실성을 간과하게 되고 복잡한 절차는 스피드 결여에 의한 기회손실로 연결된다. 따라서 21세기 경영계획은 기업이 높은 성과를 창출하도록 먼저 경영자가 계획에 참여함으로써 '무엇을' '언제' '어떻게' 할 것인가를 명확하게 설정하고, 계획수립 후 상황이 달라진다면 상황변화에 따라 계획을 다시 조정할 수 있는 유연성도 갖추어서 변화에 가장 효과적으로 반응하는 방법을 개발할 필요가 있다.

2. 계획 활동의 단계

계획은 목표를 달성하기 위해 요구되는 활동내용과 그 방법 및 수단을 결정하는 계획수립 과정의 결과로 나타나며, 이러한 계획의 수립단계를 간략하게 살펴보고자 한다. (〈그림 4.1〉 참조)

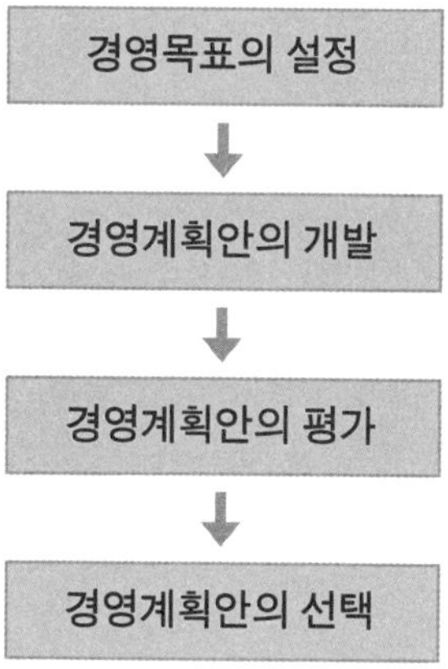

〈그림 4.1〉 계획 활동의 단계

1) 경영목표의 설정

경영계획을 수립하는 첫 번째 단계에서는 기업의 사명을 토대로 하여 경영의 목표를 설정한다. 즉 기업 전체에 대한 목표를 수립하고 이를 달성하기 위한 각 부문별로 목표를 세운다. 경영목표는 기업이 무엇을 할 것이며, 어디에 중점을 둘 것인가와 함께 무엇이 달성되어야 할 것인가를 포함한다. 대체로 조직의 계층이 하부의 조직으로 내려갈수록 목표는 상세하게 규정된다.

최고경영자는 기업 전체의 목표를 수립하고, 중간경영자는 최고경영자가 수립한 기업목표를 이해하고 이를 토대로 운영목표를 설정하게 된다. 일선경영자는 기업 전체의 목표와 운영목표를 이해하고 이를 토대로 자기 부문의 직무목표를 수립하게 된다.

중간경영자는 최고경영자가 수립한 경영목표에 어긋나는 운영목표를 수립해서는 안 되며, 일선경영자도 최고경영자의 경영목표와 중간경영자의 운영목표에 벗어나는 직무목표를 설정해서는 안 될 것이다. 이와 같이 경영목표와 운영목표 및 직무목표는 전체적으로 일관된 체계 하에서 수립되어야 한다.

사례 4-1

발상(發想)을 바꾸자

전대길 필자

아이젠하워(Dweight Eisenhower : 1890~1969) 미합중국 제34대 대통령이 미국 뉴욕주의 명문사립대학교인 '콜롬비아 대학교(Columbia University)' 총장으로 재임할 때의 숨은 이야기다.

어느 날, '학칙을 위반한 학생들을 무더기로 징계해야한다'는 대학교 교무처장이 작성한 품의서(稟議書)가 아이젠하워 총장에게 올라왔다. '출입이 금지된 잔디밭으로 많은 학생들이 들어가서 잔디를 훼손하기 때문'이라는 게 중대한 사유란다.

아이젠하워 총장은 교무처장과 함께 문제의 잔디밭으로 향했다. 거의 모든 학생들이 학교내 규칙을 어기고 잔디밭을 걸어서 가까운 도서관으로 가고 있었다. 그러지 않을 경우 학생들은 거의 두 배나 되는 거리를 빙 돌아가야만 했다.

아이젠하워 총장은 교무처장에게 특별지시를 내렸다. "출입금지 팻말을 빼서 버리세요. 이 잔디밭은 출입을 금지할 곳이 아니라 곧장 도서관으로 걸어갈 수 있도록 새로운 길을 내세요"라고.

며칠 후, 대학 캠퍼스 잔디밭에는 학생들이 도서관으로 갈 수 있는 새로운 길이 뚫렸으며 규칙을 어기는 학생은 단 한 사람도 없게 되었다. 고지식한 지도자는 규칙을 강제하지만 훌륭한 지도자는 때와 장소와 상황에 따라 만인에게 불편을 주지 않도록 필요할 경우에는 규칙을 바꾼다.

아이젠하워는 군대에서 불과 3년 만에 대령에서 5성 장군으로 승진하기도 했는데 그 원동력은 사람을 규칙에 맞추는 것이 아니라 규칙을 사람에게 맞추는 합리적이고 유연한 생각으로 발상(發想) 하기 때문이었다.

무엇이든 규제하려는 것이 지도자나 공직에서 일하는 관료의 특징이다. 그러나 다수의 사람들이 불편하지 않게 그냥 내버려두는 것이 문제해결의 최고, 최선의 방법일 수 있다. 어떤 사안(事案)을 일부러 얽어매려고 하는 것 보다는 '낭비, 무리, 불균형'을 제거하는 것'이 '능률적(能率的)'인 관리방법이다.

'00관리(管理)'의 '관(管)'자에 '대나무 죽(竹)'자가 두 개가 있는 데 '하나의 대 죽(竹)자는 하의상달(下意上達)'을 '다른 하나의 대 죽(竹)자는 상의하달(上意下達)'을 뜻하는 것이다.

'관리란 조직의 아래에서 위로, 위에서 아래로 언로(言路)가 막히지 않고 의사소통(意思疏通)을 원활하게 하는 것'이다. 이런 게 바로 커뮤니케이션 'Communication'이 아니겠는가?

기업이나 공공조직에서는 조직원들이 조직발전에 이바지하고 사고(思考)의 전환을 위한 집단토의(Group Discussion)를 한다. 이때 '두뇌짜기(Brain-Storming)'기법이 많이 활용된다.

1939년 '브레인 스토밍 기법'을 창안한 미국 광고회사의 오스본(Alex Osborne : 1888~1966년)은 조직원들의 창의성, 상상력을 높이기 위해 '상대방이 낸 아이디어의 비판금지', '자유로운 발표', '대량의 아이디어 창출'과 '새로운 아이디어의 확장' 등 '4가지 집단토의 원칙'을 제시했다.

그는 조직원들의 아이디어를 창출(創出)하는 방법으로 '오스본의 체크리스트(Check-List)법'을 9가지 항목으로 개발했는데 아이젠하워 콜럼비아 총장이 캠퍼스 잔디밭에 새로운 길을 생각해 낸 것도 이 방법에 대입해 보면 쉽게 이해가 간다.

발상의 전환을 위한 '오스본의 체크리스트 기법' 9가지다.

1. 다른 용도로 전용(Put to Other Use)하면 어떨까?
2. 비슷한, 다른 것으로 대용(Adapt)할 수 있을까?
3. 다른 것으로 변경(Modify)할 수 있을까?
4. 크게 확대(Magnify)해 보면 어떨까?
5. 작게 축소(Minify)하면 어떨까?
6. 다른 것으로 대체(Subsitute)하면 어떨까?
7. 교체(Rearrange)하면 어떨까?
8. 뒤집어서 역전(Rearrange)해 보면 어떨까?
9. 다른 것과 결합(Combine) 또는 제거(Eliminate)하면 어떨까?

출처 : 아웃소싱타임스, 2018. 2. 14일자

2) 경영계획안의 개발

기업의 경영목표가 설정된 다음에 고려해야 할 문제가 목표를 달성하기 위한 여러 가지 경영계획안을 개발하는 것이다. 급격하게 변화하는 상황에 어떻게 대처할 것인가 하는 여러 가지 상황별 대안을 개발하는 것을 의미한다. 그래서 하나의 계획안만을 고려하는 것이 아니라 가능한 모든 상황에 대해서 계획안을 고려해야 하는 것이다.

경영계획안을 개발하는 방법을 보면, 첫째는 브레인 스토밍(brain storming)으로서 참여자들에게 현실과 인습에 구애받지 말고 자발적으로 여러 계획안을 제안하도록 함으로써 문제를 해결하는 기법이다. 이 방법은 상위계층의 몇몇 최고경영자에 의해서도 이루어질 수 있지만, 종업원이나 일선경영자에서부터 최고경영자까지의 모든 계층이 참석하여 이루어질 수도 있다.

둘째, 벤치마킹(benchmarking)은 경쟁우위에 있는 기업의 경영활동을 비교 · 분석하여 경쟁우위를 이끌어내는 방법이 무엇인지를 발견하여 이를 적절하게 모방하여 개선할 수 있는 계획안을 개발하는 방법이다. 이때 단순히 그 기업의 경쟁우위 방법을 모방하는 것이 아니라, 이를 벤치마킹하려는 기업의 자원이나 환경 등에 비추어 기업실정에 맞도록 개선하는 것이 필수적이다. 이렇게 하여 경쟁우위를 확보하고 있는 기업보다 더 나아질 수 있는 계획안을 개발하게 되는 것이다.

3) 경영계획안의 평가

계획안을 평가하는 기준은 상황이나 여건에 따라 여러 가지가 제시될 수 있다. 하지만 일반적으로 계획안은 현실성, 충족도, 적합성이라는 세 가지 기준으로써 평가하고 있다.

첫 번째의 기준은 현실성(actualization)이 있는가를 분석하는 것이다. 아무리 좋은 계획안이라 하여도 기업의 인적 · 물적 자원이나 자본 및 정보 등이 계획안을 지원할 수 없다면 실행이 불가능하게 된다. 따라서 외형적으로 바람직한 계획안이라 하더라도 현실성이 낮은 경우에는 제외되어야 한다.

두 번째의 기준은 계획안의 충족도(satisfactoriness)를 평가하는 것이다. 충족도란

계획안이 의사결정의 상황을 만족시키는 정도를 말하는데, 의사결정의 상황에 따라 계획안의 충족도가 다를 수 있으므로 낮은 충족도를 가져오는 계획안은 제외되어야 한다.

세 번째의 기준은 실행결과의 적합성(reasonability)을 분석하여야 한다. 어떤 계획안이 현실성이 있고 충족도가 높다고 평가되면, 그 계획안을 실행했을 때 결과가 어떻게 될 것인가를 분석해야 한다. 즉 어느 특정 계획안을 선택함으로써 조직의 다른 부문에는 어떤 영향이 있는가, 계획안을 실행하는 데는 비용이 얼마나 소요되는가 등을 분석하게 된다. 현실성과 충족도가 높은 계획안이라도 조직 전체에 너무 많은 비용 부담이나 악영향을 수반하게 되면 적합한 계획안이라고 할 수 없다.

4) 경영계획안의 선택

올바른 대안을 선정할 수 있는 능력은 모든 경영자들에게 중요하다. 때로는 주어진 여건에서 비합리적으로 보이는 의사결정을 내리는 경우도 있다. 주로 직관이라든가 감정에 의존하기 때문에 비합리적인 의사결정이 되기도 한다.

계획안을 선택할 때에는 누가 담당할 것인지, 어떻게 실행해 나갈 것인지, 실행 도중에 문제가 발생하면 어떻게 할 것인지 등도 미리 고려하여 선택하여야 한다. 이렇게 경영계획안을 선택하는 과정은 단순히 계획안을 선택하는 단계에서 끝나는 것이 아니라 실행을 통한 결과까지도 면밀하게 검토해 보고 이루어져야 한다.

또한 경영계획안이 선택되면 이를 실행한 후에 실행결과의 효과를 평가하고 피드백(feedback)하는 일도 반드시 거쳐야 한다. 이때에는 결과의 긍정적인 측면과 부정적인 측면을 동시에 고려해야 한다. 왜냐하면 피드백 과정이 체계적으로 이루어지는 기업일수록 경영계획안이 현실타당성을 가지면서 강력한 실행지침서 역할을 하게 될 것이기 때문이다.

3. 계획의 유형

계획은 여러 가지 기준으로 구분될 수 있지만 여기서는 계획의 기간 및 성격의 두 가지 기준에 따라 구분하여 설명하기로 한다.

1) 계획 기간을 기준으로 분류한 유형

계획에는 그의 기간에 따라 장기계획, 중기계획 및 단기계획의 세 가지로 구분할 수 있다. 장기계획(long-term planning)은 기업이 특정 사업을 신설하거나 포기함으로써 그 계획의 효과가 경영성과에 반영될 수 있는 충분한 시간을 허용하는 계획을 의미한다. 중기계획(mid-term planning)은 기업이 생산시설을 확장하거나 축소하여 그 효과가 영업성적에 나타날 수 있는 시간의 계획이며, 단기계획(short-term planning)은 기업의 생산시설을 확장하거나 축소할 수는 없고 단지 생산능력의 효율성, 즉 생산시설의 가동률만을 변경하여 그 효과가 나타날 수 있는 정도의 계획이다.

장기계획은 최고경영층이 수립하는 조직 전체의 전략적 목적과 방향을 결정하는 계획이며, 중기계획은 중간관리층이 달성해야 할 전술적 목적을 포함한다. 또 단기계획은 특정 부서나 개인이 달성해야 할 운영적 목적을 포함한다고 볼 수 있다.

장기와 단기의 구별은 일반적으로 1년을 기준으로 하여 1년 이하의 것을 단기계획이라 하고, 1년 이상의 것을 장기계획이라 한다. 그러나 1년 이상 5년을 중기계획으로, 5년 이상을 장기계획으로 보는 견해도 있다. 그러나 기간에 따른 계획의 성격은 절대적인 시간의 길이에 의해서가 아니라 계획 자체의 성격에 의해서 규정되는 것이 바람직하다.

2) 계획 성격을 기준으로 분류한 유형

계획은 그의 영역에 따라 전략계획, 운영계획 및 예산계획 등 세 가지로 구분할 수 있다.

(1) 전략계획

전략계획(strategic planning)이란 기업이 장기적으로 경쟁력을 강화하고 전반적인 경영성과를 증진하는 등의 기업목표 설정과 그의 달성을 위하여 최고경영자층이 수립하는 포괄적이고 일반적인 계획이다. 전략적 계획은 기업의 사명을 제시하고, 그 기업이 미래로 나아갈 일련의 목표를 설정한다.

전략적 계획은 변화하는 외부환경에 어떻게 대응할 것인가, 자원을 어떻게 배분할 것인가, 전략적 목적을 달성하기 위한 전사적 노력을 통합하기 위하여 어떤 조치가 필요한 것인가 등에 관한 문제를 취급한다. 그래서 이러한 계획을 수립하는 목적은 기업이 현재의 위치에서 목표달성을 위한 방향으로 나아가게 하는 곳으로 움직이게 하여 기업이 속한 산업에서 지속적인 경쟁우위를 확보하려는 것이다.

(2) 운영계획

운영계획(operational planning)은 하부경영층이 수립하는 계획인데, 주로 제품이나 서비스의 생산활동에 관련된 생산계획, 여러 가지 운영에 필요한 자금을 조달하는 재무계획, 과업을 수행하는 데 필요한 시설이나 작업배치에 관련된 시설계획, 제품이나 서비스의 판매 및 유통과 관련된 마케팅계획, 작업자의 채용이나 배치를 취급하는 인적자원 계획 등을 포함한다.

(3) 예산계획

예산계획(budget planning)은 기업에 있어서의 자금운용을 위한 계획을 가리킨다. 예산이란 목표를 달성하기 위한 다양한 업무들이 수행될 수 있도록 자원할당을 화폐단위로 표시해 놓은 재무적 계획안으로 이익계획이라고도 말한다. 예산계획은 일반적으로 1년 정도의 부문별, 항목별 예상금액을 나타내는 단기계획 또는 운영계획이므로 주로 일선 경영자가 주관하게 된다. 이 계획은 해당 기간 동안의 모든 노력을 통합하기 위해서는 다른 계획들에 대하여 조정할 수 있는 통제의 기본적인 수단이 됨과 동시에 경영상의 활동지침이 된다.

사례 4-2 SOC와 R&D 예산 삭감은 큰 잘못

최성용
서울여대 경영학과
명예교수

최근 정부는 내년도 SOC(사회간접자본)와 R&D(연구 · 개발) 투자액을 대폭 삭감키로 했다. 두 예산 모두 증액은커녕 삭감이라니 대단히 잘못된 결정이다. 내역을 보면 SOC 부문은 금년 대비 20% 삭감한 4조 4,000억 원이, 산업 분야의 R&D 지출도 1조 원이나 삭감됐다. 이 같은 정부의 지출 구조조정은 미래의 성장 동력을 희생시키게 된다. 이는 대통령의 공약 이행을 위한 재원이 많이 필요하기 때문인 것으로 보인다. 하지만 제4차 산업혁명이 빠르게 진전되고 있는 마당에 이런 조치는 근시안적인 결정이다.

미국 · 영국은 물론 중국 등도 SOC 확충을 통해 추가적 경제 도약에 힘쓰고 있는 데 반해 우리 정부만 이 같은 대세에 역행하는 것 같아 우려스럽다. 도로 · 철도 · 항만 등은 새로운 수요를 창출해내는 성장 엔진이다. 스웨덴 · 스위스 · 영국 등도 SOC를 확충해 새로운 도약을 일궈가는 모습을 우리는 보고 있으며, 이 또한 시사하는 바가 크다. 특히 도로의 경우, 한국은 OECD 국가들 중에서 여전히 하위권에 속한다.

R&D 투자 감소의 문제는 한층 심각하다. 우리 경제를 지탱해주었거나 지탱하고 있는 전자 · 철강 · 조선 · 자동차 산업 등은 지금 국제 경쟁에서 매우 불리한 여건에 놓였다. 주요 경쟁국들과의 싸움에서 계속 밀리며 고전하고 있는 실정 아닌가. 그나마 반도체 부문이 유일하게 선전하고 있지만 중국의 맹렬한 추격으로 인해 전혀 안심할 수 없는 처지이다. 이래저래 이른바 '10대 무역국'의 위상도 흔들리고 있다.

국제 경쟁에서 추종자가 아닌 시장 선도자의 위치를 확보하려면 정부와 기업 모두의 R&D 투자 활성화가 급선무이다. 박근혜 정부도 R&D 예산을 삭감했었는데 부존자원과 기초 기술이 부족한 한국 경제로서는 중대한 판단 오류였다. 우리의 경우, 인접한 일본 · 중국 등과 무한 경쟁을 전개해야 하는 절박한 상황인데 그 경쟁의 기반인 SOC와 R&D 투자를 줄인다면 결과는 불을 보듯 뻔하다. 전후 일본의 경우, R&D에 있어서 정부의 적극적인 주도 아래 민간 기업들의 총력적 노력이 보태져 기술 대국으로 올라서면서 세계 경제를 좌우하게 된 것이다. 문재인 정부는 복지 예산을 크게 늘리고 SOC와 R&D 예산은 대폭 삭감하는 조치를 이제라도 재고하고 철회하기 바란다.

출처 : 조선일보, 2017. 9. 21일자

4. 전략적 계획

1) 전략의 개념

전략이라는 용어는 아직도 군사조직에서 많이 사용되고 있지만, 기업과 다른 조직에서도 널리 사용되고 있다. 현재 전략이라는 용어는 장기적인 조직목표를 달성하기 위해 수립되는 광범위한 계획과 의사결정의 의미로 사용되는 것이 보통이다. 즉 "우리 회사가 경쟁에서 이기기 위해서는 어떤 제품을 생산할 것인가", "재무자원을 어떻게 조달하여 운용할 것인가" 그리고 "어떤 시장을 목표시장으로 삼을 것인가" 등의 문제들을 다루는 것이 곧 전략이다.

아무리 훌륭한 목표라 하더라도 이를 달성하기 위한 계획이 수립되지 않으면 별 효과가 없다. 전략은 목표를 가장 효과적으로 달성하기 위한 장기적 계획이 된다. 따라서 조직이 어느 목표를 효과적으로 달성하기 위해서는 이 목표를 뒷받침할 수 있는 적절한 전략을 수립하는 것이 바람직하다.

2) 전략의 특성

일반적으로 전략은 여러 가지 유형의 계획들과는 다른 몇 가지의 중요한 특성을 갖는다.

(1) 시간의 범위

전략이라는 용어는 일반적으로 장기에 걸쳐 수행되는 활동을 기술하는 데 사용된다. 여기서 장기라는 것은 관련활동을 수행하는 데 소요되는 시간은 물론이고, 그 활동의 성과가 나타나는 데 필요한 시간에도 적용되는 개념이다.

(2) 영향력

전략의 성과는 장기에 걸쳐 서서히 나타나는 것이 보통이나, 일정한 기간이 경과한 후 일시에 나타나는 경우도 있다. 어떠한 경우에도 그것이 조직 내·외에 미치는 영향력은 매우 크다고 할 수 있다.

(3) 노력의 집중

효과적인 전략이 되기 위해서는 이 전략과 관련된 특정 범위의 활동에 조직 구성원들의 노력, 행동 및 관심을 집중시키는 것이 필요하다. 이와 같이 조직의 에너지를 특정의 활동에 집중시키기 때문에 전략은 자원할당의 엄격한 제약을 초래하게 된다.

(4) 일관된 의사결정

전략을 실행하기 위해서는 상당한 기간에 걸쳐 일관성 있는 의사결정을 내려야 한다. 즉 상이한 시기에 관리자가 내리는 의사결정들 사이에 모순이 없어야 하며, 결정의 내용에 대하여 모든 구성원들의 지지가 뒤따라야 한다.

(5) 포괄성

전략은 자원할당에서 일상적인 업무에 이르기까지 광범위한 활동을 포함하는 것이 보통이다. 따라서 특정의 전략을 중심으로 이러한 활동들이 일관성 있게 수행되기 위해서는 모든 계층과 부문의 관리자들이 이 전략을 지원해야만 한다.

3) 전략의 차원(수준)

일반적으로 전략은 그것이 대상으로 하는 활동영역의 범위와 구체성 및 수행주체의 계층적 수준에 따라 세 가지로 구분된다.

(1) 기업전략

기업전략(corporate strategy)은 최고경영층에 의해 수립되는 전략으로서 둘 이상의 사업을 경영하고 있는 조직의 전반적 운영과 관련을 갖는다. 여기서는 주로 "기업이 어떠한 종류의 사업에 참여할 것인가?" 그리고 "이들 사업부문 사이에 어떻게 자원을 할당할 것인가?"에 관한 의사결정을 내린다. 보다 구체적으로 설명하면 기업전략은 다음과 같은 문제에 대한 해답을 제공해 준다.

첫째, 어떠한 사업에 참여하고 어떠한 사업을 그만 두어야 하는가?

둘째, 어떠한 고객을 목표로 해야 하는가?

셋째, 어떠한 신기술을 사용할 것인가?

넷째, 기업활동을 어떻게 통제하고 자원을 어떻게 획득 및 배분해야 하는가?

따라서 기업전략은 전체 조직이 지향해야 할 기본방향을 설정함으로써 각 사업부의 역할과 활동을 조정하는 기능을 수행한다.

(2) 사업부전략

사업부전략(business strategy)은 특정한 사업부문의 유효성을 극대화시키기 위해 수립되는 전략이다. 여기서는 다음과 같은 문제들에 대한 의사결정을 내린다.

첫째, 시장에서 경쟁회사와 어떻게 경쟁할 것인가?

둘째, 어떠한 제품이나 서비스를 시장에 제공할 것인가?

셋째, 어떠한 고객을 목표로 할 것인가?

넷째, 사업목표를 달성하기 위해서는 생산, 마케팅, 재무, 인사 등의 부문적 기능을 어떻게 통제해야 하는가?

다섯째, 자원을 여러 가지 활동에 어떻게 배분할 것인가?

기업에 따라서는 다양한 부문의 사업을 운영하는 경우가 많다. 이때 최고경영층은 복잡하고 다양한 활동들을 효과적으로 조직화(organizing)시켜야 한다는 어려운 문제에 직면한다. 이러한 문제를 해결하기 위한 하나의 방법이 전략사업단위(strategic business unit), 즉 SBU의 개발이다.

SBU는 일정한 제품이나 서비스를 생산 · 판매하는 데 필요한 기업활동들을 하나의 사업단위로 묶어 놓음으로써 자원의 최적 활용과 관리의 효율화를 기하고자 하는 개념이다. 실제로 각 SBU는 조직 내에 독립된 사업부로 편성되는 것이 보통이며, 성과에 대한 측정 및 평가 역시 독립적으로 실시된다. 여기서 각 SBU는 기업전략에 의해 제공된 기본적 지침에 따라 해당사업에 관한 전략을 수립한다.

(3) 기능별전략

기능별전략(functional strategy)은 생산, 마케팅, 재무, 인사 등의 각 부문기능의 관리에 관한 전략을 수립하여, 이것이 상위의 사업부전략을 지원하도록 하는 데 목적이 있다. 따라서 기능별전략은 사업부전략과 일관성을 유지해야 한다.

예를 들면 사업부전략이 신제품의 개발을 추진하는 것이라면 기능별전략에서는 어떻게 이 신제품을 개발·생산 및 판매할 것이며, 그에 대한 필요한 자금과 인력은 어떻게 조달 및 운용할 것인가에 관한 기본지침을 마련하게 된다.

4) 전략적 계획의 의의 및 중요성

전략적 계획(strategic planning)은 1950년대 말경 불확실성하의 급변하는 기업환경에 효과적으로 대처하기 위해 미국의 기업들을 중심으로 창안된 경영기법이라고 할 수 있다.

전략적 계획은 조직의 목표설정과 그 목표달성을 위하여 요구되는 전반적인 계획체제이다. 구체적으로 목표설정의 과정·방침 및 실행계획, 이의 수행가능한 방법을 선택하는 것으로 일반적인 경영계획과는 다른 특징을 보인다. 전략적 계획이 지니고 있는 특성을 보면, 여러 계획의 기본적인 틀을 제공하고 장기계획의 성격을 띠며, 조직의 행동 및 의사결정에 대한 일관성을 유지시키고, 최고경영층에 의해 수립된다는 점이다.

전략적 계획이 환경변화에 적응해 가면서 기업의 여러 활동을 통합하기 위해서는 기업 목적의 수립은 물론이고, 경영전략의 형성 및 이의 효율적인 수행을 위한 실행계획이 포함되는 것이 바람직하다.

전략적 계획은 기업환경 변화에 따라 발생하게 될 불확실성에 대처하여 목표달성 및 경쟁전략에 도움이 되는 활동을 명확히 하는 수단으로서 외부환경에 가장 합리적으로 적응할 수 있도록 조직을 관리하려는 것이다. 또한 전략적 계획의 수립을 통해서 구성원들에게 생산하는 제품과 서비스, 생산방식, 업무수행 능력에 대해 명백한 지침을 제공한다.

전략적 계획을 현실의 경영에 적용하기 위해서 기업은 자신의 특수 상황을 충분히 고려하여 계획을 수립하는 데에 현실의 경영환경을 경영지침으로 삼아 전략적 계획을 이용하는 것이 중요하다.

사례 4-3 피터 드러커의 목표관리 시스템

피터 드러커

과거에는 리더가 조직의 목표를 설정하면 구성원들은 그 목표에 맞추어 실행하기만 하면 되었다. 그러나 지식근로자가 중심이 되는 지식사회에서는 지식근로자들이 자동적으로 그 목표에 따라 움직이지는 않는다. 지식근로자들은 전문가들로서 때로는 그들의 전문적 기술과 영역 그 자체를 목표로 삼는다. 이러한 문제를 고려하여 드러커는 "Management by Objectives(MBO)'를 주창하였다. 사실 드러커의 MBO는 'Management by Objectives and Self Control'로, 자기 통제의 개념을 기반으로 한 목표관리 시스템이다. Top Down의 단순한 목표 관리가 아닌 것이다.

기업이 성과를 올리기 위해서는 각 부문의 목표가 기업 전체의 목표와 정합성을 가져야 한다. 각 부문의 목표는 기업이 달성할 전체 목표로부터 도출되며, 각 부문의 성과는 그들이 기업 전체의 성공에 기여한 공헌도에 따라 평가되도록 관리되어야 한다. 이 때 목표의 설정에 대하여 각 부문이 스스로 개발하고 결정하여야 한다는 개념이 드러커의 MBO이다. 즉 자율과 분권에 의한 관리, 자율적 책임경영을 의미한다.

그러나 실제로 기업들은 MBO를 명령과 통제에 의한 관리 수단의 하나로 실행한다. 흔히 경영자들은 부하 직원의 업무에 대한 감독, 지시와 통제를 자신의 직무로 생각하고 있다. 그러나 드러커는 경영자의 중요한 책임은 자신이 속한 상위부문의 목표에 공헌하는 것이라고 말한다. 경영자의 목표는 기업 전체의 목표에 연계되어야 하고 이러한 구조에서 그의 성과는 기업 전체의 사명에 기여할 수 있게 된다는 것이다.

목표 관리와 긴밀하게 연결되어 있는 개념이 성과 측정이다. '측정할 수 없는 것은 관리할 수 없다(What gets measured gets managed)'. 드러커의 유명한 말이다. 일반적으로 모든 성과를 정량적으로 측정하려고 하지만, 사실 드러커가 말한 'measure'는 '가늠하다'의 뜻이라고 한다. 그는 성과는 가늠하는(measure) 것이지 세는(count) 것이 아니라고 했다. '가늠한다'는 것은 성과가 목표나 기준에 맞는지 헤아려 본다는 의미이다.

이런 맥락에서 보면 드러커의 MBO는 상급자가 하급자를 통제하거나 지배하기 위한 것이 아니고, 스스로 무엇을 해야 할지 목표를 설정하고, 그 진척도를 알 수 있도록 스스로 평가해 보는 자기 통제를 전제로 한 목표관리 방식인 것을 알 수 있다. 상당 수의 기업들이 조직 또는 개인의 평가를 위해 KPI(Key Performance Index : 핵심성과 지표)를 활용하고 있는데, 성과 측정 시 드러커가 말한 'measure'의 진정한 의미를 되새겨서 운영해야 할 것이다.

그는 일반적인 통념을 깨는 촌철살인의 가르침도 여럿 남겼다. 그중에서도 특히 피부에 와 닿는 가르침을 몇 가지 소개한다. 그는 경영자는 자원과 노력을 문제 해결이 아닌 기회(Opportunity)를 활용하는 데 집중하여야 성과가 창출된다고 말했다("Results are gained by exploiting opportunities, not by solving problems."). 왜냐하면 문제의 해결은 손해(damage)는 피할 수 있게 하지만 성과를 창출하지는 못하기 때문이다. 유능한 경영자는 자사 또는 경쟁사의 예기치 못한 성공이나 실패 사례에서, 또는 산업 구조, 시장 구조의 변화에서 기회를 발견한다고 했다.

그리고 경영자는 효율(Efficiency)을 올리는 일이 아닌 효과(Effectiveness)를 낼 수 있는 일에 초점을 맞추어야 하며, 효과는 옳은 것(What)을 하는 것이고 효율은 옳게(How) 하는 것이라고 구분하였다. 즉 경영자에게 필요한 것은 일을 '잘'하는 것이 아니고 '어떤' 일에 초점을 맞추어야 하는지를 알고 그 일에 집중하는 것이라는 뜻이다. 실천적 관점에서 보면 전략적인 측면의 의사결정과 관리는 효과적으로 하고, Operational한 측면의 의사 결정과 관리는 효율적으로 이루어져야 한다. 효과적이고 효율적이면 기업이 크게 성장할 것이며, 효과적이나 효율적이지 못하면 그저 겨우 생존할 것이다. 효율적이나 효과적이지 못하면 서서히 침몰할 것이고, 효과적이지도 못하고 효율적이지도 못하면 그 기업은 빨리 퇴출되어 버릴 것이다.

또 한 가지 흥미로운 것은 개인의 정보 수집 방식과 커뮤니케이션을 연계한 그의 생각이다. 어떤 사람은 정보를 읽을 때 잘 받아들이고, 어떤 사람은 들을 때 더 잘 받아들이며 양쪽에 모두 익숙한 사람은 거의 없다고 한다. 따라서 읽는 유형의 상사에게는 서면 보고를, 듣는 유형의 상사에게는 구두 보고를 해야 효과적이라는 것이다. 그런데 대부분의 사람들은 이런 개념조차도 모르고 자신이 어떤 유형에 속하는지는 더더욱 모른다. 드러커는 자신의 능력을 개발할 때에도 자신이 읽는 유형인지 듣는 유형인지를 파악하여 효과적인 방법을 찾아 적용하라고 제안한다.

드러커의 강점은 이처럼 역사에 대한 깊은 이해와, 다방면에 걸친 풍부한 지식과 관점이 결합되어 경제적, 사회적 문제를 도출하고 방향을 제시하는 탁월한 연관능력(Skill of Association)이라고 하는데 그의 혜안은 정말 놀랍기만 하다.

출처 : Next Daily, 2017. 9. 6일자

5. 목표관리(MBO)

1) 목표관리의 의의

경영학의 발전사 가운데 가장 흥미 있는 것 중의 하나는 목표 또는 결과에 의한 관리의 등장인데, 목표에 의한 관리를 흔히 목표관리(Management By Objective : MBO)라고 한다.

MBO란 참여의 과정을 통하여 조직의 목표를 명확하고 체계있게 설정하여 이용함으로써 관리의 효율화를 기하려는 관리방식을 말한다. MBO는 처음에 조직관리상의 업적평가 절차로서 드러커(Peter F. Drucker)에 의해 목표 및 실적위주로 관리자를 평가하려는 시스템을 개발하려는 관점에서 시작되었다.

MBO시스템의 기초는 경영자와 부하들이 서로 합의하여 목표를 설정하는 데 있다. MBO의 발전에 가장 큰 역할을 한 사람은 드러커와 맥그리거(D. McGregor)이다. 드러커는 기업의 계획형태를 개선하는 데 역점을 두고 MBO를 관리계획의 한 접근방법으로 소개했으며, 후에 맥그리거는 MBO를 경영관리상의 한 기법으로 발전시킨 바 있다. 그러나 오늘날에는 MBO가 계획의 수립, 업적평가는 물론 통제시스템 및 조직의 목표와 조직구성원의 목표를 통합하려는 보다 광범위한 접근방법으로 발전하고 있다.

2) 목표관리의 구성요소

목표관리의 구성요소는 크게 세 가지로 나누어 볼 수 있다.

(1) 목표의 설정

목표란 주로 측정가능한 비교적 단기적인 목표를 말한다. 그러나 이것은 조직의 장기적 · 일반적 목표와 관련되어 설정되어야 하기 때문에 MBO가 조직의 일반적 목표와 무관할 수는 없다.

누구도 애매한 목표를 달성할 수는 없다. 사람들은 그들의 목표가 무엇이고, 목표를 달성하기 위해서는 어떠한 행동을 취해야 할 것이며, 또 언제 목표를 설정해야 할 것인가를 알아야만 한다. 따라서 목표의 명확한 설정은 MBO의 중요한 구성요소가 되는 것이다.

(2) 참여

MBO는 참여(participation)를 통한 목표설정을 강조한다. 부하가 수행할 목표를 상사와 부하가 협의를 거쳐서 설정하게 되면, 그 목표는 보다 현실성이 있게 되고 또 목표설정에 참여한 사람은 그와 같은 목표를 보다 쉽게 수용하게 된다. 또한 참여한 사람의 직무만족도와 생산성은 향상될 것이다.

(3) 피드백

목표추구의 과정과 목표의 달성도는 측정 · 평가 · 피드백(feedback)되어야 한다. 특히 평가와 피드백은 목표에 비추어서 이루어져야 한다. MBO에서 피드백을 중요한 요소로 보는 이유는 피드백이 명확하게 이루어질 때, 비로소 집단의 문제해결 능력은 증진되고 개인의 직무수행 능력이 향상된다고 보기 때문이다.

3) 목표관리의 절차(과정)

MBO의 과정에 대해서는 학자에 따라 차이가 있으나 폴 말리(Paul Mali)의 견해를 중심으로 살펴보면, MBO의 과정은 목표의 발견, 목표의 설정, 목표의 확인, 목표의 실행, 그리고 평가 등의 다섯 단계로 구분된다.

(1) 목표의 발견

이 단계는 조직의 생존 · 성장 · 개선을 위하여 조직 스스로가 바라는 상태 및 결과를 신중하고 체계적으로 확인하는 단계이다. 즉 이 단계에서는 조직의 현황을 분석할 뿐만 아니라 성취하고자 하는 장래의 희망을 검토하는 것이다.

(2) 목표의 설정

이 단계는 조직이 실제로 성취하고자 하는 미래의 상태를 확립하는 단계이다. 즉 특정인 또는 특정 조직단위의 활동영역과 구체적인 성취수준을 밝히는 것이다. 설정된 목표는 부하의 업적을 평가 · 피드백시키는 기준이 될 뿐만 아니라, 개인별 · 조직단위별 활동을 조직 전체의 계획에 통합시킬 때의 기준이 된다. 또한 목표의 설정은 개인별 · 조직단위별 활동의 조정에도 기여한다.

(3) 목표의 확인

제2단계에서 설정된 목표는 확인과정을 거쳐야 한다. 이 단계를 거침으로써 장래의 목표수행에 관련된 개인 및 조직단위의 목표가 정해진 시간 내에 달성될 수 있다고 하는 확신을 가질 수 있게 된다. 그리고 계획실행상의 결점이나 실패요인의 존재 여부를 발견하기 위해 위험성 · 가정 및 변동사항 등을 검토 · 분석한다.

(4) 목표의 실행

이 단계는 설정된 목표를 달성하기 위한 구체적인 실행전략을 수립하는 단계이며, 이와 더불어 실제의 구체적인 행동으로 옮겨진다.

(5) 평가

이 단계는 목표가 계획대로 진행되었는가의 여부를 측정 · 평가하고, 계획과의 차질이 발생한 경우에는 그것을 시정하고 통제하기 위한 보고를 하는 단계이다. 즉 이 단계는 목표추구의 과정과 목표의 성취도를 측정 · 평가 · 피드백하는 단계이다. 이와 같은 활동을 포함하는 평가과정은 중간평가와 최종평가로 나누어 볼 수 있다.

4) 목표관리의 이점 및 한계

(1) 목표관리(MBO)의 이점

목표관리가 지니고 있는 이점을 살펴보면 다음과 같다.

첫째, MBO는 효과적인 계획을 촉진함으로써 보다 나은 관리를 돕는다.

둘째, MBO는 조직의 역할과 구조를 명확히 하도록 강요하는 경향이 있다.

셋째, MBO는 성과에 대한 공헌을 유도한다.

넷째, MBO는 통제기준으로서의 목표를 명확히 제시함으로써 효과적인 통제를 발전시키는 데 도움을 준다.

(2) 목표관리(MBO)의 한계

목표관리의 한계점은 다음과 같다.

첫째, 목표의 달성수단에 대한 무조건적 정당화를 들 수 있다. MBO에서는 원칙적으로 최종적인 결과를 중시한다. 따라서 자칫하면 목표달성에 도움이 되는 한 어떠한 수단이라도 허용될 수 있다는 태도를 구성원들에게 조장하기 쉬운 면도 있다.

둘째, 과다한 시간의 소모이다. MBO 프로그램을 효과적으로 수행하기 위해서는 구성원들이 이 프로그램에 많은 시간을 투입해야 한다. 기본적으로 MBO의 개념 자체는 비교적 단순하지만, 그 수행절차는 복잡하고도 정교하기 때문에 많은 시간이 소모될 수밖에 없는 것이다.

셋째, 단기적 목표에 치우친다. MBO에 있어 또 하나의 문제는 관리자와 구성원들이 소속부서와 개인의 목표에 지나치게 집착하는 경향을 보이기 쉽다는 점이다. 대부분의 MBO 프로그램에서는 1년 이내의 기간을 상대로 목표가 설정되기 때문에 구성원들에게 조직 전체의 장기적 성과는 일차적 관심요인이 되지 못한다.

5) 목표관리의 성공요건

MBO는 특수한 기법이 아니라 총체적인 관리시스템이므로 성공적인 채택 · 실시를 위해서는 조직 전반에 걸쳐 다음과 같은 필요한 요건이 갖추어져야 한다.

첫째, MBO의 채택은 조직전반에 미치는 영향이 크기 때문에 최고경영층이 MBO의 실시를 지지하고 솔선수범해야 한다.

둘째, 조직의 구조와 과정이 MBO를 실시할 수 있도록 분권화 및 자율적 통제절차가 마련되어야 한다.

셋째, MBO는 목표를 설정하고 그에 따라 결과만 평가하면 되는 고립적인 기법이 아니라 총체적인 시스템이다. 따라서 MBO와 그 밖의 다른 관리활동들, 예를 들면 예산, 인원배치, 훈련, 보수, 근무성적평정, 조사연구 활동 등은 상호지지적인 통합을 형성해야 한다.

넷째, 개인과 개인, 조직단위와 조직단위, 그리고 조직과 환경 사이에 의사소통과 피드백의 과정이 형성되어 있어야 한다.

다섯째, 미래의 상황을 적정하게 예측할 수 있도록 조직내외의 여건이 안정되어야 한다.

제5장

조직 활동

1. 조직 활동의 기본 개념

1) 조직 활동의 의의

조직 활동의 개념을 정의하기 전에 먼저 조직(organization)의 의의를 살펴보자. 조직이란 공동의 목적을 달성하기 위해 필요한 여러 가지 활동을 분담하고, 상호 간에 협조하여 수행하는 사람들의 집합체를 말한다. 조직은 사람들의 집합체, 분업, 공동 작업 및 공동 목적의 네 가지 요소를 지닌다.

조직은 특수한 기능이나 역할을 수행하기 위하여 체계적으로 형성된 것이며, 공동의 목적을 달성하기 위한 인간의 협동체이다. 우리가 주위에서 흔히 발견하는 병원, 학교, 교회, 구청 및 시청, 기업들이 바로 특정 목적을 추구하는 사회적 단위로서의 조직이며 하나의 실체인 것이다.

조직 활동, 즉 조직화(organizing)란 직무수행에 따른 여러 가지 활동에 대해 이를 수행하기 위한 인적 요인과 물적 요인 간의 관계를 조직의 여러 원칙에 따라 설정하는 것을 말한다. 다시 말하면 조직화란 목표달성에 필요한 제 활동을 분류하고 감독권한을 지닌 경영자에게 각 활동을 할당한 후, 수평적 · 수직적인 조정방안을 마련하는 과정이다.

또한 조직 활동이란 각 구성원들이 주어진 현실적 조건하에서 조직목표를 달성함과 동시에 보다 능률적으로 일함으로써 개인적 만족을 얻을 수 있도록 그들 간의 효과적인 행동적 관계를 설정하는 과정이라 할 수 있다.

조직 활동에 있어서 첫 단계로 이루어지는 것이 바로 조직설계(organization design)이다. 조직설계는 조직화하는 과정에서 조직의 틀을 어떻게 구성할 것인가를 결정하는 것을 의미한다. 경영자는 새로운 조직을 만들거나 환경이 변화하여 조직을 변경할 필요가 있을 때 조직설계를 하게 된다. 이러한 조직설계의 결과로서 모양과 특색을 갖춘 짜임새 있는 조직으로써 조직의 틀을 나타내는 것을 조직구조(organization design)라고 한다.

2) 조직 활동의 과정

일반적으로 조직 활동의 과정은 네 단계로 분류할 수 있으며, 다음과 같이 설명할 수 있다.

(1) 업무 구분

조직 활동에서 첫 번째 단계는 기업이 설정한 목표를 달성하기 위해 해야 할 업무를 구체적으로 확정하는 활동이다. 구성원들이 해야 할 업무를 어떻게 구분하는가가 중요한 문제가 된다.

영국의 경제학자 애덤 스미스(A. Smith)는 조직의 기본 원칙은 첫째로 업무를 가능한 한 세분하여 단순화시키는 분업(division of labor)의 원칙과, 둘째로 작업자들은 단순화된 업무에 대하여 전문화시키는 전문화(specialization)의 원칙이야말로 기업의 높은 생산성을 가져올 수 있다고 주장하였다.

따라서 조직 활동의 첫 번째 단계에서는 업무를 구분하여 확정하는 단계에서 세부적으로 분업이 이루어질 수 있도록 하며, 전문화의 원칙이 적용될 수 있도록 해야 한다고 애덤 스미스는 설명하고 있다.

그러나 고도의 전문화는 대부분의 구성원들에게 불만족의 근원이 될 수 있다는 것이다. 이에 단조롭고 일상적인 직무를 보다 보상적인 것으로 만들려는 데에 사람들의 관심이 집중되게 되었는데, 그 결과 등장한 개념이 직무확대와 직무충실화 기법이다.

(2) 부서(부문)의 결정

조직구성원이 해야 할 업무를 세부적으로 분류한 다음에는 확정된 업무를 수행할 부서를 정하는 활동에 들어가야 한다. 수행할 업무를 집단화, 단위화하는 활동을 부문화 또는 부서화(departmentation)라고 한다.

일반적으로 기업의 규모가 커지면서 많은 일들을 여러 구성원들이 나누어서 일을 하게 되면, 이를 효과적으로 관리할 필요가 있다. 이를 위해서 서로 유사하거나 관련이 있는 업무나 작업활동이 함께 이루어질 수 있도록 그 담당자들을 부서별로 묶게 된다. 이러한 부문화에는 기능별 부문화, 지역별 부문화, 제품별 부문화, 고객별 부문화, 그리고 매트릭스 부문화 등의 방식이 있다.

(3) 책임과 권한 부여

기업목표를 달성하기 위해 해야 할 업무를 확정하고 이를 담당할 부서를 결정하면, 부서 또는 부서 구성원들에게 업무수행과 관련된 책임(responsibility)을 부여하게 된다. 책임을 부여하게 되면 그에 따른 권한(authority)도 부여하여야 한다.

권한은 기업이 개인에게 합법적으로 부여한 의사결정권을 의미한다. 기업의 규모가 작을 때에는 최고경영자에게 대부분의 권한이 주어지게 되지만, 기업의 규모가 커지게 되면 최고경영자가 갖는 권한은 줄어들게 된다. 그러므로 각 계층별 구성원들이 자신들의 업무를 효율적으로 수행하는 데 필요한 의사결정을 내릴 수 있도록 권한을 적절히 나누어주어야 한다. 권한을 배분할 때에는 몇 가지의 일반적인 원칙이 있다.

효율적인 명령-보고체계를 구성하는 세 가지의 원칙을 살펴보면 다음과 같다.

첫째, 명령단일화 원칙(unity of command principle)이다. 이 원칙은 종업원이 한 명의 상사에게 보고하도록 하고 구성원으로 하여금 누구에게 명령과 지시를 받아야 하는지에 대해 공식화함으로써 중복된 명령-보고 관계에서 유발되는 갈등의 소지를 없애고자 하는 것이다.

둘째, 명령체계 원칙(scalar principle)이다. 이 원칙은 부하와 상급자를 연결하는 명령체계를 분명히 함으로써 하위종업원으로부터 최고경영층 사이의 모든 종업원들의 명령의 상하관계를 체계화하는 것이다. 이렇게 권한의 상하관계를 분명히 하면 업무에 대한 책임소재를 명확히 할 수 있다.

셋째, 통제범위 원칙(principle of span of control)이다. 이 원칙은 한 사람이 적정 숫자의 부하를 관리하도록 해야 효과적으로 조직을 운영할 수 있다는 것이다. 즉 경영자가 자기에게 보고하는 부하의 숫자가 과도하면 통제와 조정이 어렵다는 것이다. 따라서 조직구성시 해당 부서의 업무가 요구하는 적정수의 인원과 경영자가 효과적으로 관리할 수 있는 부하의 수를 면밀히 조사할 필요가 있다.

(4) 업무와 부서의 조정

조정(coordination)이란 전문화에 따라 분업화된 개인이나 집단의 작업활동을 상호 연결시키는 활동을 말한다. 조정활동을 위해서는 적절한 의사소통이 이루어져야 하고, 서로 간의 활동을 이해해야 하며, 작업의 흐름 속에서 협동이 이루어지도록 해야 한다. 따라서 경영자는 각 부서의 주력분야나 업무의 중요성 등을 잘 조절하여 기업 전체의 목표달성에 기여할 수 있도록 각 부서활동을 조정하고 통합해야 할 것이다.

사례 5-1

"빵집 주인은 남이 아니라 자신을 위해 좋은 빵 만들죠"

애덤 스미스

'경제학의 아버지' 애덤 스미스는 자신의 저서 『국부론』에서 시장경제의 원리 '보이지 않는 손'을 다음과 같이 설명했다. "우리가 저녁 식사를 기대할 수 있는 건 푸줏간 주인, 양조장 주인, 빵집 주인의 자비심 덕분이 아니라 그들의 돈벌이에 대한 관심 덕분이다. 우리는 그들의 박애심이 아니라 자기애에 호소하며, 우리의 필요가 아니라 그들의 이익만을 그들에게 이야기할 뿐이다."

애덤 스미스는 '보이지 않는 손'을 신의 영역이 아니라 인간의 본성에서 찾고자 했다. 그것은 바로 인간의 타고난 이기심이다. 애덤 스미스는 모든 사람은 경제 활동을 할 때, 인간의 본성에 충실하게 '이기심'에 따라 움직인다고 보았다. 여기서 말하는 인간의 이기심이란 '자신만 살겠다고 다른 사람을 짓밟거나 해치는 몹쓸 심보'가 아니다. 자신을 위하는 마음, 다시 말해 지금보다 더 잘살고 싶어하는 무한한 욕망을 뜻한다. 자신이 처한 상황에 만족하고 안주하기보다는 더 나은 삶, 더 풍요로운 생활을 누리기를 원하는, 즉 자신의 행복을 추구하는 마음이 곧 이기심이다. 경제 활동을 할 때 이기심은 인간을 더욱더 적극적이고 능동적이며 지속적으로 움직이게 이끌어준다. 강한 동기 부여를 심어주는 셈이다. 사람은 자기 자신을 위한 이익을 추구하고 성취해나갈 때 더욱더 열심히, 꾸준히, 성실히 노력하면서 살게 되기 때문이다.

이기심이 경제 활동을 원활히 한다

이를테면 어떤 빵집 주인이 있다. 빵집 주인은 돈을 많이 벌어서 큰 집과 값비싼 가구, 멋진 옷을 사고 싶어 한다. 빵집 주인이 그것들을 사려면 어떻게 해야 할까? 빵을 하나라도 더 팔아 돈을 벌려고 노력할 터. 새벽같이 일어나 신선한 빵을 굽는다거나 남들과 차별되는 독특하고 맛있는 빵을 새롭게 개발하는 노력을 다할 것이

다. 이런 노력은 결과적으로 빵집이 제공하는 상품 서비스의 질적 향상을 가져오고, 빵집의 매출로 이어지게 된다. 기왕이면 다홍치마라고, 누구나 같은 빵이라면 더 신선하고 맛있는 빵을 사려고 하지 않겠는가. 결국 우리가 신선하고 맛있는 빵을 먹을 수 있는 것은 돈을 많이 벌어 잘살고 싶어 하는 빵집 주인의 이기심에서 비롯된 것이라고 할 수 있다.

이처럼 인간의 이기심은 자신의 삶을 더 나은 수준으로 끌어올리려는 노력으로 궁극적으로 모두 함께 잘사는 세상을 만드는 원동력이다. 또한 이 인간의 이기심이야말로 모든 경제 활동이 원활하게 돌아갈 수 있게 조정하는 가장 자연스러운 '보이지 않는 손'이다.

사익 추구가 공익을 낳는다

잘 생각해보자. 언뜻 사람들은 저마다 자신의 이익을 추구하는 것처럼 보이지만, 자세히 들여다보면 개개인이 자신의 이익을 극대화하는 과정에서 자율적으로 알맞은 균형점을 찾고 결국 합리적이고 효율적인 경제 흐름을 만들어내지 않는가. 따라서 모든 사람이 자기 이익만 추구해도 경제가 발전하고 삶이 풍요로워지며 사회 화합이 더욱더 잘 되는 긍정적인 결과를 가져올 수 있다는 것이 바로 애덤 스미스의 핵심 주장이다.

애덤 스미스는 국가의 부를 증대하려면 인간의 본성을 가장 자유롭고 안전하게 발휘할 수 있도록 해야 하며, 국가나 기관 등에서 인간의 이기심을 억압하는 일 없이 인간의 기본적인 욕구가 가장 자연스럽게 움직이는 상태, 자유로운 경제 환경이야말로 지속적인 경제 발전을 가능하게 하고 궁극적으로 모두 다 함께 잘사는 세상을 만들 수 있다고 생각했다. 국가나 기관이 굳이 개입하지 않아도 경제 분야의 주역인 모든 사람이 자연스럽고 효율적으로 경제 활동을 해나가기 때문이다. 이처럼 개개인의 이익을 추구하는 아주 자연스러운 행위가 개인뿐만 아니라 사회 전체의 이익과 조화를 이뤄낸다는 것, 그것은 오로지 시장을 가장 시장답게 할 때라야 가능한 것이었다.

〈기억해주세요〉

애덤 스미스는 '보이지 않는 손'을 신의 영역이 아니라 인간의 본성에서 찾고자 했다. 인간의 타고난 이기심이 바로 보이지 않는 손이라는 주장이다. 각자는 자기 본성에 충실하게 경제 활동을 해도 다른 사람을 이롭게 할 수 있다고 했어요.

출처 : 한국경제, 2018. 1. 29일자

2. 조직구조의 유형

1) 공식조직과 비공식조직

조직은 조직의 목표달성을 위해 의도되고 계획된 측면뿐만 아니라 의도되지 않은 측면이 공존하는데, 양자 모두가 구성원의 행동 및 경영성과에 매우 큰 영향을 미치고 있다. 주로 전자와 관련된 경영조직의 성격을 공식조직으로, 그리고 후자와 관련된 경영조직의 성격을 비공식조직으로 설명하는 것이 일반적이다. 이처럼 경영조직은 공식적 측면과 비공식적 측면의 양면성을 보이게 된다.

(1) 공식조직

공식조직(formal organization)이란 조직이 명시적으로 표방하고 있는 목표를 달성하는데 필요로 하는 업무기능을 명확히 한 것을 지칭한다. 이러한 공식조직에서는 미리 계획된 것으로서 목표달성을 위해 필요한 일, 조직내의 권한 및 책임관계, 구성원들 간의 의사전달방식, 정보가 흐르는 통로, 조직의 구성원들이 행하여야 할 일들을 잘 분류해서 명확하게 제시하며, 여러 가지 관리체계를 질서있게 만들어 놓고 통제한다.

공식조직은 조직목표 달성에 필요한 일을 해내기 위해 형성된 조직이라고 볼 수 있다. 공식조직의 한 유형인 일상적 기능별조직은 조직목표 달성을 위해 일상적으로 수행되어야 할 업무를 맡아 처리하기 위해 만들어져 거의 영구적으로 존속되는 조직이다.

예를 들면 제조업체의 생산부 또는 A작업반, 대학의 학생처 그리고 병원의 내과 등이 일상적으로 기능별조직이다. 이들 모두 그 집단이 속해 있는 조직의 목표를 달성하기 위해 공식적으로 구성되어 운영된다. 생산부가 없는 제조업체나 학생처가 없는 대학교를 생각할 수 없는 것처럼 일상적 기능별조직은 조직을 구성하는 기본단위라고 할 수 있다.

(2) 비공식조직

비공식조직(informal organization)이란 조직이 달성하고자 하는 명시적인 목표와 일치할 수도 상충할 수도 있으며, 비공식적인 목적을 지향하면서 몇몇 특정 구성원들에 의해 자발적으로 형성된 조직을 말한다. 비공식조직은 유동적이고 조직 자체가 잘 규정되어 있지 않으며, 구성원들간의 관계나 조직의 목표가 공식적으로 잘 나타나지 않는 특성을 가지고 있다.

조직 내에는 몇몇 구성원들의 개인적 목적을 위한 조직들이 있는데, 등산회, 낚시회, 볼링회, 향우회 및 동문회 등 구성원들의 취미와 기호 및 친목도모를 위해 비공식조직이 형성된다.

비공식조직은 우호집단(friendship group)과 이해자집단(interest group)으로 구분할 수 있다. 우호집단은 구성원들 간의 친밀한 관계와 서로 함께 지냄으로써 얻을 수 있는 즐거움 때문에 만들어져 비교적 오랫동안 유지된다. 반면에 이해자집단은 단체활동이나 공동 관심사 때문에 구성원들에 의해 형성되어 특정목적이 달성되거나 관심이 변하면 자연스럽게 해체되거나 우호집단으로 발전하는 특성을 갖고 있다. 이 같은 유형의 비공식조직들은 조직목표와는 관계없이 형성되지만 때로는 조직의 효율적 운영과 성과에 중대한 영향을 미치기도 한다.

(3) 공식조직과 비공식조직의 차이

비공식조직도 공식조직 못지 않게 중요하다. 공식조직에서 보고하지 않은 사항도 비공식조직에서 보고되기도 하고, 비공식조직에서 인정받으면 공식조직에서 발탁되기도 한다. 공식조직은 능률과 규정에 의해 움직이지만 비공식조직은 감정과 인간적 관계가 더 중요하다. 공식조직과 비공식조직의 차이점을 비교해 보면 다음의 〈표 5.1〉과 같다.

〈표 5.1〉 공식조직과 비공식조직의 비교

구분	공식조직	비공식조직
가입동기	지명, 선발	자연발생적, 자의적
조직구조	안정적, 불변	가변
지도자	투표, 공식지명	자연적 지도자 탄생
과 업	미리 정해져 있음	다양함, 변함
존속기간	미리 정해짐	구성원들 의도대로
행동기준	능률, 효율	감정, 인간

자료: 임창희, 『경영학』(서울: 학현사, 2003), p.163.

2) 부문화의 형태

부문화는 서로 관계가 있는 작업활동들을 관리가능한 단위들로 집단화하는 과정이며, 이 목적은 조직의 자원들을 더욱 효과적이고 능률적으로 사용하는 데에 기여하는 것이다.

일반적으로 상호 관련된 기능들을 수행하는 작업자들은 공통적인 업무분야를 소유하기 마련이므로, 이들을 하나의 업무단위로 결합시키는 것이 효율적이다. 여기서 업무흐름의 효율은 조직 내의 다양한 업무단위들을 어떻게 성공적으로 통합시키느냐에 달려 있다. 작업의 적절한 세분화와 과업의 논리적 결합을 통하여 구체적인 업무부서와 하부단위의 조직구조가 합리적으로 도출되어야만 한다.

(1) 기능별 부문화

생산, 재무, 인사, 마케팅 등 기본적인 기업의 기능에 기초를 두고 제반 활동을 집단화하는 것을 말한다. 그래서 기능별 부문화는 가장 일반적이며, 특히 신설기업인 경우에 흔히 채택되는 조직구조인데, 다음의 〈그림 5.1〉과 같다.

〈그림 5.1〉 기능별 부문화

기능별 부문화의 장점과 단점을 살펴보면 다음의 〈표 5.2〉와 같다.

〈표 5.2〉 기능별 부문화의 장 · 단점

장 점	단 점
▪ 각 기능을 논리적으로 반영 ▪ 전문화의 원칙을 따름 ▪ 주요기능의 권력과 권한 유지 ▪ 교육, 훈련의 단순화 ▪ 최고위층에서의 엄격한 통제를 위한 수단 강구	▪ 이익에 대한 책임은 최고위층에만 주어짐 ▪ 요원들의 시야를 지나치게 전문화시키고 편협화시킴 ▪ 총괄경영자의 개발 저해 ▪ 각 기능 간의 조정을 어렵게 함 ▪ 조직전체의 경제적 성장을 곤란하게 함 ▪ 특정 제품 · 고객 · 시장 · 지역에대한 집중적인 관심이 약화

(2) 지역별 부문화

지역에 따른 조직설계는 흔히 대규모의 조직이나 지리적으로 광범위한 지역에 걸쳐 활동하고 있는 조직에서 채택된다. 또한 유사한 활동이 각기 상이한 지역에서 수행되고 있다거나 은행 · 우체국 · 세무서와 같이 전국적으로 동일한 서비스를 동시적으로 제공하려 할 때 유리한 조직형태이기도 하다.(〈그림 5.2〉 참조)

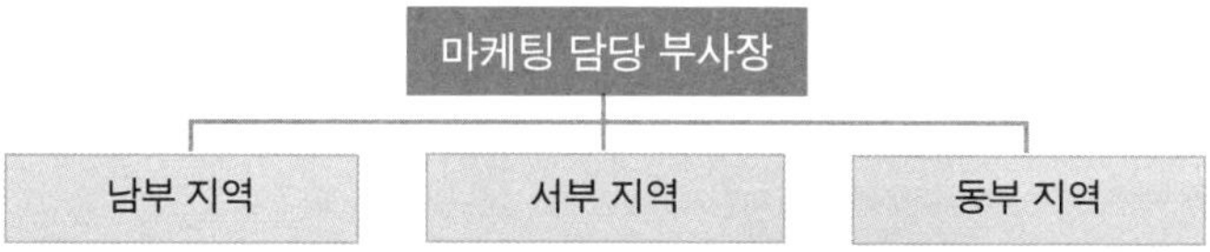

〈그림 5.2〉 지역별 부문화

지역별 부문화의 장 · 단점을 살펴보면 다음의 〈표 5.3〉과 같다.

〈표 5.3〉 지역별 부문화의 장 · 단점

장 점	단 점
▪ 책임을 하위층으로 이전 ▪ 지역적 시장과 문제에 역점 ▪ 지역 내에서의 조정이 개선 ▪ 지역적 활동의 이점 최대한 활용 ▪ 지역이익 집단과의 대면 커뮤니케이션 원활 ▪ 전반경영자의 훈련이 용이	▪ 전반적 능력 지닌 경영자들을 보다 많이 필요 ▪ 각 지역별로 참모서비스를 필요(인적자원 낭비) ▪ 최고경영층에서의 통제 곤란

(3) 제품별 부문화

제품 또는 제품사업부별 부문화에서는 각 부문의 장이 하나의 제품 혹은 제품군의 생산 · 판매에 대한 포괄적인 책임을 지게 된다. 다음의 〈그림 5.3〉은 제품별 부문화를 나타내는 것이다.

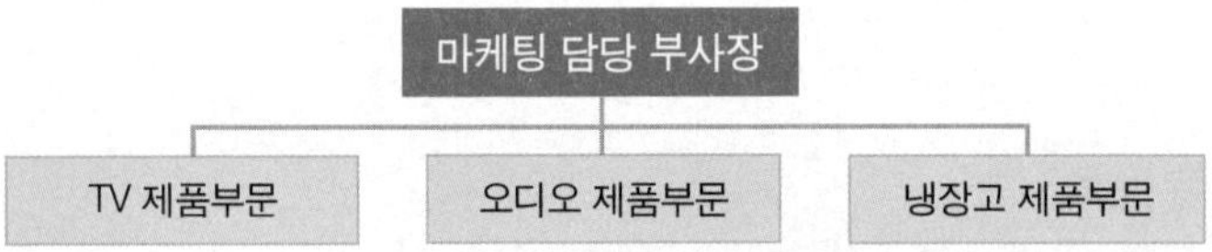

〈그림 5.3〉 제품별 부문화

제품별 부문화의 장 · 단점을 살펴보면, 다음의 〈표 5.4〉와 같다.

〈표 5.4〉 제품별 부문화

장 점	단 점
▪ 특정제품에 노력과 주의를 집중 ▪ 이익에 대한 책임부여, 성과노력을 배가시킴 ▪ 각 기능활동 간의 조정 용이 ▪ 전반경영자의 훈련 용이 ▪ 제품 및 서비스의 성장과 다각화 가능	▪ 전반적 경영능력을 지닌 경영자 필요 ▪ 본부참모의 활용 곤란 ▪ 최고경영층에서의 통제 곤란

(4) 고객별 부문화

이 유형은 특히 기업이 여러 고객층을 상대로 하고 있으며, 각 고객층의 욕구가 상이할 때 채택되는 조직구조이다. 예를 들어 전자제품회사가 조직을 소비자 사업부와 산업사용자 사업부로 나누어 경영한다든가, 은행이 전체 고객을 회사, 가계, 기관, 농업, 부동산 등의 고객층으로 분류하여 조직을 구성하는 것이 그 예이다. 따라서 이 형태의 부문화는 어떻게 보면 고객지향적이라 할 수 있으나 실제로는 제품별부문화와 구별하기 곤란한 경우도 흔히 있다.(〈그림 5.4〉참조)

〈그림 5.4〉 고객별 부문화

고객별 부문화의 장 · 단점을 살펴보면, 다음의 〈표 5.5〉와 같다.

〈표 5.5〉 고객별 부문화의 장 · 단점

장 점	단 점
▪ 경영자는 특정 고객집단에만 전념 가능 (고객욕구파악 용이) ▪ 고객집단별로 전문가 양성 가능 ▪ 고객 입장에서 충성도 높아짐	▪ 상이한 고객집단의 요청 조정 곤란 ▪ 각 고객집단별 전문가 필요 ▪ 때로는 고객들을 엄격히 집단화하기 곤란한 경우가 생김

(5) 매트릭스 부문화

1960년대를 거쳐 1970년대에 들어오면서 점차 기업을 둘러싼 환경변화가 심화되자 기존의 기능별 조직, 제품별 사업부 조직은 이러한 환경변화에 대처할 수 있는 유연성이 부족하다는 단점을 나타냈다. 따라서 소비자중심의 시장상황과 급변하는 환경변화에 적응하기 위해서는 이전의 조직유형과는 근본적으로 다른 조직을 설계할 필요성이 제기되어 제품별 조직과 기능별 조직을 결합하여 이중의 명령체계와 책임, 평가 및 보상체계를 갖춘 매트릭스 조직(matrix organization)이 등장하였다.

매트릭스 조직의 가장 두드러진 특징은 프로그램위주의 조직라인과 기능위주의 조직라인이 겹쳐서 매트릭스를 형성하기 때문에 기능위주의 경영자와 프로그램위주의 경영자는 조직에 소속된 개인 및 소수의 그룹에 대한 명령 및 통제 권한을 공유하게 된다는 점이다. 따라서 구성원들은 프로그램위주의 업무와 기능위주의 업무를 동시에 담당하게 된다.

매트릭스 조직은 기존 조직의 장점을 모두 받아들인 조직으로 각광받고 있는데, 특히 다각적인 협력이 필요하고 전략적 가치가 높은 업무 중심인 기업이나 고도로 전문화된 재화나 용역을 개발하여 판매하는 기업에 적용될 때 그 장점이 크게 나타날 수 있다.

그러나 이러한 조직형태는 이중 명령구조로 인해 기능부문과 프로그램부문 사이의 갈등이 발생할 가능성이 높다. 또한 매트릭스 조직은 진보적인 조직형태인 만큼 제대로 이해되고 정착되기까지 많은 시간이 걸리기 마련이다. 그러므로 매트릭스 조직을 적용할 때 이와 같은 문제를 일으키지 않으면서 제대로 기능을 발휘하도록 하기 위해서는 여러 조건들이 충족되어야 한다.

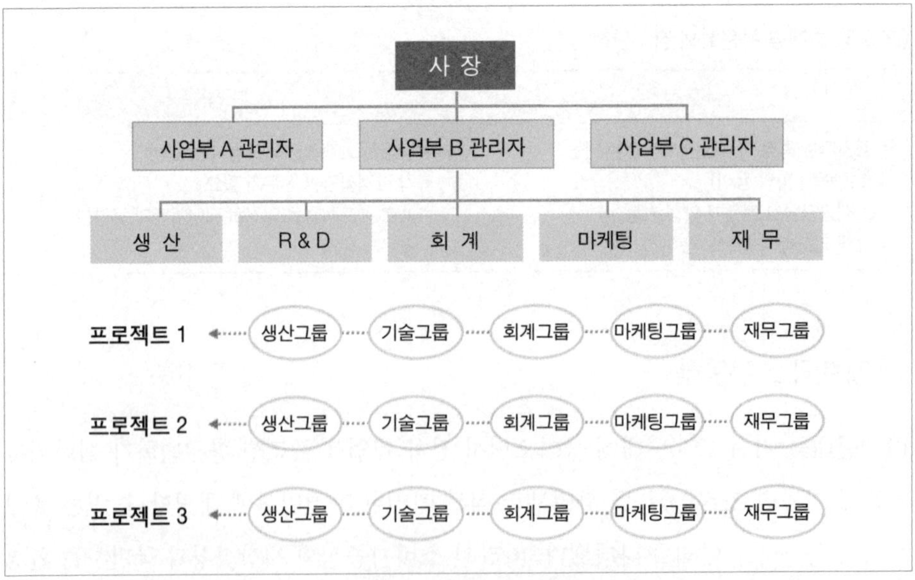

〈그림 5.5〉 매트릭스 부문화

자료: 고동희 등, 『경영학원론』(서울: 명경사, 2002), p.121.

매트릭스 조직에서는 기능적 부문과 태스크 포스(task force) 부문을 서로 결합시킴으로써 단일사업 각 구성부분의 동시성을 높이고, 규모의 경제를 촉진하며, 주어진 사업의 효과적 성취를 기하려 하고 있는데, 그러한 조직의 예는 앞의 〈그림 5.5〉와 같다.

따라서 흔히 태스크 포스 조직이니 프로젝트 관리제라고 하는 것은 매트릭스의 한 형태로 볼 수 있다. 즉 주어진 프로젝트는 각 기능부서로부터 차출된 전문가로 구성된 팀에 의해 성취되며, 그 프로젝트가 완료되면 그 팀은 곧 해체되고 팀의 각 멤버들은 본래의 기능부서로 복귀하게 되는 것이다.

매트릭스 부문화의 장 · 단점을 살펴보면, 다음의 〈표 5.6〉과 같다.

〈표 5.6〉 매트릭스 부문화의 장 · 단점

장 점	단 점
▪ 조직에 신축성 부여 ▪ 상이한 분야 간의 협동을 자극 ▪ 구성원들에게 몰입감 · 도전감 부여 ▪ 종업원들의 기술개발 ▪ 최고경영자의 계획부담 경감	▪ 무정부상태 야기 위험 ▪ 권력투쟁 유발 ▪ 행동보다는 토론에만 치중 ▪ 고도의 대인적 기술 요함 ▪ 실행하는 데 많은 비용소모 ▪ 프로젝트 팀에 의한 노력의 중복

사례 5-2 역할과 책임을 확정하라

정용민 필자

주어가 빠진 지시는 제대로 된 지시가 아니다. 위기관리에 있어서도 '누가 무엇을 해야 한다'는 매뉴얼 문구에서 가장 중요한 것은 '누가?' 부분이다. 일반적으로 특정 부서를 지칭하는 위기관리 매뉴얼에서 이 '누가?'는 매뉴얼을 구성하는 가장 중요한 뼈대가 된다.

반면 '누가?'가 확정돼 있지 않은 매뉴얼이나 구두지시는 위기 시 매우 위험한 결과를 초래한다. "빨리 합시다!" "최선을 다해

봅시다!" "각자 해야 할 일을 찾아서 제대로 해 주세요!" 이와 같이 '누가'가 빠져버린 지시는 종종 제대로 된 실행에 연결되지 않는다.

위기관리 과정에서 대부분 조직 구성원은 정치적 입장을 가지게 된다. 전사적으로 어떻게 위기를 관리하는가 하는 것 이전에, 이번 위기로 인해 내가 입을 수 있는 피해나 책임의 영역은 어느 정도인가가 더욱 중요해 보이게 된다. 따라서 '누가'라는 확정 없이 내려온 지시에 대해 "내가 하겠다!"하고 자발적으로 나서는 인력을 기대만 해서는 안 된다.

또한 위기관리 이후 해당 위기관리 전반을 평가할 때에도 '누구'의 개념은 큰 의미를 가진다. 위기를 맞아 무엇을 했는지는 그 실행 '주체'가 사내에서 가장 많이 알고 있다.

'누가' 위기에 대응했는지 알지 못한 채 평가를 진행하게 되면 분명 의미 없는 결과를 얻게 될 것이 뻔하다.

각 부서별로 역할과 책임을 배분하는 것은 생각보다 어려운 작업이 아니다. 실제로도 평시 경영 주제에 있어서 각 부서는 자신만의 역할과 책임이 있다. 각 부서별로 담당분야가 있고, 내외부적으로 관계를 맺고 있는 이해관계자들이 있다. 이 부분들을 그대로 모아 구조적으로 정리하게 되면 어느 정도 위기관리 매뉴얼상의 역할과 책임의 가르마는 타지게 된다.

부서별로 역할과 책임을 가르는 것은 위기 발생 시 부서별로 자신들이 해야 할 위기대응 업무를 스스로 신속히 이해한다는 데 의미가 있다. 이와 함께 같이 협업해야 하는 부서가 어느 곳인지도 직관적으로 이해할 수 있게 된다는 의미도 있다.

위기 시 어떤 부서가 무엇을 하고 있는지를 매뉴얼상에서 확인 할 수 있게 되므로, 같이 협업하는 데 있어서도 불필요한 중복이나 반복을 최소화할 수 있다. 최대한 사일로를 극복할 수 있게 된다.

위기관리를 위해 최고 의사결정을 내리는 리더가 누구인지도 미리 정해 놓아야 제대로 된 역할과 책임이 완성된다. 기업별로 위기관리 매뉴얼을 보면, CEO와 같이 평시 최고의사결정권자가 위기관리 리더십을 총괄하고 있는 곳도 있는 반면, 위기관리위원회 수장을 정해 놓아 어느 정도 수준 이하의 위기 시에는 그의 리더십을 중심으로 위기관리를 하게 정해 놓은 곳도 있다.

어떤 리더십 구조가 좋다 나쁘다를 논의하기 이전에, 위기관리 조직을 이끌면서 최고 의사결정권을 가진 포지션을 정확하게 정해 놓는 것은 필수적 위기관리 체계 중 하나라는 것을 이해해야 한다. 이는 최고의사결정권자의 가시성(visibility)이라는 의미로도 해석될 수 있다.

일단 역할과 책임을 배분한 뒤에는 지속 시뮬레이션해 부서별로 역할과 책임에 대한 이해와 실행 숙련도를 점검해야 한다. 매뉴얼상 적혀 있는 역할과 책임과 실제 해당 부서가 생각하는 그것 그리고 숙련도는 전혀 다른 의미다. 적혀 있다고 그대로 할 수 있는 것이 아니라는 이야기다.

평시 업무 진행에는 익숙하지만, 위기 시 주어진 실행에는 어려움을 겪는 부서가 있을 수 있다. 위기 시에는 보다 적극적이고 때로는 공격적으로 실행해야 하는데, 그런 경험에 있어 부족함이 있는 부서도 있을 수 있다. 예산이나 인력문제로 인해 매뉴얼에서 정한 역할과 책임이 버거운 부서도 있을 수 있다. 이런 일선의 문제점들은 매뉴얼만으로는 발견할 수 없다.

시뮬레이션해 봐야 숨어 있거나 알지 못했던 문제들이 드러난다. 그래야 그 부분을 평시에 주목해 전사적 투자나 지원을 할 수 있게 된다. 해당 부서도 그래야 찜찜함이나 부담스러움에서 어느 정도 자유로워진다. 시뮬레이션을 통한 반복적 숙련을 기대함에 앞서 이러한 문제점을 찾아낸다는 것도 나름 큰 의미가 있다.

가장 경계해야 하는 것은 부서별로 위기관리 역할과 책임의 배분이 돼 있지 않은 경우다. 위기 시 최고의사결정권을 가진 정확한 주체가 명기되어 있지 않는 경우다. 위기가 발생한 뒤 부서별로 각자 위기관리 역할과 책임을 가지고 난상토론을 하는 경우다. 더욱 위험한 것은 각 부서가 서로 무엇을 하고 있는지 파악하지 못한 채로 각자 무언가를 하는 경우다. 부서별로 대응이 중복되고 충돌하는 경우가 생긴다.

여러 부서가 무언가는 하고 있는데, 딱히 누가 무엇을 하는지 모른 채 난상토론만 이어지는 경우라면, 이미 이번 위기관리는 성공할 가능성이 적다 생각해야 한다. 각자 역할은 없이 축구공을 따라 우르르 몰려 다니기만 하는 동네 축구팀이 포지션에 따라 훈련된 프로 축구팀을 이기지 못하는 것을 상상해 보면 된다. 확실한 건 우리와 맞서는 위기는 항상 프로라는 사실이다.

출처 : 이데일리, 2018. 1. 25일자

3) 현대적 조직유형

(1) 팀(team) 조직

팀이란 상호보완적인 기술 혹은 지식을 가진 둘 이상의 조직원이 서로 신뢰하고 협조하며 헌신함으로써 공동의 목적을 달성하기 위하여 자율권을 가지는 조직단위라고 말할 수 있다. 팀은 작업활동을 조직화하는 하나의 수단으로서 부서 간 장벽을 허물고 의사결정을 팀 자체적으로 결정하는 권한을 가진다. 즉 업무를 팀 내에서 완성되도록 하고 이에 따른 책임을 전적으로 팀이 갖는 체계이다. 팀은 신속성, 유연성, 창의성을 추구하고자 하는 조직단위이므로 고객중심, 빠른 변화, 다양화 되어가는 최근의 기업환경에 부응하고 있다고 볼 수 있다.

팀제가 가져다 주는 긍정적인 면으로는 권한의 위임에 따라 기업의 의사결정 기간이 단축되었으며, 상황대처 능력이 강화되었고, 팀평가보상이 도입됨에 따라 팀장들의 경영자 의식과 감각이 높아졌으며, 팀원들 간에는 경제적 마인드가 확립되는 장점들을 보이고 있다.

최근 기업 내에는 팀원들이 팀을 스스로 운영하는 경우가 증가하고 있다. 즉 팀제의 취지에 맞게 팀원들이 스스로 목표를 설정하는 데 참여하고, 팀원들의 의사를 반영하여 역할을 설정하고 또한 결과에 대해서도 자율적으로 피드백을 구하는 자율팀으로 발전해 가는 추세를 보이고 있다.

(2) 가상조직

앞으로의 조직, 특히 기업의 활동은 인터넷에 의하여 가상공간에서 형태도 없이 이루어지는 추세로 발전하고 있기 때문에 전통적인 조직관이나 직접대면의 조직에는 상당한 변화가 있을 것이다.

가상조직은 서로 독립적인 몇 개의 조직이 유동적으로 결합하여 나타나는 조직형태로서 네트워크(netwark)형 조직이라고도 한다. 고용된 내부인력에 의해 수행되던 제품설계, 생산, 인적자원 관리, 훈련, 회계, 자료처리, 포장, 보관 및 배달 등과 같은 업무들이 용역계약을 맺은 외부조직에 의해 수행될 것이다.

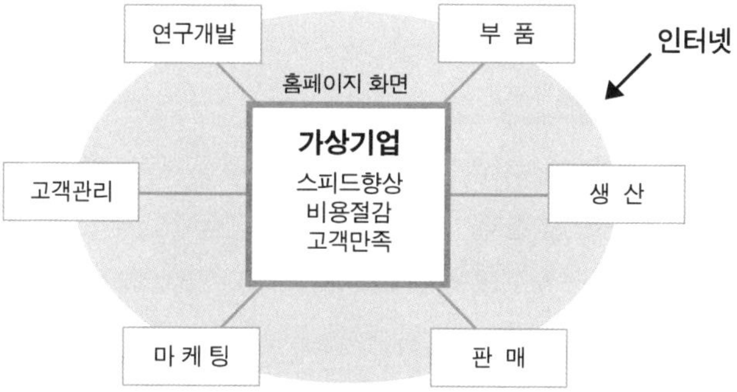

〈그림 5.6〉 가상조직

네트워크의 중심에는 〈그림 5.6〉에서와 같이 기업가 개인이나 팀과 소수의 사무직원들로 구성된 가상 기업(virtual corporation)이 존재한다. 그 안에서는 자본을 갖고 있는 기업가 집단과 그렇지 못한 사무직원들 간의 갈등이 발생하며, 비교적 낮은 임금을 받는 사무직원들의 이직이 높게 나타난다.

전화, 팩스, 컴퓨터 네트워크, 빠른 배달 서비스 그리고 계약담당 변호사들이 가상기업을 중심으로 하는 네트워크형 조직을 형성하는 데 중요한 역할을 할 것이다. 독립적인 용역회사는 서로 다른 여러 개의 네트워크에 속해 있으며, 한 네트워크에 얼마나 오래 참여하는지는 자신의 업적에 달려 있다. 소규모 용역회사의 근로조건은 정보화시대의 노동자 착취업소 수준을 벗어나지 못하며, 계약에 따라 유지되는 용역회사에서 근로자들의 고용안정성을 기대하기도 어려울 것이다. 용역회사의 임금수준은 매우 다양할 것이며, 새로운 사업기회가 많이 생기게 된다.

이와 같은 조직형태는 큰 조직들이 가상의 구조를 사용할 때 제조를 아웃소싱(outsourcing)하는 데 많이 사용한다. 예를 들어 델(Dell) 컴퓨터회사는 공장도 소유하지 않고 있으며 단순히 아웃소싱한 부품들을 조립만 한다. 가상조직의 가장 큰 장점은 유연성이다. 이 구조의 가장 큰 약점은 사업의 주요 부문을 아웃소싱할 경우 통제권이 약화된다는 점이다.

(3) 모래시계형 조직

모래시계와 같이 조직의 중간부분이 홀쭉하게 줄어든 모양의 조직이다(〈그림 5.7〉 참

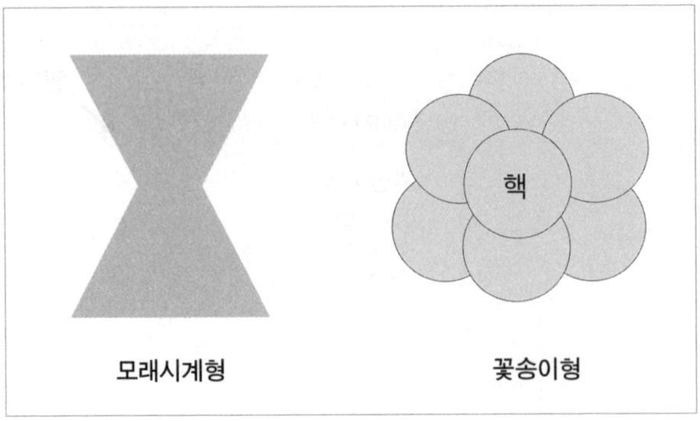

〈그림 5.7〉 모래시계 조직과 꽃송이 조직

조). 이런 모양을 갖출 수 있는 이유는 정보기술의 발전이다. 경영정보시스템(Management Information System : MIS)의 발전을 통해 소수의 최고경영자들이 많은 종업원들의 업무활동을 지휘·통제하고, 효과적인 통합을 이끌어 내는 것이 가능해짐에 따라 중간경영자들이 대폭적으로 줄어든 조직이 탄생하게 된다.

전통적인 조직에서 각종 정보의 집결지 역할을 담당했던 중간경영자 계층이 불필요해진다. 조직 중상위계층의 폭이 줄어들면서 구성원들 간의 승진 경쟁은 매우 치열해질 것이며, 수평적 이동이 보다 폭넓게 활용될 것이다. 줄어든 승진기회 대신 직무순환(job rotation), 기능훈련, 그리고 성과에 따른 보상 등이 이루어질 것이다.

아주 적은 수의 중간경영자들은 여러 종류의 업무기술을 보유하고 있으며, 이들의 주된 역할은 다양한 가능영역에 걸친 문제들을 해결하는 것이다. 조직 상층부에 있는 소수의 최고경영층과 모래시계의 밑부분을 구성하고 있는 다수의 종업원들 사이에 불화가 생길 가능성이 매우 높아지며 따라서 노동조합이 크게 성장할 수 있을 것이다.

(4) 꽃송이 조직

생산팀, 판매팀 등 기능별로 분류되었던 전통적 조직이 이제는 여러 가지 기능을 갖춘 개별 구성원들이 여러 팀을 넘나들며 다양한 업무에 참여할 수 있어야 한다. 이를 위해 여러 기능팀들이 서로 겹치도록 짜여져야 하며, 이러한 조직의 구조를 교차다기능(cross-functional) 조직이라고 할 수 있다. 모양이 꽃송이 형태를 띠고 있다고 하여 붙여진 이름이다.

업무기술과 함께 팀워크 향상을 위한 훈련이 다른 어떤 훈련보다 우선될 것이다. 여러 가지 기능을 갖춘 종업원들은 여러 팀을 옮겨 다니며 다양한 프로젝트에 참여하게 된다. 그와 같은 변화는 대인간의 갈등이나 개인의 스트레스를 야기시킬 수 있으며, 성과에 따른 임금보다는 기능보유에 따른 임금체계가 적극적으로 활용될 것이다.

(5) 오케스트라 조직

교향악단의 조직과 운영형태가 비슷하여 붙여진 이름이다. 음악을 연주하는 교향악단의 지휘자는 각기 다른 소리를 내는 여러 단원들에게 자율적으로 연주하도록 권한을 부여하고 비전이나 경영방침에 비유되는 악보형태의 가이드라인만 나누어 준다. 그 다음에 지휘를 하면 각 구성원들은 제각기 맡은 자리에서 자율적으로 행동하는 것이 전체적으로 조화를 이루어 하나의 곡을 멋있게 연주할 수 있다는 의미이다. 즉 오케스트라 조직의 특성은 분권화가 잘 되어 있고 관리자가 적고 실무자가 많은 낮은 계층의 조직, 그리고 고도의 네트워크를 가진 조직이라고 할 수 있다.

사례 5-3 **김철수 부장을 철수님이라 불러보았다, 그랬다가… 님을 버린 기업들**

- 상사를 어떻게 부를까

창의적 분위기 · 소통 위해서 직급 대신 님이나 매니저로 불러

- 님이라 부르지 마오

영업이나 타부서와 소통 힘들고 위계 중시 한국에선 적용 어려워

직급 따라 책임 지는 옛날이 나아 … KT · 포스코 등 호칭 다시 '유턴'

- 님을 찾는 기업들

SKT · LG유플러스는 님으로 불러… 눈치 안보고 협업할 때 긍정적

올해부터 SK텔레콤과 LG유플러스가 임직원 직급과 상관없이 호칭을 '님'으로 부르는

'호칭 파괴' 제도를 도입했다. SK하이닉스도 다음 달 일부 부서에 시범적으로 호칭을 통일하는 제도를 적용할 계획이다. '부장님' '차장님'과 같은 직급 호칭이 자연스러웠던 대기업에서 '자유로운 의사소통으로 창의적인 회사를 만들겠다'는 취지의 호칭 파괴 바람이 부는 것이다. 직급과 무관하게 '님'이나 '매니저'로 서로를 부르는 호칭 제도는 그동안 인터넷·게임 기업이나 외국계 기업에서 주로 시행했다.

하지만 세대 간 위계가 존재하는 한국의 기업 문화에 적용이 쉽지 않다는 의견도 있다. 실제 KT·포스코·한화케미칼은 호칭 파괴를 도입했다가 오히려 소통과 동기부여에 어려움을 겪으면서 다시 직급제를 부활시키고 '유(U)턴'했다.

'부장님', '대리님' 말고 모두 '님'으로

SK텔레콤·LG유플러스는 요즘 사장과 임원을 비롯한 전 직원이 서로를 부를 때 이름 뒤에 '님'자를 붙이고 있다. 박정호 SK텔레콤 사장이나 권영수 LG유플러스 부회장을 지칭할 때도 '박정호님' '권영수님'이라고 부르는 식이다. 상품과 서비스가 다양해지고 부서·팀 간 협업할 일이 많아지는 상황에서 '호칭 파괴'는 직원들이 동등한 입장에서 의사소통할 수 있는 게 장점이다.

SK텔레콤 마케팅 부서 김모(32)씨는 "상품을 기획할 때 법무·디자인·유통망 등 20여 개의 팀과 협업해야 한다"며 "상대방의 연차와 나이를 고려하지 않고 대등한 입장에서 자료를 요구하고 받을 수 있어 좋다"고 말했다.

SK하이닉스는 지난 2011년 '사원·대리·과장·차장·부장' 다섯 단계 직위를 '사원·선임·책임·수석' 네 단계로 단순화한 데 이어 다음 달부터 경영 지원 부서를 중심으로 호칭을 하나로 통합하는 제도를 시범 운영한다. 통합 호칭을 '님'이라고 할지 '매니저'로 할지는 아직 결정하지 않았다. SK하이닉스 관계자는 "R&D(기술 개발)나 제조 부서와 공동 프로젝트를 수행할 때 직급 눈치 안 보고 긍정적인 대립을 할 수 있는 것은 긍정적"이라고 말했다.

직위에 상관없이 호칭을 '님'으로 부르게 하는 제도는 2000년 국내 대기업 CJ가 처음 도입했다. 이후 구글·페이스북 등 창의적 아이디어를 위해 수평적인 조직 문화를 구축한 미국 실리콘밸리의 기업 문화가 유행처럼 번지면서 아모레퍼시픽·코웨이·엔씨소프트·네이버 등도 잇따라 도입했다.

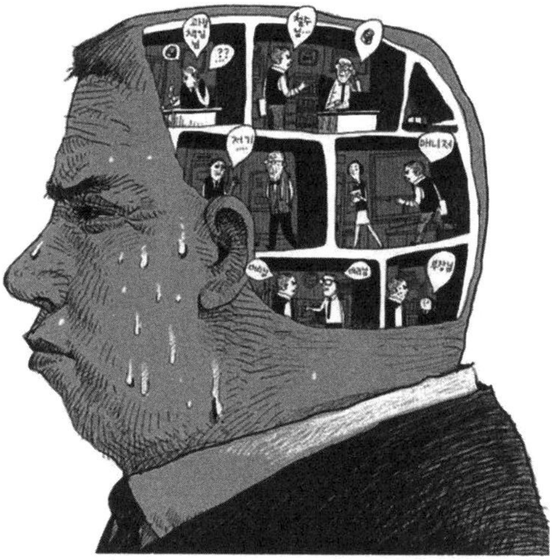

국내 주요 기업 '호칭 파괴'

CJ·아모레퍼시픽·SK텔레콤·코웨이·LG유플러스·네이버·엔씨소프트	▶	이름 뒤 '님'
SK하이닉스	▶	'님' 으로 할지 '매니저' 로 할지 고심
카카오	▶	영어 이름

호칭 파괴 버리고 U턴한 기업들

KT	매니저 → 사원·대리·과장·차장·부장
포스코	매니저·팀리더·그룹 → 대리·과장·차장·부장
한화케미칼	매니저 → 대리·과장·차장·부장

자료=각 사

국내 주요 기업 호칭 파괴 사례 표(일러스트, 이철원)

'U턴'한 기업들, "옛날이 좋았다"

하지만 호칭 파괴를 도입했다가 이를 폐지하고 기존 직급 체계로 돌아온 대기업들도 많다. 한화케미칼은 2012년 차장 · 과장 · 대리 등 부장 이하 직원들의 호칭을 모두 '매니저'로 통일했지만, 3년 만인 지난 2015년 다시 변경 전 제도로 바꿨다. 한화케미칼 관계자는 "다양한 토론이 가능하고 신속한 의사 결정에 도움이 될 것으로 기대했지만, 현실적인 문제가 많았다"고 말했다.

불명확한 직급 체계로 인해 오히려 다른 부서, 외부 기업과의 소통에 어려움을 겪었다는 것이다. 한화케미칼 영업팀 정모(32) 대리는 "석유화학 업계에서 잘 쓰지 않는 '매니저'라는 호칭은 외부 영업을 할 때 거래처에서 매우 생소해했다"고 말했다. 포스코 역시 2011년 매니저 · 팀 리더 · 그룹 리더로 단순화했던 직급을 지난해 기존 체계인 대리 · 과장 · 차장 · 부장 직급으로 되돌렸다. 포스코 관계자는 "직급에 따라 책임과 권한이 명확하게 하는 게 더 효율적이고 의사 결정도 빠르다"고 말했다.

KT도 지난 2009년 도입한 호칭 파괴 제도를 2014년 부활시켰다. 직급 · 호칭이었던

'매니저'를 없애고 사원 · 대리 · 과장 · 차장 · 부장 5단계 직급과 호칭을 다시 도입했다. 직급이 있어야 직원들의 자부심이 높아지고 업무 성과에 기반한 보상이 가능해진다는 게 이유였다. 지난해 말 승진한 박 모(33) 과장은 "직장인들에게 연봉과 승진만 한 동기부여는 없다"고 말했다.

연세대 경영학과 이무원 교수는 "스타트업(초기 창업 기업)이나 인터넷 기업에서는 서로 연령대가 비슷한 젊은 사원들이 많기에 호칭 파괴 제도가 자리를 잡지만, 연령대 분포가 다양한 대기업에서는 이런 제도가 쉽게 정착되기 어렵다"며 "호칭 파괴는 하나의 수단일 뿐이며 창조적인 의견을 반영할 수 있는 의사 결정과 평가 · 보상 시스템이 중요하다"고 말했다.

출처 : 조선비즈, 2018. 1. 29일자

3. 직무설계

전체 조직의 구조를 선택하는 것 외에 직무를 어떻게 설계하여 종업원 개개인에게 동기부여를 할 것인가도 조직화의 중요한 부분이다. 즉 실무부서 차원에서 종업원에게 어떠한 업무를 어떻게 부여하면 종업원이 자신의 역량을 보다 충분히 발휘하고 직무에 대해 만족감과 성취감을 느끼며 보람 있게 업무에 임할 수 있는지에 관심을 가져야 하는데, 이를 위한 작업을 직무설계(job design)라고 한다.

직무의 내용은 다양성, 자율성, 복잡성, 일상성, 난이성 또는 전체 직무에서의 위치 등과 같은 직무의 일반적 성격을 말한다. 직무의 기능은 직무에 대한 책임과 권한, 정보의 흐름, 작업방법 등과 같이 직무를 수행하기 위한 필요요건과 방법 등이다. 그리고 직무간의 관계는 다른 성원들과의 상호작용의 필요성 정도, 친밀하게 사귈 수 있는 기회, 팀워크가 요구되는 정도 등과 같은 개별직무의 대안적 요소이다.

직무설계의 방법으로는 직무확대, 직무순환, 직무충실화 등 세 가지가 있으며, 다음과 같이 설명할 수 있다.

1) 직무순환

직무순환(job rotation)은 직무내용에는 변화가 없이 단지 직무수행자를 바꾸는 방법이다. 즉 직무수행자를 한 직무로부터 완전히 다른 직무로 이동하게 하는 것이다. 그래서 조직 전체적인 관점에서 업무를 파악할 수 있는 일반관리자를 양성할 수 있다. 또한 다른 업무를 배우고 개발할 수 있는 기회를 제공함으로써 반복으로 인한 지루함과 단조로움에서 벗어나게 할 수 있고, 일에 대한 도전감과 성취동기를 부여하여 전문화로 인한 부작용을 방지할 수 있다.

그러나 직무순환의 단점은 빈번한 이동으로 인한 비용을 발생시키고, 직무순환 과정에서 일정기간 동안은 새로운 직무에 숙달하지 못하고 있기 때문에 생산성이 저하될 수 있다는 것이다. 직무순환은 본질적으로 직무 자체를 바꾸는 것이 아니고, 단지 직무와 직무수행자 간의 결합을 바꾸는 것이기 때문에 여러 가지 직무를 바꾸어가며 수행한다고 해서 근본적으로 전문화의 문제점을 극복할 수는 없다는 것이다. 직무순환이란 단지 단조롭고 지루한 직무를 변경해서 수행하는 것이기 때문에 단기적인 해결방법 밖에 되지 않는다는 것이다.

2) 직무확대

전통적인 직무설계는 전문화 원리에 바탕을 두어 왔다. 즉 효율성에 기초를 둔 것으로 가능한 직무를 세분화함으로써 짧은 훈련기간, 짧은 작업주기, 작업자의 신속한 대체가능성 등을 통해 조직의 목표를 달성하려는 것이다. 그러나 전문화와 분업, 직무의 세분화는 효율성의 증대나 비용의 감소는 가져다 주었는지 모르지만, 직무의 단조로움과 반복으로 인하여 작업자가 싫증을 느끼게 되어 잠재적인 능력이 제대로 발휘되지 못하는 결과를 초래하였다.

따라서 직무불만족과 생산성 하락을 가져오고 결국은 이직율과 결근율의 증가와 같은 부작용을 유발하게 되었다. 이러한 문제점을 개선하기 위하여 나온 직무설계 방법이 직무의 범위를 넓힌 직무확대(job enlargement)이다.

이 기법은 한 사람이 수행하는 기본적인 작업의 수를 증가시킴으로써 지루한 단순반복적 직무에 변화를 가져오거나 세분화된 몇 개의 작업을 통합하여 하나의 작업이 되도록 직무내용을 재편성하는 것이다.

직무확대는 전문화에 근거한 전통적인 직무설계와는 달리 조직구성원들에게 직무의 단조로움을 줄여 줌으로써 직무만족을 높여 주고 이직률과 결근율을 감소시켰다는 많은 연구결과들이 있다. 그러나 한편으로는 전혀 변화가 없었거나 오히려 부정적인 결과를 가져왔다는 연구결과도 있다.

직무확대에 반대하는 사람들은 직무확대가 직무가 요구하는 기술과 작업의 수를 늘림으로써 직무의 단순성과 지루함을 극복하여 높은 수준의 직무만족을 가져올 것으로 기대하고 있다. 그러나 직무확대는 경영층이 생산성을 증대시키고 노동력을 감소시키기 위한 하나의 도구에 불과하다고 비판하고 있다. 즉 직무의 본질적인 성격은 그대로 있고 단지 일거리만 늘었다는 것이다.

3) 직무충실화

직무순환이나 직무확대 방법은 직무의 단조로움으로 인하여 나타나는 문제점을 해결할 수 있었지만 구성원들을 적극적으로 동기부여시켜서 높은 성과를 달성하도록 하는 데는 미흡하였다. 이러한 약점을 보완하기 위한 직무설계 방법이 직무충실화(job enrichment)이다.

이 기법은 조직구성원들이 동기부여되어 적극적으로 일하게 함으로써 직무만족과 성과를 높이기 위해 단순히 직무의 수를 늘리는 것만이 아니라 직무의 내용을 더욱 다양하게 한다. 그리고 자신의 직무를 계획 · 지시 · 통제하는 데 대한 자율성과 책임을 더 많이 부여하며, 개인적인 성장과 일 자체에서 의미있는 경험을 할 수 있는 기회를 제공해 주도록 직무를 설계하는 것이다.

직무확대가 수평적으로 직무의 부담을 늘리는 것임에 비해 직무충실화는 수직적인 직무의 부담, 즉 직무의 깊이를 깊게 하는 것이다. 이렇게 함으로써 일이 더욱 도전적이 되고 직무수행자의 책임이 증가하게 되어 동기부여도 증대된다. 직무충실화는 특히 근로생활의 질을 향상시킴으로써 품질향상과 사기앙양, 그리고 이직률 및 사고율의 감소 등 많은 성과를 거두고 있다. 그러나 직무내용의 개선은 과업 자체의 성격에 따라서 직무충실화의 적용성이 큰 제한을 받게 되며, 조직구성원의 특성에 따라서 영향을 받게 된다.

제6장

지휘 활동

기업이 목표를 세워서 세부적인 추진계획을 완성하고 이를 수행하기 위하여 업무를 조직화하면, 이를 효과적으로 수행할 수 있는 지휘활동이 요구된다. 지휘 활동(leading)이란 기업의 목표를 달성하기 위하여 또는 조직의 전략을 효과적으로 수행하기 위하여 조직구성원을 동기유발시키고 실제의 성과를 달성하도록 하는 활동을 말한다.

아무리 계획을 짜임새 있게 수립하고 효과적으로 업무를 조직화하였더라도 지휘활동을 통해 윤활유 같은 촉진제 기능을 발휘하지 못하면, 그 기업은 높은 성과를 달성할 수 없을 것이다. 이 점이 바로 경영활동의 과정상에서 지휘 활동이 중요시되는 이유이다.

본 장에서는 지휘기능을 원활하게 발휘하기 위하여 경영자들이 꼭 알고 있어야 할 동기유발(motivation) 이론, 리더십(leadership) 이론, 그리고 의사소통(communication) 등으로 나누어서 살펴보고자 한다.

1. 동기유발 이론

1) 동기유발의 의의

기업의 목표를 달성하기 위해서는 효과적인 지휘활동이 이루어져야 하는데, 이러한 지휘활동은 리더십을 통해서도 이루어질 수 있지만 동기유발을 통해서도 이루어질 수 있다. 동기유발 또는 동기부여(motivation)란 말은 "움직이게 하다"라는 라틴어 "movere"에서 유래된 말로서 개인으로 하여금 구체적인 목표를 지향하는 행동을 유발하는 심리적 과정이라고 표현할 수 있다.

특정한 과업에 대한 동기유발이 강하면 개인은 이러한 과업수행에 대한 높은 노력을 경주할 것이며, 따라서 과업성과도 높아질 것이다. 리더가 효과적인 동기유발 기능을 수행하기 위해서는 동기유발에 관한 주요 이론을 이해하고 실무에 적용할 수 있는 능력을 배양해야 한다.

동기유발에 관한 이론을 연구 초점에 따라 내용이론(motivation content theory)과 과정이론(motivation process theory)의 두 가지로 나누어 살펴보고자 한다.

2) 동기유발의 내용이론

사람들은 욕구를 충족시키기 위하여 동기를 유발하며, 욕구가 충족되지 않으면 긴장상태가 발생하고 이러한 긴장상태는 목표지향적인 충동을 유발한다. 사람들의 동기를 이해하기 위해서는 먼저 사람들이 가지고 있는 욕구와 이러한 욕구를 어떻게 충족시키는가에 대한 이해가 필요하다. 내용이론은 '무엇이' 행동에 대한 동기를 유발하는가에 관심을 둔 이론이다.

대표적인 이론으로는 매슬로우(Maslow)의 욕구계층이론과 허쯔버그(Herz berg)의 2요인이론, 맥그리거(McGregor)의 X · Y이론 등을 들 수 있다.

(1) 욕구계층이론

1943년 심리학자 매슬로우(A. Maslow)가 발표한 욕구계층이론(need hierarchy theory)에 따르면, 인간은 모두 다섯 가지 종류의 욕구계층을 갖고 있으며, 충족되지 않은 욕구를 만족시키기 위하여 동기유발이 된다고 주장하였다. 이러한 다섯 가지 욕구는 다음의 〈그림 6.1〉과 같이 계층적으로 구성되어 있다.

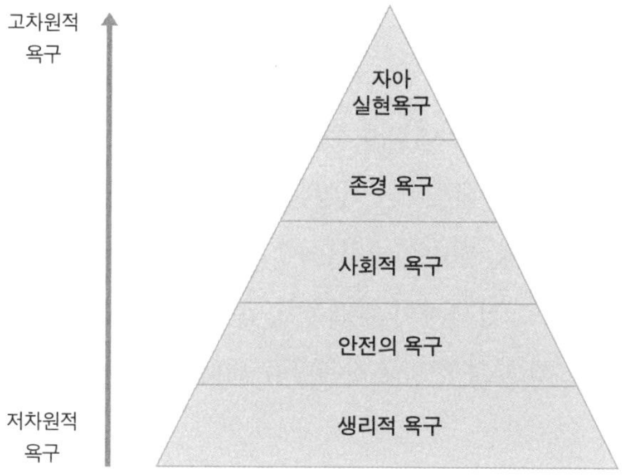

〈그림 6.1〉 매슬로우의 욕구계층이론

- 제1단계(생리적 욕구/basic needs)
  의식주와 같이 삶 그 자체를 유지하기 위한 욕구
- 제2단계(안전의 욕구/safety needs)
  물질적 안정과 타인의 위협, 재해로부터의 안전 욕구
- 제3단계(사회적 욕구/social needs)
  타인과 사회적인 교류를 하거나 일정 집단에 소속되고 싶어하는 욕구
- 제4단계(존경의 욕구/esteem needs)
  타인으로부터 평가와 인정을 받고자 하는 욕구
- 제5단계(자아실현 욕구/self actualization needs)
  자기발전을 위해 자신의 잠재능력을 극대화하려는 욕구

매슬로우는 어느 한 단계의 욕구가 충족되면, 그 다음 단계의 욕구를 충족하기 위해 노력한다고 주장한다. 일단 충족된 욕구로는 더 이상 동기유발이 되지 못하며, 점진적으로 높은 단계의 욕구를 충족하려고 한다. 또한 낮은 단계의 욕구를 충족했을 때만 더 높은 단계의 욕구를 충족하고자 한다는 것이다.

경영자는 종업원이 현재 만족하고자 욕구를 파악하여 이를 충족시킴으로써 성공적으로 동기유발을 시킬 수 있다. 그러나 종업원들이 개별적으로 충족시키려는 욕구를 정확히 파악하기 위해서는 개인, 연령, 직급, 직업 등에 따라 욕구의 종류에 대한 깊은 이해가 필요하다.

최근에 이루어진 한 조사연구에 의하면, 사람들이 월급수준보다는 자신의 일에 대해 더 많은 관심을 가지며 흥미있는 직업을 선호한다고 말하고 있다. 우리나라 20대 직장인들은 직장만족에 영향을 미치는 주요 요인으로 전문지식 배양(37%), 성취감(36%), 기업의 비전(7%), 상사와의 관계(6%), 급여(6%) 등의 순으로 나타났다. 따라서 경영자는 종업원들의 효과적인 동기유발을 위하여 다음과 같은 방법을 고려해야 할 필요가 있다.

첫째, 조직 내에서 종업원의 성장을 촉진하기 위하여 의미 있는 직위와 책임을 부여하는 것 또는 연수기회를 제공한다.

둘째, 성취한 일을 높이 평가해 주어야 한다.

셋째, 종업원에게 참여의식을 고양시킨다.

넷째, 종업원을 인격적으로 존중한다.

다섯째, 개인적 관계를 돈독히 한다.

(2) 2요인이론

2요인이론은 심리학자인 허쯔버그(F. Herzberg)가 200여 명의 전문직 종사자를 대상으로 직무와 관련하여 가장 즐거웠고 만족했던 상황과 가장 불만스러웠던 상황을 설명해 달라고 요청하는 설문조사를 통해서 개발되었다. 그 결과 월급이 적어서 불만인 사람은 많았지만 월급이 많아서 만족했다는 사람은 별로 없었으며, 자신의 실력을 인정해 주는 칭찬을 듣고 만족한 사람은 많았지만 그러한 칭찬이 없어서 불만인 사람은 적었다.

허쯔버그는 이 조사에서 직무에 대한 불만족과 만족이 각각 다른 요인에 의해 발생한다는 것을 알아내고, 모든 욕구 요인을 불만족요인(위생요인)과 만족요인(동기요인)으로 분류하여 2요인(two factor)으로 설명하고 있다.(〈그림 6.2〉 참조)

이 이론에 의하면 사람들은 위생요인이 모두 갖추어져도 더 이상 노력하려고 하지 않으며, 동기요인에 대해서는 이를 채우려고 온갖 정력을 쏟아 그 곳까지 도달하고

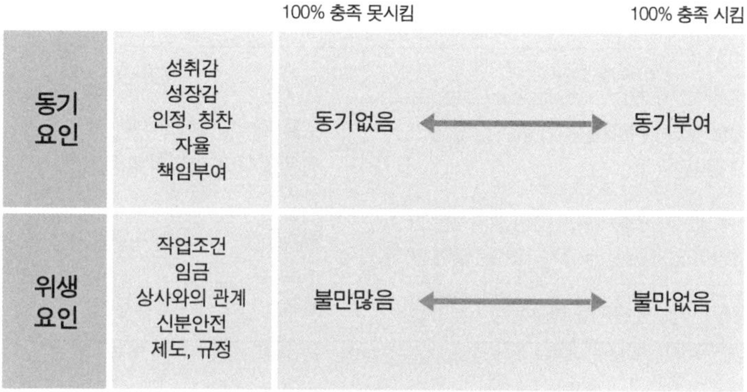

〈그림 6.2〉 허쯔버그의 2요인이론

자료: 임창희, 『조직행동』(서울: 학현사, 1998), p.163을 재수정.

나아가서 초월까지 하려고 노력한다고 하였다. 그러므로 동기유발을 위해서는 위생요인에 신경 쓰는 것보다 동기요인에 중점을 둔 관리가 필요하다고 주장한다.

예를 들면 높은 임금을 지불하고 작업조건 향상을 위해 위생요인의 수준을 높이는 것은 불만족을 해소하기 위해 필요한 것이지만 반드시 근로의욕을 고취시키는 것은 아니다. 또한 만족감이 높은 근로자가 반드시 더 생산적이거나 더 열심히 일하도록 더 크게 동기가 부여되는 것은 아니다. 반면에 생산성을 증대시키기 위해서는 작업의 내적 가치를 높이고, 종업원의 성취감과 책임의식을 유도하고 업적을 인정해 줄 필요가 있다는 것이다.

(3) X · Y이론

맥그리거(D. McGregor)는 모든 인간 행동에 관한 두 가지 상반된 가정을 하고, 이를 토대로 경영을 해야 한다고 주장하였다. X이론이란 인간은 작업을 통해서는 본질적인 만족을 느낄 수 없고, 가능한 작업을 피하려고 하며 야망이나 독창성이 거의 없다고 보는 이론이다. 따라서 X이론에서는 기업목표를 달성하기 위해서 강제로 명령을 내리거나 처벌하는 등의 적극적인 지도가 필요하다는 것이다.

한편 Y이론은 X이론과 반대로 사람을 긍정적으로 파악하여 사람은 일을 즐기고 조건 여하에 따라서 자기만족의 근원이 된다고 보는 이론이다. 따라서 Y이론에서 사람은 일을 할 때 작업조건에 따라 고통스럽게 느낄 수도 있지만, 기쁨을 가져올 수도

〈표 6.1〉 X이론과 Y이론의 가정

X이론의 가정	Y이론의 가정
▪ 사람은 일을 싫어하기 때문에 가능한 한 일을 조금만 하려고 한다.	▪ 노동이란 일정한 여건만 갖추어지면, 극히 자연스러운 것이며, 놀이와 휴식과도 같이 생각한다.
▪ 인간이란 책임지기를 싫어하기 때문에 가능한 한 회피하고 야망이 없기 때문에 그저 시키는 일만 한다.	▪ 사람은 강제나 처벌이 없어도 자기관리를 한다.
▪ 많은 사람들은 기업의 문제를 해결할 창의성이 없다.	▪ 사람은 모두 문제해결을 위한 창조성을 갖고 있다.

있으므로 강제적인 분위기보다는 협력적인 분위기가 필요하다는 것이다.

3) 동기유발의 과정이론

과정이론(process theory)은 개인이 어떠한 과정을 통해 동기유발이 되는가를 설명하는 이론이다. 내용이론은 개인을 동기유발하는 요인이 무엇인가에 초점을 맞추고 있는 반면, 과정이론은 인지적 과정에 초점을 두고 개인의 행동이 어떻게 유발되는지 그 과정을 설명하고 있다. 과정이론은 개인의 행동을 보다 풍부하게 설명하고 예측 가능하게 한다는 점에서 실제 조직에서도 광범위하게 활용되고 있는 이론이다.

대표적인 과정이론으로는 브룸(Vroom)의 기대이론과 애덤스(Adams)의 형평성이론 등을 들 수 있다.

(1) 기대이론

기대이론(expectancy theory)은 많은 옹호자들이 있는데, 톨맨(E. C. Tolman)에서 레인(C. Lewin), 아트킨슨(J. W. Atkinson), 로터(J. B. Rotter)에 이르기까지 그리고 최근의 대표적인 학자인 브룸(V. Vroom)과 포터-롤러(L. W. Porter & E. E. Lawler)에 의해서도 실험되었으며 현재까지 적용되고 있는 이론이다.

이 이론의 주요 요점은 동기유발, 성과, 직무만족은 일정한 작업에 노력을 경주하면 바라는 보상을 획득할 수 있다는 믿음의 정도에 의해 결정된다는 것이다. 인간은 일정한 과업에 임할 때 기대하는 보상을 받을 가능성을 점검하게 되며, 이러한 것은 다음과 같은 단계를 거치고 각 단계의 정도가 높을수록 개인의 동기유발 강도는 높아진다는 것이다.

- 제1단계(보상의 가치/valence)
  자신이 기대하는 보상이 무엇이고 이것이 얼마나 자신에게 중요한지를 결정
- 제2단계(기대감/expectancy)
  자신의 능력을 발휘하여 노력하면 바람직한 업적을 낼 수 있을 것인가에 대한 기대
- 제3단계(수단성/instrumentality)
  성공적으로 과업을 완수하면 그 대가로 받게 되는 보상의 수단이 무엇이며, 제대로 보상받을 수 있는가를 나타내는 것

이러한 세 가지 문제를 고려하여 기대이론에서는 종업원의 동기유발을 다음과 같이 표현하고 있다.

동기유발의 강도 = 기대 × 보상의 가치 × 수단성

- 기대 : 노력하면 업무성과를 달성할 수 있다는 계산된 확률
- 보상의 가치 : 성공적인 업무성과 달성 후 기대하는 보상의 중요도
- 수단성 : 성공적인 업무성과 달성이 기대하는 보상을 가져다줄 확률

만일 기업에서 아무리 큰 보상을 준다고 해도 업적을 달성해 낼 시간이나 자원이 충분히 확보되지 않는다면, 종업원은 보상에 대한 기대를 별로 하지 않게 되므로 동기유발이 낮아진다. 또한 과거에 보상을 제대로 하지 않았다면 수단성이 낮아져서 전체적으로 동기유발을 저하시킨다. 따라서 기대이론에 의하면 경영자가 종업원의 동기를 유발하고자 할 때는 세 가지 요인, 즉 기대감, 수단성, 보상의 가치 등을 모두 극대화시켜야 할 것이다.

기대이론을 실무에 응용하기 위한 세 가지 원칙을 살펴보면 다음과 같다.

첫째, 종업원의 노력이 업무성과로 이어지도록 해야 한다. 리더는 종업원이 직무수

행시 필요한 지원과 지도를 제공함으로써 종업원들에게 자신이 노력하면 성공적으로 직무를 수행할 수 있다고 인식하도록 도와주어야 한다.

둘째, 업무성과와 보상을 연결시켜야 한다. 경영자는 성공적인 업무완수의 결과로 어떤 보상이 주어질 수 있는지 종업원에게 알려주고, 어떤 방법으로 업무성과를 평가할 것인지에 대해 사전에 종업원에게 알려준다.

셋째, 종업원이 원하는 보상의 종류와 중요성을 이해하여야 한다. 경영자는 종업원이 개인적으로 원하는 보상의 종류와 중요성을 이해해야 효과적인 동기유발을 시킬 수 있다. 따라서 개별 면담이나 집단의 설문조사를 통하여 이를 파악할 필요가 있다.

(2) 형평성이론

애덤스(J. S. Adams)가 개발한 형평성이론(equity theory)은 직무에 대한 동기유발은 개인이 받는 보상이 얼마나 공정하게 배분되는가 하는 평가에 달려있다고 보는 이론이다. 이 이론에 의하면 사람들은 자신의 업적에 따라 주어지는 보상이 공정하다고 느끼면 동기가 유발된다는 것이다.

애덤스는 각 개인은 상대방으로부터 자신의 공헌에 대한 정당하고 공평한 대가를 받아야 한다고 보고 있다. 그 정당성의 여부는 자기의 공헌 · 보상만 보고 판단하는 것이 아니라 남들의 것과 비교한 후에 판단하여 불공정하다고 판단되면 화를 내거나 죄책감을 느끼고 이 불공정함을 줄이려고 노력한다는 것이다. 그러나 불공정여부의 판단은 매우 주관적이라서 사람마다 다르며 불공정성을 느낀 다음 나타나는 반응과 행동양식도 각양각색이라고 하였다.

종업원들은 자신의 직무를 수행하기 위한 시간, 노력, 경험, 기업에 대한 충성심 등을 투입하게 되며, 그 결과 월급, 승진, 인정, 동료나 상사와의 원만한 관계, 성취감 등과 같은 것을 얻게 된다. 따라서 개인의 입장에서 작업상의 투입과 산출 사이의 비율을 다른 사람과 비교함으로서 공정하게 대우받고 있는지를 판단하게 되는 것이다.

따라서 경영자가 종업원들에 대한 보상을 할 때는 항상 형평성의 원칙에 어긋나지 않도록 주의를 기울여야 한다. 비록 많은 보상이 주어진다 해도 그것이 공정하게 배분되지 않으면, 종업원들의 동기를 유발시키기는 어렵게 된다. 이렇게 종업원들의 노력이나 성과에 따라 공정한 보상이 이루어질 수 있도록 노력해야 동기유발이 이루어진다는 것이 형평성 이론이다.

사례 6-1 기업 존폐 가를 위기에 효과적인 오너 리더십

TOYOTA

2008년 토요타는 세계 금융위기로 촉발된 극심한 판매 부진에 직면했다. 이때 나타난 인물이 오너가 출신 토요타 아키오였다. 전문경영인과 오너가 출신이 조직 수장을 번갈아 맡는 것이 토요타 전통 중 하나기도 했지만 위기 극복을 위해서는 전문경영인보다 오너가 출신이 더 효과적이라는 판단이었다.

아키오 취임 직후 토요타는 또 다른 위기에 봉착했다. 토요타 운전자 가족이 미국에서 차량 결함으로 사망한 사건이다. 이로 인해 2010년 토요타는 1000만대를 리콜했다. 급격한 경영 압박과 소비자 신뢰 하락도 겪었다.

그러나 10년이 지난 지금 토요타는 과거 위기를 넘어섰다. 다시 판매와 생산에서 세계 1위, 주가는 2008년 말에 비해 3배 가까이 상승했다. 위기를 타개한 요인은 무엇일까.

첫째, 전문경영인보다 오너가 더 위기 상황 극복에 효과적이라는 점을 들 수 있다. 특히 위기가 심각하고 조직의 존립 자체를 흔드는 수준일 경우 전문경영인이 총체적 책임을 지고 모든 상황을 효과적으로 지휘하기에 부담이 크다. 둘째, 위기는 조직 분열을 부르기 마련이다. 조직을 확실히 장악해 분열을 막아야 하는데 이 역시 전문경영인보다 오너가 지휘할 때 더 확실하다. 셋째, 위기 극복 처방이 실패하거나 혹은 즉각적 개선 효과가 보이지 않으면 전문경영인은 리더십에 타격을 받고 소극적이 된다. 반면 오너는 이런 실패에서 일면 자유로운 면이 있기 때문에 보다 장기적인 시각에서 차근차근 문제를 해결할 수 있다.

리콜 사태로 미국 청문회에 불려간 아키오 사장이 불명확한 해명으로 일관하다 미국 정부와 소비자 반응은 악화됐다. 하지만 당시 아키오 사장은 이에 아랑곳하지 않고 단계적 변화를 추진했다. 임원급 인사 세대 교체에서 출발해 의사결정기구 간소화, 과잉생산 시설 재편, 신형 엔진 개발 등을 진행했다. 이 과정에서 책임경영을 강조하기 위해 토요타의 핵심 공장과 새 연구시설을 모두 방문해 자신의 미래 전략을 적극적으로 설명했다.

굴지의 기업 스타벅스 또한 2008년 위기에 봉착했다. 이때 CEO에서 물러난 지 8년이 지난 창업주 하워드 슐츠가 다시 CEO로 경영에 복귀했다.

두 사례는 적어도 위기 상황에서만큼은 전문경영인보다 오너 출신 CEO가 더 효과적일 수 있음을 시사한다. 다만, 전제조건은 존재한다. 오너 출신이라 하더라도 기본적으로는 전문경영인 못지않은 업(業)에 대한 통찰력과 조직관리 능력을 갖춰야 한다. 위기를 극복한 오너들은 이미 창업주로서 혹은 경영자로서 그 경지를 인정받은 사람들이 대부분이다.

전문경영인 체계가 정착된 미국에서조차 창업자가 여전히 조직을 이끌거나 경영에 상당한 영향력을 행사하는 기업이 많다. 구글, 페이스북, 아마존, 테슬라 등이 그렇다. 기업 역사가 짧아 그럴 수도 있지만, 4차 산업혁명 시대의 핵심 성공 역량인 '똑똑한 민첩성(Agility)'을 확보하고 실행하는 데 오너나 창업주의 확고한 의지와 통찰력이 필요하기 때문이기도 하다.

민첩성이란 장기적 추구 가치와 목표가 뚜렷하고 수많은 시행착오를 거듭해나가며 신속히 실행과 변화를 반복해나가는 능력이다. 주인의식(Ownership)이 없다면 장기적 안목에서의 투자, 다양한 인재 수혈, 실패를 용인하는 문화, 신속한 의사결정 등은 어려운 얘기가 된다.

리더십 이론을 보더라도 성공적인 리더십 특성과 상황에 따라 가변적이다. 지금의 경영 환경은 정적인 점진적 변화가 아닌 빠르고 대규모적인 변화를 요구한다. 위기는 어느 때라도 닥칠 수 있고 능력 있는 오너의 리더십이 더 빛을 발할 수 있다.

출처 : 매경이코노미, 제1945호(2018. 2. 7)

2. 리더십 이론

1) 리더십의 정의

우리는 일상생활에서 리더십이란 용어를 많이 사용하고 있으며, 이러한 리더십은 구성원들에게 미치는 영향력이라고 이해되어 일상적으로 사용되고 있다. 그러나 리더십(leadership)에 대한 정의는 매우 다양해서 리더십을 연구하는 사람마다 각자의 독특한 정의를 가지고 있다.

쿤츠(Koontz)는 리더십이란 공통의 목표달성에 이르도록 사람들에게 영향력을 주는 것이라고 정의하였으며, 테리(Terry)는 리더십이란 모든 사람들이 집단목표를 위해 자진해서 노력하도록 사람들에게 영향력을 주는 활동이라고 말하고 있다. 또한 세계 최고의 리더십 대가인 베니스(Bennis)교수는 리더십이란 조직으로 하여금 자기의 비전을 갖게 하고 자기의 능력을 모두 쏟아 그 비전을 실현하게 하는 것이라고 정의를 하고, 결국 구성원들로 하여금 맡은 일을 열성적으로 실현하도록 이끄는 기술이라고 하였다.

지금까지 학자들의 리더십에 대한 여러 정의를 요약하면, 리더십이란 집단의 목표달성을 촉진하도록 구성원의 행동에 영향을 주는 리더의 행동이라고 할 수 있다.

2) 리더십과 권력

다른 사람에게 영향력을 행사하는 리더십의 정의에서와 같이 리더십과 권력의 관계는 매우 밀접하다. 권력(power)은 바로 타인에 대한 영향력의 원천이기 때문에 권력이 존재하지 않는 리더십은 생각하기가 어렵다.

리더는 자신의 공식적 지위에 부여된 권력(position power)과 공식적으로 주어진 것은 아니지만 리더 개인이 지니고 있는 여러 가지 특성 때문에 생기는 권력(personal power)을 가질 수 있다. 따라서 어떠한 유형의 권력을 어떻게 사용하는가의 여부가 리더에게 중요한 문제가 되며, 이러한 유형을 분류하면 다음과 같다.

(1) 지위에 부여된 권력

① 보상적 권력(reward power)

부하가 필요로 하는 경제적 보상이나 부하의 행동을 유인할 수 있는 승진, 인정 등의 간접적 보상을 통하여 부하를 움직일 수 있는 힘을 뜻한다.

② 강압적 권력(coercive power)

부하에게 벌을 주거나 감봉, 강등의 조치를 취할 수 있는 능력을 말하며, 우리가 흔히 처벌이라고 할 수 있는 것들이다. 자신보다 낮은 직위에 있는 구성원들에게 권력을 갖게 된다.

③ 합법적 권력(legitimate power)

어떤 사람이 차지하고 있는 권한계층의 지위 때문에 생기는 권력이다. 즉 지위에 부여된 공식적인 권한(formal authority)을 의미하는 것으로 자신이 책임지고 있는 구체적인 업무영역에 대해 하급자에게 지휘, 명령할 수 있는 권력이다.

(2) 개인적 특성 때문에 갖게 되는 권력

① 전문적 권력(expert power)

자신이 갖고 있는 전문적 지식이나 능력 때문에 생기는 권력으로 특정 부문의 전문적 기술이나 지식을 보유함으로써 조직구성원들에게 영향력을 행사할 수 있는 힘을 의미한다.

② 준거적 권력(referent power)

부하가 존경심을 갖거나 또는 매력을 느끼게 되는 리더의 개인적 특성에 의해서 생기는 권력으로 준거적 힘을 지닌 리더는 부하의 동일화(identification) 행동의 대상이 되기도 한다.

3) 리더십의 주요 이론

20세기 들어서 다양한 기업의 조직들이 탄생하고 경영을 체계적으로 연구하려는 움직임이 시작되면서 리더십에 관한 연구도 활발히 진행되었다. 그 동안의 수 많은 연구에도 불구하고 리더십에 관한 명확한 답은 아직 없다. 다만 여러 연구의 관점을 중심으로 리더십에 관한 이론은 특성이론(trait theory), 행동이론(behavioral theory), 상황이론(contingency theory) 및 변혁적 이론(transformational theory) 등으로 구분할 수 있다.(〈그림 6.3〉 참조)

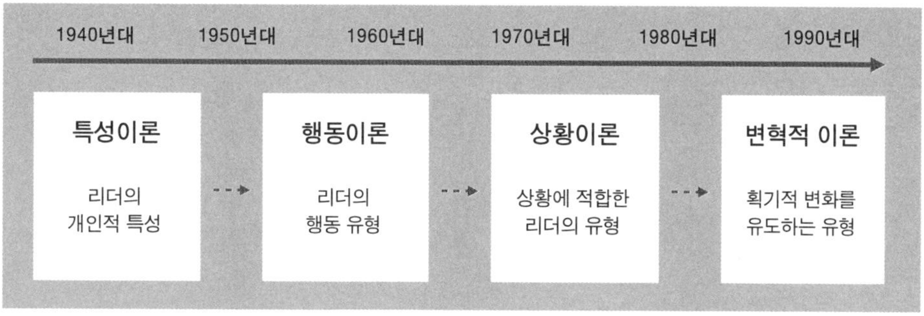

〈그림 6.3〉 리더십 연구의 발전단계별 흐름

(1) 특성이론(자질론)

리더십 연구 초기의 사람들은 리더는 태어나는 것이지 만들어지는 것이 아니라고 믿었다. 그래서 리더와 리더가 아닌 사람을 구별할 수 있는 특징이나 특성이 있다고 가정을 하고 그 특성이 무엇인가에 초점을 맞추고 있다.

특성이론(trait theory)은 유능한 리더의 자질, 즉 그들의 개인적 특성이 무엇인지를 규명하는 것을 연구한 이론이다. 즉 리더의 개인적 자질에 의해 리더십의 성공이 좌우된다는 전제하에 유능한 리더와 그렇지 않은 리더를 구분하는 리더의 개인적 특성이 존재한다고 보는 입장이 특성이론의 관점이다.

즉 이순신 장군이나 마하트마 간디(M. K. Gandhi)와 같은 출중한 개인이 있어 리더십을 발휘한다는 것이다. 초기의 리더십 이론들은 바람직한 리더의 특성을 찾고자 하

〈표 6.2〉 리더십 특성이론의 연구대상

연구차원	연구대상
신체적 특성	▪ 연령, 신장, 체중, 용모 등
성격 특성	▪ 독립성, 자신감, 지배욕구, 공격성 등
사회적 배경	▪ 교육수준, 신분, 사교성, 거주지 · 출신지
지 능	▪ 판단력, 결단성, 표현력 등
인간관계능력	▪ 관리력, 협조성, 사교력, 청렴성 등
업무능력	▪ 성취욕구, 솔선수범, 책임감, 목표지향성 등

는 연구였다. 리더의 특성으로 매우 다양한 내용이 제시되었으나 〈표 6.2〉에서와 같은 것들이 연구대상으로 지적되었다.

훌륭한 리더의 개인적 특성은 그들의 신체적 조건, 지적 능력, 성격 등으로 그 특성을 살펴보면 다음과 같다.

첫째, 유능한 지도자의 신체적 조건인 나이 · 신장 · 체중 · 외모 등에 관한 연구들의 특징은 나이는 중년 미만이며, 활력이 넘치며, 외모가 출중하며, 키가 크고, 체격이 좋다는 것이다. 그러나 키가 작았던 나폴레옹, 간디, 박정희 등과 같은 사람들이 리더로서의 직무를 훌륭히 수행했다면 신체조건은 리더를 판단하는 합리적 기준이 될 수 없는 것이다.

둘째, 리더의 지적 능력은 상황판단, 의사결정, 전문적 견해, 문제해결능력 등을 말하는데, 태어날 때 타고나는 경우도 있지만 후천적인 노력의 결과로 만들어질 수도 있다는 것이다.

셋째, 유능한 리더에게서 발견될 수 있는 성격의 특성도 다양하다. 즉 그들은 적응력이 뛰어나며, 창조적이고, 자신감에 넘쳐 있으며, 성실하며, 지배적이며, 호감이 가며, 협조적이라고 주장하고 있다. 성격적 특성은 리더십과는 무관하다는 견해도 있으나, 개인의 성격이 동기부여나 직무에 영향을 미치기 때문에 리더의 성격과 리더십은 상관관계가 있다고 볼 수 있다.

리더의 개인적 특성으로 리더십을 설명하고자 한 시도는 일관된 연구결과를 얻지 못하였다. 따라서 리더십에 대한 연구는 점차 몇 가지 스타일을 찾게 되었고, 어떠한 상황에서 어떠한 스타일이 성공적인가를 연구하게 되었다.

리더가 갖추어야 할 자질이나 능력을 밝히려는 특성이론의 노력은 한계점을 지니고 있다. 신체적 특성을 비롯한 여러 가지 특성이 실제 리더십의 효과성과 밀접한 관계를 갖지 못한다는 사실이 여러 연구를 통해서 밝혀졌다. 이러한 주장의 배경에는 리더의 능력이 선천적인 경우도 있지만, 후천적인 학습 · 경험을 통해서 개발되어지는 경우도 있을 수 있기 때문이다.

(2) 행동이론

리더의 개인적 특성에 대한 일치된 견해가 없고, 리더가 반드시 태어나는 것이 아니라 만들어질 수도 있다는 생각을 갖게 되면서 리더에게 필요한 행동이 무엇인가에 대한 관심을 갖기 시작했다. 그래서 리더가 자신의 역할을 수행하기 위해 조직구성원들에게 어떠한 행동을 보여주느냐에 따라 리더십이 얼마나 효과가 있는지 결정된다는 이론을 제시하였는데, 이것이 바로 행동이론(behavior theory)이다.

리더십의 영향은 리더의 행동이 결정적인 요소라고 보고 이에 대한 연구가 활발하게 이루어졌는데, 이러한 리더의 행동에 초점을 둔 리더십이론 연구는 크게 세 가지로 발전되어 왔다. 첫째는 오하이오 주립대학(Ohio State Univ.)의 연구, 둘째는 미시건대학(Univ. of Michigan)의 연구, 셋째는 블래이크와 무톤(Blake & Mouton)의 관리격자모형(Managerial Grid) 등으로 각각의 연구 이론들을 살펴보면 다음과 같다.

① 오하이오 주립대학의 리더십 연구

오하이오 주립대학의 연구진들에 의하면, 리더십은 목표달성을 향하도록 집단을 지휘할 때 나타나는 개인의 행동이라고 정의를 내렸다. 리더의 행동유형을 결정하는 것은 업무중심형과 종업원 배려형으로 분류하여 각각의 고저에 따라서 네 가지 형태의 리더십 유형을 제시하였다.

업무중심형 리더는 목표설정과 작업추진의 결과를 중시하는 사람으로 직무가 수행되는 방법과 절차를 정확히 지시하는 성향을 가진다. 한편 종업원 배려형 리더는 리더와 부하간의 우의 · 상호신뢰 · 존중 · 관계를 중시하며, 공개적인 대화와 참여를

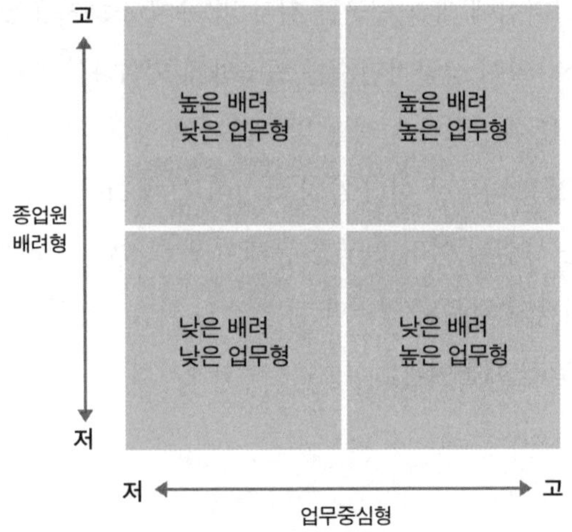

〈그림 6.4〉 오하이오 주립대학의 리더십연구

자료: A.G. Jago, "Leadership: Perspectives in Theory and Research", Management Science, Vol. 28-3(1982), p.315~336.

적극 지지하는 유형이라고 하였다.

업무중심형과 종업원 배려형의 유형을 상호 결합하면 〈그림 6.4〉와 같다. 오하이오 주립대학의 리더십 모형은 몇 가지의 한계점을 지니고 있다. 먼저 모형이 지나치게 단순하고 일반화시키기 어려우며, 또한 리더십의 유효성을 결정하는 데 중요한 역할을 하는 환경변수나 상황적 요소가 무시되는 약점이 있다.

② 미시간 대학의 리더십 연구

미시간 대학의 연구자들은 리더의 행동을 중심으로 종업원 중심적(employee centered)과 직무 중심적(job centered)으로 나누어 두 가지 스타일의 리더십을 확인하였다. 먼저 종업원 중심의 리더행동은 업무의 인간관계적인 측면을 중요시하고, 모든 종업원이 중요하다고 느끼며 한 사람, 한 사람의 종업원에게 관심을 갖고 종업원들의 개성과 요구를 수용한다. 반면에 직무 중심의 리더행동은 직무의 생산적 측면과 기술적 측면을 중요시하고, 종업원을 조직목표를 달성하기 위한 도구로 보며 종업원의 성과를 엄격히 통제한다.

미시간 대학 리더십 연구의 한계점을 보면, 직무와 사람이라는 단지 두 가지 측면의 리더십을 강조하였을 뿐 어떤 스타일의 리더십이 가장 효과적이라는 것은 보여주지 못하고 있다.

③ 관리격자모형

블레이크와 무톤(Blake & Mouton)의 연구에서는 오하이오 주립대학 연구를 바탕으로 리더의 행동을 인간에 대한 관심(concern of people)과 생산에 대한 관심(concern for production) 두 축으로 하여 1에서 9까지 등급을 나누어 바둑판 모형의 좌표를 만들고, 〈그림 6.5〉와 같이 다섯 가지 형태의 리더십 유형으로 구분하였다.

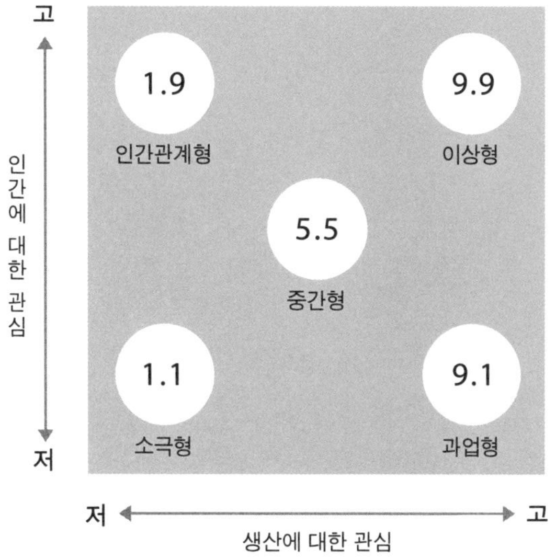

〈그림 6.5〉 관리격자이론에 의한 리더십 유형

자료: R.R. Black and J.S. Mouton, The Managerial Grid(Houston, Texas: Gulf Publishing Company, 1964), p.10.

㉠ 소극형(1.1형)

사람과 업무에 대한 관심이 모두 최소인 소극형이다. 이 유형은 리더가 리더십을 거의 행사하지 않기 때문에 자유방임형, 무기력형이라고도 한다.

㉡ 과업중심형(9.1형)

혼자서 다 계획하고 통제하는 명령일변도이며, 부하를 생산도구로 여겨 업적달성에만 관심이 있고 부하에게는 따라오라는 식으로 권한복종형이라고도 한다.

㉢ **인간관계형**(1.9형)

인간관계를 만족스럽게 유지하기 위해 사려깊은 주의를 기울이면 친근한 조직분위기가 조성되어 과업은 잘 수행될 것이라고 생각하는 리더십의 유형이다.

㉣ **중간형**(5.5형)

리더의 행동이 인간과 과업의 양쪽에 모두 관심을 갖는 리더십유형으로서 일정 양의 성과만 있으면 그것으로 만족하면서 더 재촉하지 않는 리더이다.

㉤ **이상형**(9.9형)

가장 이상적인 리더로서 업무계획과 추진에 부하들의 참여와 단결을 호소하고 열심히 노력하는 분위기를 만들어 갈등없이 적극적으로 목표달성을 추구하도록 하는 이상적 리더를 말한다.

관리격자이론은 기업에서 경영자의 실제 리더십개발에 많이 적용하고 있으며, 격자개념에 의해 경영자의 리더십 유형을 측정하고 가장 이상적인 (9.9)형에 접근할 수 있도록 해야 한다. (9.9)형이 되면 경영자 개인의 개발은 물론이고 기업의 발전에도 가장 효과적으로 기여할 수 있게 된다는 것이다.

(3) 상황이론

리더십의 이론은 리더에게 어떤 특성이 있는가를 밝히려는 리더십의 특성이론에서 시작하여 성공한 리더의 행동유형을 규명하려는 행동이론으로 발전하였다. 그러나 이러한 이론들은 리더 자체에만 초점이 맞추어져 있으므로 리더가 어떠한 상황에 처해 있는가를 고려하지 않았다는 한계점이 드러났다.

왜냐하면 리더가 유사한 특징과 자질을 지니고 있더라도 상황이 달라지면 결과가 달라질 수 있기 때문이다. 따라서 상황에 맞는 리더십을 발휘해야 한다는 상황이론이 개발되어 발전하게 되었다.

상황이론(contingency theory)이란 모든 상황이나 조건에 적합한 최적의 리더십 특성이나 행동유형은 존재하지 않으며, 처해진 상황에 가장 적합한 리더십 유형을 찾으려고 하는 것을 말한다. 이러한 노력은 피들러(Fiedler)의 상황적합이론, 허쉬와 블랜차드(Hersey & Blenchard)의 수명주기이론, 하우스와 에반스(House & Evans)의 경로목표이론, 브룸(Vroom)의 수정적 규범이론 등에 의해 연구가 이루어져 왔다. 상황이론의 여러 이론 중에서 피들러의 이론에 대해 간략하게 설명하면 다음과 같다.

피들러는 리더십이란 리더십 스타일과 상황과의 조화에 따라 결정된다고 생각했다. 따라서 그는 어떤 종류의 리더십 스타일을 가지고 있는 리더를 그것과 가장 맞는다고 생각하는 상황에서 그러한 리더십 스타일을 발휘할 수 있도록 만들어 주는 것이 성공적인 리더십의 열쇠라고 생각하였다.

피들러는 상황에 따라서 인간중심형 리더가 더 좋을 때도 있고, 일 중심형 리더가 더 효과적일 때도 있다고 하였다. 상황이 리더에게 아주 유리하거나 불리할 때는 일중심행동이 효과적이지만, 중간 정도의 상황일 때는 인간중심형 행동이 더 효과적이라는 사실을 발견했다. 리더에게 유리한 상황이냐 불리한 상황이냐를 결정하는 것은 다음 세 가지 요인에 따라서 결정된다.

① 일이 짜여진 정도

항상 반복되는 일인가, 복잡한 일인가, 과업목표가 구체적이고 분명한가, 의사결정 체계가 잘 정비되어 있는가 등을 말한다.

② 리더 · 부하의 신뢰정도

부하가 상사를 신뢰하고 존경하는 친밀한 분위기의 조직인지 아니면 상사가 누가 되었든 간에 눈치만 보고 욕이나 하고 서로 불신하는 풍토를 가진 조직인지 등을 말한다.

③ 리더지위의 권력 정도

전통과 분위기 그리고 조직 내 제도와 법규가 리더에게 막강한 권한이 부여되어 있는 상황인지 리더의 자리는 부하의 승진, 상벌에 대한 실권이 없는 허상의 자리인지 등을 의미한다.

위의 세 가지가 모두 강하면 리더에게 유리한 상황이요 모두 약하면 불리한 상황으로서 이런 때는 리더가 일중심적 행동을 해야 효과적이라는 것이다. 또한 위의 세 요

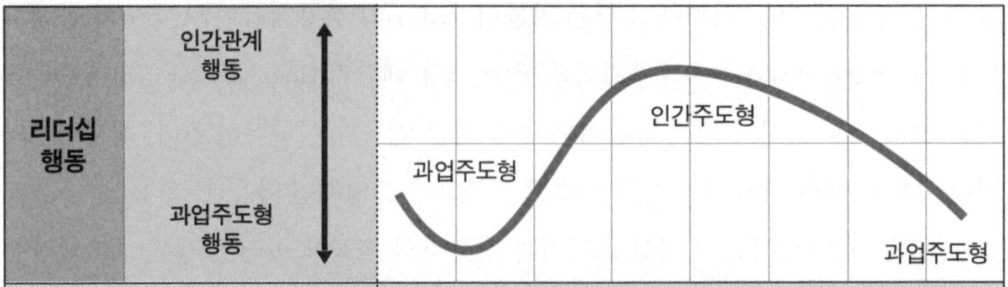

		1	2	3	4	5	6	7	8
리더십 상황		유리한 상황 ⟷ 불리한 상황							
상황요인	리더, 부하관계	좋은 관계				나쁜 관계			
	일의 짜임	구 조		비구조		구 조		비구조	
	리더 지위의 권력정도	강	약	강	약	강	약	강	약

〈그림 6.6〉 피들러의 상황이론

자료: 임창희, 『경영학』(서울: 학현사, 2004), p.210.

소들 중에서 한 두 개만 좋다면 중간정도의 상황이므로 인간중심의 행동을 해야 효과적이라고 말한다. 〈그림 6.6〉은 피들러의 상황적 리더십을 나타낸 것이다.

(4) 변혁적 리더십이론

80년대 들어서 새로운 유형의 리더십이 거론되고 있는데, 리더는 그 이상의 역할을 할 수 있어야 한다는 주장이 제기되고 있다. 지금과 같이 변화가 심한 기업의 경영환경 하에서는 조직이나 집단의 끊임없는 변화의 노력이 필요하며, 이런 노력이 성공을 거두기 위해서는 리더가 부하 구성원들의 의식과 행동을 완전히 탈바꿈시킬 수 있는 능력을 갖추어야 한다는 것이다. 이와 같은 주장을 변혁적 리더십이론(transformational leadership theory)이라고 하는데, 구성원들이 자신의 이해보다는 조직목표 달성을 위해 행동하도록 커다란 변혁을 이끌어 낼 수 있는 능력을 강조하고 있다.

변혁적 리더십은 새로운 비전을 제시하고 구성원들이 그 비전을 향한 혼신의 노력을 쏟도록 커다란 변화를 창조해 내는 영향력을 말하며, 흔히 카리스마적 리더십

(charismatic leadership)이라고 부르기도 한다.

변혁적 리더는 구성원들과의 관계에서 다음과 같은 네 가지의 자질을 갖추어야 한다.

첫째, 비전을 통한 단결능력이다. 구성원들에게 미래의 비전을 제시하며 주도권을 쥐고 부하들을 자극하는 능력이 있어야 한다. 미래의 분명한 목표인 비전을 제시함으로써 현재와 미래를 연결해 주는 구성원의 사기와 가치관을 자극시켜 조직 내에 꿈과 용기를 불어넣는다.

둘째, 높은 성과목표를 설정한다. 변혁적 리더는 목표가 갖는 동기유발능력을 충분히 인식하고 있다. 따라서 전체 구성원들의 성과에 대해 높은 수준의 목표를 제시하고, 그것을 반드시 달성하겠다는 구성원들의 의욕을 끊임없이 고무시킬 수 있는 능력을 갖고 있어야 한다.

셋째, 구성원들의 능력에 대한 강한 믿음을 보여야 한다. 목표는 그것을 이룰 수 있다는 강한 믿음이 있을 때 비로소 달성될 수 있다. 변혁적 리더는 구성원들의 능력에 대해 높은 신뢰를 표시함으로써 구성원들 스스로가 해낼 수 있다는 강한 믿음을 갖게 한다.

넷째, 솔선수범해야 한다. 변혁적 리더는 스스로가 좋은 본보기 역할을 한다. 비전을 실현하는 데 필요한 행동을 남보다 앞서 실천한다. 그리고 비전에서 제시된 가치와 강한 신념을 솔선수범 함으로써 구성원들이 조직의 가치를 적극적으로 수용하고 건전한 신념을 가질 수 있도록 본보기 역할을 하여야 한다.

사례 6-2 나쁜 리더십은 더 빨리 전염된다

사람들은 좋은 것보다 나쁜 것을 더 빨리 흡수하는 경향이 있다. 리더십도 마찬가지다. 나쁜 리더십은 부하들에게 나쁜 영향을 미칠 가능성이 아주 높다는 점에서 철저히 경계해야 한다.

리더의 나쁜 리더십은 부하직원들에게 전염되기 때문에 조직 관리 차원에서 예방이 필요하다.

인생을 살면서 누구를 만나느냐는 중요한 사건이다. 만나는 사람을 통해 얻는 것도 있지만 잃는 것도 많기 때문이다. 다행히 도움이 되는 사람을 만나면 배울 것이 많지만 그렇지 않은 사람을 만나면 잃는 것이 많아진다. 조직에서도 마찬가지다. 조직 생활을 하다 보면 많은 리더와 부하를 만난다. 어떤 리더와 부하를 만나는 가에 따라 조직 생활의 품위는 매우 달라진다. 특히 리더와의 만남은 결정적이다. 좋은 리더를 만나면 좋은 교훈을 얻겠지만 나쁜 리더를 만나면 본인의 의지와 상관없이 나빠지는 경우가 더 많고 나빠지는 속도도 빠르다. 불행한 일이다. 그렇다면 왜 나쁜 리더십은 좋은 리더십보다 더 빠르게 전염되는 걸까? 그 이유에 대하여 살펴보고자 한다.

첫째, '학습과 모방'이다. 조직에서 보내는 시간이 많은 만큼 리더와 대면할 시간도 많다. 대면할 시간이 많아지면 리더의 일거수일투족을 관찰할 수밖에 없다. 관찰을 반복해서 하다 보면 그 모습에 익숙해지고 은연중 닮게 된다. 학습하게 된다는 의미다. 학습은 인간에게 가장 위대한 능력인 동시에 불행한 능력이기도 하다. 원치 않는 학습도 있기 때문이다. 사랑하면서 닮고 미워하면서도 닮는다. 특히 나쁜 리더십 같은 부정적 정서는 전염되는 속도와 강도가 더 크다는 게 학계의 일관된 연구 결과다. 나쁜 리더십은 자기도 모르게 학습된다는 것이다. 그런데 문제는 학습으로 끝나지 않는다는 것이다. 학습된 나쁜 리더십은 잠재적 상태에서 유사한 상황이 전개되면 제 몫을 톡톡히 한다. 모방행위를 기꺼이 수행한다는 것이다. 물론 개인차는 존재할 것이다. 그러나 본인의 의지가 약하거나 자기 통제력이 부족하다면 대부분 학습된 나쁜 리더십은 모방행위로 이어진다. 결국 나쁜 리더십은 나쁜 리더가 강요하지 않더라도 자연스럽게 학습되고 모방된다는 점에서 파급효과는 크다.

둘째, '사회부과적 완벽주의'다. 완벽주의 이론 중 사회부과적 완벽주의란 개념이 있다. 이는 조직이나 리더로부터 부과된 기대감에 부응하기 위해 완벽성을 추구하는 태도를 의미한다. 이러한 사회부과적 완벽주의는 조직이나 리더의 강요가 직접적이지 않더라도 자기 스스로 조직과 리더가 원하는 바를 완벽하게 수행하기 위해 자신을 혹사시키거나 맹목적으로 따르는 것이다. 특히 리더가 원하는 것이 무엇인가를 끊임없이 고민하고 이를 실행하기 위해 그 과정의 옳고 그름의 판단보다는 리더를 만족시키는 것이 목적이 된다. 따라서 설사 나쁜 리더십에 의한 일이라 할지라도 거부하거나 저항을 못하고 기꺼이 나쁜 리더십을 추종하게 된다. 리더가 부당한 일에 동참할 것을 강요할 때 이를 거부할 수 있는 사람이 얼마나 될까? 소위 '동조화 효과'는 조직에서 흔한 일이다. 동조화 효과는 자신보다 강력한 힘을 가진 존재의 의지를 초월하지 못하고 시키는 대로 따르는 성향을 의미한다. 즉 나쁜 리더의 나쁜 리더십을 거부하기보다는 맹목적으로 추종하고 수행하고자 하는 사회부과적 완벽주의는 자연스럽게 나쁜 리더십에 전염되게 만드는 요인 중 하나인 것이다.

셋째, '이기적 욕구'다. 나쁜 리더의 전형적인 태도 가운데 하나가 바로 조직이 아니라 자신을 위해 부하직원들의 충성을 강요한다는 점이다. 외형적으로는 조직을 위한 일이라고 말하면서도 자신의 이기적인 목적을 위해 위장된 소신을 피력하면서 정작 문제가 생기면 책임을 회피하는 이기적인 욕구 때문에 선량한 부하직원들을 나쁘게 만드는 것이다. 나쁜 리더는 절대 개인적인 손해를 감수하려 하지 않는다. 부하직원을 희생시키는 한이 있더라도 자신의 이익을 포기하지 않는다. 그래서 때로는 못된 리더가 더 오래 생존한다는 냉소적인 말이 있는 것이다. 나쁜 리더의 비겁하고 이기적인 생존 법칙을 관찰하고 경험한 부하직원이 선택할 수 있는 일은 따라 하는 것이다. 생존 법칙에 대한 편견을 이때 교훈으로 삼게 되고 전염된 생존 법칙은 부하에 의해 반복된다. 나쁜 리더십이 전염되는 것이다.

넷째, '학습된 무력감'이다. 사람은 살아있음을 언제 느낄까? 살아있음은 자신의 의지를 자유롭고 용감하게 표현할 수 있을 때가 아닌가 생각한다. 만약 자유롭지 못하거나 아무런 의미 표현을 할 수 없는 무기력한 상태에 있다면 누가 와서 어떤 짓을 해도 저항하거나 극복하지 못한다. 이를 '학습된 무력감'이라고 한다. 영혼이 없는 조직생활을 하면서 지내다가 그때그때 닥친 일을 겨우 해내며 인생을 낭비하는 학습된 무력감은 나쁜 리더들이 가장 좋아하는 상황이다. 판단도 없고 저항도 없는 부하직원을 다루는 데는 힘과 시간이 별로 소요되지 않기 때문이다. 무기력증에 빠진 부하 직원에게 남은 것은 좋게 표현하면 '무감각한 흡수력'이고 나쁘게 표현하면 '판단 없는 추종'이다. 판단 없이 추종하는 부하직원은 나쁜 리더십에 쉽게 노출되고 나쁜 리더십의 전염은 가속화된다. 판단 없는 추종은 감정적 절제의 상실과 거침없는 공격성으로 표출될 공산이 크다. 무식한 사람이 용감할 때 관찰되는 현상과 유사하다.

이상과 같이 나쁜 리더십이 전염되는 몇 가지 이유에 대하여 살펴봤다. 나쁜 리더십의 전염을 예방하거나 완화시키는 방법은 무엇일까 고민하다가 나쁜 리더십에 전염되었던 몇 사람의 사례를 떠올려보니 섬뜩한 생각도 들었다. 그 이유는 한번 나쁜 리더십에 전염된 사람이 좋아지는 사례가 드물었기 때문이다. 그렇다면 나쁜 리더십의 전염을 막을 방법은 없을까? 방법이 없지는 않지만 나쁜 리더십을 조성하는 너무 많은 변수들이 복잡하게 연계되어 있다는 점에서 고민의 깊이는 더욱 커진다. 그럼에도 나름의 대안을 몇 가지 제시하고자 한다.

첫째, '선발이 육성보다 중요하다'. 사람을 키우는 것은 매우 중요한 일이고 가치 있는 일이다. 그러나 좋은 리더를 선발하는 것은 육성보다 더 중요하다. 능력은 있지만 나쁜 리더십을 가진 사람을 개선하기란 너무 많은 비용과 시간이 들기 때문에 사람을 잘 뽑는 것이 먼저다.

둘째, '나빠지지 않게 관리해야 한다'. 처음부터 나쁜 리더도 있겠지만 조직 상황이 악화되거나 리더 본인의 생존이 위협받는 상황이라면 좋은 리더도 금방 나빠질 수 있다. 과도한 실적 부담과 지나친 경쟁은 나쁜 리더십의 출현과 전염을 키울 수 있다. 따라서 불가피한 상황이라 할지라도 긍정적인 조직문화와 균형감 있는 제도적 공정성을 유지하고 점검하는 것이 무엇보다 중요하다. 합리적인 조직환경을 만들고 실현하는 일은 경영자의 몫이 크다 하겠다.

셋째, '직원들의 분노 혹은 불만의 표현 창구를 만들어야 한다.' 조직생활에서 쌓인 분노와 불만을 해소하지 못한 직원들은 전염된 나쁜 리더십을 비정상적인 방법으로 거칠게 표현하거나 반대로 모든 것을 내려놓고 침묵만 하는 경우가 있다. 스트레스는 조직이 주고 스트레스 해소는 본인이 하라는 식이면 그 스트레스의 피해자는 궁극적으로 조직이 될 수 있다는 점에서 조직 활성화에 대한 관심과 노력이 조직 차원에서 요구된다.

결국 나쁜 리더십의 전염은 소위 스펙만 보고 나쁜 리더를 구분해내지 못한 인사 관행과 점검 시스템 결핍, 나쁜 리더가 승리하고 생존하는 잘못된 조직문화, 그리고 직원의 심리적 욕구를 외면한 조직의 무분별한 성과주의 등에서 비롯된다는 점에서 경영자의 의지와 직원들의 자기발전적 성찰의 기회가 무엇보다 중요하다고 생각한다.

출처 : 포춘코리아, 2018년 2월호

3. 의사소통 이론

1) 의사소통의 의의

경영의 모든 과정에는 직 · 간접적으로 의사소통이 개입된다. 계획을 수립하거나 조직을 구성할 때, 지시를 하거나 통제를 할 때 기본이 되는 것이 의사소통이다. 의사결정이나 정책을 발표할 때 핵심정보가 바르게 전달되지 않는다면, 그 내용이 아무리 훌륭하다 할지라도 생명력을 잃고 말 것이다. 이처럼 효과적인 의사소통은 경영관리 활동의 기본이 된다.

의사소통(communication)이란 두 사람 이상의 사람들 사이에 언어, 비언어 등의 수단을 통하여 자기들이 가지고 있는 의견(opinion), 감정(sentiment), 정보(information)를 전달하고 피드백을 받으면서 상호작용하는 과정이라고 정의를 내릴 수 있다. 또한 의사소통은 서로 통하여 공동의 장에 도달하게 하는 순환과정으로 볼 수도 있다. 한 쪽에서 송신을 했다고 해서 의사소통이라고 말할 수 없고, 상대방이 수신하는 것도 포함한다. 따라서 일방적 설명, 지시, 전달 등은 완전한 의사소통이라고 할 수 없다.

조직에서 이루어지는 대부분의 활동은 의사소통과 관련된다. 특히 경영자들의 일상적인 활동은 여러 가지 서류결재, 업무와 관련된 편지를 읽는 일, 회의 참석 그리고 전화통화 등 대부분의 모든 활동들이 의사소통과 관련된 것이다. 민쯔버그(H. Meitz-berg)의 연구결과에 따르면, 관리자들은 하루 업무시간 중 75% 이상을 의사소통을 위해 보내고 있다는 조사도 있다.

기업에서 경영자들이 해야 하는 여러 가지 활동, 즉 계획, 조직화, 지휘 그리고 통제 등의 기능들은 원활한 의사소통이 이루어지지 않으면 잘 수행될 수 없다. 경영자가 뛰어난 의사소통 능력을 갖추고 있을 때 구성원들에게 영향력을 행사하고 그들의 의욕을 북돋아 조직을 활력이 넘치는 곳으로 만들 수 있다.

의사소통이 기업의 조직에서 담당하는 기능을 보면, 다음의 몇 가지로 살펴볼 수 있다.

첫째, 의사소통은 조직구성원의 행동을 통제하는 기능을 한다. 구성원들은 자신의 업무상 문제가 발생하면 직속상관에게 먼저 알려야 하고, 또한 자신에게 할당된 직무를 수행해야 하며 조직에서 시행하는 방침에 따라야 한다는 것을 알고 있다.

둘째, 구성원들의 동기유발을 촉진시키는 작용을 한다. 구성원들에게 구체적이고 명료한 목표를 설정해 주고, 그러한 목표달성의 진척상황을 피드백 해주면서 바람직한 행동을 계속적으로 강화시키는 역할을 하고 있다.

셋째, 구성원들이 감정을 표현하고 사회적인 욕구를 충족시키는 역할을 한다. 즉 의사소통을 통하여 자신의 고충이나 기쁨, 만족감 등의 감정을 표출하고 다른 사람들과의 교류를 넓혀 나가는 것이다.

넷째, 개인과 집단에 정보를 전달해 주는 기능을 함으로써 의사결정에 촉매제 역할을 한다. 그리고 선택의 가치가 있는 여러 대안을 파악하고 평가하는 데 필요한 자료를 제공해 줌으로써 의사결정이 원활히 이루어지게 한다.

2) 의사소통의 과정

효과적인 의사소통은 발신자(의사전달자)와 수신자(의사전달 받은 자)가 전달되는 정보에 대해 일치된 의미를 가질 수 있을 때 이루어진다. 그런데 사람들 사이에 이루어지는 의사소통은 몇 개의 단계를 거치게 되며, 각 단계마다 정보의 정확한 전달을 방해하는 다양한 요인들이 있다. 의사소통이 이루어지는 과정을 살펴보면, 〈그림 6.7〉과 같이 일곱 단계로 구성되어 있다.

(1) 발신자(senders)

전달하고자 하는 아이디어나 정보를 전달할 목적을 갖고 있는 사람으로서 이를 부호화하여 메시지를 창출하는 사람을 말한다. 발신자의 기술, 태도, 신뢰감, 지식 등과 같은 특성에 따라 무엇을 어떻게 전달할 것인가에 영향을 미친다.

(2) 부호화(encoding)

발신자가 전달하고자 하는 아이디어, 정보, 언어, 몸짓, 기호 등 특정 형태로 체계화된 메시지로 변환시키는 과정을 말한다. 부호화의 기본적 기능은 발신자가 갖고 있는 생각이나 정보를 수신자가 전달받아 이해할 수 있도록 메시지 형태로 탈바꿈시키는 것이다.

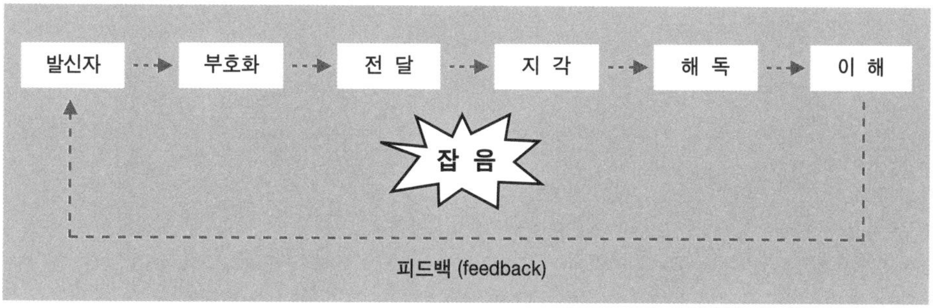

〈그림 6.7〉 의사소통의 과정

자료: C. Shannon & W. Weaver, The Mathematical Theory of Communication, Urbana : University of Illinois Press : W. Schramm, 1953, p.3~26.

(3) 전달(sending)

부호화된 정보나 의사는 어떤 경로를 통해 수신자에게 전달되어야 한다. 기업의 조직 안에서 의사소통은 직접대화, 전화통화, 회의, 문서, 컴퓨터 통신, 그리고 기타 여러 가지를 통해 이루어진다.

(4) 지각(perception)

부호화되어 전달된 정보는 일단 수신자에 의해 지각되어야 한다. 지각은 사람이 갖고 있는 다섯 가지의 감각기관을 통해 이루어지는데, 전달된 메모를 읽거나 전화내용을 들음으로써 정보를 지각하기도 하고 상대방의 얼굴표정이나 몸짓을 살펴보면서 느낄 수 있다.

(5) 해독(decoding)

수신자가 자신에게 전달된 메시지를 어떠한 개념이나 생각, 감정 등 자신에게 주는 의미로 변환시키는 사고과정을 말한다. 이때 메시지의 해석은 수신자의 과거 경험이나 현재의 상황 등을 고려하여 전달된 정보가 갖는 의미를 해석해야 한다.

(6) 이해(understanding)

부호화되어 전달된 정보를 해석하고 나면 수신자는 그 정보가 갖는 의미를 이해하게 된다. 말을 듣거나 글을 읽고 나서 그것이 뜻하는 바를 이해하거나 얼굴표정이나 몸짓을 보고 상대방의 마음을 읽어내는 것이 바로 이해의 과정이라고 할 수 있다.

(7) 피드백(feedback)

수신자가 자신에게 전달된 정보를 이해하고 나면, 이어서 피드백 과정이 이루어진다. 일방적 의사소통에서는 수신자로부터 피드백이 허용되기 어렵지만, 쌍방적 의사소통에서는 여러 가지 방법을 통해 피드백이 이루어진다. 의사전달자는 수신자로부터의 피드백을 통하여 정보가 자신이 의도한 대로 전달되었는지를 알게 된다.

(8) 잡음(noise)

의사소통 과정상에서 메시지가 의도하는 바를 왜곡시킬 수 있는 요인 모두를 잡음이라고 한다. 발신자가 갖고 있는 태도가 바람직하지 못한 영향을 줄 수 있으며, 수신자가 지니고 있는 태도에 의해서도 해독과정을 왜곡시킬 수 있다. 또한 매체에 잡음이 생겨날 수 있는데 주위환경이 시끄럽다든지 하는 장애요소가 있으면 의사소통이 효과적으로 이루어지지 못한다.

3) 의사소통의 유형

의사소통을 통한 정보의 교환은 기업의 경영자들에게 경영활동을 효율적으로 수행하는 데 결정적인 영향을 미친다. 이러한 의사소통의 유형은 말을 사용한 의사소통, 글을 사용한 의사소통, 비언어적 의사소통, 무의식적 의사소통, 그리고 전자 커뮤니케이션 등으로 나누어 살펴볼 수 있다.

(1) 말을 사용한 의사소통

말을 사용한 의사소통은 직접대화, 전화통화 또는 집단토의에서 말을 사용하여 정보를 교환하는 것이다. 실제 경영자들의 일상 업무에서는 다른 어느 수단보다 쉽고 간편하기 때문에 대부분 말을 사용하여 의사소통하고 있다. 그러나 의사를 전달하는 사람이 부정확한 용어를 사용하면 효과적인 의사소통이 어렵게 된다. 뿐만 아니라 의사소통 내용에 관한 기록이 남겨지지 않는 경우가 많아 나중에 문제가 생기는 경우도 종종 생길 수 있다.

(2) 글을 사용한 의사소통

간단한 메모로부터 복잡한 문서에 이르기까지 다양한 형태로 정보가 전달된다. 이와 같은 방법은 정확하게 의사가 전달될 수 있으며, 의사소통 내용에 관해 영구적인 기록을 남길 수 있다는 장점을 갖고 있다. 그러나 단점은 시간이 많이 걸린다는 것이다.

의사전달자가 자신이 갖고 있는 생각이나 정보를 정확하게 글로 표현하는 데 많은 시간이 걸리게 되며, 만약 전달된 메모나 문서내용 중 의사수신자가 잘 이해하지 못하는 부분이 있는 경우 더욱 많은 시간이 소요된다.

(3) 비언어적 의사소통

일상 대화의 약 70% 이상이 언어보다는 비언어적(non verbal) 의사소통에 의해서 이루어진다는 연구결과가 있다. 고개를 끄덕이는 것에서부터 앉아있는 자세에 이르기까지 비언어적 매체의 종류는 무한하다고 볼 수 있다. 비언어적 의사소통이라고 해서 정확성이 떨어지는 것은 아니다. 오히려 말 한마디보다도 상대편의 눈빛과 억양으로 수신한 내용이 더 정확할 수도 있다. 심지어는 아무런 매체가 없이도 의사소통은 가능하다.

비언어적 의사소통에서 제스처는 어떤 사람의 신체 움직임이나 자세를 단순히 관찰하는 것만으로도 그 사람이 생각하고 있는 바를 어느 정도 알아낼 수 있으며, 이를 신체언어(body language)라고도 부른다. 또한 얼굴표정은 말보다 더 정확한 표현수단이 될 수도 있으며, 전체적으로 풍기는 자세와 이미지 역시 의사소통의 수단이 된다. 그리고 말로 하는 의사전달은 귀에 대고 하느냐 좀 거리를 두고 하느냐에 따라서 전달효과가 다르다.

(4) 무의식적 의사소통

의사소통의 시작은 발신자가 주도권을 쥐고 있기 때문에 발신자의 의사전달 의도가 있어야 한다. 그러나 발신자 자신에게도 이런 의도가 있는지 없는지 불분명할 때가 있다. 무의식 속에는 여러 가지 의도가 잠재해 있으나 오직 하나의 의도만 있는 것처럼 여기고 실행에 옮기기가 어렵기 때문이다. 발신자가 어떤 의견을 표현할 때에는 그 의견뿐 아니라 자기 자신의 다른 것도 자동적으로 전달된다. 즉 자신의 사투리와 성격 등을 표현하게 되는 셈이다. 그가 원하든 원하지 않든 간에 그의 의도와는 무관하게 정서적 메시지가 함께 가는 것이다.

(5) 전자 커뮤니케이션

오늘날에는 이동전화, 팩스, E-mail, 전자결제, 화상회의, 전자게시판, 스마트폰, 태블릿 PC 등 각종 전자 커뮤니케이션(electronic communication)으로 인하여 직접대면, 대화, 서류보고, 지시전달 형태가 빠른 속도로 바뀌고 있다. 이제는 자리에 없어도, 휴가를 떠나서도, 회의 중에나 고객방문을 위한 외출 중에도 커뮤니케이션이 가능하다.

전자 커뮤니케이션은 비언어적 표현이나 억양, 제스처 전달이 불가능하며, 감정과 뉘앙스 전달도 불가능하다. 그리고 실제 회의에서는 악수도 하고 잡담도 할 수 있지만, 전자화상회의는 삭막하고 공식적이 되어 효율적인 커뮤니케이션이 불가능할 수도 있다.

4) 의사소통 네트워크의 유형

기업의 규모가 커지게 되면 모든 구성원들이 필요할 때마다 필요한 사람과 직접 의사소통하는 것이 어려워지고 비효율적일 수 있다. 또한 의사전달자와 수신자 사이에 직접적으로 의사소통을 할 수 없는 경우도 생긴다. 이럴 때 구성원들 간의 의사소통은 여러 개의 의사소통 네트워크를 통해서 이루어지게 된다.

의사소통 네트워크(communication network)란 의사소통에 있어서 누가 누구와 의사소통을 할 수 있는가를 나타내는 것으로, 기업마다 차이가 있고 각각의 조직구조에 의해서 크게 영향을 받는다. 그 형태는 크게 집단의 의사소통 네트워크와 기업 전체의 의사소통 네트워크로 구분할 수 있다.

(1) 집단의 의사소통 네트워크

집단에서의 의사소통 네트워크는 〈그림 6.8〉에서와 같이 연쇄형, Y자형, X자형, 원형, 완전연결형 등 다섯 가지로 구분된다.

① 연쇄형(chain) 네트워크

집단에서 서열이나 직위의 차이에 따라서 의사소통 경로가 엄격하게 정해져 있는 경

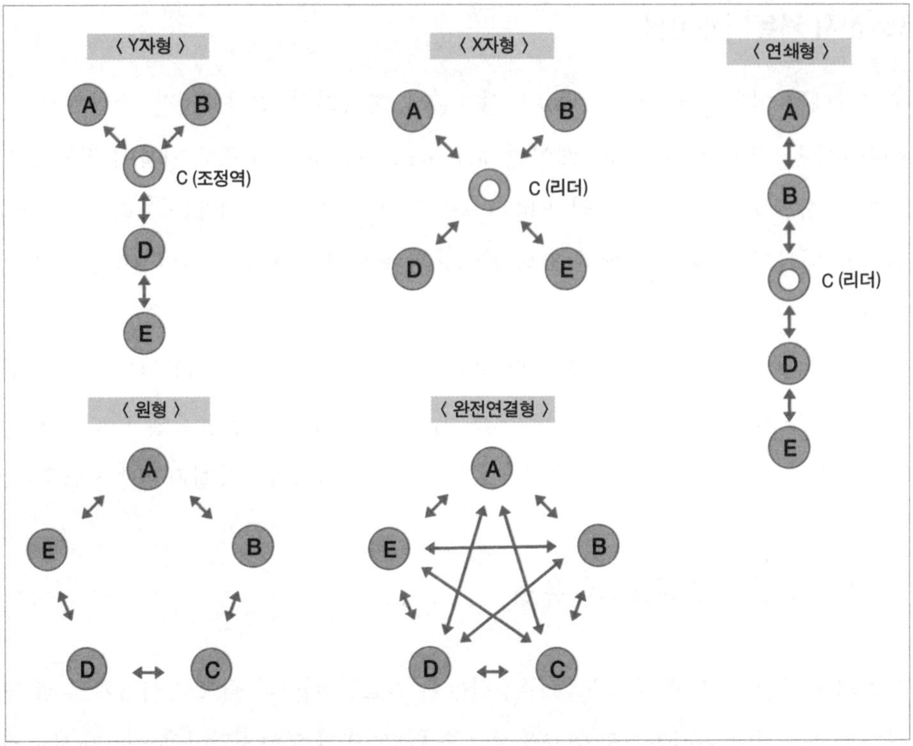

〈그림 6.8〉 의사소통 네트워크 유형

자료: Robert. E. Callahan and C. Patrick Fleemor, Managing Human Relations, (Columbus, Ohio : Merill Publishing Co., 1988), p. 141.

우를 말한다. 구성원들은 자신의 직속 상급자와 직속 하급자에게만 의사를 전달하게 된다. 관료적 조직이나 공식화가 진행된 조직에서 이러한 형태를 쉽게 발견할 수 있으며, 사슬이 길수록 정보왜곡의 가능성은 커진다. 오늘날에는 이러한 유형의 네트워크가 갖는 비효율을 타파하기 위하여 팀(team)제 등이 많이 사용된다.

② Y자형 네트워크

집단 내에 강력한 리더가 있는 것은 아니지만 어느 정도 대표적인 구성원을 통해서 팀 구성원들간에 의사소통이 이루어지는 경우를 말한다. 〈그림 6.8〉에서와 같이 조정역할을 하는 사람을 통해야만 전체 의사소통이 이루어지게 된다. 즉 서로 다른 집단에 속한 사람들 간의 의사소통에 있어 조정역할을 필요로 할 때 사용될 수 있다.

③ X자형 네트워크(수레바퀴형)

집단 내에 강력한 리더가 있어 의사소통이 그 사람에게 집중되는 경우를 말한다. 강력한 리더에 의해서 모든 정보의 전달이 이루어지기 때문에 정보가 특정 리더에게 집중되는 현상을 보인다. 공장의 작업원들이 한 감독자에게 보고를 하고 그에게 기술을 전수받는 형태가 이에 속한다. 이 유형은 힘이 한 곳에 집중되어 구성원들 간의 정보공유가 어렵다는 단점을 갖고 있다.

④ 원형(circle) 네트워크

집단 구성원들의 서열이나 지위가 비슷하여 서로 동등한 입장에서 의사소통이 이루어지는 경우를 말한다. 위원회나 태스크 포스(task force) 집단에서와 같이 권력의 집중도 없고, 지위의 위 · 아래도 없이 특정 문제해결을 위해서 구성된 조직에서 발생한다. 이 유형에서는 문제해결 과정이 상당히 민주적이라고 할 수는 있지만, 집단사고의 문제점이나 차선의 결정을 내릴 위험은 남아 있다.

⑤ 완전연결형(all channel) 네트워크

집단 구성원들이 다른 모든 구성원들과 자유롭게 의사소통을 할 수 있는 경우인데, 구성원 전체가 서로의 의견이나 정보를 자유의지에 따라 교환하는 형태이다. 이 유형은 오늘날의 조직에서 많이 시도되고 있는 것으로 일정한 규칙없이 자유롭게 의견교환이 이루어지다 보면 창의적이고 참신한 아이디어 창출이 가능해진다.

(2) 기업 전체의 의사소통 네트워크

기업 전체에서 이루어지는 의사소통으로 집단 내에서의 의사소통 네트워크보다 많은 사람들이 참여하고 있는 형태를 말한다. 이러한 유형에는 공식적인 의사소통과 비공식적인 의사소통으로 나누어 살펴볼 수 있다.

① 공식적인 의사소통(formal communication)

공식적인 의사소통은 조직이 미리 정해 놓은 경로와 방법, 그리고 절차에 따라 정보나 의사전달이 이루어진다. 마치 여러 사람들이 모여 회의를 할 때 무질서와 혼란을 막기 위해 일정한 규칙이나 절차를 따르듯이 조직에서도 구성원들 간에 의사소통이 체계적으로 이루어질 수 있도록 여러 가지 규칙이나 절차를 마련하게 된다.

이러한 의사소통의 방법은 다음의 세 가지로 나누어 살펴볼 수 있다.

첫째, 하향적 의사소통(상의하달식) 방법은 상위자로부터 하위자에게 명령을 내리는 것으로서 이는 명료성 · 적합성 · 일관성 및 적시성이 요구된다. 그 경로 또는 수단으로는 명령계통, 포스터나 게시판, 사내회보, 종업원과의 서신, 종업원 편람(팸플릿), 사내방송, 노동조합 등이 있다.

둘째, 상향적 의사소통(하의상달식) 방법은 하위자로부터 상위자에게 전달되는 것으로서 의견 혹은 불만, 불평 등 인간적 욕구를 충족시키며, 특히 그들의 참여의식(participation)을 고취시키기 위한 것이다. 이러한 수단으로는 관리적 보고(managerial reporting), 불만처리절차, 제안제도, 인사상담제도, 의욕 또는 사기조사 등이 필요하다.

셋째, 수평적(horizontal) 의사소통 방법은 같은 계층 안에서 동료들이나 부서들 간에 업무의 중복이나 불필요한 갈등을 줄이고 서로 협조하기 위해서 필요한 정보를 교환하여 공유하는 의사소통을 말한다. 그 수단으로는 주로 부서 간의 심의, 토의, 회의, 레크레이션, 회람 등의 형식을 들 수 있다.

② 비공식적 의사소통(informal communication)

조직에서는 항상 공식적인 절차와 경로를 통해서만 의사소통이 이루어지는 것이 아니다. 조직에는 공식적 의사소통 경로와는 달리 동기회, 향우회, 취미서클 등 자연스럽게 생겨난 비공식적 의사소통 경로가 형성된다. 실제로 기업 안에서 이루어지는 정보와 의사교환 중 많은 부분이 비공식적 조직을 통해서 이루어지고 있다. 종업원들은 비공식적 의사소통을 통하여 자신의 감정이나 느낌을 자연스럽게 표현하게 되므로, 기업에서의 중요성은 상당히 크다고 할 수 있다. 이런 유형에는 그레이프바인과 배회관리 형태로 구분된다.

그레이프바인(grapevine)이란 기업 전체에 퍼져있는 비공식적 의사소통 네트워크를 말한다. 이 용어는 미국 남북전쟁 당시 전선 체계들이 마치 포도덩굴처럼 복잡하게 얽혀져 정보가 정확하게 전달되지 못한 경우가 많았다는 데에서 유래된 것이다. 오늘날에는 모든 비공식적 의사소통을 지칭하는 의미로 사용된다. 인사이동이 임박해서 발생하는 여러 가지 소문들, 회장의 행동에 관한 비밀스런 이야기들, 동료나 상사에 대한 입바른 평가나 불평 등은 모두 그레이프바인의 예에 속한다.

그레이프바인은 정확성이 떨어지기는 하지만, 조직변화의 필요성에 대하여 경고를 해주고, 조직문화 창조에 매개역할을 한다. 또한 집단응집력을 높이는 역할을 할 뿐만 아니라 구성원들 간에 아이디어 전달의 경로가 되기도 한다.

오늘날과 같이 조직 내외의 변화가 심하고 처리해야 할 정보의 양이 많아지면서 그레이프바인이 긍적적 기능을 담당할 수 있다는 사실을 깨닫기 시작했다. 따라서 경영자는 그레이프바인을 없애려고 노력하기보다는 그 결함을 극복하고 나아가 적절히 활용할 수 있어야 한다.

배회관리 또는 현장경영(management by walking around : MBWA)이란 경영자가 조직의 이곳 저곳을 돌아다니다 종업원들이나 고객들과 대화를 하면서 필요한 정보나 의사를 주고 받는 것을 말한다. 공식적 의사소통이 정해진 경로와 방법에 따라 이루어지기 때문에 그것에만 의존할 경우 효과적 경영에 충분한 정보수집과 전달이 어려울 수도 있다. 이런 어려움을 극복하고자 경영자가 직접 종업원이나 고객을 찾아가 그들의 의견을 듣고, 필요한 정보를 전달해 주게 되므로 조직에 활력을 불어넣는 역할을 한다. 오늘날 많은 기업들의 CEO가 MBWA를 적극 실행해서 고객의 소리를 듣고, 고객서비스를 개선 및 향상시키는 데에 활용하고 있다.

사례 6-3 피할 수 없고 피해서도 안돼

구동진 필자

'피할 수 없다면 즐겨라'는 말이 있다. 주로 해병대에서 사용했는데, 요즘은 보통 사람들도 많이 쓴다. 직장 내에선 특별한 업무를 제외하면 예정된 스케줄을 미리 알거나 시간 조절이 가능하다. 또 외부와 관련된 일이라 하더라도 상호 간의 협의를 통해 받아들여진다.

커뮤니케이션 세계는 다르다. 미리 알 수도 없고 피할 수 없는 상황의 연속이다. 상장사라면 웬만한 사항은 숨길래야 숨길

수가 없다. 중요 사항은 공시로 알려야 한다. 언론은 공시 나간 사실을 바탕으로 추가적인 내용을 파고든다. 언론은 뉴스, 즉 새로운 사안에 대해 알리는 것을 업으로 삼지, 이미 알려진 이야기를 또 전파하지 않는다. 공시처럼 이미 알려진 사안이라면 최소한 알려지지 않은 새로운 부분을 추가하든지 아니면 다른 알려지지 않은 것들과 함께 기사를 만들어야 한다.

잡아떼고 도망가면 결국 Deadline에서 죽는다

발제 한 주제에 대해서는 무슨 수를 써서라도 취재해서 기사화하고자 한다. 그것도 마감 시한 내에 원고가 제출된다. 요즘은 기사 작성, 탈고, 데스킹해서 편집하고 출고되는 것이 실시간으로 진행된다. 인쇄된 신문들은 멀리 있는 지방부터 먼저 배송된다. 윤전기에서 일찍 인쇄를 마친 신문 즉, 가판이라 하는데, 이후 몇 단계 작업을 더 거쳐 수도권 배달판 신문이 완성된다. 이를 위해 오후 서너 시까지 약속된 시간 내에 원고가 완성되어야 한다. 때문에 기자들은 인정사정 봐줄래야 봐줄 수가 없다. 사안에 대해 정보를 파헤치고 마감 시간이 다가올수록 더 예민해지고 급해진다. 오죽했으면 약속된 기사 마감 시간이 데드라인(Deadline)이라는 섬뜩한 표현으로 굳어졌을까?

취재할 때 관련자들과 직접 연락이 힘든 경우에는 그 주변에 있는 사람들이나 그 사안에 대해 알 만한 다른 사람들을 찾게 된다. 때를 놓친 제대로 된 기사보다는 조금은 불충분하더라도 좀 더 앞서 보도할 수 있다면 언론은 후자를 택한다. 일단 선점 후 후속 보도의 형태로 추가 취재는 얼마든지 가능하다. 포탈에 게재된 속보들 중에는 십여 자 내외의 제목만 딸랑 올라온 기사도 많다. 이런 상황을 옆에서 보던 동료들은 한결같이 농담을 던지곤 한다.

"핸드폰 꺼 버리고 그냥 잠수 타요."
"자리 비우고, 없다고 해요."
"그냥 모른다고 딱 잡아 떼요."

모르는 사람들이 하는 말이다. 진짜 커뮤니케이션 담당이라면 아무리 난처한 상황이라도 핸드폰을 꺼 버리거나, 연락을 무시할 순 없다. 모르쇠로 나갈 수도 없다. 어떻게든 회사의 입장에서 최대한 얘기하고 설명하고 이해도 구하고 납득시켜야 한다.

딱 잡아 떼거나, 핸드폰을 꺼 버리거나 하면 어떤 일이 벌어질까? 연락이 안 되니 취재를 포기하고 기사를 쓰지 않을 수도 있다는 상상은 하지도 말아야 한다. 이슈가 되고 있는 사안이라 빨리 기사를 내보내야겠다고 언론사에서 판단하면 어떻게든 기사를 추진한다. 꿩 대신 닭이라고, 정확히 얘기 해줄 수 있는 담당자가 연락되지 않는다면 대신 이야기 해 줄 수 있는 사람에게 마이크가 넘어간다. 그럴 땐 제대로 알지도 못하면서 넘겨 짚은 이야기가 회사를 더욱 어려운 상황으로 몰고 갈 수도 있다.

경쟁사나 반대 입장에 있는 기업들과 채권기관에게 마이크가 넘어갈 수도 있다. 일반론에 입각하여 말하기 좋아하는 학자가 엉뚱한 답변이라도 하게 된다면 상황은 더 악화된다. 그마저도 여의치 않으면 어설픈 루머 인용이나 '회사 측은 답변을 거절했다'거나 '언급을 회피했다'는 식으로 보도가 나갈 수도 있다.

그렇게 되면 새로운 국면이 펼쳐진다. 이슈 내용보다 회사의 무책임한 태도가 새로운 문제를 더하게 되어 상황을 악화시키게 된다. 요즘은 기사에서 댓글도 많이 인용한다. 댓글은 내용에 대해 알지 못하는 사람들이 단지 드러난 사항에 대해 익명의 개인적 견해일 뿐이다. 강하고 독한 댓글 일수록 눈에 띄는 법이다. 그렇게 인용되는 댓글 일수록 뼈아픈 내용이 많다.

작정하고 파고들기 전에 머리를 맞대라

한참 전 이야기인데, 모 일간 매체에서 국내 대기업들의 창업주를 중심으로 한 성장사를 50여 회 시리즈로 썼던 적이 있다. 거의 매주 대형 기획 기사를 써나간다는 것이 언론사 입장에서도 쉽지 않은 프로젝트였지만 기업 입장에서도 곤욕스러운 점이 한두 가지가 아니었다. 전체 시리즈기사 게재 기간만 해도 일 년이 훌쩍 넘었는데, 나중에 그 시리즈는 2권의 양장본 서적으로 발간됐다. 당시 재계 순위로 봐서는 그 시리즈에 들어갈 만큼의 기업규모는 아니었는데, 떠오르는 기업으로 알려지면서 매체 쪽에서 통보를 해왔다.

공인이라 할 상장사 기업주 입장에서도 자신의 가족 이야기가 세상에 알려지는 것을 좋아할 사람은 없다. 기업 규모도 대기업만큼 되지 않은 상황에서 괜한 주목만 받게 되면 득보다 실이 많을 수 있다. 때문에 '절대로 기사화되지 않도록 하라'는 엄명이 떨어졌다. 하지만 막을 방법이 없었다.

그 신문사는 이미 많은 자료들을 모으고 취재를 진행하고 있었다. 회사에서 아무리 프로젝트에 동참하지 않겠다는 뜻을 밝히고, 취재에 협조하지 않겠다고 해도 회사 의사와 상관없이 취재는 계속됐다. 여러 관공서와 기업 주변의 기관 및 관계자, 심지어 기업 내부에서도 알 수 없는 부분들까지 깊숙한 취재가 진행됐다. 언론사에서 맘 먹고 파고들고 있던 상황이었다.

커뮤니케이션 경험도 그리 길지 않았던 때였기에 부담이 더했다. 매일 같이 연락하고 찾아가서 매달렸다. 하지만 프로젝트는 중단시킬 수가 없었다. 속이 타 들어가던 어느 날 연배가 꽤나 되던 팀장이 굳은 표정으로 함께 가자고 했다. 그 팀장은 직장생활은 오래했지만 커뮤니케이션 관련 경력은 거의 없었다. 신문사를 무작정 찾아가 어떻게 할 것인지 도통 감이 오지 않았다.

편집국에 들어서면서 몇몇 안면 있는 기자들이 눈에 띄기도 했지만 아는 체할 수도 없었다. 담당 기자는 마침 일이 있었는지 자리를 비웠고 데스크 자리로 다가갔다. 정중하게 인사하는 것까지는 좋았으나 그 다음 순간 충격적인 상황이 펼쳐졌다. 순하디 순한 팀장의 입에서 욕설이 섞인 험한 소리가 나왔다. 당황한 데스크가 못마땅해 하는 표정으로 말을 맞받자, 팀장은 저고리 안주머니로 손을 집어 넣으며 한마디 더 던졌다.

"사표를 써뒀습니다. 귀사 하면 바로 제출할 것입니다. 이쯤에서 그만두시죠."

양쪽에서 한마디만 더 나가면 걷잡을 수 없는 상황이 우려되는 일촉즉발의 상황이었다. 데스크가 아니라 기사를 준비하던 기자에게 욕설 섞인 말은 상상불가의 선전포고였다. 팀장의 몸을 껴안고 억지로 편집국 밖으로 밀어 부쳤다. 말은 거칠게 했었지만 백발의 팀장도 밖에 나와서 담배에 불을 붙이는 손은 부들부들 떨리고 있었다. 라이터 불을 켜는 데만 한참 걸렸다.

담당 기자는 그 일을 듣고는 분개했고 금방 무슨 일이라도 저지를 것 같았다. 매체와 등지는 사이가 된다는 것은 기사 한두 개 가지고 고생하는 것과는 비교도 되지 않는 일이라 더욱 겁이 났다. 이후로 더 자주 기자를 찾아갔다. 한동안 거의 매일 갔던 것 같다. 피맛골 막회집에서 소주를 나누기도 하고 때로는 신문사 계단에서 자판기 커피를 마셔가며 매달린 덕에 한참 뒤에는 마음을 풀었다. 다행이 그 시리즈에는 다른 회사가 들어가고 진행 중이던 취재는 중단됐다. 팀장은 그 일 때문은 아니지만 얼마 뒤에 다른 업무로 보직이 전환됐다.

정면돌파가 답, 둘러댄 말이 기업을 파국으로 몰수도 있다

커뮤니케이터는 회사의 대변인이다. 무슨 일이 있더라도 절대로 피하거나 연락 두절이 되어서는 안 된다. 벌어진 상황은 되돌릴 수도 없지만 거짓말을 하거나 모른다고 발뺌해도 안 된다. 순간적으로 곤경에서 빠져나가기 위해 둘러댄 말이 결국엔 파국으로 연결된 사례를 어렵지 않게 찾을 수 있다.

어떻게든 회사의 입장을 전달하고 이해를 구해야 한다. 그래도 안 되면 기사를 쓰는 곳으로 달려가야 한다. 전화상으로 아무리 서슬이 시퍼렇게 취재하던 기자라도 직접 얼굴을 마주하고 있으면 분위기는 달라진다. 좀 더 경륜이 많은 선배 기자들에게도 매달린다. 그런 고생이 나중에는 명분이 된다. 어쩔 수 없는 경우 주변 사람들을 이용하는 법도 있는데, 제일 마지막에 할 방법이다. 무슨 일이 있더라도 당사자와 풀어야 한다. 설령 고위직을 통하더라도 당사자 모르게 하는 것은 화를 더 키우는 것과 같다. 그럴 때 명분이 약이 된다.

회사 경영이라는 것이 불법과 합법 사이의 담벼락을 아슬아슬 하게 걸어가는 것에 비유되곤 한다. 불법이 아니면 합법이라는 말인데, 사실 정서적으로는 받아들이기 힘든 경우도 많다. 아무리 불법이 아니라 하더라도 정서적인 부분을 훼손했을 때 여론이 가만히 있질 않는다. 커뮤니케이션이 어려운 이유다.

소통하고자 한다면 분명하게 답은 전해져 온다. 당시에는 적극적으로 했는데도 불구하고 별 소득이 없을 수도 있다. 하지만 그 다음부터는 달라진다. 스포츠경기에서도 질 수밖에 없는 경기라 하더라도 무기력하게 이끌려 다녀서는 안 된다고 강조한다. 다음 번 시합을 이기기 위해서 이번에 지는 경기를 최대한 잘 져야 한다. 적극적이고 악착같이 해야 그 다음 경기에서 양상이 바뀐다. 안보면 그만이라고 생각할 수도 있고, 난처한 취재 상황이 절대로 즐거울 수 없는 법이다. 그게 끝이라면 모를까 그렇지 않다면 이기기 위하여 기꺼이 패하는 방법도 배워야 한다.

출처 : 이코노믹리뷰, 2018. 2. 5일자

5) 효율적 의사소통의 방안

기업 내에 의사소통과 관련하여 생기는 장애요인을 먼저 알아보고, 그러한 장애요인을 극복할 수 있는 방법들을 살펴보고자 한다.

(1) 의사소통의 장애요인

의사소통의 장애요인을 몇 가지로 살펴보면 다음과 같다.

첫째, 매체에 의한 장애이다. 물리적 요인에 의한 장애는 메시지를 전달하는 매체상의 결함이나 한계 때문에 장애가 발생하는 것이다. 여기에는 부적절한 매체의 선택이나 통신, 장비의 결함 등이 있다.

둘째, 발신자에 의한 장애(sender barriers)로서 의사소통과정에 발신자에 의해서 잡음이 개입되어 나타나는 장애현상을 말한다. 여기에는 발신자의 의사소통 목표의 결여, 특수용어 또는 집단언어 사용, 상호모순된 표현, 대인감수성 결여 등이 해당된다.

셋째, 수신자에 의한 장애이다. 발신자가 보내는 정보의 내용을 수신자가 왜곡하여 발생하는 현상이다. 수신자에 의한 장애로는 신뢰도 결여, 선택적 경청, 현혹효과(halo effect), 투사, 반응피드백 결여 등이 있다.

넷째, 상황에 의한 장애이다. 의사소통 상황 혹은 여건에 의하여 장애가 유발되는 경우이다. 상황에 의한 장애요인으로는 어의상의 문제, 지위의 차이, 준거체계의 차이, 시간부족, 정보과중, 메시지 내용의 복잡성, 메시지의 경쟁, 조직분위기, 의사소통 구조상의 한계 등이 있다.

(2) 장애의 극복방안

의사소통의 장애는 조직구성원 간의 원활한 상호작용을 어렵게 하고, 조직분위기는 물론 조직성과를 저해할 수 있다. 따라서 의사소통의 장애를 어떻게 극복할 것인가는 발신자와 수신자의 관계뿐만 아니라 조직 전체의 유효성을 결정짓는 중요한 문제이다. 의사소통의 장애를 극복하기 위한 방안을 살펴보면 다음과 같다.

① 발신자의 노력

발신자가 자신의 의도와 정보를 수신자에게 명확하게 전달하고자 할 때는 감정이입적 의사소통, 적절한 언어사용, 사후검토와 피드백 이용, 중복성, 효과적 시기의 선택 등을 고려하여 왜곡이나 누락현상을 줄여야 한다.

② 수신자의 노력

수신자는 발신자의 의도와 동기를 고려하고 발신자의 입장에서 메시지를 수용하고 정확하게 이해하도록 노력하는 자세가 필요하다. 수신자는 평가적 판단을 피하고 전체적인 의미를 경청하려고 노력하며, 발신자에게 반응 피드백을 주는 등의 경청태도를 보임으로써 장애를 극복할 수 있다.

③ 조직분위기 개선과 제도의 보안

조직 내에서 송신자나 수신자의 노력만으로 의사소통에서 발생되는 장애를 극복하는 데는 한계가 있다. 따라서 조직차원에서 의사소통이 원활하도록 신뢰분위기를 조성하고 정보흐름의 조정 및 정보처리능력의 향상이 필요하다. 아울러 의사소통 제도의 보완, 문호개방 정책, 참여기법 활용 등의 조직차원의 보완이 필요하다.

④ 피드백의 활용

의사소통과정에서 발생하는 문제는 오해와 부정확성으로 인한 원인이 되는 경우가 많다. 이 경우에는 피드백을 통해 오해나 부정확성에서 오는 문제를 해결할 수 있다.

제7장

통제 활동

1. 통제 활동의 의의 및 중요성

1) 통제 활동의 의의

통제 활동(controlling)이란 경영자가 여러 가지 일들이 계획된 대로 혹은 바람직한 방향으로 이루어지고 있는지를 확인하고 필요할 때 시정조치를 취하는 과정을 말한다. 즉 기업은 성과표준을 설정하고 성과표준 대비 현재 성과를 측정한 다음, 성과가 목표에 미달하면 개선조치를 취하고 성과가 표준에 도달하였거나 이를 초과했을 때 필요하면 성과표준을 상향 조정할 수 있다.

통제라는 단어는 부정적인 의미를 포함하고 있다고 보통 생각하기 쉽다. 그러나 통제의 근본적인 의미는 기업이 종업원들과 더불어 경영효과의 향상을 목적으로 한다는 것이다. 그 이유는 효과적인 통제수단을 이용하여 경영계획에 의해 조직적인 경영을 할 수 있기 때문이다.

통제 활동과 계획 활동은 서로 밀접한 연관성을 가지고 있으며, 간략하게 살펴보면 다음과 같다.

첫째, 계획 활동에는 경영상의 여러 가지 목표, 성과, 업무수행 기간을 포함하며, 통제 활동은 경영상태와 그 결과가 계획상에 비하여 차질이 없는지 확인하는 측정

수단이다.

둘째, 계획 활동이란 효과적인 경영상태나 결과를 설정한 것이고, 통제 활동은 그러한 경영상태나 결과를 계획과 비교하여 개선조치를 취하도록 도와주는 것이다.

셋째, 계획 활동은 통제 활동 과정의 목표를 제공하므로 경영자는 계획 활동 없이는 효과적인 통제기능을 수행할 수 없다. 따라서 계획 활동과 통제 활동은 상호보완적인 관계에 있다고 볼 수 있다.

2) 통제 활동의 중요성

경영의 과정, 즉 계획 · 조직 · 지휘, 그리고 통제기능은 서로 불가분의 관계에 있다. 그중에서도 통제는 계획기능과 아주 밀접한 관계를 갖고 있다고 볼 수 있다. 왜냐하면 계획에서 제시되는 목표가 통제를 위한 기준이 되기 때문이다. 현대 기업의 경영 활동에 통제가 갖는 중요한 요인들을 살펴보기로 한다.

(1) 환경변화에 대한 적응

급변하는 현대 사회에서 경영환경의 변화는 불가피한 것이다. 경영자는 통제기능을 통해서 기업에 영향을 주는 환경변화를 감지할 수 있으며, 환경변화에 의해서 발생하는 위협이나 기회요인에 더 쉽게 대응할 수 있다. 보다 동태적인 환경변화에 대응하기 위하여 통제 활동은 그 중요성을 더해가고 있다.

(2) 기업규모의 증대

오늘날 기업의 규모가 점차로 거대화되고 다양해짐에 따라 기업의 구조는 더욱 더 복잡하게 되었다. 이러한 복잡한 구조 내에서 발생하는 다양한 행동을 조정하여 통합하기 위해서는 적절한 통제 활동이 필요하다.

(3) 권한위양과 분권화

효과적인 통제시스템을 통하여 경영자는 업무에 대한 권한을 위양(empowerment) 할 수 있다. 통제시스템이 없다면 경영자는 위양된 업무의 진척정도를 점검할 수 없다.

최근에는 하위부서 권한을 강화하는 경향이 있다. 이것은 일선 현장의 의견을 존중하고 재량권을 확대해 줌으로써 고객요구나 환경변화에 보다 민첩하게 대응하기 위해서이다. 그러나 분권화가 이루어지는 만큼 보다 효과적인 통제시스템이 가동되어야 할 것이다.

사례 7-1

4차 산업혁명, 지원정책 패러다임 대전환해야

이민화 필자

4차 산업혁명은 초융합이다. 그런데 정부의 규제와 지원이 융합을 가로막는 장벽이다. 빠른 추격자 전략의 성공을 이끈 규제와 지원 정책이 이제 한국의 4차 산업혁명을 가로막는 걸림돌이 돼버린 것이다. 규제개혁과 더불어 지원 정책의 문제를 분석해봐야 하는 이유다.

가두리양식형의 닫힌 지원 정책이 융합 저해의 본질이다. 정부 각 부처의 실 · 국 · 과는 개별적 지원 정책을 다음과 같이 추진하고 있다. 우선 법으로 정책 지원 대상을 정의한다. 다음에 선발 기준을 만들고 지원 대상을 선정, 지원하고 경직된 사후 통제를 한다. 여기에 감사원과 국회가 과도한 감사로 더욱 경직시킨다. 기획재정부는 예산을 할당하고 각 부처는 바쁘게 일하나 국부 창출은 거의 없다.

각종 지원 제도들은 부가가치가 없는 엄청난 서류 작업을 초래하게 된다. 개별 연구 항목과 개별 영수증, 인력을 통제한다. 그러나 가장 큰 문제는 다른 정책과의 융합 저해다. 예를 들어 특정 사업에서 지원된 예산에 편성된 직원은 다른 지원 사업에 참여해서는 안 된다. 지원 대상을 선정해 가두리양식장에 가두고 먹이를 주고 키워 개별 정책의 실적으로 포장하는 것이 현재의 정책들이다. 통제와 보호에서 자율과 경쟁으로의 패러다임 전환이 핵심이다.

이제 가두리양식형의 닫힌 지원에서 열린 광장형 개방 생태계로 지원 정책이 대전환돼야 한다. 국가 세금에 따른 개별 기업 지원은 축소해야 한다. 그리고 스스로 진화하는 개방 생태계를 키워야 한다. 개별 지원의 닫힌 정책 패러다임에 익숙한 공무원들이 열린 광장형 정책 패러다임에 적응하는 것은 쉽지 않다. 그러나 초융합·초연결의 4차 산업혁명에서 개별 지원은 더 이상 유효하지 않다.

전 세계에서 가장 많은 중소기업 지원 정책과 예산을 가진 대한민국의 중소기업 현황을 보면 현재의 지원 정책의 한계는 명확하지 않은가. 예를 들어 자영업 정책을 생각해보자. 600만 자영업자를 개별 지원하는 것은 코끼리 비스킷 정책이 될 가능성이 높다. 100만 원씩만 지원해도 6조 원이라는 엄청난 국민 세금이 소요된다. 그런데 자영업 생태계의 공급과 소비의 매칭 플랫폼을 민간 주도로 만드는 것은 저비용이고 한시적이다. 매칭 플랫폼으로 사회적 가치를 만들고 분배하는 과정이 순환하면서 생태계는 스스로 발전할 것이다. 즉 스스로 조직화되는 생태계 형성이 열린 정책의 목표다. 지원 정책은 여기에 한시적인 초기 마중물을 제공하는 것에 국한돼야 할 것이다.

산업 정책의 목표는 비용 지원이 아니라 가치 창출에 있어야 한다. 기업 활동의 본질은 가치-비용(value-cost)이라는 사회적 가치의 극대화에 있다. 그런데 공간 임대 비용, 개발 인건비 지원, 시장 개척비 지원 등 현재의 지원 정책의 성과는 비용 절감에 국한된다. 초기 창업 등 시장 실패 영역의 한시적 지원은 필요하다. 그러나 지속적인 세금 투입은 국부 창출 효과가 의문시된다. 이제 기업 활동은 기업가정신에 입각한 가치 창출(value)에 집중돼야 한다. 그런데 비용 지원은 기업가정신을 저해하는 결과를 초래한다. 우선 특정 기업 지원은 공정한 시장경쟁을 저해할 수 있다. 사업의 본질에 전념하는 기업보다 관 주변에서 기생하는 기업들이 혜택을 보는 레몬마켓(정보 비대칭으로 시고 맛없는 과일인 레몬만 남은 시장)이 만들어진다. 좀비 기업과 과다한 자영업이 건전한 생태계 형성을 저해한다. 또 현실에 맞지 않는 규정과 사후 통제 과정에서 정직한 기업가정신이 손상된다. 예를 들어 개발 초기에는 인력과 장비의 사전 계획은 불확실성이 높은데 제출된 서류대로 수행해야 한다. 서류 변경이 너무 어렵기 때문이다. 실질과 괴리된 서류 작업을 하다 보면 기업가정신을 훼손하는 결과가 초래된다.

이제 투입에서 성과로, 사전 통제에서 성과 평가로, 개별 지원에서 생태계 형성으로, 통제에서 자율로, 영역 다툼에서 개방 협력으로 지원 정책 패러다임의 대전환이 4차 산업혁명의 정책적 관건이다.

출처 : 서울경제, 2018. 2. 7일자

(4) 목표의 효과적인 달성

효과적인 통제시스템은 조직의 목적을 달성하기 위한 방향대로 행위가 이루어지고 있는지를 확신시켜 준다. 따라서 통제시스템의 유효성을 결정하는 기준은 통제시스템이 얼마나 목적달성을 용이하게 하느냐에 있다.

(5) 실행과의 연결

경영자는 목표 및 전략을 포함한 경영계획을 수립할 수도 있고, 이를 실행할 조직도 설계할 수 있으며, 종업원들을 동기부여시켜 목표달성을 할 수도 있다. 그러나 실질적으로 목표가 달성되고 있는지는 오직 통제기능을 통해서만 확인가능하다.

2. 통제 활동의 유형

통제 활동은 통제의 시기나 통제의 내용에 따라 몇 가지의 형태로 나누어 볼 수 있다. 먼저 언제 통제하느냐의 시기에 따라서 사전통제, 동시통제, 사후통제 등으로 분류된다. 또한 통제 내용에 따라서도 구분되는데, 물적자원의 생산활동을 통제하는 생산통제, 인적자원이나 정보자원 등을 통제하는 자원통제, 자본의 조달이나 운용을 통제하는 재무통제, 판매실적 · 사원별 실적 등을 통제하는 마케팅 통제 등으로 나눌 수 있다.

통제시기에 따른 사전통제, 동시통제, 사후통제 등에 대하여 간략하게 살펴보기로 한다.(〈표 7.1〉 참조)

1) 사전통제

사전통제(feedforward controlling)란 투입 통제활동이라고도 하는데, 한 활동이 이루어지기 전이나 문제가 발생하기 전에 실시되는 통제활동을 의미한다. 이 활동은 적절한 방향이 설정되어 있는지, 목표달성을 위해 적절한 자원이 활용가능한지 등을 어

〈표 7.1〉 시기별 통제 활동의 유형

유 형	의의 및 예
사전통제 (투입통제/예방통제)	▪ 한 활동이 이루어지기 전, 문제가 발생하기 전, 실시되는 통제활동 ▪ 신제품개발의 사전수요 예측 ▪ 생산일정의 계획수립
동시통제 (진행통제)	▪ 어떤 활동이 진행 중일 때 이루어지는 통제활동 ▪ 가장 효과적, 현대 경영에서 요구되는 통제활동 ▪ 비용은 적게 드나 업무개선 효과 큼 ▪ 돌발사태의 대응계획 ▪ 활동의 중간점검
사후통제 (산출통제/ 피드백통제)	▪ 어떤 활동이 완료된 후에 결과를 측정, 평가해 수정조치 취하는 통제활동 ▪ 품질통제 ▪ 재무통제 ▪ 비용분석

떤 일이 시작되기 전에 검토하여수정될 수 있도록 하는 활동이다.

그런데 사전통제가 이루어지려면 시기에 맞는 정보가 필요하다. 언제 어떤 일이 요구되는지를 모르고서는 대비를 할 수 없기 때문이다. 그래서 대부분의 경우에는 동시 혹은 사후통제에 의존하게 되는 경우가 많다.

2) 동시통제

동시통제(concurrent controlling)란 어떤 활동이 진행 중일 때 이루어지는 통제활동을 말한다. 이때의 통제활동은 하던 일을 계속 진행시키거나 수정행동을 취하거나 활동을 중지시키게 된다. 통제활동 중에서 가장 효과적이면서 현대의 경영에서 요구되는 활동이 바로 동시통제이다. 왜냐하면 사전통제는 현재의 시점에서 미래를 예측하기 때문에 오류를 발생시킬 수 있으며, 사후통제는 수정내용을 다음 기회에 반영시켜야 하므로 현재 추진중인 업무를 통제하는 효과가 크지 않기 때문이다. 따라서 비용도 적게 들면서 업무 개선효과도 큰 동시통제가 통제활동의 중요한 부분이 되고 있다.

3) 사후통제

사후통제(feedback controlling)란 산출통제라고도 하는데, 어떤 활동이 완료된 후에 결과를 측정하고 평가하여 수정조치를 취하는 통제 활동을 말한다. 이러한 사후통제는 계획이 합리적이었는지 여부를 확인하여 실적과 계획 간에 차이가 있으면 그 원인을 분석하고 다음 계획을 수립할 때 기초자료로 이용하게 된다.

사후통제는 사전통제와 동시통제에 비해 다음 두 가지의 장점이 있다. 첫째, 피드백을 통해 경영자들은 자신들의 계획이 얼마나 효과적이었는지에 대한 정보를 입수하게 된다. 만약 결과와 계획에 있어서 큰 차이가 없었다면 이는 계획을 적절히 수립한 것이라고 할 수 있다. 둘째, 사후통제는 종업원들에게 동기를 부여할 수 있다. 왜냐하면 종업원들은 자신들이 얼마나 과업을 잘 수행했는지를 알고 싶어하며, 이러한 정보를 통제시스템이 제공해 주기 때문이다.

3. 통제 활동의 과정

통제 활동은 통제 방법에 따라 과정이 달라질 수 있지만 〈그림 7.1〉에서와 같이 일반적으로 표준의 설정, 업무성과의 측정, 업무성과와 표준의 비교 및 원인 분석 및 피드백활동 등 네 단계를 통해서 이루어진다.

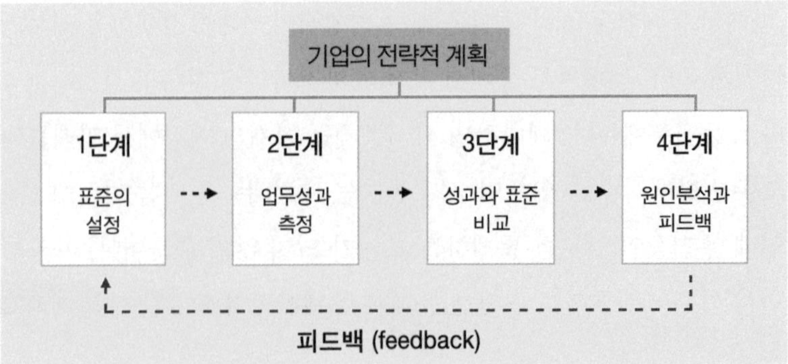

〈그림 7.1〉 통제 활동의 과정

1) 표준의 설정

통제 활동이 원활하게 이루어지기 위해서는 우선 통제 활동의 대상부서와 부문을 결정해야 한다. 왜냐하면 모든 활동이 통제를 받게 되면 구성원들은 불쾌감을 느껴서 오히려 역효과를 가져올 수 있으며, 비용이 너무 많이 들기 때문이다. 따라서 통제 활동의 대상이 결정되면, 그 활동의 표준이 되는 내용을 적절한 수준에서 결정하여야 한다. 달성해야 할 표준이 설정되지 않으면 경영활동을 정확하게 측정하여 평가할 수 없기 때문에 표준을 설정하는 것은 평가활동의 첫 단계이면서 매우 중요한 역할을 한다.

경영자가 알고 있어야 할 표준은 크게 산출표준과 투입표준으로 구분된다. 첫째, 산출표준(output standard)은 양, 질, 비용 및 시간측면에서 산출결과인 성과를 측정하는 것이다. 예를 들면 오차율, 목표달성도, 예산초과액, 단위기간내 생산량 등은 산출결과를 측정하는 표준이 될 수 있다.

둘째, 투입표준(input standard)은 성과를 달성하기 위해 투입된 자원의 이용정도를 나타내는 것이다. 즉 투입된 인적 · 물적 자원의 이용효율을 측정하게 된다. 예를 들면 1인당 교육훈련 시간, 인력투입물, 연구개발비 비중 등은 투입결과를 측정하는 기준이 된다.

2) 업무성과의 측정

통제대상이 되는 부문의 표준이 설정되면, 다음 단계는 업무성과를 측정하게 된다. 경영자는 성과측정에 앞서 어떻게 성과를 측정할 것이며, 얼마나 자주 측정할 것인가를 결정해야 한다. 업무성과를 측정하는 경우에는 적절하고 타당성이 있는 성과측정지표를 개발하는 것이 매우 중요하다. 경영자의 입장에서 가능한 한 계량적 측정이 바람직하지만, 실제로 계량화하기 어려운 부분에 대해서는 계량적 측정과 비계량적 측정이 조화롭게 유지되도록 하면서 측정을 시도해야 할 것이다.

만일 성과측정지표를 계량화할 수 없다면, 관리자는 새로운 측정지표를 탐색해야 하고 자신만의 주관적인 지표를 개발해야 한다. 관리자의 주관적인 성과측정지표는 당연히 한계점을 가지게 된다. 그러나 성과를 측정하지 않고 무시하는 것보다는 훨씬 나은 것은 분명하다.

3) 업무성과와 표준의 비교

업무성과를 측정한 다음에는 설정된 표준과 업무측정 결과를 비교하여야 한다. 이때 성과가 표준보다 높은 경우에는 현재의 시스템을 유지하도록 해야 하며, 성과가 표준보다 낮은 경우에는 수정조치를 통해 설정된 표준에 이르도록 해야 할 것이다.

만약에 성과와 표준 간에 너무 차이가 많은 경우에는 반드시 그 원인 분석을 해야 한다. 이것은 표준이 잘못 설정되었거나 아니면 성과가 미달된 경우도 있을 수 있으며, 업무수행 중에 급격한 환경변화가 발생하여 표준과 성과에 모두 큰 영향을 주게 되는 경우도 있을 수 있기 때문이다.

업무성과와 표준은 세부적으로 비교하는 것이 바람직하겠지만, 지나치게 세분화하여 비교하게 되면 많은 비용이 소요될 수 있으므로 이를 잘 검토하여 실시해야 할 것이다.

4) 원인 분석과 피드백 활동

통제 과정의 마지막 단계는 결과에 대한 평가의 결론을 내리고 필요한 수정활동이나 조정을 실시하는 것이다. 이 단계의 목적은 경영자의 통제하에서 미래의 조직활동이 예상된 결과로 계속되는지 또는 재조정되어야 하는지를 검토하는 데 있다.

첫째, 결과가 표준과 일치하는 곳에서는 현상유지를 해야 한다. 이러한 조건은 조직활동이 올바르게 진행되고 있으며 변화가 필요하지 않다는 것을 말해준다. 이때 경영자가 관심을 두어야 할 점은 종업원들이 그들의 노력이 중요하고 자신이 관찰되고 있다는 점을 명확히 인식할 수 있도록 결과가 목표와 일치했다는 인식, 즉 긍정적인 피드백을 제공하여야 한다는 점이다.

둘째, 결과가 표준에 미달되었을 경우에는 경영활동의 내용과 방법에 대한 조정이 필요하다. 이러한 조치에는 전략을 수정하거나 보상제도를 바꾸거나, 교육을 강화하거나 조직의 짜임새를 변경하고 담당인원을 바꾸는 등 다양한 방법들을 시도해 볼 수 있다.

셋째, 표준이 너무 높게 설정되었다면 종업원이 아무리 열심히 일을 하였다고 해도 성과를 달성하기 어려울 것이다. 따라서 필요한 경우에는 표준이 합리적으로 설정되었는가를 검토해 보아야 한다.

설정된 표준과 업무성과와의 비교를 통해 차이점의 원인을 찾아 수정하는 과정이 끝나면 반드시 피드백이 이루어져야 합리적인 통제활동이라고 할 수 있다.

사례 7-2 목표설정과 측정, 어떻게 할 것인가?

홍석환 필자

잘못된 목표와 지표 선정의 결과는?

A경찰관은 출근하자마자 순찰차를 몰고 근무시간 내내 고속도로와 거리를 순찰만 한다. 차를 몰고 순찰만 하는 것은 범죄예방에 적절한 행동은 아닐 것이다. 왜 이 경찰관은 이런 행동을 하는 것일까?

B회사는 잦은 기계의 고장으로 고객들의 불만의 소리가 높고 매출액이 줄어들고 있음을 알게 되었다. 회사의 경영진은 서비스센터를 설치하고 고객대응을 보다 신속하게 하였다. 그런데 매출이 늘지 않고 마켓쉐어도 지속적으로 줄고 있었다. 이유가 무엇일까?

회사가 지속적 성장을 하기 위해서는 제대로 된 목표와 반드시 해야 할 행동, 그리고 이를 측정할 수 있는 지표를 잘 설정해야 한다. 잘못된 목표, 행동, 지표는 성과에 지대한 영향을 미치기 때문이다. 경찰관이 출근과 동시에 순찰차를 몰고 순찰만 하는 이유는 그들의 성과측정지표가 순찰시간이기 때문이었다. 순찰시간이 긴 경찰관에게 더 높은 점수와 보상을 하니 출근과 동시에 순찰만 한다.

경영진은 회사가 지속 성장을 하기 위해서는 품질이 가장 중요하다고 하면서도 품질은 크게 개선하지 않고 디자인만 그럴 듯하게 만들어 높은 매출을 달성한 직원은 칭찬하고, 품질 개선을 고집하다가 생산량을 달성하지 못한 직원을 나무란다면 직원들은 어떤 행동을 하게 될 것인가?

손자들이 자주 찾아오고 즐겁게 시간을 나누고 싶은 돈 많은 할머니는 손자에게 무슨 말을 해야 할까? '내가 죽으면 나의 모든 재산은 너의 것이다'와 '너가 나에게 잘해주면, 내가 죽었을 때 나의 모든 재산은 너의 것이다', '네가 나를 찾아와 잘해주면 올 때마다 100만 원을 주겠다. 만약 내가 죽게 되면 남은 돈은 복지단체에 기증하겠다" 3 경우에 어느 손자가 가장 많이 찾아오고 잘해주겠는가?

기업의 성과창출을 위해 어떻게 목표와 지표를 설정할 것인가?

A음식점의 가장 큰 고민은 남은 음식이었다. 1,000명의 고객을 생각하고 식자재를 구입하여 음식을 만들어 놓았는데 800명밖에 오지 않아 200인분의 음식을 버려야만 했다. 여러 의견을 듣고 결정한 것은 음식을 만들지 말고 손님이 요구하면 그 때 음식을 만드는 방법이었다. 좋은 아이디어라고 바로 실행을 했지만 오래가지 못했다. 내부 이슈만 생각했지, 기다리는 고객을 생각하지 않았기 때문이다.

B회사는 2년 후 생산공장을 베트남으로 이전하기로 결정하였다. 이 회사의 CEO는 인사부서의 내년 사업계획 보고를 받고 불같이 화를 냈다. 내년 채용과 육성계획이 전부 국내 뿐이고, 1년 후 이전할 베트남에 대한 채용과 육성의 목표가 하나도 없기 때문이었다.

C회사는 B2B사업에서 B2C 사업으로 전환하는 것을 결정하였다. 외부에 공표하고 대대적으로 홍보까지 했는데 1달을 가지 못해 중단하게 되었다. B2B만 수행해 왔던 내부 임직원의 역량이 B2C 직무를 수행하지 못했기 때문이었다.

회사가 목표를 설정할 때에는 두 가지 관점을 생각해야 한다. 하나는 회사사업전략과 연계하여 목표를 수립하고 있느냐는 점이다. 사업전략과 연계되지 않은 본부나 팀 및 개인의 목표는 성과 창출은 고사하고 갈등만 야기하게 된다.

생산본부가 월 생산을 10만개에서 20만개로 증가했는데, 영업은 10만 개 판매에서 8만개로 줄었다면 회사는 어떻게 되겠는가?

다른 하나는 재무적 요인, 내부 요인, 외부 요인, 학습과 경험요인의 종합적 관점에서 목표를 설정해야 한다. 어느 한 요인만 고려한다면, 다른 요인이 부족하거나 문제가 야기되어 성과가 창출되지 않는 상황이 발생할 수도 있다.

목표가 설정되면 이를 측정할 수 있는 지표를 설정하여 이를 수행하는 사람들이 동일한 행동을 하도록 하는 것이 중요하다. 측정하지 못하는 목표는 수립해서는 안된다. 건강관리를 위한 지표로서 금연, 금주, 운동하기는 내용은 좋지만 측정지표가 될 수 없다.

지금 80kg이라면 75kg 만들기를 측정지표로 설정해야 한다. 이를 위해 매일 1시간 운동하기, 2끼만 1공기 먹기 등의 구체적 행동을 생각할 수 있다.

측정을 하기가 곤란한 핵심가치와 간접부서의 업무가 있다. 이러한 업무의 측정은 3~5단계의 수준별 행동특성을 작성하여 측정할 수 있다.

성과관리를 통해 성과를 높이기 위해서는 목표와 지표의 설정은 매우 중요하다. 이 못지않게 중요한 것은 설정한 목표와 지표를 정기적이고 지속적으로 점검하고 갭을 분석하여 조정하고 달성될 수 있도록 과정관리를 철저히 하는 일이다. 인사담당자가 고려해야 할 일은 수립하는 것도 중요하지만 운영하는 것도 매우 중요하다는 점이다.

출처 : 한국경제, 2018. 1. 19일자

4. 통제 활동의 응용

경영활동의 규모가 커지고 복잡해짐에 따라 경영통제의 방법 또는 수단도 많은 변화를 하게 되었다. 통제의 기법을 예산에 의한 통제 방법과 비예산통제 방법으로 나누어 살펴보고, 효율적인 통제시스템을 관리하기 위한 방법 등을 간략하게 설명하고자 한다.

1) 통제의 기법

(1) 예산에 의한 통제방법

예산통제(budgetary control)란 기업이 미래의 일정기간에 대해 예산을 편성하고, 이 예산에 의하여 기업의 전체 및 각 부문의 활동을 지휘, 조정하고 예산과 실제 성과의 차이를 파악하고 분석함으로써 경영관리를 효율적으로 수행하고자 하는 제도를 말한다. 즉 기업의 전체적인 관점에서 예산이라는 계량적인 계획을 편성해서 예산과 경영활동의 실적을 비교 · 측정함으로써 그 편차를 시정하는 것을 말한다.

이익계획과 관련된 종합적 통제방식으로서의 예산통제는 예산의 편성, 예산의 집행, 예산차이의 분석 등으로 나누어 살펴볼 수 있다.

① 예산의 편성

예산통제에 있어서 예산의 편성은 제1단계로서 기업의 각 부문활동이 항상 기업 전체의 통일성을 유지해야 하며, 여러 가지 부문예산이 기업 전체로 경영활동에 통일적인 질서에 따라 종합적인 체계로서 편성되어야 한다. 이를 위해서는 올바른 예산체계가 필요하며, 이 체계는 기업의 업종 또는 규모에 따라 달라진다.

② 예산의 집행

예산은 기간이 시작됨과 동시에 집행되는데, 이 경우 경영자는 그의 업무활동이 예산대로 집행되는가에 주의하여야 한다. 따라서 예산의 집행 상황을 회계적 방법으로 명확히 기록하고, 상급경영자에게 정기적으로 보고할 필요가 있다.

③ 예산차이의 분석

예산차이 분석이란 예산과 그 집행결과를 비교 · 검토하여 차이의 발생 장소, 발생 원인 및 차이에 대한 책임의 소재를 명확히 하는 것을 말한다. 예산이란 경영활동에 대한 미래의 견적수치이므로, 경영활동의 실적이 꼭 예산과 일치할 수는 없는 것이다. 이때 그 차이를 분석하고 원인을 밝혀서 만일 그것이 시정될 수 있다면 즉각 대책을 강구해야 하는데 이것이 바로 예산차이분석이다.

④ 합리적인 예산통제를 위한 조건

합리적인 예산통제의 실시를 위해 그 전제로서 다음과 같은 조건들이 충족되어야 한다. 첫째, 구성원들의 모두가 예산통제에 관한 이해를 충분히 하고 또 적극적으로 지지해야 한다. 둘째, 예산통제를 실시하기 위한 예산수립 기구, 예산통제 부문 등을 명확히 조직해야 할 것이며, 예산통제의 결과에 대한 책임이 명확해지도록 예산통제를 위한 조직이 확립되어 있어야 한다. 셋째, 예산통제 제도는 계량적 통제방식이므로 적절한 회계예산조직이 확립되어 있어야 한다. 넷째, 예산기간은 제조기간의 장단, 회계기간의 장단, 계절적 요소, 장기예측의 필요 유무 등에 따라 다르지만, 내부통제 방식으로서 계속적으로 행하기 위해서는 회계연도와 같아지는 것이 바람직하다.

(2) 비예산 통제방법

통제방법 중에는 예산과 관계가 없는 비예산 통제방법이 있는데, 이에는 통계적 자료, 특수 보고서의 분석, 손익분기점 분석, 업무감사 및 개인적 관찰 등과 같은 것들을 들 수 있다.

① 통계자료

기업경영의 많은 측면을 통계적으로 분석하고, 역사적인 것이든 예측의 성격을 지녔든 간에 통계자료를 명확히 제시하는 것이 통제에 매우 중요하다. 대부분의 관리자들은 통계자료를 보고 추세와 관계를 보다 쉽게 알 수 있다는 점에서 통계자료를 차트(chart)나 도표형태로 나타날 때 가장 잘 이해한다고 볼 수 있다. 또한 통계보고서는 보는 사람으로 하여금 일이 어떻게 되어 가고 있는지를 알 수 있도록 추세를 보여주는 것이 필수적이다.

② 특수 보고서의 분석

통계목적으로 특별 보고서와 특별 분석이 특정 문제의 분야에 도움이 된다. 일상적인 회계보고서나 통계보고서가 필요한 정보의 대부분을 제공해 주지만 이들이 부적절한 분야가 종종 있다.

③ 업무감사

업무감사는 내부감사(internal audit)라고도 하는데, 이 방법은 기업 내의 내부감사인 회계, 재무 및 기타의 기업활동을 정기적이고 독립적으로 평가하는 것이다. 예전에는 이 방법이 회계분야에만 국한되어 계획된 성과에 비추어 실제성과를 평가하였으나, 오늘날에는 그 범위가 확대되어 회계감사뿐만 아니라 경영정책, 절차, 권한의 행사, 관리의 자질, 방법의 효과성, 기업의 특정한 문제 및 기타 활동분야 등도 감사하는 방향으로 확대되어 실시되고 있다. 이 방법의 가장 효과적인 것은 기업의 경영전반을 평가하고, 실현된 결과를 계획된 목표와 비교한다는 데서 그 의의를 찾을 수 있다.

④ 손익분기점 분석에 의한 방법

손익분기점 분석(break-even point analysis:BEP분석)은 손익분기도표에 따라서 기업의 매출액(판매량)과 이익과의 관계를 분석 · 검토하게 되는 기법을 말한다. 즉 손익분기도표는 판매량과 경비지출의 관계에서 어느 매출액 수준에서 수입이 경비를 정확하게 보상할 수 있는가를 나타내어 준다.

이와 같은 손익분기점 분석이 경영통제에 있어서 특히 유용한 점은 그것이 한계 개념을 강조하기 때문이다. 이처럼 추가적인 경비나 매출액증가의 영향을 강조함으로써 경영자로 하여금 자기의 의사결정이 가져올 한계적 성과나 관심을 가지게 한다는 점에서 효율적인 통제기법이라 할 수 있다.

⑤ 개인적 관찰

경영자들은 기업의 목표가 종업원들에 의해서 달성되고 있음을 알아야 한다. 비록 계획된 것을 종업원들이 제대로 수행하도록 하기 위하여 여러 가지 과학적 수단을 활용하고 있기는 하지만 종업원, 즉 인간의 행동을 완전히 이해하고 측정할 수는 없는 것이다. 따라서 유능한 기업의 경영자는 개인적 관찰로부터 중요한 정보를 얻어낼 수 있어야 한다.

2) 효율적인 통제시스템

통제시스템은 각 개별적인 상황의 제약요인에 적합하게 설계되어야 하며, 조직의 상황과 목표달성을 위한 수단 모두를 고려해야 한다. 효율적인 통제시스템이 되기 위해서는 다음과 같은 기본적인 특성들을 가지고 있어야 한다.

(1) 이해가능성

조직의 모든 관리자는 통제의 방법을 이해하여야 하며, 달성하려고 하는 표준을 충분히 인식하여야 한다. 통제시스템이 너무 어려우면 효과가 떨어지며, 간단한 통제방식이 복잡한 방법보다 더 좋을 수 있다.

(2) 경제성

효율적인 통제시스템은 경제적이어야 하며, 그 효익이 최소한 통제의 비용을 상회하는 것이어야 한다. 왜냐하면 통제의 비용은 통제기능을 수행하는 데 사용된 자원으로서 통제시스템의 성과 향상에 공헌하는 가장 중요한 요인이기 때문이다.

(3) 유연성

상황이 바뀌면 통제시스템도 변화할 수 있게 유연성을 가져야 한다. 한 번 정해진 규칙이라고 해서 무조건 지키도록 요구한다면 곤란하다. 계획이 수정될 수 있듯이 통제도 상황을 감안할 수 있어야 한다.

(4) 전략적 · 결과지향적

통제는 조직의 전략적 계획을 실행하기 위하여 이루어지는 것이므로 목표에 따른 결과지향적인 것이어야 하며, 성과측정 그 자체에 치중해서는 안 된다.

(5) 실제성

통제시스템은 현재 조직에 적합해야 한다. 통제시스템이 제공하는 자료는 권한 소유자가 의사결정을 하려고 할 때 필요한 정보가 되므로 현재 조직구조와 일치하는 방향으로 설계되어야 한다.

사례 7-3

금수저의 갑질, "기업 내부적 '통제' 필요해"

한국 사회에서 재벌가 자녀를 바라보는 시각은 일단 부정적이다. 태어날 때부터 '금수저'를 물었다는 표현이 나올 정도로 '돈과 권력'을 한 손에 쥐면서 이들에 대한 부러움을 넘어 반감이 크게 작용하고 있어서다. 여기에 일부 재벌가 자녀들의 갑질 행태가 잇따라 발생하면서 이 같은 부정적 인식에 더욱 기름을 끼얹고 있다.

상황이 이렇다 보니, 현대 경영에 있어 오너가 자녀들의 자질에 대한 우려와 지적이 갈수록 커지고 있다. 경영능력은 물론 사회적 책임과 투명 경영에서 이전보다 더 높은 수준의 잣대를 들이대고 있다.

검증받지 않은 권력… "기업 내부 통제 시스템 구축해야"

최근 조현민 대한항공 전무의 경우에서 보듯 일부 재벌가 자녀의 일탈행위는 해당 기업의 이미지와 신뢰도를 추락시키고 반(反)기업 정서를 확산시켜 '오너리스크'에 대한 고민을 키운다. 심지어 일부 자녀의 상식 밖의 일탈 행동은 재벌 자녀 전반의 이미지 추락으로 이어진다.

하지만 재벌가 자녀의 상당수는 엄격한 경영 승계 과정을 거친다. 이들은 어렸을 적부터 다양하고 체계적인 교육과 더불어 글로벌 마인드를 키운다. 착실한 경영수업 과정을 통해 경영자로서의 자질도 갖춰나간다. 그런데도 경영 능력에 대한 우려는 끊이질 않는다. 선대로부터 경영 자질까지 물려받을 수 있는 것은 아니기 때문이다. 때문에 시장에서 충분히 능력이 검증되지 않은 상태에서 경영에 참여할 경우 기업 내부적으로 통제를 강화할 필요가 있다는 지적이 나온다.

재계 관계자는 "기업 내부에서도 오너 일가에 대해 더 엄격한 내부 검증 절차가 필요하다"고 말했다. 조 전무의 경우 '갑질'로 인해 스스로의 위기는 물론 회사에 막대한 경영상의 문제까지 초래했다. 이는 곧 인성은 물론 경영자적 자질에 있어서도 낙제점에 가깝다는 평가다. 때문에 일각에선 오너 일가라는 이유만으로 경영권을 물려주기보다는 지분과 경영권을 분리해 능력 있는 전문경영인에게 경영을 맡겨야 한다는 주장까지 나온다.

경영능력과 도덕적 의무는 선택 아닌 필수

국내 기업들은 경영 3~4세 시대가 본격 개막되고 있다. 1938년 창립한 국내 대표 기업인 삼성그룹을 비롯해 51주년인 현대차그룹, 65주년을 맞이한 SK그룹, 71주년의 LG그룹 등 국내 대표 기업들은 대부분 100년 기업을 향해가고 있다. 이재용 부회장, 정의선 부회장은 대표적인 경영 3세다. 창업주에서 2세를 지나 3~4세로 공이 넘어가고 있는 것이다.

이제 경영 일선에 뛰어들게 된 재벌 자녀들은 선대가 이룩한 부에 편승하는 것보다는 자신만의 성과를 이루고 싶어한다. 또한 기업의 새로운 성장동력을 찾느라 분주하다. 그런 그들에게 경영 능력은 물론 도덕적 의무는 선택이 아닌 필수 사항이다. 어느 하나도 부족해서는 안된다는 얘기다.

재계 관계자는 "앞으로 재벌 자녀들에 대한 경영 능력 검증과 도덕성 요구는 더욱 엄격해질 것으로 보인다"며 "이는 곧 기업 가치와 지속 가능성에 대한 고민"이라고 말했다.

출처 : 아주경제, 2018. 4. 19일자

제3부

경영의 주요 활동들

제8장

고객만족경영

기업 간의 경쟁이 치열해지고 기업활동의 무대가 다국적화 · 세계화 되어감에 따라 기업의 경쟁전략도 크게 변화되었다. 이와 같이 기업에 있어서 경영의 패러다임이 현저하게 달라져 감으로써 기업의 경영자는 이에 유연하게 적응하고 충분히 대처해 나가지 않으면 경쟁의 대열에서 낙오되지 않을 수 없다. 본 장에서는 요즈음 점차 대두되고 있는 고객만족경영(CSM)에 대하여 살펴보고자 한다.

1. 고객의 의의 및 분류

1) 고객의 의의

스칸디나비아의 항공사 SAS회장 얀 칼슨(Jan Calzon)은 1980년 '진실의 순간(moment of truth : MOT)'이라는 개념을 기업경영에 도입하였다. 진실의 순간이란 종업원과 고객이 접촉하는 15초의 짧은 순간을 말하는데, 이때 고객의 만족도가 결정되며 불만을 가진 고객들은 그 기업과의 관계를 끊는다고 한다.

이렇게 고객을 만족시키려는 경영은 이미 1980년대 초를 시작으로 해서 미국의 IBM, 월마트, 제록스 등 일류기업이 고객만족을 경영의 지상목표로 정하고 열심히 고객관리를 해오고 있다. 우리나라에서도 LG, 삼성, SK, 태평양 등의 기업들은 물론이고 자동차 · 철강 · 의류 · 가전 · 백화점 · 항공 · 여행사 등 산업 전반에 확산되고 있다. 고객만족경영(CSM)은 1990년대 들어 세계 각국의 기업들에 의해서 적극적으로 도입되어 실시되고 있으며, 세계적으로 큰 주목을 받고 있다.

쥬란(Juran) 박사는 "고객이란 우리가 생산하는 제품과 서비스를 구매하거나 또는 그것들에 의해서 영향을 받는 모든 사람들이다"라고 하였다. 데밍(De ming) 박사는 "생산라인에서 가장 중요한 요소는 바로 고객"이라고 주장하였다. 패튼과 블르엘(Patton & Bleuel)은 "서비스 목표에 가장 큰 영향을 미치는 것은 바로 고객"이라고 말하고 있다.

따라서 기업은 그 기업의 모든 역량을 고객중심으로 경영하여야 한다. 즉 기업은 고객지향적이어야 한다. 왜냐하면 모든 프로세스, 제품 또는 서비스는 고객 없이는 존재하지 않기 때문이다. 조직에서 행하는 모든 활동은 전부 고객을 위한 것이어야 한다. 제품과 서비스의 품질은 고객의 행동과 반응에 의해 결정된다. 따라서 제품과 서비스를 개선하는 것도 반드시 고객의 필요와 욕구, 기대를 명백하게 이해함으로써 결정되어야 한다.

2) 고객의 분류

고객은 〈그림 8.1〉과 같이 세 부류로 나눌 수 있다. 즉 가치생산 고객인 사내고객, 가치전달 고객인 중간고객 및 가치사용 고객인 최종고객으로 분류된다.

첫째, 내부고객을 가치생산 고객이라고도 하는 것은 기업 내부에 있는 사람들이 가치를 생산해 주어야 그 가치를 고객이 구매할 수 있기 때문이다. 내부고객의 만족이 고객만족의 출발점이 되므로 사내고객은 가장 먼저 만족시켜야 할 고객이 된다. 왜

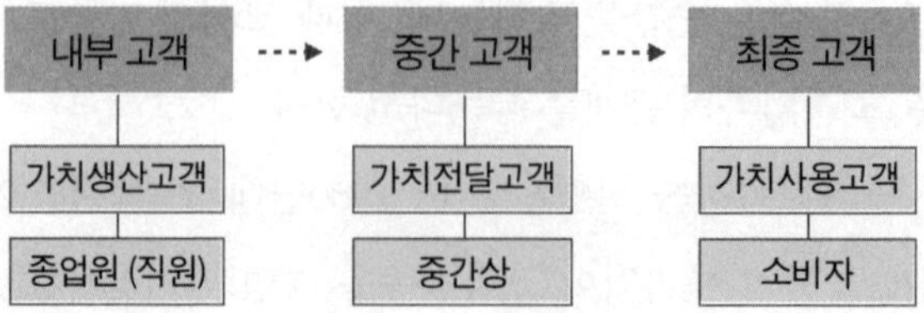

〈그림 8.1〉 고객의 분류

냐하면 불만족한 종업원이 고객에게 좋은 서비스를 제공하여 고객을 만족시키기가 힘들기 때문이다.

종업원은 내부고객이라고 불리운다. 고객만족이란 일반적으로 외부고객의 만족을 의미한다. 그러나 조직 외부에 양질의 서비스를 제공하려면 먼저 조직 내부에 양질의 서비스를 제공할 수 있는 체제를 구축해야 한다. 다시 말해 소위 '내부고객'을 중시하지 않는 한, 진정한 '고객지향적 조직'은 존재할 수 없다. 내부고객만족을 지칭하는 ES는 employee satisfaction을 의미하는데, 간혹 CS(customer satisfaction)에 대응되는 말로 사용된다.

종업원을 내부고객으로 대우하고 만족시켜서 사기를 높여주면, 그들은 최종고객인 소비자를 만족시키기 위해 최선의 노력을 할 것이다. 자신에게 주어진 역할에 만족하는 종업원만이 고객에게 정성과 열의에 찬 서비스를 제공할 것이다.

미국 시어스(Sears) 백화점에서 5년간의 데이터를 축적해 분석한 결과, 종업원만족도가 5단위 증가할 때 고객만족도는 1.3단위 증가한다는 것이 밝혀졌다. 또한 고객만족도의 1.3단위 증가는 매출액을 0.5% 증가시켜 이익증대에 직접적으로 기여한다는 것을 규명하였다.

고객만족 기업으로서 경쟁력을 갖추려면 내부고객부터 만족시켜야 한다. 종업원만족 없이 진정한 고객만족(customer satisfaction)은 없는 것이다. 그래서 고객만족의 출발은 바로 종업원만족에 있다.

둘째, 중간고객 즉 가치전달 고객에는 판매점이나 대리점 외에도 원료를 공급하는 원료공급원 내지 협력업체들을 포함시킬 수 있다. 중간고객의 중요성은 바로 이들을 만족시키지 못하면 결국 최종고객인 소비자를 만족시키기 힘들다는 데에 있다.

셋째, 소비자는 사용자라는 점에서 가치사용 고객에 해당된다. 기업은 고객이 가장 중요한 사람이라는 것을 깨달아야 한다. 고객은 이윤을 안겨주는 존재이고, 기업은 고객을 위해 존재하며, 고객이 서비스할 기회를 제공해 줌으로써 호의를 베푸는 것이다. 바로 이 점들을 깨달아야 고객의 중요성을 바로 알고 있다고 할 수 있다.

따라서 기업이 넓은 의미의 고객을 대상으로 만족을 제공할 때 진정한 고객만족은 실현될 수 있을 것이다.

사례 8-1 **"소비자 만족" 소리만 요란한 수입차 업체들**

아우디 폭스바겐 판매 재개... 소비자 불만은 여전

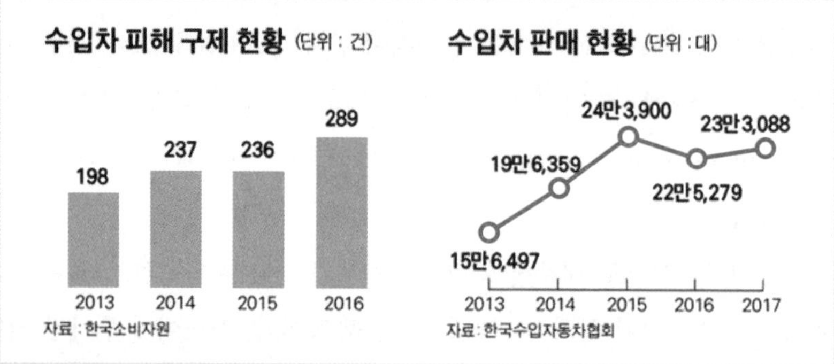

"판매 이틀 만에 A7 146대가 모두 팔렸습니다. 아우디는 한국시장에서 이른 시간 내 재건할 겁니다."(아우디 코리아 딜러)

아우디 · 폭스바겐이 한국에서 공식 판매 재개를 선언했다. 전 세계에서 배출가스를 눈속임한 '디젤게이트' 파장 속에 사실상 국내에서 퇴출당한 지 1년 6개월 만이다. 하지만 제대로 된 보상이나 사과도 없이, 프로모션을 앞세운 과거 판매행태를 그대로 유지하고 있어 가뜩이나 '아이폰 배터리 게이트'로 수입제품에 대한 불신이 높아진 국내 소비층이 어떤 반응을 보일지 주목된다.

16일 업계에 따르면 2015년 9월 디젤게이트 이후 아우디 · 폭스바겐은 배출가스 조작 사건이 완전히 매듭지어지지 않은 상황에서 최근 판매에 들어갔다. 아우디 코리아는 대형 세단 'A7 50 TDI 프리미엄'(2017년식)을 20%가량 할인해 8일부터 판매하기 시작했고, 폭스바겐 코리아는 다음 달 1일 '파사트GT'를 시작으로 아테온 티구안 등을 본격 판매한다. 배출가스 인증서류 조작으로 2016년 8월 판매 인증이 취소된 이후 오랜만에 다시 한국에서 영업을 시작하는 것이다.

하지만 디젤게이트 문제를 제대로 해결하지 않아 국내 소비자들의 불만이 높다. 배출가스를 조작한 디젤차에 대한 리콜 이행 실적은 아우디 46%(3개 차종), 폭스바겐 39%(7개 차종) 등으로 목표치(85%)의 절반에도 못 미친다. 리콜 이행률을 달성하지 않더라도 별다른 제재가 없자, 적극성을 보이지 않고 있다.

또 국내 소비자에 대한 보상도 미국(최대 1인당 1,200만 원 보상) 등과 달리 1인당 100만 원에 불과한 차량 관리 바우처만 제공했을 뿐이고, 인증서류 조작, 손해배상 소송 등으로 70여 건의 법적공방도 여전히 진행 중이다. 아우디 코리아 관계자는 "리콜률을 높이도록 노력할 것이며 소비자가 만족할 수 있는 추가 조치 등은 내부적으로 아직 조율이 안 됐다"고 말했다.

소비자에게 소극적인 일부 수입차 업체들에도 불구하고 수입차 시장은 빠르게 커지고 있다. 동시에 수입차 구매자들의 소비자 권리 지키기도 적극적으로 변화 중이다. 한국소비자원에 구제 신청을 하며 개선을 요구하는 사례가 2013년 198건에 2016년 289건으로 늘었다.

소비자 불만이 제기되면 판매감소로 즉각 연결된다. 혼다 코리아의 경우 지난해 7월 주력 스포츠유틸리티차(SUV)인 '뉴CR-V'에 부식이 발견된 후 '뉴 어코드' '올 뉴 오딧세이' 등까지 잇따라 녹이 발견됐다는 지적에도 리콜 등 적극적인 대응을 하지 않아 12월 판매실적이 6월(1,750대)의 32.3% 수준인 566대로 떨어졌다. 메르세데스 벤츠는 결함이 발견된 에어백에 대해 "결함 제품과 다른 설계 · 공정으로 만들었다"며 국내에서 리콜을 하지 않고 버티다가, 중국에서만 지난 10월 리콜에 나서 차별 논란이 커졌다. 벤츠는 신속히 세계 시장에서 두 번째로 국내 리콜에 나서 위기를 모면했다.

김필수 대림대 자동차학과 교수는 "글로벌 차 업체들이 교묘하게 해당 판매국에서 법망을 빠져나가는 방법을 찾으려는 경우가 많다"며 "정부와 국회, 시민사회단체 등이 나서서 기업이 불공정 행위를 생각할 수도 없도록 징벌적 손해 배상 등 규제를 강화해야 한다"고 조언했다.

출처 : 한국일보, 2018. 1. 17일자

2. 고객만족(CS)

1) 고객만족의 의의

어떤 학자는 현대 기업경영의 3대 요소로서 생산성(productivity), 스피드(speed) 및 고객만족(customer satisfaction)을 제시했으며, 현대 경영학의 대가 피터 드러커 박사는 "기업의 목적은 이익극대화가 아니라 고객만족에 있다."고 말하였다.

고객만족에 대한 정의는 결과(outcome)에 강조를 두느냐 혹은 과정(process)에 강조를 두느냐에 따라 두 가지 유형이 존재한다. 전자의 입장에서는 고객만족을 소비경험으로부터 야기되는 결과로 개념화하였다. 이에 따라 고객만족은 "소비자가 치른 대가에 대해 적절히 혹은 부적절히 보상되었다고 느끼는 소비자의 인지적 상태", "구매한 특정 제품이나 서비스, 소매상 혹은 쇼핑이나 구매행동과 같은 형태와 관련하여 또는 이들에 의해 야기되는 경험에 대한 감정적 반응," 그리고 "불일치된 기대와 소비자가 소비경험에 대해 사전적으로 갖고 있던 감정이 복합적으로 결합하여 발생된 종합적 심리상태" 등으로 정의된다.

반면 후자의 입장에서 고객만족은 "소비경험이 최소한 기대되었던 것보다는 좋았다는 평가", "선택된 대안이 그 대안에 대한 사전적 신념과 일치되었다는 평가", 그리고 "사전적 기대와 소비 후 지각된 제품성과 사이의 차이에 대해 보이는 소비자의 반응" 등으로 정의될 수 있다.

고객만족(CS)이란 "고객이 제품 또는 서비스에 대해 원하는 것을 기대 이상으로 충족시켜 감동시킴으로써 고객의 재구매율을 높이고, 그 제품 또는 서비스에 대한 선호도가 지속되도록 하는 상태"라고 정의될 수 있으며(〈그림 8.2〉 참조), 고객만족은 소비자, 기업 및 사회의 다양한 욕구를 충족시키는 데 매우 중요하다. 고객만족의 필요성은 세 가지 기본적인 환경변화, 즉 급속한 기술변화, 글로벌경쟁의 증가 및 고객의 요구증가 등에서 출발한다.

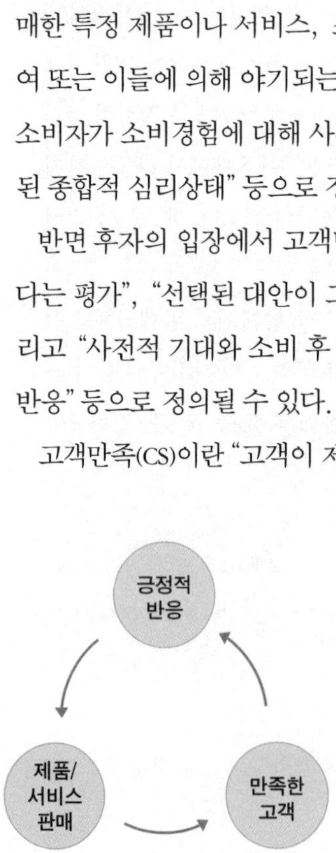

〈그림 8.2〉 고객만족(Customer Satisfaction)

2) 고객만족의 구성 요소

고객만족의 구성 요소는 제품 요소, 서비스 요소, 기업이미지 요소로 구분할 수 있고, 〈그림 8.3〉에서와 같이 세 가지 요소 모두가 함께 고려될 때 고객만족 달성이 가능해진다.

첫 번째 제품요소는 상품의 하드적 가치와 소프트적 가치로 분류된다. 하드적 가치에는 디자인, 편리성, 향기 등이 있으며, 소프트적 가치에는 품질, 기능, 성능, 효능, 가격 등을 들 수 있다.

두 번째 서비스요소는 점포서비스, 판매원의 접객서비스, A/S와 정보서비스 등으로 분류된다. 점포서비스는 호감을 가질 수 있는 점포 분위기 및 쾌적한 환경을 들 수 있으며, 판매의 접객서비스는 판매원의 복장, 언행, 배려, 인사, 대답, 미소, 상품 지식 등을 들 수 있다. A/S와 정보서비스에는 상품의 A/S, 라이프스타일의 제안 및 정보제공 등이 있다.

세 번째 기업 이미지요소는 기업이 사회에 공헌하는 경영활동을 해야 하는 책임을 지고 있기 때문에 사회공헌활동과 환경보호활동 등의 기업 이미지가 고객만족의 중요한 요소라는 것이다. 사회공헌활동으로는 지역주민에 대한 시설개방, 복지활동 등이 있으며, 환경보호활동으로는 환경보호 캠페인이 있다.

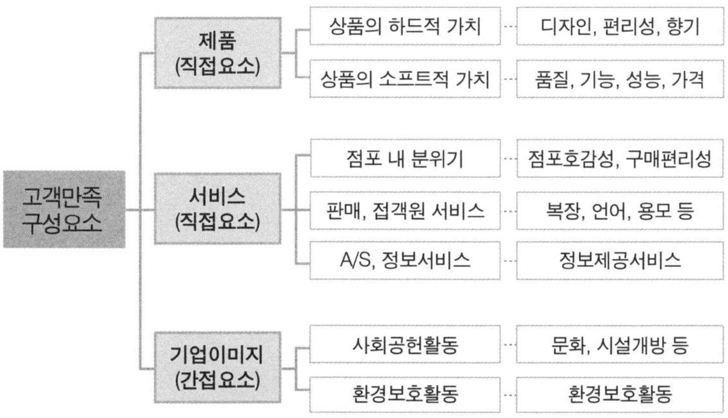

〈그림 8.3〉 고객만족의 구성 요소

3) 고객중심의 조직

고객중심 조직은 전통적인 조직과 차이가 있다. 이것은 단순히 고객의 욕구를 파악하고 만족시키는 데 그치지 않고, 조직 전체에 변화를 가져와야 진정한 고객중심의 조직이 될 수 있다는 것이다. 고객중심 조직은 경쟁력 있고, 품질이 우수한 제품과 서비스를 공급하고 지속적인 공정개선을 통해 고객을 만족시킴으로써 이익을 증진시키는 데 그 목적이 있다. 전통적인 조직과 고객중심 조직과의 차이점을 설명하면 다음과 같다.

(1) 제품 및 서비스 계획

전통적인 조직에서는 먼 미래를 보지 않고 바로 앞만 보기 때문에 현재의 상황에 대해서만 즉각적으로 대응하는 경영을 하게 되고, 고객중심 조직에서는 먼 미래까지를 생각하고 항상 미래에 대비하여 고객중심 계획과 전략을 수립한다.

(2) 성과측정

전통적인 조직에서는 기업의 성과를 수익성이나 투자회수율과 같은 전형적인 재무분석에 의해 측정하지만, 고객중심 조직에서는 이 외에 고객만족도, 시장점유율, 장기수익성, 품질 또는 총생산성 등과 같은 보다 포괄적인 지표들을 이용하여 측정한다.

(3) 고객에 대한 태도

전통적인 조직에서는 고객이 참을성이 없기 때문에 기업에 부담이 되고 기업의 수익창출에 장애가 된다고 생각한다. 그러나 고객중심 조직에서는 고객의 의견을 신중하게 청취하고, 고객의 욕구를 충족시키기 위해 고객을 성심성의껏 대하여야 한다고 보고 있다.

(4) 마케팅 초점

전통적인 조직은 판매자 중심이며, 고객의 욕구를 조사하지 않고 판매자가 만들 수 있는 제품과 서비스를 생산하여 고객에게 판매한다. 그러나 고객중심 조직은 고객중심이기 때문에 고객이 원하는 제품과 서비스를 창출하여 판매한다. 그리고 고객만족만이 수익을 창출한다고 믿고 있다.

(5) 영업형태

전통적인 조직에서는 고객과 협력업체 그리고 생산업체 간에 팀워크가 없이 독자적으로 영업이 이루어진다. 그러나 고객중심 조직에서는 서로가 하나의 동반자임을 인식하고 팀워크를 이루어 영업한다.

사례 8-2 **더 영악하고 치밀해진 블랙컨슈머 유형들 분석해보니...**

기업 블랙컨슈머 대응 메뉴얼 강화하고 단속 처벌 수위도 높아져

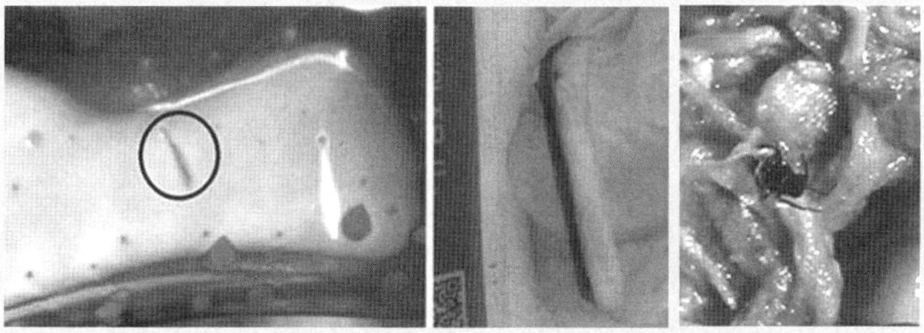

블랙컨슈머란 구매한 상품을 임의로 파손 시키고, 음식물에 다른 물질을 첨가해 이를 문제 삼는 등 해당 기업을 상대로 과도한 피해보상을 요구하거나 의도적으로 피해를 본 것처럼 꾸며내 악성 민원을 제기하는 소비자들을 말한다.

각종 소셜네트워크서비스(SNS)를 통해 소문을 내거나 허위사실을 유포하는 등 다양한 분야에서 다양한 수법으로 블랙컨슈머들이 기승을 부리고 있어 골치 앓고 있는 기업들이 많아지고 있다. 유형도 다양해 지고 있다.

과거의 점주 혹은 기업들은 알면서 이미지 훼손 등을 고려해 넘어가주기 식으로 간단한 보상을 해주거나 제품을 주고 마무리 했지만 요즘 점점 지나치게 요구하거나 심지어는 협박까지 하는 등의 양상을 보이고 있어 사회적 범죄 행위까지 퍼질 수 있는 우려되는 상황이 이어지기도 한다.

요즘 대기업, 중견기업의 '갑질'이 문제가 커지고 있으면서 블랙컨슈머들은 더 당당하게 다양한 방법으로 기승을 부리고 있다. 〈소비자경제〉는 블랙컨슈머의 유형들을 분석하고 대처 방법을 살펴봤다.

벌레, 머리카락, 수세미까지 들어갔다고 우기는 거짓말 유형

서울시 강서구에 살고있는 A씨는 본죽에서 죽을 먹고 있던 도중에 반찬으로 나오는 쇠고기 장조림에서 벌레가 나와 충격을 금치 못했다. 이후 A씨는 본사에 전화해서 따졌다. 본사에서는 소분과정이라고 나눠담는 과정을 거치기 때문에 본사책임은 아니라며, 가맹점 책임이라고 서로 미루기만 했다는 것이다.

A씨는 죽을 사먹었던 지점이 반찬도 재탕하고, 죽에 사용되는 팥을 삶아서 길가에 널어두고 식히는 장면을 여러번 목격했다는 것. 하지만, 〈소비자경제〉가 취재한 결과 A씨는 블랙컨슈머였다. 제조 공정에서부터 벌레나 이물질이 나올 수 없었고, 상품권 1장을 받았음에도 불구하고, 더 받기위해 과장을 해 글을 올린 것이었다. 취재 후에 A씨에게 수차례 확인 전화를 하는 과정에서 제품에는 하자가 없었다고 시인했다.

자존심 챙기는 척 추가 상품 요구하는 유형

경기도에 사는 B씨는 아기 분유를 먹이던 중 이물질이 발견돼 업체측에 연락했다. 업체는 이물질을 분석하기 위해 수거해서 일주일 정도를 분석했다. 그 결과 유해성분이 없다고 판명됐다. 그런데도 분유까지 새로 교체해 줬다. 하지만 B씨는 그 분유를 받지 않았다. 그러자 제조 업체측은 처음엔 3통, 6통에 스틱분유를 더 준다고 했다. B씨는 무엇을 바라고 연락을 한 것도 아니였는데, 업체측에서 이렇게 나오니 빈정이 상했던 것.

이후 〈소비자경제〉 취재진이 확인해보니 B씨의 말과 업체 측의 설명은 확연히 달랐다. B씨가 업체 측에 안좋은 소비자피해 제보글을 투고하고 업체측은 피해만 본 상태고, 그 일을 좋게 끝내기 위해 분유를 더 주려고 했던 것이었다. 업체 측의 말을 듣고, B씨에게 전화를 시도했지만 연락이 닿지 않았다.

보상 요구하며 생떼에다 행패 부리는 유형

A대형마트는 최근 물품보관함에 넣어뒀던 물건이 없어졌다며 항의하는 블랙컨슈머 때문에 곤욕을 치렀다. 이 블랙컨슈머는 보관함에 4개월 전에 넣어 둔 물건이 없어졌다며 직원에게 행패를 부리고 드러 눕는 등의 상식밖의 행동을 했다. 내부 규정에 따라 보관함 내 물품을 처분한 마트는 현금으로 보상을 해주겠다고 했다. 그러자 다른 보관함에도 물건을 넣어뒀으니 다 보상을 해달라고 요구했다. 그러나 이게 끝이 아니였다.

대형마트 본사 측에 연락 후 언론사에게 제보하겠다 등의 협박을 하는 등 지속적인 업무 방해로 결국 대형마트는 경찰에 신고했다. 이 소비자는 대형마트를 상대로 현금을 뜯어내려고 한 전형적인 블랙컨슈머였다.

소비자 문의 가장 성희롱에 폭언하는 유형

여성 속옷과 피임기구를 파는 인터넷 사이트 업체에서 텔레마케터로 일하는 A씨는 최근 남성 소비자 B씨의 전화에 시달리고 있다. 여성용 속옷이나 피임기구와 관련된 문의를 자주 해오는 B씨는 소비자 문의를 가장해 "목소리가 예쁘다", "만나보고싶다", "이거 입고 잠자리를 하면 기분 좋냐" 라는 등의 수치심을 주는 성희롱에 가까운 대화를 자주한다.

상담원 A씨는 "성적인 발언은 하지말아 달라"라고 부탁하고 전화를 끊으면 B씨는 온라인사이트기 때문에 와이프에게 선물해 주고 싶어 텔레마케터한테 전화를 해 이것저것 궁금해서 물어본 것 뿐이라고 발뺌했다. "난 손님이다. 기분 나쁘니 상품권을 달라"고도 했다.

해당 업체측은 〈소비자경제〉와의 통화에서 "목소리나 웃는거나 전화 너머로 얘기하는 게 조롱 수준이었다. 그렇지만 엮이고 싶지 않아 상품권을 줬다"라고 했다. 이후 남성 텔레마케터들로 모두 교체했다.

SNS로 거짓 사실 유포하겠다고 협박하는 유형

대형 한식당을 운영하면서 된장을 판매하는 업체 사장은 우연히 SNS를 보다가 한 소비자가 자신이 팔고 있는 된장을 끓인 찌개에 수세미가 들어갔다고 주장하는 사진을 확인했다.

이 SNS 해쉬태그에는 #대형한식집 #된장찌개 #수세미나옴 #여기가지 말것 #서비스도 안좋음 등 무차별적으로 악성 댓글 수준의 글들이 올라와 있었다. 이중 #공유하면 추첨을 통해서 선물을 주겠다는 공지사항까지 올려져 있었던 것.

업체 사장은 블랙컨슈머가 올린 글을 훑어보니 수백개의 공유 피드를 확인할 수 있었다. 올린 사람에게 사과와 보상을 해주기 위해 다이렉트 메시지를 보냈다. 메시지 내용에는 언제 먹은 것인지, 몇 시에 먹은 것인지, 구매 영수증을 확인 가능하냐고 물어봤다.

이유는 그날 주방장에게 따져 물을 생각과 직원들의 청결 교육을 이 사례로 할 생각이었기 때문이다. 그러나 어처구니없이 이 블랙컨슈머가 보내온 답장에는 영수증을 찍은 사진과 200만 원을 보상해달라는 요구였다.

이에 업체 사장은 보상 금액이 부담스럽다며 거부했더니 이 블랙컨슈머는 SNS 유포를 미끼로 더 세게 협박을 해왔다. 그래서 할 수 없이 일단 내부 회의를 한 뒤 다시 연락하겠다는 뜻을 전달하고 자체적으로 영수증에 찍힌 구매일의 CCTV를 자세히 살펴보니 이 블랙컨슈머가 주머니에 있던 수세미 내용물을 넣고 찍은 영상을 확인할 수 있었다. 이 영상을 확보해 경찰에 신고했고 돈을 뜯어내기 위해 거짓으로 꾸며 냈다는 자백을 받아냈다.

이처럼 블랙컨슈머로 의심은 하지만 증거가 없어서 당하고 있었을 뿐더러, 이를 해당 경찰서 등에 신고해도 기준법이 모호했다. 이런 이유로 정부는 2016년 9월 경찰청을 통해 블랙컨슈머를 잡아내는 100일간 특별단속을 벌인 적이 있다. 그 결과 한 달 동안 1289건을 적발 69명을 구속했다. 이중 남성이 89.6%로 압도적으로 많았고, 여성은 10.4%에 불과했다. 연령대별로는 50대와 40대가 절반을 넘었고, 직업별로 무직자(32.8%), 회사원(18.3%), 자영업자(17%) 순이었다.

블랙컨슈머 대응 메뉴얼도 진화...사각지대 놓인 중소기업들

이처럼 블랙컨슈머가 기승을 부리면서 기업들도 자체적으로 대응 메뉴얼을 강구하는 추세다. 유통업계에 따르면 이마트는 기존 사원보호제도 프로그램인 '이케어' 제도를 강화하고 있다. 기존의 이케어 프로그램이 고객의 폭언과 욕설, 성희롱 등 상황이 일어난 후 사후 관리에 집중했다면 '이케어2.0'에선 블랙컨슈머 등의 사전 차단에 주력하기로 한 것.

고객만족센터에 전화를 걸어온 고객 가운데 폭언, 욕설, 성희롱을 지속하는 고객 전화는 곧장 끊을 수 있도록 한 게 대표적이다. 이를 위해 이마트는 고객에게 상담 내용이 녹

음되고 있음을 사전에 안내한다.

현대홈쇼핑은 TV홈쇼핑과 온라인 쇼핑몰에서 '블랙컨슈머' 발생을 억제하기 위한 제도적 장치를 강화한다. 악성 고객을 상대로 서비스 이용 제한은 물론 최대 퇴출 조치할 수 있는 근거를 마련하며 초강경 대응을 실행했다.

TV홈쇼핑과 온라인 쇼핑몰 '현대H몰'에 각각 이 같은 내용을 담은 이용약관을 시행한다. 정당한 이유 없이 영업활동을 반복적으로 방해하거나 콜센터 등 내부 직원에게 폭언을 일삼는 블랙컨슈머를 제재할 수 있는 항목을 추가 도입했다.

"우리 직원이 고객에게 무례한 행동을 했다면 직원을 내보내겠습니다. 그러나 우리 직원에게 무례한 행동을 하시면 고객을 내보내겠습니다." 도시락 업체 '스노우폭스' 김승호 대표가 매장 앞에 내건 '공정서비스 권리 안내'다. 직원의 권리를 공표한 이 안내문은 사회관계망서비스(SNS)를 중심으로 큰 화제를 모았다.

강원랜드는 고객이 블랙컨슈머로 판단될 경우 최종적으로 회사 법무팀에서 고소·고발 조치를 취해 강력한 책임을 묻겠다는 방침을 내놨다. KB국민카드는 지난해 10월 국내 금융사 최초로 악성 민원인을 형사 고발해 주목 받았다. 지난해 롯데는 직원들을 위한 상황대처 매뉴얼 '당신 마음 다치지 않게'를 발간했다. 폭언·협박, 대면 폭력, 성희롱 등 고객접점 직원들이 대응하기 어려운 6가지 상황을 중심으로 적절한 대처법 등을 설명한 책이다. 이를 바탕으로 직원 근무환경을 개선할 수 있는 제도 신설도 고려한다는 방침이다. AK플라자는 감정노동자로 분류되는 협력사 직원들을 위한 서비스 개선 프로그램 '서비스 뉴 스타트'를 도입, 직원들에게 VIP고객과 동일한 수준의 서비스와 근무환경을 제공하고 있다.

문제는 중소기업들은 여전히 블랙컨슈머 관리의 '사각지대'로 남아있다는 점이다. 한 관계자는 〈소비자경제〉와의 인터뷰에서 "사실상 대기업들은 블랙컨슈머 대응 체계가 잘 갖춰져 있지만 중소 업체들은 그렇지 못하다. 이 허점을 아는 블랙컨슈머들은 중소 기업을 상대하는 경우가 많다"라고 말했다.

대한상공회의소가 중소기업을 상대로 조사한 결과를 놓고 봐도 블랙컨슈머를 경험한 업체는 83.4%에 달했지만 이 가운데 적극적 대응으로 문제 해결에 나선 업체는 14.3%에 불과했다. 이 관계자는 "대기업의 적극적인 대응이 효과를 보이고 있다는 점은 긍정적으로 보여진다"라며 "중소기업을 위한 지원은 정부에서 지원해 줘야 할 것"이라고 말했다.

식품업계 관계자는 "블랙컨슈머에 대응하는 방법이 최근에는 많이 바뀌는 추세"라며 "기업들도 손해 보는 장사는 그만하자는 분위기다. 어쩔 수 없이 회사 이미지의 타격에도 불구하고 법대로 하는 경우도 있다"고 말했다.

소비자권익 보호 측면에서 소비자가 제품에 대한 불만을 자유롭게 말하고 표출하는 것은 환영할 만한 일이다. 하지만 허위제보, 업무방해, 블랙 컨슈머 등에 대한 법적 규제가 강해지고 있는 만큼, 소비자들은 기업에 불만사항이 있다면 명확한 증거를 남기고, 기업은 블랙컨슈머와 일반 소비자 피해를 엄격히 구분하는 합리적이고 대처방법이 여전히 고민이 필요한 과제로 남아 있다.

출처 : 소비자경제, 2018. 1. 29일자

3. 고객만족경영(CSM)

1) 고객만족경영의 의의

고객만족경영(Customer Satisfaction Management : CSM)은 경영의 전 과정에서 고객만족을 실현하고 고객만족 극대화를 최우선 목표로 하는 경영방법이며, 모든 경영활동을 고객중심적 사고를 바탕으로 전개해 나가는 경영방식이다. 즉 고객만족경영을 경영의 최우선 과제로 정하여 고객이 진정으로 원하는 것을 지속적으로 찾아내고 개선해 나가는 혁신활동이다.

이는 궁극적으로 단기적인 시장변화에도 불구하고 장기적, 지속적인 경영기반의 구축을 가능하게 한다. 이러한 점에서 볼 때 고객만족경영은 고객중심적 사고를 바탕으로 모든 경영활동을 전개해 나가는 새로운 경영흐름이라고 할 수 있으며, 이러한 점에서 고객만족경영은 마케팅적 경영방식이 된다. 고객만족경영은 갈수록 경쟁제품이 많아지고 소비자의 욕구가 다양해지는 시점에서 고객만족을 향상시켜 고정소비자 내지 충성고객(loyal customer)을 확보하자는 경영철학이라고 정의된다.

고객만족이 발전하여 고객만족경영이 되면, 이에 따른 고객만족의 다섯 가지 원칙이 적용되어야만 한다. 즉 ① 사업의 원천은 고객, ② 고객의 특성에 따라 CS전략이 달라져야 함, ③ 고객의 특성은 고객의 수와 집중도에 따라 달라짐, ④ 업적은 고객의 평가 결과임, ⑤ 고객을 아는 것이 출발점 등이 그것이다.

고객만족경영에는 '10−1=0이라는 공식'이 있다. 10명이 잘 해도 1명의 종업원이 잘 못하면 고객만족은 없다는 뜻이다. 특정 부서만의 고객만족이 아닌 전사적 고객중심경영이 필요함을 알 수 있다.

고객만족경영은 제품산업에서 뿐만 아니라 서비스산업에서도 중요시되고 있다. 우리나라 기업의 경우 성공적인 고객만족경영을 위한 방안으로서 최고경영자(CEO)에서부터 직원에 이르기까지 기업 전체에 고객만족경영 문화가 정착되어야 한다.

2) 고객만족경영의 핵심 요소

고객중심의 확립은 고객만족경영을 위한 전제조건이다. 초일류 기업이 되기 위해 고객만족경영을 추진하는 기업들에게 요구되는 핵심 요소들을 몇 가지로 살펴보면 다음의 〈표 8.1〉과 같다.

〈표 8.1〉 고객만족경영의 핵심 요소

핵심요소	내 용
비 전	전 종업원의 고객만족에 대한 비전 공유
주인의식	전 종업원의 고객만족에 대한 업무 및 문제해결 방안에 대한 주인의식 공유
조직 · 프로세스 및 업무설계	고객중심적인 조직구조, 프로세스, 업무설계
팀	고객을 위한 아이디어 창출과 개선을 위한 자율적 팀 조직의 운영
정보시스템	고객요구의 변화를 예측하고, 기업운영을 지원하는 정보시스템의 구축
관리시스템	고객의 요구변화를 빠르게 기업운영에 연결시키는 운영 지원시스템
보상제도	고객을 위한 가치를 창출한 종업원을 위한 보상제도의 구축

자료: 이상문, 『글로벌 시대의 초일류기업』(서울: 명진출판, 1994), p. 93.

3) 고객만족경영의 효과

고객만족경영의 세 가지 효과를 살펴보면 다음과 같다.

(1) 재구매 고객의 창출효과

성숙시장에서는 신규고객의 확보보다는 기존고객이 재구매하여 반복구매할 때에 이익극대화가 가능하다. 만족한 고객은 재구매시에도 같은 상표를 찾음으로써 상표충성도(brand loyalty)를 갖게 되므로, 한 번 이루어진 고객과의 관계를 평생의 고객으로 유지할 수 있는 가능성이 더 커지는 것이다.

재구매고객을 확보하기 위해서는 고객의 우리 기업에 대한 의존도를 높이는 것이 필요하다. 즉 전환비용을 극대화시켜야 한다. 전환비용이란 상표를 전환했을 때에 소요되는 비용을 말하며, 전환비용이 클수록 타 상표로 전환할 가능성이 낮아져 고객과 계속적인 관계를 맺을 수 있게 된다.

따라서 전환비용을 극대화시키는 것이 매우 중요한 작업이 된다. 이것은 관계마케팅(Relationship Marketing)의 시발점이 된다. 고객에게 최대의 만족을 제공함으로써 고객이 타 제품을 선택하지 않도록 자사제품에 대한 의존도를 높여야 한다.

(2) 비용의 절감효과

기존고객을 반복구매 고객으로 만들어야 하는 또 하나의 이유는 재구매고객이 가져다 주는 비용절감 효과이다. 우선적으로 새로운 고객을 확보하는 것은 많은 노력이 필요한 작업이다.

그러나 한 번 구매한 경험이 있는 고객이 제품에 만족하여 재구매 · 반복구매하게 된다면, 그 제품을 구매하도록 설득할 필요가 없기 때문에 판매비 · 광고비 등이 훨씬 적게 들어간다. 또한 고객설득에 드는 시간을 A/S나 고객의 불만해결에 사용할 수 있다. 실제로 기존고객 관리비용은 같은 수의 신규고객을 확보하는 데에 드는 광고판촉비의 1/5만으로도 충분하기 때문에 훨씬 적은 비용이 들게 된다.

고객만족경영은 고객의 욕구와 기대치를 예측하여 불필요한 지출을 감소시켜 큰 절감효과를 누릴 수 있는 장점이 있으며, 이미 만족한 고객은 가격에 민감하지 않으므로 더 많은 이익을 창출할 수 있게 된다.

(3) 최대의 광고효과

고객을 만족시킴으로써 광고효과의 극대화를 가져올 수 있다. 제품에 만족한 고객은 친지, 이웃, 친구 등에게 좋은 구전을 통해 구입권유도 해주기 마련이다. 고객은 화려한 신문광고나 엄청난 제작비가 투입된 TV광고보다도 이웃의 말 한마디를 더 신뢰한다. 구전(mouth to mouth)효과야말로 어떤 대중매체 광고보다도 뛰어난 효과를 발휘해 주며, 적은 노력을 들이고 큰 성과를 볼 수 있게 한다.

4) 고객만족경영의 전략

고객만족경영을 위해 기업에서 수립해야 할 전략을 살펴보면 다음과 같다.

(1) 고객불평의 중요성 인식

고객만족경영을 실천하는 데 있어서 고객이 말하는 갖가지 불만의 소리는 기업에게 귀중한 자산이 될 수 있다. 따라서 고객불평의 중요성부터 인식해야 한다. 고객의 불평은 귀찮은 것이 아니라, 문제를 일찍 파악하고 해결할 수 있게 하는 소중한 정보이다. 즉 불평하는 고객은 그 기업의 제품과 기업활동을 개선하는 데 도움을 주는 유용한 정보를 자진해서 제공해주는 고마운 존재임을 알아야 한다.

또한 기업이 고객의 불만사항을 일찍 파악하고 그것을 잘 해결해 주면, 부정적인 구전효과를 크게 줄일 수 있으며 고객의 이탈을 방지할 수 있다. 따라서 고객의 불평을 오히려 유용한 정보로 활용하는 전략적 접근이 필요하다. 고객불평관리는 다음과 같은 두 가지 측면에 초점을 맞추어 실행되어야 한다.

첫째, 고객들이 제안이나 불평을 용이하게 할 수 있도록 불평호소창구를 24시간 개방체계로 운영하여야 한다. 최근에는 대부분의 기업들이 고객정보관리 시스템을 구축하고 다양한 통신망을 통해 고객과의 커뮤니케이션에 적극성을 보이는 경향이 증가하고 있다. 기업들은 인터넷, Fax, 무료전화 080 등을 활용하여 고객들의 불편과 불만사항 등을 신속히 접수하고 이를 정보화하고 있다.

둘째, 고객들의 불평에 기업은 즉각적으로 대응하여야 한다. 고객은 불만이 있을 때 이를 즉시 호소할 수 있는 창구가 없거나, 불편을 호소했음에도 즉각적인 응답이 없으면, 불만이 더욱 가중되는 경향이 있다. 따라서 기업은 고객들의 불만이 증가되기 전에 불편사항을 신속하게 접수 · 처리하는 것이 바람직하다.

(2) 고객만족도의 측정

시장이 더욱 복잡해지고 차별화되고 동태적으로 되어 감에 따라 고객들의 욕구를 더 체계적으로 조사할 필요가 있다. 고객들이 얼마나 자사의 제품과 서비스에 대해서 만족하고 있는가를 알기 위해 고객만족도 조사를 할 필요성이 있는 것이다.

고객만족도 조사는 예산이 있을 때나 여유가 있을 때 임시적으로 실시하는 조사가 아니므로 고객만족도 조사를 통하여 얻고자 하는 목적달성을 위해서는 '고객만족의 3원칙'을 준수하여야 한다.

첫째, 계속성의 원칙이다. 고객만족도 조사는 비정기적으로 실시하는 것이 아니라 정기적으로 계속 실시하여 그 전의 상태와 비교해서 그 추이를 파악할 수 있어야 한다. 즉 측정항목 중에서 어느 항목이 개선되고 향상되었는가를 분석할 수 있어야 한다.

둘째, 정량성의 원칙이다. 고객만족도 조사결과는 비교가능하도록 정량적인 조사가 되어야 한다는 것이다. 각 항목의 수치가 비교가능하도록 표준적인 척도를 가지고 있어야 한다. 예를 들면 어떤 항목은 5점 척도를 사용하고 어떤 항목은 7점 척도를 사용하여 조사했다면 정량성을 가지고 분석하기가 어렵게 된다.

셋째, 정확성의 원칙이다. 고객만족도 조사는 경영의 실태가 올바르게 파악될 수 있도록 조사항목은 충분한가, 조사표본은 적절한가, 조사방법은 적절한가, 조사담당자는 적절한 조사능력을 갖고 있는가 등을 고려하여 조사의 정확성을 면밀하게 검토할 필요가 있다.

한편 고객만족의 측정에 있어서 가장 널리 사용되는 방법은 직접조사(direct survey)이다. 이 방법의 장점은 간편성으로 목적이 명확하고 소비자가 쉽게 응답할 수 있는 방법이다. 그리고 고객만족과 측정치 사이의 관계도 비교적 명확하다. 단점은 응답자가 질문자에 의해 영향을 받을 수 있다는 점이다. 또한 표본선정의 오류, 면접자 오류, 무응답자 오류 등의 문제로 조사자료의 타당성이 위협받을 수 있다.

고객만족을 측정하는 또 다른 방법에는 고객불평이나 반복구매에 대한 자료수집을 통한 간접조사(indirect survey)가 있다. 이 간접조사는 만족과 밀접한 관련이 있는 불평이나 반복 구매행동을 대상으로 하기에 고객과 기업 양측 모두에게 중요하다. 그리고 질문과 같은 강요된 형식이 아니므로 응답상 오류가 상대적으로 적다. 이 두 가지 조사방법은 서로 다른 장 · 단점을 갖고 있다. 따라서 이들은 서로를 대체하기보다는 상호보완해야 한다.

고객만족 조사시에는 고객만족 조사의 중요성을 설명하여 고객의 공감을 얻고 협력을 구한다. 회답자에게는 전화카드, 버스카드 또는 볼펜 등을 답례품으로 제공한다. 조사내용에 대해서는 익명성 등을 보장해 비밀을 유지할 것을 약속한다. 질문지를 우송하기 직전에 조사의뢰 전화를 해서 협력을 부탁하고 회답용지 우송료는 당연히 조사하는 측이 부담한다. 만약 고객이 기일까지 회답을 안하는 경우 재의뢰장을 보내거나 전화로 독촉한다.

고객만족경영이 만족스러운 결과를 얻기 위해서는 과학적인 설문을 통해 고객의 욕구를 정확히 파악해야 한다. 또한 고객창구를 통하여 수집된 불만으로부터 제품개발 및 경영혁신의 아이디어를 찾을 수 있는 시스템을 구축해야 한다.

(3) 최고경영자의 역할

경영의 다른 많은 측면에서와 마찬가지로 고객만족을 위한 경영철학의 실천에서도 최고경영자의 역할은 거의 결정적이다. 최고경영자는 기업의 모든 구성원들에게 고객들을 완벽하게 만족시키는 것이 기업경영의 궁극적인 목표임을 확실히 하고, 이 목표를 향해 나가도록 그들을 격려해야 한다. 무엇보다도 이러한 경영철학은 스스로 철저히 실천함으로써 모범을 보여야 한다.

그러나 대부분의 최고경영자들은 고객의 문제에 직접 부딪치기를 좋아하지 않는다. 그리고 부하직원들은 윗사람의 그러한 태도를 다행으로 여긴다. 고객지향적인 정신이 뿌리를 내리려면 기업은 종업원들에게 고객만족경영의 필요성을 확실히 인식시켜야 하며, 이를 위해 꾸준한 교육훈련을 할 필요가 있다.

(4) 종합적 품질경영(TQM)

최근 대부분의 기업들은 품질개선을 위해 TQM 프로그램을 활용하고 있다. TQM (Total Quality Management)이란 재화, 서비스, 그리고 마케팅 프로세스의 질을 지속적으로 개선하기 위해 고안된 품질경영 프로그램을 말한다.

고객만족경영을 지향하는 기업들은 품질을 광의로 해석하여 고객을 만족시키는 제품만이 제대로 된 품질의 제품이라고 보고, 품질(quality)을 곧 고객만족이라고 정의하기도 한다. 다시 말하면 고객들이 좋아하지 않는다면 그 제품은 물리적으로 하자가 없다고 하더라도 불량이라는 것이다. 따라서 기업들은 만족한 고객을 확보하기 위해서는 고객이 좋아하고 만족할 수 있는 품질의 제품을 개선하기 위해 TQM과 같은 프로그램을 적극적으로 활용하는 것이 바람직하다.

사례 8-3 **'고객 체류시간을 늘려라' 오프라인 매장들의 진화**

'마트서 장 봐오면 바로 요리해드려요'

대형마트 · 서점 · 뷰티숍 등 각종 오프라인 매장들이 고객 유인을 넘어 고객 붙잡기에 나섰다. 방문한 고객들의 매장 내 체류 시간을 늘려 매출 확대를 꾀하려는 것. 신상품 개발, 제품 · 브랜드 홍보 등에 치중했던 매장들의 영업방식이 변화한 것이다. 휴식 공간 마련, 디지털기기 비치, 이색 행사 · 영업 등 오프라인 매장들의 고객 붙잡기 방식도 다양하다.

가장 먼저 변화한 곳은 서점이다. 교보문고 광화문점은 '오고 싶고 머물고 싶은 서점'을 목표로 2015년 리모델링을 마쳤다. 300여 명을 수용할 수 있는 소파 · 벤치 · 테이블형 의자, 100명이 동시에 사용할 수 있는 대형 테이블은 변화한 서점 풍경 중 하나다. 그 위를 은은하게 비추는 조명, 곳곳에 비치된 화초 등은 남부럽지 않은 독서환경을 만든다. 리모델링 후 교보문고에는 연간 5,000만 명이 방문하거나 머무른다.

2017년 9월 오픈한 영풍문고 홍대점도 눈에 띈다. 숍 인 숍 형태로 입점한 각종 디저트 카페 · 리빙숍 등은 고객의 발길을 오래 묶어놓는 요소들이다. 한쪽에 마련된 무대 위에선 인디가수들의 버스킹 공연도 한다. 올해로 80회를 넘어선 무대공연은 매장 체류의 적

오프라인 매장들이 고객 붙잡기에 나섰다. 사진은 광화문 교보문고에 대형 독서 테이블이 설치된 모습. 연합뉴스

지 않은 역할을 하고 있다. 영풍문고 관계자는 "책만 진열해 판매하던 기존 서점 형태에서 벗어나 손님들이 편히 독서하고 오래 머물 수 있는 환경조성에 노력 중"이라며 "문화행사도 지속적으로 기획하고 있다"고 설명했다.

대형마트도 이전과 다르다. 고객들에게 단순히 상품을 파는 것에 머물지 않고 고객들이 직접 구입한 식재료로 즉석에서 요리를 해준다. 일명 그로서란트(grocery, 식재료와 restaurant, 음식점이 합쳐진 신조어)라 불리는 이곳은 장보기와 식사를 한 번에 해결하며 고객들의 매장 이용 시간을 대폭 늘린다. 저렴한 가격에 신선한 재료를 곧바로 즐길 수 있고, 셰프의 요리 과정도 직접 구경할 수 있어 고객들의 만족도도 높다.

롯데마트 서초점의 경우 그로서란트와 함께 1층에 '어반 포레스트(Urban 4 rest)'라는 휴게 공간을 마련했다. 계단형 좌석과 이를 둘러싼 크고 작은 의자 · 테이블은 판매 상품들

롯데마트 서초점 '스테이크 스테이션'에서는 요리사가 고객이 구입한 스테이크를 그 자리에서 바로 구워주고 있다. 사진=롯데쇼핑

만 즐비했던 기존 마트와 다른 모습이다. 이곳을 자주 방문하는 B 씨는 "카페 못지않게 분위기가 좋고, 빵 · 브런치밖에 사먹을 수 없는 카페와 달리 제대로 된 식사를 할 수 있어 자주 온다"며 "작업 중에 지루하면 쇼핑도 한다"며 만족감을 드러냈다.

뷰티숍들은 고객들에게 색다른 '체험' 기회를 제공한다. 지난해 5월 오픈한 시코르 강남점의 경우 분장실에서나 볼 법한 메이크업 전용 조명의 대형 화장대, 일명 셀프바를 설치했다. 고객들이 자유롭게 제품을 사용함으로써 매장에 오래 머물 수 있도록 유도하기 위해서다.

같은 해 9월 오픈한 올리브영 강남본점은 각종 디지털 기기를 활용해 고객들의 쇼핑 시간을 연장한다. 제품 광고영상 · 진열 위치 · 관련 이벤트 등을 확인할 수 있는 '스마트테이블', 피부 나이를 분석해 상품을 추천하는 '스마트 미러' 등이 눈길을 사로잡는다. 대학생 C 씨는 "각종 체험 기기가 내게 적합한 제품을 선택하는 데 도움을 준다"며 "재미도 있고 기기를 사용하다 보면 없던 구매욕도 생긴다"고 즐거워했다. 매장에 30분째 머물던 직장인 D 씨는 "이 같은 기기로 제품을 간접 사용할 수 있어 편리하다"고 말했다.

올리브영 강남본점에 설치된 '스마트 미러' 통해 고객이 피부나이를 측정하는 모습. 사진=올리브영

오프라인 매장들의 이 같은 변화는 실제 매출에도 긍정적인 영향을 끼치는 것으로 드러났다. 영풍문고 홍대점은 다른 지점과 비교해 20% 높은 월평균 매출 신장률을 보였다. 그로서란트를 운영하는 롯데마트 서초점은 다른 점포들에 비해 신선식품 매출이 10%나 높다. 올리브영 강남본점 역시 개장 100일 만에 방문고객 100만 명을 기록했으며 매출은 30% 신장한 것으로 기록됐다.

오프라인 매장들의 변화에 대해 전문가들은 온라인 몰의 강세에 따른 자구책이라 평했다. 서용구 숙명여대 경영학부 교수(전 한국유통학회장)는 "온라인 업체 성장으로 오프라인 업체는 더 이상 상품만 팔아선 생존할 수 없게 됐다"며 "오감을 자극하면서 고객들의 시간을 가져와야만 살아남을 수 있다는 사실을 인지한 결과"라고 설명했다.

앞으로 소비자들이 경제활동 과정에서 더 많은 이점을 누릴 수 있을 거란 평도 있다. 홍기용 인천대 경영학부 교수는 "실제 소비에 앞서 다양한 재화 · 서비스를 경험할 기회가 많아져 소비자들은 과거보다 더 합리적인 소비를 도모할 수 있을 것"이라며 "이를 통해 얻어가는 재미는 덤"이라고 평가했다.

출처 : 일요신문, 2018. 2. 4일자

4. 고객의 유지

1) 고객유지의 중요성

기업이 계속 시장에서 성장하고 경쟁력을 유지하기 위해서는 충분한 고객을 확보하여야 한다. 이것은 새로운 고객을 창출하거나 또는 기존의 고객을 계속 유지함으로써 가능하다. 그러나 새로운 고객을 창출하기보다는 기존의 고객을 계속 유지하는 것이, 즉 고객이탈률을 최소화하는 것이 비용도 적게 들고 효과도 크다.

DDI(Development Dimensions International)에 의하면, 기존의 고객을 유지하는 비율을 5% 향상시키는 것은 기업의 이익률을 25% 내지 85%까지 향상시킨다고 하였다. 그러므로 기업은 새로운 고객을 창출하는 것도 중요하지만, 기존의 고객을 계속 고객으로 유지하기 위한 방법으로 DDI는 다음과 같은 10가지를 제안하였다.

① 비정상적인 고객의 욕구를 충족시키기 위해 종업원에게 높은 자율성을 부여한다.

② 위험을 감수하고 새로운 아이디어를 창출할 수 있는 기업문화를 조성한다.
③ 모든 의사결정과 시스템, 그리고 공정에 항상 고객의 욕구와 기대가 가장 중심적인 역할을 수행한다.
④ 고객서비스에 대한 정보를 자주, 그리고 분명하게 종업원에게 전달한다.
⑤ 고객의 욕구를 만족시키기 위해 문제해결, 고객서비스, 의사소통, 팀워크와 같은 기술을 모든 종업원들이 지니도록 한다.
⑥ 각 종업원의 개인적인 행동이 고객서비스에 직접 미치는 영향을 연계하는 과업을 설정한다.
⑦ 내부고객에게 훌륭한 서비스를 제공한다. 내부고객에 대한 훌륭한 서비스 없이는 외부고객에 대한 훌륭한 서비스가 발생하지 않는다.
⑧ 고객에게 보다 잘 봉사할 수 있는 새로운 혁신적인 방법을 고안하도록 종업원에게 동기를 부여한다.
⑨ 높은 서비스를 고객에게 제공하는 데 필요한 모든 자원과 협조를 종업원들에게 제공한다.
⑩ 정기적으로 훈련에 대한 필요성을 평가하고, 적절한 훈련을 종업원들에게 제공한다.

고객이 기업의 제품이나 서비스에 만족하느냐 만족하지 못하느냐 하는 문제가 아니라 고객이 유지되기에 충분한 만큼 만족하느냐 하는 것이다. 심지어 충분히 만족된 고객도 때로는 경쟁자에 대한 호기심 혹은 다양한 매력에 이끌려 이탈한다. 조직이 고객만족을 넘어 그들을 장기간 유지할 수 있는 방법은 고객들을 협력자로 바꾸어야 하고, 기다리기보다는 앞서서 고객의 투입요소들을 찾아야 하고 문제가 발생하면 그 문제를 해결해 주어야만 한다.

2) 고객불만처리 행동의 관리

흔히 기업은 고객불평이 많이 들어오는 부서를 냉대하는 경향이 있다. 그 결과는 고객불평의 악순환이다. 왜냐하면 고객불평이 많은 부서에 대한 지원감소는 곧바로 고객에 대한 서비스의 악화로 이어지기 때문이다.

기업의 올바른 태도는 고객불평이 많았던 부서에 오히려 물심양면으로 더욱 많은 지원을 하는 것이다. 그래서 고객불평의 악순환이라는 고리가 없어지고, 고객이 갖고 있는 근본적인 불만을 해소하여 결국에는 고객불평을 줄일 수 있다.

또한 고객이 불평을 말할 수 있는 여건을 조성하는 것이 중요하다. 기업은 고객이 쉽게 불만사항을 기업 측에 전달할 수 있는 공식적인 기구를 만들고, 그것을 통해서 각종 정보를 수집하고 불만을 해소하기 위한 여러 가지 조치를 취해야 한다. 고객불평을 유도하는 방법은 수신자부담 고객 직통전화의 설치, 소비자 건의함 설치, 고객초청 간담회 및 고객방문제도 등을 들 수 있다.

고객이 불만을 느꼈을 때 보이는 행동반응은 상황이나 개인에 따라 차이가 있다. 불만을 해소하기 위하여 구체적인 행동을 취하는 고객도 있지만, 그렇지 않는 고객도 있다. 고객들이 불만에 대응하여 나타내 보이는 행동유형을 살펴보면 다음과 같다.(〈그림 8.4〉 참조)

첫 번째 유형은 전혀 아무런 행동을 취하지 않는 고객을 말한다. 불만수준이 낮아 무관심한 경우에 나타나는 행동반응이라고 볼 수 있다.

두 번째 유형은 불만의 경험을 기억 속에 저장하고 있다가 재구매가 필요했졌을 때 그 상표를 피하고 다른 대안을 선택하는 행동을 말한다.

세 번째 유형은 선택대안에 대해 자신만 부정적인 태도를 가지는 데 그치지 않고, 불만경험을 친구나 친지, 동료들에게 구전함으로써 그 상표에 대한 부정적 정보를 도처에 유포시키는 행동을 말한다.

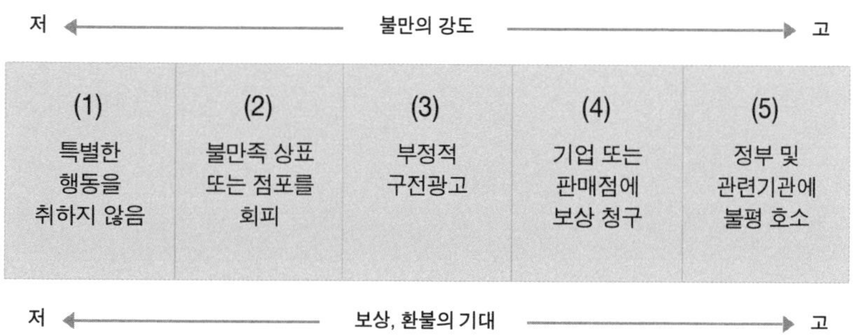

〈그림 8.4〉 고객의 불평행동

네 번째 유형은 책임이 있다고 생각되는 제조회사나 판매점에 직접 불평을 호소하고 보상을 청구하는 행동유형을 말한다. 불만을 해소하기 위한 가장 구체적인 행동 반응이라고 볼 수 있다.

다섯 번째 유형은 정부기관이나 소비자단체 등에 고발 또는 불평을 호소하는 고객의 행동유형을 말한다.

고객만족경영에 있어서 불평관리는 고객 사랑을 보여줄 최고의 기회인 만큼 잘잘못을 따지거나 발뺌하지 말고, 책임을 시인하고, 기업의 제품을 설명할 기회를 만들고, 평소 오프라인상의 서비스 수준을 높이는 것이 바람직하다. 어떤 경우이든 불평고객에 대한 최고의 대처법은 고객의 어떤 얘기라도 정성껏 들어주고 잘못을 바로 잡는 일이다.

제9장

기업문화

1. 기업문화의 정의

1) 기업문화의 정의

나라마다 문화를 갖고 있듯이 조직도 나름대로의 그 독특한 문화를 지니고 있는데, 이를 조직문화(organizational culture) 또는 기업문화(corporate culture)라고 부른다. 기업문화는 구성원들이 가지고 있는 신념(belief)과 가치(value)체계로 그들의 행동에 많은 영향을 준다.

기업문화는 여러 학자들에 의해 다양하게 정의되고 있어 아직 그 개념정의가 통일되어 있지 않으며, 학자에 따라 조직문화, 기업문화 또는 경영문화(business culture), 사풍(社風) 등으로 불리어지고 있다. 여러 학자들의 기업문화에 대한 정의를 살펴보면 다음과 같다.

(1) 샤인(E. H. Schein)의 정의

기업문화란 조직체 또는 집단이 내외 환경과의 적응 및 통합과정에 적용하는 기본 전제로서 조직구성원의 가치관과 사고방식, 그리고 행동을 지배하는 근본요소라고 정의하였다.

(2) 오우치(William Ouchi)의 정의

기업문화란 조직의 전통과 분위기이며, 조직의 가치관과 신조, 그리고 행동패턴을 규정하는 기준이 포함되어 있는 것으로 정의하였다.

(3) 존스(G.R. Jones)의 정의

기업문화는 조직의 정체성(identity)을 창출하고 조직구성원들의 행동을 규정하여 그들을 사회적 종합체로 결합시키는 조직의 기본전제와 신념, 그리고 가치관이다.

(4) 베이커(E.L. Baker)의 정의

조직에서 어떻게 행동해야 하고 어떤 과업과 목적이 중요한지 등에 대하여 대부분의 구성원들이 공유하고 있는 상호연관된 신념의 종합이라고 정의하였다.

이상 여러 학자들의 기업문화에 대한 개념과 정의를 종합해 볼 때, 기업문화는 조직구성원들이 공유하고 있는 구성원 행동과 조직 전체 행동에 기본 전제로 작용하는 조직체 고유의 가치관과 신념, 규범과 관습, 그리고 행동패턴 등의 거시적 총체라고 할 수 있다.

기업문화는 구성원들에게 기업이 표방하는 가치를 받아들이고, 자신의 행동방향을 설정하는 데 중요한 역할을 하며 기업의 경쟁력 결정에 많은 영향을 미친다. 따라서 경영자들은 기업문화가 어떤 역할을 하며, 건전한 기업문화는 어떤 것인지 그리고 어떻게 개발될 수 있는지를 잘 알고 있어야 한다.

2) 기업문화의 중요성

최근 기업문화가 기업경영의 새로운 핵심자원, 또는 다른 경쟁기업이 모방할 수 없는 지속적이고 안정적인 경쟁우위의 원천으로 강조되면서 경제적 성과의 향상이라는 측면으로도 그 기능을 넓혀 가고는 있지만, 기업의 문화는 원래 조직의 안정과 통합을 기하는 측면에 더 치중해 왔다. 기업의 문화가 중요한 이유를 구체적으로 살펴보면 다음과 같다.

첫째, 기업문화는 구성원들의 일체감을 바탕으로 노사관계의 안정성 제고에 이바지할 수 있다. 즉 기업문화는 공유된 가치와 신념을 통해 구성원 간 갈등의 소지를 줄여주며 협동심을 유발시켜 준다. 또한 구성원 간 커뮤니케이션을 촉진할 뿐만 아니라 상호이해의 폭을 넓혀주며 조직에 대한 몰입감을 증대시켜 줄 수 있다.

둘째, 기업문화는 가장 좋은 경영관리제도, 그중에서도 인적자원관리 제도의 올바른 지침을 제공하는 기능을 한다. 잘 형성된 기업의 문화는 승진, 급여, 교육훈련, 인사고과 등의 인적자원관리 활동의 평가기준 역할을 수행함으로써 효율적인 의사결정과 통제를 가능하게 한다.

셋째, 기업문화는 최고경영자로 하여금 일관된 경영스타일을 지속하도록 하는 매개체 역할을 한다. 기업문화가 튼튼할 때 최고경영자는 조직에서 형성되어 있는 문화를 수호하고 이를 더욱 발전시켜 일관성 있는 경영스타일을 유지할 수 있다.

넷째, 기업문화는 구성원들 간의 상호작용을 촉진시킨다. 기업에서 업무수행방식이나 인간관계 등을 둘러싸고 종업원들 간에 의견의 차이가 있을 때 구성원들 간의 상충되는 의견들을 조정하는 기준의 역할을 수행함으로써 불필요한 갈등을 사전에 예방한다. 또한 구성원들 간의 원활한 의사소통을 비롯한 상호작용을 도움으로써 구성원들의 조직몰입을 촉진시킨다.

다섯째, 기업문화는 대외적으로 사회적 이미지와 기업위상을 제고시킴으로써 기업의 대외홍보를 용이하게 하고, 이를 통해 우수한 인재의 모집이나 선발을 수월하게 한다. 뿐만 아니라 기업의 문화가 튼튼하면 좋은 고객들을 많이 확보하게 됨으로써 경제적 성과를 향상시키는 데에도 기여하게 된다.

기업은 21세기를 맞아 스스로의 존속을 가능하게 하는 기업문화를 지니고 있는가에 대해 생각해야만 한다. 코터(J.P. Kotter) 등의 연구에 의하면 향후 10년 사이에 기업문화가 기업의 성패를 결정하는 중요한 요인이 되며, 따라서 환경의 변화가 심한 오늘날에 적응력이 없는 기업은 막대한 타격을 입을 것이라고 말하고 있다.

이같은 기업문화의 중요성 때문에 기업에서는 1980년대 후반부터 기업내의 기업문화를 주된 연구과제로 하는 부서를 신설하기 시작하였다. 삼성그룹이 기업문화와 경영철학을 전문적으로 연구하기 위해 삼성정신문화연구소를 설치한 것을 비롯하여 현대, 쌍용, LG, 포항제철, 한국통신 등의 그룹과 은행의 금융기업까지도 전문기구를 설치하고 있다.

사례 9-1 대부분 겪는 직장 내 괴롭힘… "조직문화 확 바꿔야"

우리나라 직장인 10명 중 7명 이상은 직장에서 괴롭힘을 당한 경험이 있는 것으로 조사됐다. 상명하복의 경직된 조직문화를 바꿔야 한다는 목소리가 높다.

최근 국가인권위원회는 김정혜 고려대 법학전문대학원(로스쿨) 연구교수에게 의뢰해 실시한 우리 사회 직장 내 괴롭힘 실태 조사 결과를 발표했다. 지난해 8월23일부터 9월7일까지 만 20세 이상 남녀 임금 근로자 1506명을 대상으로 실시했다. 이번 조사에서 '직장 내 괴롭힘'을 직장에서 타인의 존엄성을 침해하거나 적대적 · 위협적 · 모욕적인 업무환경을 조성하는 행위라고 폭넓게 정의했다.

조사에 응한 직장인 중 73.3%가 직장 내 괴롭힘으로 피해를 입었다고 답했다. 빈도를 보면 월 1회 미만이 26.8%로 가장 많았고, 월 1회 정도가 21.4%로 뒤를 이었다. 주 1회 정도 괴롭힘을 당했다는 응답은 13.2%였고, 거의 매일 피해를 봤다는 응답도 12.0%에 달했다.

피해 유형별로 보면 '업무능력이나 성과를 부당하게 낮게 평가했다'는 답이 43.9%(중복 답변)로 가장 많았다. '통상적인 수준을 넘어서 다른 동료들보다 힘들고 과도한 업무를 주거나 다른 사람의 업무를 공공연히 떠넘겼다'는 응답이 37.6%를 차지했다. '출근 전후, 휴일에 업무를 지시하거나 업무 진행을 체크했다'는 항목을 꼽은 응답자는 37.7%였다. '정당한 이유 없이 업무와 관련해 의견이나 생각을 무시했다'는 응답이 36.7%로 뒤를 이었다.

또 노조 활동을 이유로 한 낮은 성과평가, 징계, 해고 등 불이익, 인력감축을 목표로 고유 업무를 박탈하거나 업무편람 베껴 쓰기 등 관련 없는 업무 지시, 장기자랑 강요, 성희롱 · 성추행 등 성폭력, 상급자 또는 그 가족의 폭언, 욕설, 폭행, 사적 업무 지시 등 괴롭힘 유형이 매우 다양했다.

용기를 내 회사에 문제제기를 했어도 '아무 일도 일어나지 않았다'는 응답이 53.9%로 가장 많았다. 개인적인 사과(39.3%)나 공식적 사과(8.9%)로 사건이 무마된 게 절반 정도고, 가해자 징계나 부서이동 등의 조치가 이뤄진 건 8.4%에 불과했다.

이처럼 유야무야 넘어가면 피해자가 목소리를 내고 싶어도 참게 되는 일이 반복돼 조직이 바뀌질 않는다. 현재는 괴롭힘을 당한 직장인 10명 중 4명가량만 가해자에게 문제제기(26.4%)를 하거나 공식적 조치 요청(12.0%)에 나서는 데 그쳤다. 60.3%는 아무런 대처를 하지 못했다.

오히려 피해자가 조직의 안위나 위계를 해치는 몰지각한 사람으로 몰리기도 한다. 괴롭힘을 공론화한 뒤 31.1%는 회사에서 업무상 부당한 대우나 불이익을 받았다. 비난(29.5%)받거나 악의적인 소문(26.9%)이 돈 경우도 상당했다.

이에 가해자가 아니라 피해자가 조직을 떠나는 악순환이 반복되고 있다. 피해자들은 자발적(22.1%) 또는 비자발적(18.7%)으로 다른 부서로 이동했거나 해고 또는 사직 권고(13.7%)를 받았다. 자발적으로 퇴사했다는 응답도 6.6%였다.

전문가들은 "이제부터라도 상명하복식의 경직된 조직문화를 수평적인 조직체계로 바꾸고, 상급자의 하급자에 대한 '갑질' 행위가 심각한 문제임을 조직 전체가 인식하는 것이 필요하다"고 공통적으로 제안한다. 요약하자면, 조직문화를 '확' 바꾸자는 것이다.

'아랫사람을 함부로 대해도 된다'는 인식부터 바뀌어야 한다. 이번 조사에서 괴롭힘 가해자는 상급자(42.0%)거나 인사상 불이익을 줄 수 있는 위치에 있는 경영진 · 임원(35.6%)이었다. 이들이 먼저 변해야 한다.

또 피해자 중심주의가 요구된다. 문제를 제기 했을 때 회사가 적극적인 대처에 나서야 한다. 가해자에게 적절한 처벌을 하고, 피해자는 적극적으로 보호하는 시스템이 정착돼야 한다.

피해자가 쉽게 제보할 수 있는 통로도 갖춰야 한다. 회사 인트라넷을 통한 익명 제보라든가 정기적으로 직원 전체 설문조사를 하는 등 피해를 알릴 수 있는 방식을 다양하게 운영해야 한다.

출처 : 아시아경제, 2018. 2. 17일자

2. 기업문화의 구성요소와 유형

1) 기업문화의 구성요소

기업문화는 조직구성원의 행동과 전체 조직체 행동을 대표하는 주요 개념으로써 어떤 요소들로 이루어져 있는지, 또 구성요소들 간에는 상호 어떤 관계가 있는가를 살펴볼 필요가 있다. 이 같은 기업문화의 구성요소와 상호관계에 관한 연구 중 파스칼과 에토스(R. T. Pascale & A. G. Athos) 등이 제시한 7S모형에 대해 알아보기로 한다.

파스칼과 에토스는 기업문화의 구성요소로 영문자의 'S'로 시작되는 단어인 공유가치, 전략, 구조, 제도, 구성원, 관리기술 및 스타일 등의 일곱 가지로 제시하였다.

일곱 가지의 구성요소 중에서 첫 번째 공유가치(shared value)가 가장 중요한 역할을 수행한다고 보고 있다. 왜냐하면 공유가치는 다른 요소들을 연결시켜 주는 핵심적인 요소로서 기업 구성원들이 공동으로 소유하는 기본적인 가치관과 이념을 의미하기 때문이다.

두 번째 구성요소인 전략(strategy)은 기업의 장기적 방향과 기본 성격을 지배하는 중요한 요소로서 보다 높은 수준에서 기업목표를 달성하기 위한 틀을 제공해 준다.

세 번째 구성요소인 구조(structure)는 전략을 수행하는 데 필요한 조직형태와의 상

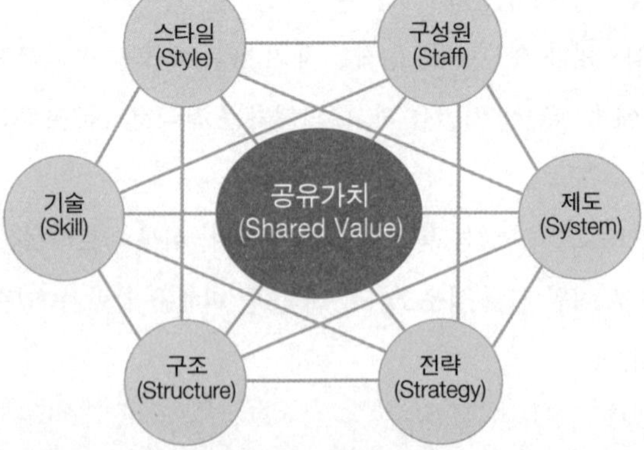

〈그림 9.1〉 기업문화의 구성요소

자료: R. T. Pascale and A. G. Athos, The Art of Japanese Management(New York: Penguin Books, 1981), p.202.

호관련성을 뜻하며, 이는 기업성과의 중요한 원천이 된다.

네 번째인 제도 및 절차(systems)란 기업의 경영과 관련된 모든 제도 및 절차, 시스템을 말하며 조직구조와 함께 구성원의 행동과 성과에 영향을 미친다.

다섯 번째 요소는 기업을 구성하고 있는 사람들(staff)로서 이들 개개인의 특성은 공유가치와 기업문화 자체에 직접적인 영향을 미친다.

여섯 번째로 스타일(style)이란 기업구성원의 행동, 스타일 및 리더십을 말하며, 이에 따라 기업의 분위기에 많은 변화를 보이게 된다.

마지막 요소인 관리기술(skill)은 기업경영에 실제로 적용되고 있는 것으로써 구성원의 행동 · 관리 스타일과 더불어 기업의 성과에 직접적인 영향을 미친다.

기업문화는 조직 외부의 환경적 특성이나 조직 내부의 이유 때문에 변화하게 된다. 즉 조직의 기본적 임무의 변화, 주요기술 및 시장의 변화, 타회사의 취득 · 합병, 조직의 해외진출, 기존의 행동양식과 요구되는 행동양식의 불일치 등으로 인해 기업문화는 변화를 요구하게 된다. 특히 기업의 성장단계에 따라 기업문화의 기능이 크게 달라지게 되므로, 각 단계별로 요구되는 기업문화의 특성을 고려할 필요가 있다.

2) 기업문화의 유형

기업문화의 유형은 조직의 수 만큼 많고 다양하기 때문에 이에 관한 학자들의 관점도 또한 매우 다양하다. 이하에서는 여러 학자들의 의해 거론되고 있는 대표적인 기업문화의 유형을 살펴보기로 한다.

(1) 딜과 케네디(T.E. Deal & A.A. Kennddy)의 유형

기업문화를 위험감수 정도와 일의 결과가 얼마나 빨리 피드백되는가에 따라서 다음의 〈표 9.1〉과 같이 네 가지로 분류하였다. 즉 의지가 강한 남성적 문화, 열심히 일하고 잘 노는 문화, 기업의 운명을 거는 문화, 과정을 중시하는 문화 등이다.

〈표 9.1〉 딜-케네디의 4가지 기업 문화 유형

구분		위험도	
		고	저
피드백 속도	빠 름	의지가 강한 남성적 문화	열심히 일하고 잘 노는 문화
	늦 음	기업의 운명을 거는 문화	과정을 중시하는 문화

자료: T.E. Deal & A.A. Kennedy, Corporate Cultures(Addison-Wesley, 1982), p.466.

① 의지가 강한 남성적 문화(tough-guy, macho culture)

감수해야 할 위험의 정도가 높고, 결과의 피드백 기간이 짧을 때 나타나는 문화이다. 즉 높은 위험에 직면하여 구성원의 적극적인 행동을 요구하는 문화이다. 따라서 '남성형 문화'나 '모험형 문화' 또는 '강력한 지도자형 문화'라고도 불리며, 조직 내 구성원들이 상호 경쟁하는 개인주의적인 문화라고 볼 수 있다. 이 같은 경영환경에서는 의사결정을 빨리하고 위험을 이겨낼 능력이 요구되며, 협력이나 팀워크는 크게 중요하지 않다. 또한 이런 문화를 지닌 기업은 특히 장기투자를 하지 않으려는 단점을 지닌다.

② 열심히 일하고 잘 노는 문화(work hard, play hard culture)

위험감수의 정도가 낮고, 결과의 피드백 기간이 짧을 때 나타나는 문화의 유형이다. 근면과 노력이 성공의 열쇠가 되는 확률이 높기 때문에 '근면형 문화' 또는 '근면·적극형 문화'라고도 한다. 이 문화는 강력한 판매력을 지니며, 문제를 해결하는 데 있어서 팀 접근법을 사용한다. 장점으로는 많은 일을 빠른 시일 내에 완수할 수 있다는 점이며, 단점으로는 일을 빨리 해결하려고 서두르다 보니 문제해결보다는 어떤 행동만을 취하고 끝내는 경향이 있으며 특히 분석력이 결여된다는 점이 있다.

③ 기업의 운명을 거는 문화(bet-your-company culture)

위험감수의 정도가 높고, 결과의 피드백 기간이 장기일 때 나타나는 문화이다. 따라서 '고위험형 문화' 또는 '투기형 문화'라고도 불리며, 올바른 의사결정이 중시되며, 회의가 중요한 의식이 되고 기업 전체에 신중한 기풍이 조성된다. 이 문화는 장기적 관점을 지니며, 의사결정시 재검토를 반드시 하고, 기술력이 강하며 권위에 대해 강한 존경심을 갖는다. 장점으로는 높은 질의 창조작업과 과학적 발전을 이룰 수 있다는 것이며, 단점으로는 일을 하는 데 있어서 너무 시간이 많이 걸린다는 것이다.

④ 과정을 중시하는 문화(process culture)

위험감수의 정도가 낮고, 결과의 피드백 기간이 장기적일 때 나타나는 문화이다. '절차형 문화'라고도 불리는 이 문화는 산출물과 같은 결과보다 그것이 어떻게 이루어지는가 하는 진행방법과 과정에 주로 초점을 둔다. 이 문화는 조직내 구성원들이 사려깊고, 질서정연하며, 보호지향성을 지니고, 정확성과 완전무결주의를 지향하기 때문에 '관료주의 문화' 또는 '관료형 문화'라고도 불린다. 장점으로는 작업환경에 순서와 체계가 유지된다는 점이며, 단점은 너무 관료주의적이어서 창조적 사고가 적다는 것과 일을 하는 데 너무 많은 시간이 소비된다는 점이다.

(2) 퀸(R.E. Quinn)의 유형

퀸의 주장에 의하면, 조직은 몇 가지 서로 상호 모순되는 가치들을 동시에 만족시킬 수 있어야 높은 성과를 얻을 수 있다고 하였다. 따라서 두 쌍의 상호 모순된 가치를 특히 강조하는데, 이는 신축성-질서의 차원과 외부지향-내부통합의 차원으로 하는 매트릭스를 만들어 기업문화를 네 가지 유형으로 구분하여 표시하면 〈그림 9.2〉와 같다.

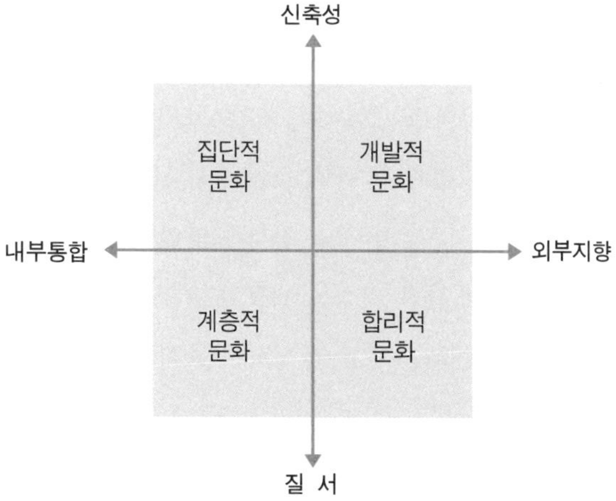

〈그림 9.2〉 퀸의 기업문화 유형

① 집단적 문화(group culture)

조직의 신축성과 내부지향성을 강조하는 이 유형은 구성원의 단합과 관련된 규범과 가치관에 기반하면서 인적자원의 개발을 중시하고 구성원들의 의사결정에의 참여에 가치를 둔다. 가족 같은 운명공동체를 지향하며 구성원들은 애착심과 친화, 그리고 멤버십의 중요성에 의하여 조직에 대한 공헌도가 결정되는 것으로 생각한다.

이 같은 기업문화에서는 의사결정이 구성원들의 참여에 의하여 집단적으로 상호작용을 용이하게 해주어야 한다. 따라서 집단적 문화는 일본의 사회문화적 특성을 많이 반영하고 있는 Z이론 조직에서 많이 나타난다.

② 개발적 문화(developmental culture)

조직의 신축성과 외부지향성을 강조하는 이 유형은 변혁을 전제로 하며, 구성원들은 수행하는 과업의 중요성이나 이념적인 호소력에 의해 동기가 부여된다. 어려움을 겁내지 않고 위험을 기꺼이 감수하는 동적이며 도전적인 문화이다.

구성원들은 성장과 자극, 그리고 다양성과 같은 욕구 때문에 조직목표를 달성하기 위하여 노력한다고 생각한다. 또한 리더는 항상 여러 가지 위험을 감수할 수 있는 능력을 지녀야 하며, 필요한 자원을 획득하는 데 있어서 많은 시간을 할당해야 하며, 유기적인 조직에서 많이 볼 수 있다.

③ 계층적 문화(hierarchical culture)

조직의 통제와 내부지향성을 강조하는 유형으로서 안정적인 기반 위에서 조직 내부의 능률을 추구하고자 한다. 이러한 기업문화에서는 감독과 통제가 중시되고 구성원들은 주로 안전과 질서를 바란다. 또한 리더는 보수적이고 신중하여야 하며 주로 기술에 관한 지식을 제공하고 조직의 기본 구조가 변화없이 유지되기를 바란다. 이러한 문화는 주로 기계적인 조직에서 많이 볼 수 있다.

④ 합리적 문화(rational culture)

조직의 통제와 외부지향성을 강조하는 이 유형은 조직의 업적달성과 과업수행에 있어서의 능률과 생산성을 강조한다. 개인의 목표가 분명하고 성과에 따라서 보상이 주어질 것으로 예상한다면 구성원들은 조직의 요구에 따를 것으로 생각한다.

또한 이런 문화에서는 목표관리(MBO) 과정에서와 같이 합리적인 계획과 목표가 중시되고 의사결정의 효율성이 강조되므로 리더는 지시적이고 목표 지향적이어야 하며, 조직구성원들로 하여금 생산성을 높일 수 있도록 격려하여야 한다. 이러한 기업문화의 유형은 주로 미국의 사회문화적 특성을 반영하는 조직에서 많이 볼 수 있다.

이상과 같이 퀸은 네 가지로 조직의 문화형태를 분류하고 있지만, 조직이 진정으로 우수한 성과를 장기적으로 확보하기 위해서는 네 가지 중에서 어느 한 가지에 지나치게 집착해서는 안된다고 하였다. 물론 기업의 특수한 상황에 따라 단기적으로 어느 한 문화가 특별히 우월한 문화가 될 수는 있지만, 어느 한 가지에 집착을 하면 조직은 장기적으로 생존자체가 불가능해진다는 것이다.

따라서 바람직하고 건전한 기업문화는 네 가지 유형의 주장들이 모두 균형된 상태로 유지되는 것을 말한다. 〈표 9.2〉는 맥그리거(McGregor), 오우치(W. Ouchi), 이면우 교수가 주장하는 이론들을 기업문화와 관련하여 설명한 표이다.

〈표 9.2〉 X-Y이론 · Z이론 · W이론의 기업문화 비교

X-Y 이론	Z 이론	W 이론
맥그리거(D.McGregor)	오우치(W.Ouchi)	이면우 교수
▪ 인간의 본성에 대한 올바른 이해를 촉구	▪ 회사의 고용제도, 승진 및 경력관리, 의사결정 등 인사제도 면에 대해서 광범위하게 다루고 있으며, 특히 일본의 경영관행, 인사제도 장점부각	▪ 조직구성원들의 자부심을 희망과 포부를 일깨워 '신바람' 나는 직장이 되게 하는데 지도자의 솔선수범과 희생정신이 중요하다고 지적
▪ 인간에 대한 긍정적이고 낙관적인 견해	▪ 인간에 대한 관심을 비단 직장생활에 국한시키지 않고 전체 삶으로 확대하는 것을 제안	▪ 구체적인 이론구조나 방향 제시를 못함
▪ 인간중심적인 조직 강조		
▪ 주로 경영자의 가치관, 세계관을 다루고 있으며 경영자의 의식개혁 강조	▪ 조직 전체의 분위기, 경영관행과 경영체제를 주로 다름	▪ 경영자의 의식개혁과 창의력을 통한 생산관리를 강조(고부가가치 아이디어 상품 개발 등)
▪ 미국의 기업문화	▪ 주로 일본의 기업문화	▪ 바람직한 한국의 기업문화 제시

자료: 김성국, 『조직과 인간행동』(서울: 명경사, 1999), p.369.

사례 9-2 **당신의 기업은 안녕하십니까?**

조직문화 · 경영운영 · 외부평판 위기 징후 빨간불 기업은 어디?

"경영진이 '내가 해봐서 아는데' '그래도 우리 때보다 좋아진 거야'라는 말을 주로 하는 기업에선 계속 사고가 터진다. 우리 기업들은 사내 문화가 강력한 경쟁력임을 간과하고 회사가 직원에게 베푸는 시혜적인 일, 복지 개념으로 접근하고 직원의 문제 제기를 '단순 불만 표시' '주인의식 결여'로 깎아내린다. 이러다 걷잡을 수 없는 위기를 맞게 된다."

경영자는 경영자대로 직원은 직원대로 불만이 많지만 제대로 된 소통 창구가 없다는 하소연이 쏟아진다. 익명 기업 신문고 역할을 하는 잡플래닛 같은 온라인 공간에서 넋두리, 푸념, 분노 표출이 이어지는 이유도 여기에 있다. 그러다 외부로 알려지면 기업 이미지가 급전직하하는 일이 비일비재하다.

매경이코노미는 잡플래닛과 손잡고 조직문화, 경영 · 운영, 외부 평판 등 세 가지 분야에서 위험 징후가 다분한 기업은 어디인지 빅데이터 분석을 통해 다각적으로 분석했다. 단순한 비판이 아니라 대안을 찾아보기 위한 시도다.

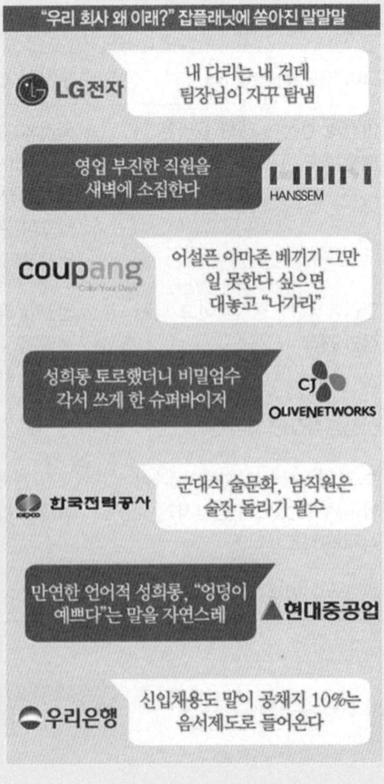

'군대문화, 술문화에 적응하는 것이 관건. 회식비 아끼면 월급을 올려줄 수 있겠다는 생각이 들 정도. 성희롱해도 잘리지 않는 회사. 하긴 성희롱인 줄도 모르는 듯' '직장 내 성차별 · 성희롱 교육을 철저히 하고 회식 문화 개선이 필요하다. 특히 지방 사업장은 필수. 성희롱 교육받으면서 예시로 나온 멘트를 다음 주에 들을 수 있다' '내 다리는 내 건데 팀장님이 자꾸 탐냄. 안 만지면 괜찮은 줄 아는 멍청이들이 많다. 술 들어가면 아주 가관임.' 잡플래닛에 올라온 LG전자 관련 글들이다.

LG전자는 이번 빅데이터 조사에서 위기 징

후 1위 기업에 이름을 올렸다. 특히 성희롱, 성차별, 군대문화, 유리천장, 술잔 돌리기 등 조직문화 관련 부정 글들이 100여 건 이상 대거 올라와 눈길을 끌었다. 스마트폰 사업 부진으로 지난 3년간 추진했던 조직 변화 과정에서 피로감을 호소하는 글도 다수 보인다.

'사업에 있어 몇 번을 크게 실책한 임원을 계속 중요 보직에 두는 등 회사 경영에 있어서 안타까운 부분들이 많이 보임' '인사제도가 1980년대에 머물러 있다. HCCR이라고 해서 저능력자를 뽑아 퇴사시킨다. 까라면 까라 식의 지시 형태가 많다. 면담도 없이 임원을 아무 데나 배치시킨다. 사내정치가 너무 심하다.'

2위 한샘도 양상은 비슷하다. 한샘은 지난해 성추행 사건으로 회장 공식 사과 등 홍역을 치른 바 있다. 하지만 사건 전은 물론 이후에도 '화장실 가면 울고 있는 동기를 종종 발견할 수 있다. 성희롱도 하도 많이 들어서 나중에는 무뎌지는데 이게 성희롱인지 그냥 농담인지 헷갈리는 지경이 온다'와 같은 글이 올라오는가 하면 '영업 압박이 너무 심하다. 부진자들을 새벽에 소집하거나 법인카드 활동비를 적게 줘서 내 돈 들여 영업하는 상황을 만든다' 등 갈 길 먼 사내 문화의 단면을 보여주는 내용도 수두룩하다.

잡플래닛 관계자는 "한샘의 경우, 2017년 1~3월까지는 월평균 35건 이상 리뷰가 들어왔고 최소 7건은 성희롱을 당했거나 목격했다는 내용이었다. 8월과 9월 갑자기 리뷰 양이 증가하면서 성희롱뿐 아니라 대리점 갑질, 정규직 전환, 영업 압박 등 내용이 복합적으로 노출됐다. 잠시 주춤하던 리뷰 수는 성희롱 사태가 터진 11월 1일 이후 연초 수준으로 증가했다. '나도 당했다' '나도 봤다' 식의 성추행 동조 리뷰가 많았다"고 설명했다.

어떻게 조사했나

매경이코노미는 채용 정보 사이트 잡플래닛과 손잡고 국내 기업 위기 수준을 빅데이터로 분석해봤다. 바람직한 기업문화 정착을 위해 적폐, 구습을 확인하고 국내 기업들이 어떤 위기에 얼마만큼 노출돼 있는지 가늠해보기 위해서다. 참고로 잡플래닛은 전현직 임직원들이 자발적으로 본인 소속 기업의 장단점을 리뷰 형식으로 올리는 일종의 온라인 기업 신문고다. 회원 등급에 따라 열람 가능 범위가 가려진다. 입사, 이직을 준비하거나 평판을 신경 쓰는 회사 담당자들이 필수적으로 들르는 사이트다. 빅데이터는 지난해 올라온 기업 리뷰 101만 7,429건을 기준으로 했다. 여기서 기업 위기를 감지할 수 있는 부정적인 키워드를 분류, 해당 단어가 포함된 리뷰를 추출해 순위를 매겼다. 평가 분야는 총 3개로 조직문화, 경영 · 운영, 외부 평판이다.

'조직문화'는 조직에 구축된 문화 건전성을 판단하는 분야다. 성희롱, 성차별, 군대문화, 유리천장, 술잔 돌리기, 음주문화, 학벌 차별 등 53개 주요 키워드로 설정했다. '경영 · 운영'은 경영 체계와 구조적 리스크와 연결된 단어들이 많이 노출될 경우 평가가 나쁘다. 경영 악화, 적자, 위기, 낙하산, 채용비리, 내부고발, 보고체계 등의 단어(총 36개)가 자주 나타나면 문제가 있을 수 있다고 봤다. '외부 평판'은 하청업체나 벤더사, 파트너사, 파견업체, 아르바이트생 등 기업과 밀접하게 관련돼 있는 이해관계자들의 글을 바탕으로 평가했다. 갑질, 뒷돈, 접대, 비인간적, 차별, 압박 등이 대표적인 키워드(총 16개)다.

설정한 모든 키워드는 경중에 따라 총 3단계(위험 · 경고 · 주의)로 나눴다. '위험'은 불법 행위다. 성희롱, 성추행, 폭행 등이 포함된다. '경고'는 위험 상황의 출현 가능성을 높일 수 있는 낱말들로 추렸다. 술문화, 군대문화, 내부고발 등이 여기 해당한다. 주의는 일상적인 업무 환경에서 자주 포착될 수 있는 상황을 묘사한 단어다. 과로, 업무 강도, 차별 등이다.

위험, 경고, 주의 순으로 사안의 심각성이 크다고 볼 수 있다. 이에 단계마다 각기 다른 가중치를 부여했다. 위험은 10점, 경고는 3점, 주의는 1점을 배점했다. 예를 들어 같은 조직문화 관련 키워드라고 하더라도 '성희롱(위험)'이 '과로(주의)'보다 점수가 높다. 각 키워드별 점수에 리뷰 개수를 곱한 수치를 모두 더해 총점을 계산하고 이를 바탕으로 기업 위기 순위를 매겼다.

종합순위는 각 분야별 순위와 무관하게 총점으로 내림차순 했다. 특정 분야에서 순위가 낮더라도 모든 분야에서 획득한 점수가 높다면 종합순위가 높을 수 있다는 얘기다. 반대로 특정 분야에서 순위가 높더라도 점수가 낮을 경우 종합순위표에 이름을 올리지 않는다. 리뷰 개수는 조직문화, 외부 평판, 경영 · 운영 순으로 많았다. 비율로 따지면 5 : 3 : 2 정도다. 때문에 조직문화 순위가 높을수록 종합순위에서도 상위권에 자리할 경향이 높다.

김지예 잡플래닛 이사는 "허위사실 여부를 떠나 지나치게 구체적인 범죄 행위에 대한 리뷰는 승인하지 않고 공개도 안 하고 있다. 그러다 보니 기업에 꼭 필요하다고 생각하는 심각한 위기 징후들이 노출되지 못하고 있다. 이번에 빅데이터를 분석하게 된 배경"이라고 강조했다.

분야별 인기 징후 순위

순위	종합순위	조직문화	외부 평판	경영 · 운영
1	LG전자	한샘	LG전자	대우조선해양
2	한샘	해커스교육그룹	포스코	현대중공업
3	해커스교육그룹	바디프랜드	쿠팡	팬택
4	쿠팡	LG전자	이마트	이지모바일
5	현대중공업	현대중공업	위메프	이랜드파크 외식사업부
6	웰컴저축은행	한국전력공사	아성 다이소	바디프랜드
7	현대자동차	KCC	KT DS	새마을금고
8	한국전력공사	쿠팡	한국피자헛	삼성물산-건설부문
9	롯데백화점	CJ올리브네트웍스	삼성전자	두산중공업
10	CJ올리브네트웍스	LG디스플레이	LG넥스원	포스코건설
11	KCC	현대자동차	롯데백화점	웰컴저축은행
12	새마을금고	웰컴저축은행	롯데정보통신	농협은행
13	LG디스플레이	천재교육	신세계백화점	LG전자
14	바디프랜드	새마을금고	현대글로비스	엘비씨소프트
15	대한무역투자진흥공사	롯데백화점	유한킴벌리	티몬
16	남양유업	이랜드월드	농협중앙회	한국전력공사
17	와이지원	롯데정보통신	하나은행	유라코퍼레이션
18	한국철도공사	에프알엘코리아	홈플러스	LG CNS
19	롯데정보통신	오뚜기	남양유업	신한다이아몬드공업
20	현대글로비스	한국철도공사	한샘	KCC
21	이랜드월드	위메프	현대백화점	우리은행
22	대우조선해양	현대제철	새마을금고중앙회	대유위니아
23	오뚜기	홈플러스	대한항공	삼성중공업
24	에프알엘코리아	와이지원	신세계푸드	현대캐피탈
25	농협은행	종근당	씨제이푸드빌	세스코
26	현대제철	한세실업	티몬	KMW
27	동화세상에듀코	동화세상에듀코	웰컴저축은행	일진전기
28	종근당	삼성엔지니어링	롯데시네마	엘지디스플레이
29	키스템프	한솔섬유	CJ CGV	에어코리아
30	한국맥도날드	우리은행	현대자동차	인프라웨어

출처 : 매경이코노미, 2018. 1. 29일자

3. 기업문화의 바람직한 방안

오늘날에는 기업마다 독특한 기업문화를 지니고 있다. 본 절에서는 기업문화의 바람직한 방안과 우수한 기업의 문화특성에 대하여 살펴보고자 한다.

1) 기업문화의 바람직한 방안

기업문화는 그 기업 조직의 특성에 적합한 기업문화를 창달하는 것이 특히 중요하다. 기업의 경영시스템과 연계하여 바람직한 기업문화를 이끌어낼 수 있는 방안이 무엇보다도 중요하며, 그 방법으로 다음과 같이 몇 가지를 들 수 있다.

(1) 최고경영층의 의지

기업문화는 최고경영자에 의해 크게 영향을 받는다. 기업문화를 효과적으로 창달하기 위해서는 최고경영자가 앞에서 선도하는 역할을 해야 할 뿐만 아니라 지속적인 관심을 가지고 후원하는 역할을 해야 한다.

그래서 최고경영자가 바람직한 행동을 솔선수범하는 모습을 보임으로써 상징적인 역할을 수행하는 것이다. 최고경영자의 모범적인 자세는 구성원들 사이에 하나의 역할모델로서 자연스럽게 수용됨으로써 공감도가 높은 강한 기업문화의 형성을 촉진시킬 수 있다.

최고경영자의 행동은 구성원들에게 무엇이 중요한가, 어떤 것을 바람직한 가치로서 추구할 것인가를 상징적으로 전달하게 된다. 이러한 최고경영자의 관심과 의지 및 후원이 기업문화 수립의 성패를 좌우한다고 해도 과언이 아니다.

또한 기업문화는 단시일 내에 가시적인 성과로 나타나지 않아 쉽게 포기할 수도 있다. 그렇기 때문에 최고경영자의 기업문화 창달에 대한 관심과 확고한 의지가 밑바탕이 되어야 한다. 이것을 위해 지금까지 형성되어 온 문화의 긍정적인 면은 계승하고 부정적인 면은 과감히 버리겠다는 태도가 필요하며, 창업주나 최고경영자의 경영철학이나 가치를 명문화하는 방법들이 효과적일 수 있다.

최고경영자는 구성원들 간의 안정적인 멤버십을 강화하기 위해 조직차원에서 기업문화교육을 위해 교육교재를 개발하고 기업문화교육을 통해 전 사원의 오리엔테이션을 실시한다. 예를 들어서 경영이념의 해설서를 발간한다거나 기업문화를 반영하는 사원정신 · 행동지침 · 경영방침 등을 내용으로 하는 교범을 작성한다거나 사보를 발간하는 것 등이 효과적이다. 또한 구성원 개개인이 지향해야 할 조직의 규범과 가치를 일상의 직장생활에서 모범적으로 실천하는 사람들에게 포상하는 방법을 활용하는 것도 좋을 것이다.

(2) 자율적 책임경영체제의 구축

자율적 책임경영체제의 구축을 위해서는 개인, 집단, 조직 등 모든 수준에서의 노력이 필요하다. 왜냐하면 기업의 경영에서 개인, 집단, 조직의 세 수준은 각기 개별적으로 분리 · 독립되어 있는 것이 아니라 유기적으로 연결되어 서로 상호영향을 주고받기 때문이다.

첫째로 개인의 수준에서는 구성원 각자가 자신의 역할을 인식하여 이를 실천하는 자기관리(self-management)가 필요하다. 이것을 위해서는 구성원 각자가 공동체 속에서 자율적인 정신자세를 갖추고, 동시에 경영자들도 이들에게 충분한 자율권을 주어야 한다.

둘째로 집단수준에서의 자율적 경영의 구체적 방안으로 소집단의 활성화가 중요하다. 소집단활동은 소수의 구성원들이 자신들의 자발적 의지로 어느 정도까지 자유롭고 창의적인 문제해결에 참여할 수 있도록 집단활력을 높임으로써 종업원들의 자율성 수준을 높이는 유용한 수단이 되고 있다. 특히 소집단활동을 운영함에 있어서 세심한 노력과 신경을 써야만 활성화될 수 있다. 리더에게만 의존한다든지 특정인물로 중심이 된다든지, 연령 · 학력 · 지위 등의 차이에 의한 소극적 · 부정적 입장이 나타난다든지 경영자 및 관리자들의 무관심과 불쾌감이 있다든지, 파벌이 생긴다든지 하게 되면 소집단활동은 매우 큰 지장을 받게 되므로 이러한 점들을 극복하여야 한다.

셋째로 조직 전체 수준에서의 자율경영은 분권화된 책임경영체제의 형태로 나타난다. 책임의 의미는 주어진 책임을 달성하기만 하면 된다는 소극적 의미보다는 목적달성을 위한 자발적인 책임의 분담이라는 적극적인 의미로 해석해야 한다. 따라서 자율경영체제를 구축하기 위해서 전문경영자들에게 실질적인 권한을 위양할 수 있는 분권적 조직을 설계하여야 한다.

(3) 공동체의 가치의식 정립

바람직한 기업문화를 이루기 위한 핵심적인 가치의식은 협동정신, 질서의식, 경쟁논리 등을 들 수 있다.

첫째, 협동정신은 소속집단만을 강조하는 폐쇄된 '우리' 의식을 벗어나 조직구성원들 간의 신뢰관계 속에서 형성되고 확대된 '우리' 의식에 입각한 것이다.

둘째, 질서의식은 구성원들이 조직목표의 달성 및 규범의 준수를 위한 자발적인 노력을 통해 효율적으로 일을 수행하는 데 있어서 가장 기본이 되는 것이다. 이러한 질서의식을 위해서는 위계적 질서 이외에 수평적 질서도 요청된다.

셋째, 경쟁논리는 구성원들에게 균등하게 부여된 기회를 밑바탕으로 공정한 절차와 제도 속에서 경쟁을 통해 구성원들의 목적을 추구하고 또한 기업의 목적도 달성한다는 자세와 게임의 룰(rule of game)을 지킴으로써 도전정신을 발휘하는 것이다.

가치의식의 정립은 조직구성원들의 자발적인 참여를 통해 형성될 때 가능하다. 즉 위에서 아래로 확산되는 문화적 특성과는 달리 조직의 일반 구성원들 사이에서 자생적으로 형성되어 확산되는 것이 바람직한 것이다.

(4) 의사소통의 활성화와 의미있는 상징의 개발

바람직한 기업문화라도 구성원 간에 공유하지 않으면 의미가 없다. 따라서 기업문화를 형성하는 데 있어서 기업 내 수평적 · 수직적인 방향에서 개방적인 의사전달체계를 구축함으로써 원활한 의사소통이 이루어지도록 해야 한다. 기업문화 정립에 심각한 장애가 될 수 있는 구성원들의 폐쇄성을 줄이고 개방성을 늘리기 위해서는 의사소통을 원활하게 하는 관행을 정착시켜야 한다.

상 · 하급자 간의 갈등의 원인이 되는 일방적 의사전달을 배제하기 위해 하의상달 방안을 강구해야 하며, 상 · 하급자뿐만 아니라 기업 내의 여러 부서 간에도 의사소통이 잘 안 되는 경우가 많은데 이를 개선할 방안도 아울러 필요하다.

또한 기업문화를 통합적으로 나타내는 상징물을 활용하는 것도 효과적이다. 상징은 기업문화를 현실에서 체감할 수 있는 가장 손쉽고 가까운 수단이 될 수 있도록 해야 한다. 그 기업의 마크나 마스코트, 기업의 특성을 나타낼 수 있는 건물이라든가 해당 기업을 대표할 수 있는 영웅이나 인물 등과 같은 경우를 개발하는 것이다. 이러한 상징물들은 고객, 종업원 및 기타 이해관계자들이 기업문화를 연상해 낼 수 있도록 할 뿐만 아니라 새로운 기업문화를 전파하는 데 있어서도 매우 효과적이다.

(5) 노사간 공감대의 형성

바람직한 기업문화는 최고경영자 혼자의 의지나 슬로건만으로는 이루어지지 않는다. 즉 최고경영자의 노력뿐만 아니라 구성원의 창의와 헌신을 이끌어내는 것이 성공적으로 기업문화를 창달하는 데 관건이 된다. 기업의 전 구성원이 참여하고 헌신할 수 있는 문화적 풍토의 조성을 위해서는 노사 간에 여러 가지의 혁신방안들에 대한 공감대(sympathy)를 형성하는 것이 중요하다.

어떤 사람들은 기업문화를 경영자문화 또는 근로자문화로 대립적인 관점에서 구분하기도 하지만, 기업문화는 서로 이질적인 문화로서 별개로 존재하는 것이 아니라 많은 공통분모를 가진다. 즉 기업문화는 기업 내 어느 특정집단만이 배타적으로 공유하는 것이라기보다는 경영자와 근로자를 가리지 않고 기업공동체에 속하는 구성원 모두가 공유하는 것이 되어야 한다. 노사 간의 공감대 형성은 어느 일방의 노력만으로 되는 것은 아니다. 경영자들은 근로자들의 입장을 진정으로 이해하는 자세를 가져야 하며, 근로자들은 경제적인 문제를 앞에 내세워 인간적인 문제를 일시적으로 얼버무려 넘기려고 해서는 안 되며, 보다 건설적이고 적극적인 참여자세로 대화에 임하도록 노력해야 할 것이다.

사례 9-3 대기업이 싫다는 청년들

내게 맞는 알짜 중견 중소기업은 어디?
대기업 못지않은 중소기업부터 키워야

우리나라 500인 이상 대기업의 평균 임금은 5인 미만 기업의 3.2배 수준으로 미국보다 31%, 일본과 비교하면 52%나 격차가 크다는 연구 결과가 지난해 발표된 적이 있다. 좋은 인재들이, 청년들이 대기업에 몰릴 수밖에 없는 이유다. 그나마 대기업 못지않은 임금과 복지로 경쟁력을 키우는 중견·중소기업이 늘고 있다는 점은 다행이다. 청년들 사이에선 임금·복지와 더불어 조직문화와 비전 등 다양한 가치를 추구하는 트렌드도 엿보인다.

"중견기업을 다니다 대기업으로 옮겼는데 다시 중견기업으로 돌아간 친구가 있습니다. 수직문화가 너무 답답해 돌아갔다고 하더라고요."

"맞아요. 수직적인 기업 문화가 싫어 중견기업으로 옮겼다는 친구들이 많습니다. (대기업보다) 조직문화가 자유롭고, 유연하고, 대표와 스스럼없이 얘기하는 그런 회사를 선호하는 것 같습니다."

"문제는 큰 기업의 경우 시스템으로 돌아가는데 작은 기업은 오너 마음이라는 거죠. 오너 리스크도 상당하고요. 스타트업의 경우 오너가 회사를 팔고 나가면 쑥대밭이 되는 경우도 있더라고요."

"안정성이나 망하지 않는다는 느낌, 탄탄한 재무구조 등은 사실 입사 전엔 알기 어려운 측면이 있지만 기본적으로 가장 중요한 것 같습니다."

"물론 선택해야 하는 경우도 있는데요. 중견기업인 샘표 같은 경우 복지가 아주 좋은 회사로 유명합니다. 다만 연봉은 업계 평균보다 낮아서 복지냐 임금이냐 선택하게 되는 경우도 있더라고요."

대기업의 경직된 조직문화는 싫다

연중기획 '청년 일자리, 다시 미래를 설계한다'에서 '나에게 맞는 알짜 중견기업 · 중소기업' 편을 맡은 취재기자 5명과 아이템 회의를 하면서 짧게나마 나눈 대화의 요지다. 대부분 20대 중반에서 30대 중반으로 불과 몇 년 전까지 구직활동을 하기도 했고 혹은 주변에서 간접적인 경험담을 많이 듣는 시기이기도 하다. 구직활동을 하는 청년들의 생각과 크게 다르지 않을 것이란 생각에서 얘기를 나눠봤다.

가장 놀라웠던 점은 대기업의 수직적인 기업문화에 대한 반감이 1번으로 거론됐다는 점이다. 시대가 변하고 있고 청년들이 기업을 선택하는 기준도 조금씩 바뀌고 있다는 것을 말해준다.

물론 대놓고 "대기업에서 오라고 하면 갈래 안 갈래?"라는 질문엔 여전히 자신이 없다. 아직은 대기업 선호라는 대세 자체를 바꿀 정도는 아니라는 얘기다. 다만 분명한 것은 일과 삶의 밸런스를 뜻하는 워라벨을 중요시하는 라이프스타일과 보다 더 다양한 가치에 관심을 두는 트렌드가 점점 확산하고 있다는 점이다. 구직활동을 하고 있는 청년층인 20~30대에서 더 두드러지는 흐름이기도 하다.

다양한 기회와 함께 비전을 본다

수평적인 조직문화는 단순히 기업문화에 국한한 문제는 아니다. 청년들에게 다양하고, 주도적으로 일할 기회를 준다는 면에서 개인의 비전과도 맥을 같이 한다. 직급과 관계없이 아이디어를 스스럼없이 이야기하고 또 이를 적극적으로 반영하는 문화는 수평적이고 유연한 조직에서나 가능한 일이다. 그런 면에서 지금이 중소기업과 중견기업에 대한 선호도를 바꿀 중대한 변곡점이라는 시각도 있다.

지난해 출범한 카카오뱅크(이하 카뱅)의 경우 기존 시중은행 등 금융권에서 퇴사하고 자리를 옮긴 인력이 절반 가까이 된다. 시중은행은 누구나 가고 싶어하는 회사다. 특혜 채용 논란이 유난히 심한 것도 그 방증일 터. 최고 연봉과 안정적인 삶, 정년을 보장하다 보니 여전히 신의 직장으로 통한다. 이런 직장을 포기하고 신생기업인 카카오뱅크를 선택한 데는 도전 혹은 새로운 문화에 대한 갈증이 작용하지 않았을까.

카카오뱅크 휴게공간(사진/카카오뱅크)

물론 카카오라는 플랫폼 파워를 무시할 수 없다. 하지만 냉정하게 얘기하면 카카오뱅크는 신생기업이고, 아직 흑자를 내지 못하는 회사다. 만약 현재처럼 자본금을 까먹는 상황이 몇 년간 지속하면 그냥 그런 저축은행 수준으로 전락하거나 혹은 문을 닫을 수도 있다. 이런 위험을 감수하고 이직한 이유는 가지각색이겠지만 기업문화와 비전에서 가장 먼저 찾을 수 있을 듯하다.

실제 카카오뱅크에서 일하는 은행 출신 IT담당자 이은행(가명 · 38세) 씨는 "회의에서 실무자로서 생각을 이야기하면 실제 의사결정에 반영된다는 사실이 한편으로 놀랍다"면서 "전 직장(은행)에선 상위 직급자들이 결정하면 이걸 구현하는 데 집중하던 것과는 차이가 있다"고 말했다.

증권사 출신 이증권(가명 · 36세) 씨도 "처음엔 대표이사 등 임원급과 한 테이블에서 토론하는 것 자체가 적응이 안 됐다"며 "여기서는 대표이사와 스탠딩으로 회의를 하는 등의 일이 매일 일어난다"고 언급했다. 실제 카카오뱅크엔 별도의 대표이사실이 없다. 이용우 · 윤호영 공동대표이사의 책상이 나란히 머리를 맞대고 있고 그 옆에선 다른 직원들도 함께 업무를 한다.

카카오뱅크는 출범한 지 갓 6개월밖에 안 된 회사이지만 최근 전략파트 인턴 1명을 채용하는데 무려 1200여 명이 몰렸다. 대부분 대학생과 사회초년생들이라고 한다. 결국 기업문화를 바탕으로 하는 혁신성과 비전이 청년들에게 어필했다는 게 카뱅 측 분석이다.

알짜기업 찾기보다 더 중요한 '기업 육성'

고용노동부는 2017년부터 청년친화 강소기업을 선정하고 있다. 강소기업 가운데 구직활동을 하는 청년들이 선호하는 기준을 추려 해당 기준을 충족하는 기업들을 선정한다. 가장 대표적인 기준은 임금과 근로시간, 복지혜택, 고용안정성 등이다.

이런 숨겨진 알짜기업을 정부가 추려서 알려주는 것은 구직자들에겐 큰 정보가 된다. 대기업에 못지않는 임금과 복지혜택을 주는 기업들이 조금씩 늘어나고 있는 점도 다행이다.

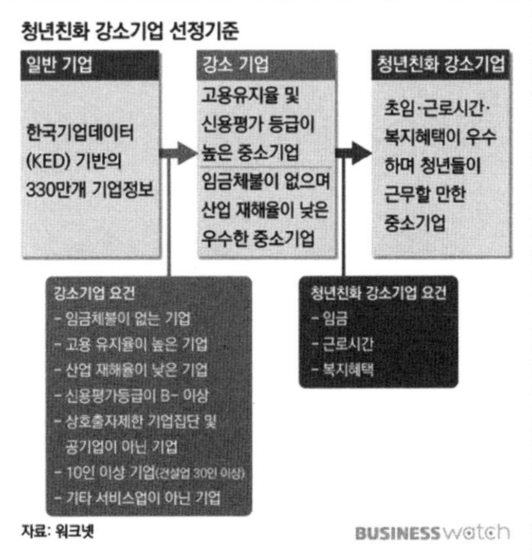

다만 모래에서 진주를 찾듯 꼭꼭 숨겨진 알짜기업을 찾기에 앞서 그리고 왜 청년들에게 중소기업에 가지 않느냐는 타박에 앞서 가고 싶은 중소기업을 많이 만들고 육성하는

게 먼저라는 지적도 나온다.

정부는 과거 산업화 단계에서부터 대기업 중심의 육성정책을 폈다. 지금도 크게 다르지 않다. 대기업이 유독 임금과 복지가 우월하고 또 좋은 인력들이 대거 몰리는 이유도 결국 정부의 대기업 중심 산업정책에서 원인을 찾을 수 있다.

고용노동부 한 관계자는 "선진국으로 갈수록 대기업과 중소기업 간 규모나 실질임금, 근로혜택 등의 격차가 크지 않다"며 "굳이 대기업에 가지 않아도 충분히 혜택을 누릴 수 있는 좋은 일자리를 많이 만드는 게 더 중요하다"고 말했다.

출처 : 비즈니스 워치, 2018. 2. 19일자

2) 우수기업의 기업문화 특성

우수기업은 업종이나 규모에 있어서 제각기 다르다. 그러나 이들 우수기업은 기업문화적 특성에 있어서 몇 가지의 공통된 특성을 지니고 있다. 이들 기업의 공통된 특성이 무엇인지 간략하게 살펴보고자 한다.(〈표 9.3〉 참조)

(1) 핵심 경영이념

세계적인 우수기업들은 모두 전통적으로 오랫동안 고수해 오는 핵심 경영이념(core ideology)을 가지고 있다. 핵심 이념은 기업의 기본 가치와 사명으로 구성된 기업경영과 경영행동의 가이드로서 우수기업들은 각기의 핵심 경영이념을 명확히 정립하여 이를 꾸준히 그리고 일관성 있게 실천해 나간다. 환경변화에 따라 기업의 전략과 경영방침은 바뀌고 구체적인 실천방법이 바뀌더라도 핵심이념은 변하지 않고 기업의 기본 철학으로 꾸준히 지속된다.

(2) 강한 기업문화

구성원들은 신앙에 가까운 공유가치 또는 기업문화를 가지고 있다. 강한 공유가치와

〈표 9.3〉 우수기업의 핵심경영이념

기업	특징	기업	특징
Boeing	▪ 항공기술의 선두주자 ▪ 큰 도전과 모험 ▪ 안전과 품질	Merck	▪ 질병과의 전쟁에서 승리 ▪ 사회책임 ▪ 우수성
Ford	▪ 3P : People(고객, 구성원) Product(품질) Profit(이익)	3M	▪ 창의성 ▪ 인간존중(솔선력, 자아실현) ▪ 문제해결
GE	▪ 삶의 질 향상 ▪ 개인존중(책임, 기회) ▪ 고객, 구성원, 사회, 주주 간의 균형	Nordstrom	▪ 고객 최우선 서비스 ▪ 근면성과 생산성 ▪ 끊임없는 개혁
HP	▪ 사업분야의 과학기술 공헌 ▪ 구성원과의 공존운영 ▪ 배회관리(신뢰, 개방, 창의)	P & G	▪ 우수품질 ▪ 끊임없는 자기개발 ▪ 인간존중(인간중심)
IBM	▪ 개인존중 ▪ 고객서비스 ▪ 우수성	Sony	▪ 소니 개척정신(불가능을 가능하게) ▪ 인간존중(능력, 창의력) ▪ 일본문화, 국가발전에 기여
Johnson & Johnson	▪ 질병과 고통의 제거 ▪ 우선순위 : 고객, 구성원, 사회, 주주 ▪ 개인존중 : 성과 중심의 기회와 보상	Wal-Mart	▪ 고객과 가치창조 ▪ 구성원과의 파트너십 ▪ 끊임없는 상위목표 추구

자료: 이학종, 『조직행동론』(서울: 세경사, 2000), p.466.

기업문화는 성과가 높은 기업에서는 일반적으로 나타나는 공통된 특징이다. 또한 우수기업에서는 성과가 좋은 다른 기업들에 비하여 구성원들의 공유가치에 대한 의식화 정도가 훨씬 더 높고, 핵심이념도 구성원들에게 더 강하게 체질화되어 있으며 구성원들의 자부심도 훨씬 더 강하다.

(3) 크고 대담한 목표의 추구

우수한 기업들은 크고 어렵고 대담한 목표를 설정하고 이를 강력히 추진하며, 나아가서는 이를 실제로 달성한다. 우수기업들은 대체로 핵심 경영이념과 일치하는 목표로서 이러한 목표를 추구하는 과정에서 기업의 발전을 자극시키고, 이를 달성함으로써 기업의 성장을 가속화시키면서 핵심경영이념과 기업문화를 한층 더 강화시킨다.

(4) 끊임없는 경영혁신

우수한 경영성과에도 불구하고 더욱 높은 성과를 위하여 경영혁신을 끊임없이 추구해 나간다. 현실에 만족하지 않고 항상 더욱 높은 수준의 성과를 추구하는 데 있어서 우수기업들은 여러 가지 방법을 사용한다.

(5) 자율적인 조직운영

우수기업들의 특징은 창의적이고 실험적인 조직운영방식을 지니고 있다. 이들은 구성원들의 창의적인 아이디어를 항상 소중히 여기고 이를 실제로 실험해 보거나 실제 행동에 옮겨 새로운 사업기회를 포착해 나간다. 이들의 기업들은 모두 조직의 규모가 크지만, 운영은 소규모의 자율적 사업단위 또는 팀중심으로 이루어진다.

제10장

환경경영 및 윤리경영

1. 환경경영의 이해

1) 환경경영의 개념

환경경영(Environmental Management)이라는 용어는 환경친화적 경영(environment-friendly management), 녹색경영(green management) 등과 함께 최근에 많이 회자되고 있다. 종전에는 환경경영이라는 용어가 때로는 환경관리라는 용어와 혼용되기도 했지만 현재는 환경경영이라는 포괄적 용어로 통일되어 사용되고 있다.

환경경영은 기업활동의 전 과정에 걸쳐 환경성과를 개선함으로써 경제적 수익성과 환경적 지속가능성을 동시에 추구하는 일련의 경영활동이라고 정의할 수 있다. 오늘날 국내외적으로 환경문제가 커다란 이슈로 떠오르면서 기업의 지속성 발전에 결정적 변수로 작용할 수 있게 되었다. 그래서 기업의 환경관리나 사후처리 방식에서 벗어나 새로운 패러다임의 환경경영에 입각한 경영전략의 수립이 필요하게 되었다.

ISO 14000에는 조직이 전체 경영기능(계획 포함)에서 환경방침과 목표를 개발, 실행, 달성, 검토, 유지하기 위한 전반적인 활동이라고 정의한다. 기업의 환경성과 경제성의 조화를 기반으로 한 기업활동을 수행함으로써 결과적으로 기업이윤에 기여하도록 하는 것이다.

1980년대 후반 이후에는 사회적인 요구와 경제적인 부분을 함께 고려한 지속가능경영 방식으로 변화됨으로써 환경과 개발의 조화 개념을 기업경영에 접목하였다. 그리고 환경적 · 사회적 · 경제적 측면에서 지속가능성을 위해 리더십을 발휘하여 책임성 · 투명성을 확보함으로써 기업가치를 높이려는 통합된 전략과 경영활동인 지속가능경영이 기업경영에 있어서 필수적인 요소로 새롭게 나타나고 있다.

2000년대 이후에는 글로벌 기업과 국내 기업들이 기존의 환경경영 및 지속가능경영을 토대로 사회적 책임경영 방식을 도입하게 되었다. 최근 대통령 직속기구인 녹색성장위원회에서 공표한 '녹색성장 기본법' 및 '녹색성장 국가전략 및 5개년 계획' 안에 따르면 일정 수준 규모 이상의 기업들을 대상으로 자발적 또는 의무적으로 환경관련 보고서의 발간, 환경관리에 대한 경영진의 방침 또는 전략수립, 그리고 기업의 환경 또는 사회적 책임 경영을 강조하고 있다.

2) 환경경영의 필요성

이제 기업들은 생존과 성장을 위한 전략의 일환으로 환경경영이라는 새로운 패러다임으로 전환해야 할 필요가 있다(김명학, 「경영학 콘서트」, 학현사, 2012).

첫째, 기업은 환경악화의 주역이다. 환경파괴의 주된 원인이라 할 대량생산, 대량소비, 대량폐기 등의 중심에는 바로 기업이 있다. 환경문제를 야기한 당사자가 그 결과를 책임지는 것은 도의적으로 당연하다. 이러한 입장에서 OECD는 오염을 발생시킨 자가 그로 인해 발생한 환경비용을 책임져야 한다는 '오염자 부담 원칙'을 제시하고 있다. 지구 환경의 개선은 기업의 환경인식 제고와 실천이 동반되지 않으면 불가능하다.

둘째, 선진국을 중심으로 강화되고 있는 각종 환경규제에 적절히 대처하지 못할 경우 기업의 생존 자체가 위협받을 수 있다. 특히 유럽연합의 환경규제는 강력하다. 에너지 사용 제품 친환경 설계규정(EuP), 전기 · 전자 장비 폐기물 처리 지침(WEEE), 유해물질 사용제한 지침(RoHS) 등은 제품 설계부터 폐기에 이르는 모든 과정에 걸쳐 친환경을 실천하도록 의무화하고 있다.

셋째, 친환경은 그 자체로 기업의 경쟁력이다. 환경 관련 법규나 규제를 준수하는 수준으로는 결코 세계적 기업의 반열에 오를 수 없는 것이 오늘날의 현실이다. 기업의 친환경 이미지나 친환경 제품은 기업 및 제품 가치와 직결되며, 성능이나 가격과 어깨를 나란히 하는 시장 경쟁력의 중요한 요소이다.

김명학은 환경경영의 실천 이유를 다음과 같이 세 가지로 설명하고 있다.

첫째로 기업 경쟁력의 강화 도구로 활용할 수 있다. 기업의 경쟁력은 가격 경쟁력과 비가격 경쟁력으로 구분할 수 있다. 가격 경쟁력을 결정하는 요소는 생산비, 환율, 시장접근 비용, 그리고 정부의 수출 가격정책 등이다. 특히 생산비는 각종 생산요소의 가격과 조세제도, 그리고 환경비용에 의해 결정된다고 할 수 있다. 경쟁 기업보다 환경비용이 높은 기업은 가격 경쟁력이 떨어질 수밖에 없으며, 기업의 지속적 생존에 위험 요소가 된다. 따라서 기업은 환경경영체제를 구축하여 운영함으로써 환경비용을 줄이기 위한 체계적인 경영시스템을 운영할 수 있으며, 선도적인 환경경영을 실천하는 기업은 기업활동의 모든 부분에서 환경비용을 감소시켜 기업의 경쟁력을 강화시킬 수 있다.

둘째, 각종 환경규제에 능동적으로 대처할 수 있다. 법적 · 행정적 규제는 날로 강화되어 가고 있으며, 경제적 유인 수단으로 배출부과금 제도, 환경오염복원 비용 부담 제도, 폐기물 예치금 제도 등이 계속적으로 강화되고 있어 기업에는 부담으로 작용하고 있다. 특히 환경사고는 우발적으로 발생하더라도 기업은 법적 · 행정적 제재뿐만 아니라 기업 이미지 실추의 큰 피해를 입게 된다. 따라서 환경경영체제는 환경과 관련된 각종 규제를 파악하고 법규 등의 준수를 자체적으로 감시하는 경영시스템이므로 환경사고의 발생을 미연에 방지할 수 있어 기업의 사업적 위험을 감소시킬 수 있다.

셋째, 이해관계자(고객, 환경운동단체 등)의 압력에 효율적으로 대응할 수 있다. 최근 그린 소비자들의 구매행동이 증가하면서 기업은 제품의 환경성을 소비자에게 입증해야 하는 시장여건이 조성되고 있다. 최종 소비자에게 제품을 판매하는 기업은 환경마크, 환경경영체제 인증 등을 통하여 소비자에게 제품의 환경친화성을 홍보해야 한다. 또한 환경운동단체 등은 지구환경 보호를 위해서는 기업의 활동을 규제하여 하는 인식을 갖고 있다. 이들은 환경에 대한 배려를 소홀히 하는 기업 제품의 불매운동 등의 행동을 함으로써 기업에 큰 손실을 끼칠 수 있다. 따라서 기업은 환경현황을 투명하고 공개하고 환경성과를 개선하기 위한 대책을 수립하여야 한다.

3) 친환경적인 경영활동

(1) 친환경 생산관리

친환경 생산관리는 환경보호와 보존에 최대한 기여하면서 동시에 기업의 생산활동의 효율화를 하고자 하는 데 있다. 기존 생산관리 방법과 다른 점으로 친환경 생산관리는 근본적으로 제품 디자인단계에서부터 재활용 내지 폐기될 때까지의 환경친화성을 확보하는 데 있다. 친환경 생산관리를 위해서는 기업의 제품순환평가(life cycle assessment : LCA)를 제품 생산과정에 도입하고 환경마크를 획득하도록 노력해야 한다.

(2) 친환경 마케팅

환경을 생각하는 기업의 그린마케팅 시스템은 환경지향적 제품의 개발(product), 환경이라는 생산요소의 가격결정(price), 폐기물 재활용을 통한 역유통시스템의 개발(place), 환경보전 선도기업 이미지 및 환경의식적 소비행동의 유발과 관련된 촉진 프로그램(promotion) 등 마케팅 믹스(product, price, place, promotion)를 이용하여 믹스 요인별로 친환경 마케팅전략을 수립해야 한다.

(3) 친환경 조직 및 인사관리

친환경경영 체계의 인적·조직관리 영역에서는 환경경영에 참여하는 인력과 조직의 효율을 극대화하는 데 목적이 있다. 최고경영층이 톱-다운(top-down) 방식을 통해 먼저 기업 내부의 환경친화적 문화를 조성하고, 일반 종업원들이 실제 업무 과정에서 이런 문화를 경험하고 익숙해져야 보텀-업(bottom-up) 방식에 의해 실제 경영활동에 친환경 인사관리시스템이 유기적으로 활용될 수 있다.

(4) 친환경 재무회계관리

환경경영에 있어 소요되는 자금 및 자원의 투자규모와 얻어지는 투자효과를 정확히 대비하여 환경경영 투자에 관련된 의사결정을 보다 확신을 가지고 할 수 있도록 해야 한다. 환경을 고려한 재무회계시스템은 크게 천재지변, 화재 등 환경적 재해에 대한 기업의 피해를 최소화하기 위한 기업의 시설투자를 녹색 자산관리와 법적 규제 준수 이상의 효과나 효율을 각 부문별로 파악함으로써 비용 대비 효과를 확인할 수 있는 친환경 회계시스템으로 관리해야 한다.

2. 윤리경영의 이해

1) 윤리경영의 개념 및 필요성

(1) 윤리경영의 의의

윤리(ethics)란 사회가 정의한 인간의 옳고 그릇된 행동에 관한 표준 내지 규범이다. 다시 말하면 윤리는 무엇이 옳고 무엇이 그른가에 관한 도덕적 원리 혹은 신념이다. 이러한 신념은 한 개인이 다른 개인이나 집단과의 관계를 형성하는 지침이 되고, 행동이 올바르고 적당한지의 여부를 결정하는 기반을 제공한다. 윤리는 협의의 행위원리인 도덕과 유사한 의미를 갖고 있지만, 도덕과 달리 종교적 판단기준과 관계가 없는 행위기준으로서 절대적인 것이 아니라 상대적인 개념이다. 이러한 윤리가 사회를 구성하는 한 기관인 기업에 적용될 때 기업윤리의 문제가 된다.

최근 기업윤리의 정립을 위해서는 윤리이론의 체계적 응용과 윤리강령에 대한 연구가 선행되어야 한다. 윤리강령이란 윤리헌장이라고도 부르는데, 조직구성원들이 지켜야 할 윤리규범을 공식적으로 문서화한 것을 의미하며, 무엇이 윤리적인 행위인가를 알려 주는 유용한 지침이다.

윤리경영(Ethical Management)이란 경영활동의 옳고 그름을 구분해 주는 규범적 기준을 사회의 윤리적 가치체계에 두는 경영방식이다. 또한 윤리경영은 가치 있는 장

기생존을 목적으로 하는 기업이 정당한 이윤을 확보하고 기업에 위협을 주는 고위험 영역에 대한 관리를 강화하는 경영활동을 말한다.

최근 기업윤리에 대한 관심이 고조되고 있다. 기업윤리에 대한 관심이 높아지고 있는 이유를 살펴보면 다음과 같다.

첫째, 기업활동에 대한 사회의 신뢰도가 낮아졌다는 점을 들 수 있다.

둘째, 작업환경이나 공해 등에 대하여 '삶의 질'을 강조하는 사회분위기를 들 수 있다.

셋째, 기업과 임직원이 법에 어긋나는 행위를 했을 경우 부과되는 형벌이 날이 갈수록 무거워지고 있다는 점에서 찾을 수 있다.

넷째, 특정 이익집단, 예를 들어 소비자단체의 영향력이 커지는 것도 하나의 이유이다.

다섯째, 현대사회에서 언론매체의 위력이 커지면서 기업의 긍정적 행위에 대한 광고효과가 높다는 것도 기업들이 기업윤리에 관심을 기울이는 또 하나의 이유이다. 기업의 윤리적인 행위가 기업의 이익에 연결되는 것이다.

여섯째, 앞의 이유들과 모두 관련된 것으로 기업의 목표가 바뀌었다는 점을 들 수 있다. 이전에는 단기적 이익을 중요시했지만, 새로운 사회분위기에서는 장기적인 이익극대화를 추구하는 쪽으로 기업의 목표가 바뀌면서 기업윤리에 대한 관심이 높아지고 있다.

윤리경영은 첫째, 기업의 존재가치에 대한 사회적 정당성 획득의 기반이 되며, 둘째, 장기적인 측면에서 기업 및 국가의 경쟁력을 향상시킬 수 있고, 셋째, 행동에 대한 올바른 기준을 제시함으로써 구성원 간의 마찰과 갈등을 해소해 나갈 수 있다. 이러한 윤리경영이 이루어지지 않을 경우, 사회적 정당성이 낮은 조직은 항상 소멸의 위험이 내재한다.

경영자는 그들 스스로가 공급자, 고객, 경쟁자, 주주, 종업원, 노동조합, 금융기관, 정부 등의 이해관계자에 대해 윤리적으로 행동할 적당한 방식을 결정할 수 있도록 윤리적 표준 내지 규범을 적용해야만 한다. 예를 들어 윤리경영은 자유로운 기업행동과 관련하여 경영자가 준해야만 하는 규범 내지 자율적 행동기준으로 볼 수 있다. 따라서 윤리경영은 사회적 책임에 비해 상대적으로 동태적이며, 광범위한 개념으로서 기업의 자유의지가 적극적으로 반영된 경영자의 가치지향적 성격을 띠고 있다.

(2) 윤리경영의 필요성

기업은 왜 윤리적이어야 하며, 기업은 왜 윤리를 외면하고 수단과 방법을 가리지 않고 경영을 하는데 이윤을 추구하지 못하는가?

첫째는 일반 대중들은 기업이 높은 윤리기준을 가지고 사회적 책임을 완수하기를 기대하기 때문이다. 이러한 대중의 기대를 충족시키는 데 실패하는 기업은 비판을 받고 불이익을 받을 것이 예상된다. 기업이 사회의 윤리적 기준에 맞게 행동하는 것은 사회로부터 지지를 받는 한 방법이다. 이렇게 기업과 사회는 서로 협조하여 윤리적 원칙을 고수하면서 경제적 이익을 누릴 수 있다.

둘째로 기업과 종업원이 윤리적으로 행동하여야 하는 이유는 일반 대중과 기업의 이해관계자들에게 해를 끼쳐서는 안 된다는 것이다. '해를 끼치지 말라'는 대다수의 사회에서 가장 강력한 윤리원칙 중 하나이다.

셋째로 기업이 윤리적이어야 하는 이유는 기업이 윤리적이면 보상을 받는다는 것이다. 즉 기업의 윤리는 좋은 사업관계 유지와 종업원 생산성 향상과 관련이 있다는 것이다. 윤리적일수록 신뢰감을 높여 사업 파트너 간의 제휴를 공고히 할 수 있다. 신뢰가 깨진다면 비윤리적 상대는 회피하거나 무시될 것이다. 이런 현상은 국내에서 부실 시공하여 많은 인명 피해를 준 회사가 외국에서 수주하기 어려운 예에서 찾을 수 있다. 부실시공으로 인하여 사장이 구속되었는데 누가 그 회사에 건설을 의뢰할 것인가?

넷째로 비윤리적 종업원이나 경영자로부터 기업을 보호하기 위해서도 윤리적 행동은 촉진할 필요가 있다. 조직구성원이 회사의 재산을 절취하거나 뇌물을 받고 사리사욕을 채운다면 조직의 이미지나 생존에 크게 위협이 될 수 있다. 조직 내부의 비리는 발견하기가 어려워 문제가 심각해진 다음에야 폭로되기가 쉽다.

다섯째로 기업의 높은 윤리기준은 조직구성원을 보호할 수도 있다. 종업원들은 사생활 침해나 개인적 신념에 어긋나는 행위의 강요 또는 위험한 작업환경에서 근로 강요 등에 분개할 수도 있다. 기업은 종업원들의 존엄성을 존중함으로써 높은 사기와 생산성을 보상받을 수 있다. 따라서 기업, 종업원, 사회 모두가 승자가 되는 상황을 초래할 수 있다.

끝으로 개인적인 이유 때문이다. 사람들은 자신의 옳고 그름의 가치관에 따라 일관성 있게 행동하기를 원한다. 개인적 신념과는 다른 행위를 강요받는다면 많은 스트레스를 경험할 것이다. 사람들이 지원적이며 윤리적인 분위기에서 일한다고 느낄 때 그들은 심리적 안정감을 경험할 것이다. 따라서 사람들은 윤리적 기업에서 근무한다고 느낄 때 일반 대중뿐만 아니라 자신도 보호를 받는다고 느낄 것이다.

(3) 윤리경영의 효과

윤리경영은 선택이 아니라 기업이 반드시 갖추어야 할 21세기 기업경쟁력으로 등장하고 있다. 기업이 체계적인 윤리경영시스템을 구축하여 경영하면 다음과 같은 효과를 가져올 수 있다(〈그림 10-2〉 참조).

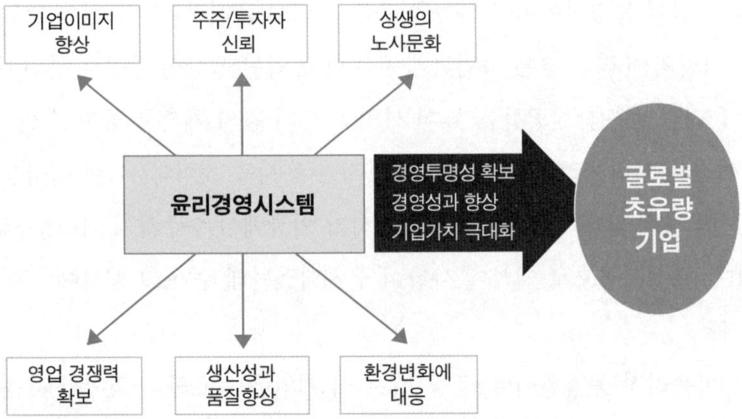

〈그림 10.2〉 윤리경영의 효과

첫째, 대외적인 기업이미지 향상으로 브랜드가치를 높이고
둘째, 주주와 투자자 특히 외국인 투자자로부터 신뢰를 확보하게 되며
셋째, 노사 간 신뢰를 바탕으로 하는 바람직한 노사문화를 형성하고
넷째, 종업원의 애사심과 주인의식을 이끌어내어 생산성과 품질향상을 가져오며
다섯째, 국내외 경영환경 변화에 따른 위험에 대비하고
여섯째, 전반적인 기업경쟁력을 높이게 된다.

사례 10-1 윤리경영은 실천이다

최성용
서울여대 경영학과
명예교수

필자가 수년 전 기업의 대고객서비스 품질관련 인증심사 시 어느 한 대기업이 '윤리경영 핸드북'과 함께 제공한 조그만 원형의 자석부착 뱃지에는 "윤리경영은 실천입니다'라는 글이 씌여 있었다. 이 뱃지는 아마도 그 기업의 각 구성원들에게 윤리경영의 중요성을 마음에 새기고 그 실천의지를 대내외에 알릴 목적으로 제작되었음이 분명했다.

자사의 윤리강령을 강조하는 이 대기업의 사례를 필자는 모범케이스로 인식, 타 기업들의 심사 기회 때에 고객만족경영과 윤리경영을 강조하는 기업들에게는 빼놓지 않고 이 기업을 베스트 사례로 제시하곤 했다.

과거 한때 미 하버드대학 비즈니스 스쿨에서는 대학에서 과연 기업윤리를 학생들에게 가르칠 수 있을 것인가라는 문제가 제기된 적이 있었다.

현재는 하버드나 펜실베니아 와튼 스쿨 등이 1987년을 전후해 기업경영의 윤리적 교육을 중요시해 기업윤리교육을 종합과목에서 모든 경영학과목 전공필수에 통합시키는 교과과정을 시작했다.

기업의 사회적 책임이 점차 중요해지고 강조되는 추세에서 오늘날은 기업규모에 관계없이 모든 기업들에서 주주는 물론 소비자보호 관점에서도 윤리적 차원에서 기업경영을 행할 것을 요구한다.

윤리경영의 모범이라고 인정받고 있는 미 3M사, P&G사 등 윤리경영을 실천하고 있는 글로벌기업들은 높은 기업이미지와 함께 탁월한 경영성과를 올리고 있음을 우리 기업들이 타산지석으로 삼아야 한다.

우리의 일부 대기업들은 아직도 구태의연하게 자금유용 및 횡령, 편법상속, 중소기업 개발기술의 가로채기 등의 반 경영윤리적 경영행태를 보인다. 이 같은 일부 대기업 CEO의 그릇된 관행은 한국 기업생태계의 교란과 순조로운 성장 발전의 걸림돌이며, 그간에 쌓아온 대국민신뢰에 부정적 영향을 끼치는 해악이다.

윤리경영은 기업을 경영하는 CEO부터 종업원들이 근본적으로 부딪힐 수밖에 없는 선과 악의 윤리문제를 기업경영이라는 특수한 조직적 상황에 적용한 행위다. 따라서 윤리경영은 경영활동의 옳고 그름을 구분해 주는 규범적 기준을 사회의 윤리적 가치체계에 두는 경영방식이다.

윤리경영은 세계적 모든 기업의 보편적 윤리 표준화 흐름에 기준이 되며, 기업생존의 요건 및 지속가능경영의 존재로서 국민의 기업윤리에 대한 기대가 급성장하고 있다.

21세기는 새로운 세계질서 구축 및 범세계 윤리의 도입으로 세계시장에서의 신인도 향상과 지구촌의 청렴화를 요구하고 있으며, 글로벌시대에 기업이 국제경쟁력을 갖기 위해서는 먼저 CEO의 윤리의식이 표준이 되므로 CEO의 윤리의식 개혁은 기업경쟁력 원천의 기본이 됨을 망각해서는 안 된다.

앞으로, 사회는 어떤 기업이 제공하는 상품의 질이나 창출하는 이익만으로 그 기업을 평가하지는 않는다. 어떤 기업이 사회의 구성원으로서 적절한 행동을 하고 있는가 또는 타당한 노력을 기울이고 있는가하는 것을 중요한 평가의 기준으로 삼을 것이다.

향후 윤리강령에는 윤리가 기업이익보다 우선해야 하고, 위반할 경우의 벌칙규정까지 명기할 뿐만 아니라 강령의 내용을 사원들에게 철저히 확립해야 한다.

또한 기업윤리를 전문적으로 담당하는 조직을 설치하고 경영으로부터 독립성을 보장함으로써 윤리경영의 실천을 한층 강화해 대국민 신뢰구축과 기업의 사회적 책임 완수에 목숨을 걸어야 한다. 이것이야말로 세계무역 10대 위상에 걸맞은 한국기업의 참모습이 될 것이다.

출처 : 중소기업뉴스, 2013. 6. 5일자

2) 윤리경영의 접근방법

경영자의 윤리적 행동은 세 가지의 관점으로 나눌 수 있다. 즉 공리주의적 견해, 기본권적 견해, 사회정의적 견해 등이 존재하고 있다.

(1) 공리주의적 견해

공리주의적 윤리관은 행위의 동기보다는 행위의 결과에 초점을 맞추어 경영자의 윤리문제를 다른 사람에 대한 행동과 의사결정이 최대 다수의 최대 행복의 제공이라는 목표를 달성하는 데 얼마나 효과가 있는가 하는 측면에서 판단하는 것이다. 따라서 공리적 입장에서 본다면 자유시장경제에 있어서 경쟁에 따른 파산, 기업의 경영성과를 개선하고 고용안정을 가져올 수 있는 일부 종업원의 해고, 능력에 의한 임금지급 등은 윤리적으로 정당하다고 간주한다.

(2) 기본권적 견해

기본권적 윤리관은 경영자의 의사결정과 행동이 개인의 기본적 권리인 자유와 특권을 존중하고 보호하는 것인가의 측면에서 윤리적 정당성을 판단하는 것이다. 예를 들어 삶과 안전, 자유, 건강, 프라이버시, 소유와 같은 도덕적 권리를 소비자보호법, 공해방지법, 산업안전과 재해방지법, 공정거래법 등의 법적 · 제도적 장치를 통해 보장하려는 것이다.

(3) 사회정의적 견해

사회정의적 윤리관은 경영자의 행동과 의사결정이 개인과 집단 사이의 공정하고 균등하며 불편부당한 부와 비용의 분배를 이루는 데 일치하는 것인가에 따라 평가하는 접근법이다. 예를 들어 경영자가 종업원의 최저 생계수준의 향상을 도모하기 위하여 법정 최저 임금 이상으로 급여수준을 결정하는 경우이다.

이와 같은 세 가지의 접근방법을 경영의사결정과 행동의 옳고 그름을 판단하는 데 있어서 어느 정도 상호 연관된 원칙과 기준을 제공하고 있다. 경영자는 윤리와 관련된 문제에 있어서 이러한 세 가지의 접근법을 상호보완적으로 활용할 수 있을 것이다.

사례 10-2 올바른 일인지 아닌지부터 판단하라

김형철 필자

미국의 한 택배회사에서 있었던 일이다. 이 회사는 "고객과의 약속을 지켜라"라는 가치를 중시한다. 택배회사에서 가장 중요한 약속은 당연히 정시배송이다. 한 트럭 기사에게 물건이 도착했을 때는 이미 정시배송이 불가능한 시점이다. 심호흡을 하고는 핸들을 잡는다. 기적이 일어난다. 정시배송에 성공한 거다. 고객으로부터 만족카드를 사인받고 회사로 돌아온다. 그리고는 티켓 2장을 동시에 내놓는다. 한 장은 속도위반, 다른 한 장은 신호위반이다. 여러분이 이 회사 최고경영자(CEO)라면 어떻게 하겠는가. 자비부담을 시키겠는가. 경비처리 하겠는가.

미국의 한 정보기술(IT) 회사에서 있었던 일이다. 25년간 정들었던 직장을 떠나는 한 여직원이 있었다. 부서장이 전 부서원들을 모아놓고 송별파티를 열어준다. 그리고는 선물 하나를 건넨다. 열어보니 시계가 들어 있다. 자세히 보니 명품시계가 들어 있는 게 아닌가. 그 여직원은 눈물을 흘리면서 감동한다. "나를 이렇게까지 생각해주다니." 2년의 세월이 지났다. 시계가 멈췄다. AS센터에 갔더니, 거기 직원이 "아주머니 이거 짝퉁이에요!"라고 크게 외치는 바람에 시계는 찾지도 않고 뛰쳐나왔다. 집에 와서 생각하니 분하기 짝이 없다. 후배에게 전화 걸어서 그 사실을 알렸다. 결국 회사 사람들이 다 알게 됐다. 여러분이 이 회사 CEO라면 해고 시키겠는가. 안 하겠는가. 참고로 그 부서장은 지적재산권 보호팀장이다.

마지막 케이스다. 미국의 한 콜라 회사에서 있었던 일이다. 거래처에 콜라를 다 배달하고 돌아가는 트럭 기사가 있었다. 더운 여름에 갈증이 목구멍 끝까지 치받고 올라온다. 자판기 앞에 차를 세웠다. 아뿔싸! 자사 콜라가 보이지 않는 게 아닌가. 잠시 밈칫하더니 결국 마신다. 제복을 입은 채 경쟁사 콜라를 마시는 모습이 너무나 재미있어서 지나가던 네티즌이 찰칵하고 사진 한 장을 찍는다. 그리고는 그 사진을 인터넷에 올린다. 여러분이 이 회사 CEO라면 그 기사를 해고 시킬 것인가. 말 것인가.

이 사례를 윤리경영 수업시간에 학생들과 토론을 해보면 재미있는 답들이 나온다. 이 세 가지 사례는 다 실제로 있었던 일이다. 첫 번째 회사에서는 그 택배 기사를 징계한다.

고객과의 약속을 지키는 것도 건전한 시민으로서 준수해야 할 법규 내에서 행해져야 한다. 그것이 불가능하면 다른 방식으로 고객에게 용서를 구했어야 한다. 그리고 길거리에 있는 수많은 잠재고객들이 로고를 선명하게 단 트럭이 빨간불에 지나가고, 급가속과 급정거를 반복할 때 어떠한 생각을 할 것인지를 고려해야 한다. 현재 고객 못지않게 잠재고객을 만족시키는 것이 대단히 중요하다는 점을 망각하지 말라.

두 번째 경우 그 회사에서는 그 부서장을 해고한다. 지적재산권 보호팀장이 짝퉁 시계를 선물했다는 사실은 사내에서 그 중요성을 전파할 능력을 완전히 상실했다는 이유에서다. 학생들 중에는 그 짝퉁시계 구입 비용의 출처가 자기 돈이냐 회사 돈이냐를 묻는 경우가 있다. 사실 그 출처가 중요한 것이 아니라 자신의 업무에 근본적으로 배치되는 행동을 했다는 사실이 더 중요한 것이다. 솔선수범하지 않으면 아무도 그 리더를 따르지 않는다.

세 번째 경우 그 회사는 그 배달 기사를 해고한다. 그 기사는 법원에 즉각 부당해고 취소 소송을 낸다. 법원은 누구의 손을 들어줬을까. 회사의 손을 들어준다. 제복을 입고 있는 순간 회사를 대표하고 있다는 사실을 망각하지 말아야 한다. 회사에 대한 기본 충성심을 지켜라.

미국의 회사들이 이렇게 한다고 해서 우리도 다 따라 해야 한다는 것은 아니다. 그러나 적어도 이들이 왜 이렇게 하는지 그 이유를 한 번쯤 깊이 성찰해야 한다. 어떤 일을 시작하기 전에 그 일이 가능한지 아닌지를 검토하는 것은 중요하다. 그러나 더욱 중요한 것은 그것이 올바른 일인지 아닌지를 먼저 판단해야 한다. 올바른 일부터 시작해야 지속 가능한 발전을 할 수 있다. 경영철학자 피터 드러커의 말이다.

출처 : 서울경제, 2017. 1. 10일자

3) 윤리경영의 실천방안

기업의 윤리적 수준을 제고시킬 수 있는 전제조건으로서 공표와 공개, 경영자의 관심 증대를 들 수 있다. 이러한 요인들은 정부의 규제와 경영자들의 직업의식을 향상시키기 위한 교육 훈련으로 뒷받침될 수 있다. 경영자는 비윤리적 관행을 제거하고, 윤리경영을 실천하기 위해 높은 윤리의식을 가진 종업원을 채용하고, 윤리경영과 의사결정규칙의 설정과 더불어 최고경영자의 리더십, 직무목표와 명료화, 윤리훈련, 공식적 예방장치, 독립적 사회감사 등을 실시하는 방안을 강구할 수 있다. 다음에는 윤리경영을 실천하기 위한 기본적인 방안으로서 유도화, 제도화, 지속성에 관하여 살펴보기고 한다.

(1) 유도화

윤리의 유도화(orienting)란 기업이 공유하는 가치를 도출하고 이것이 조직구성원들 사이에 공감대를 형성할 수 있도록 지속적으로 유도하는 전사적 활동으로 볼 수 있다.

(2) 제도화

윤리의 제도화(institutionalizing)란 일상적 행동에 윤리적 개념을 적용하고 통합함을 의미한다. 기업의 윤리강령, 기업 내 윤리위원회 운영, 기업 내 윤리교육 등을 통해서 조직의 구성원들이 윤리적인 의사결정과 행위를 할 수 있는 시스템을 확립하는 것이다.

(3) 지속성

윤리의 지속성(sustaining)은 기업의 의사결정과 행위의 결과를 기업의 윤리기준에 입각하여 평가 · 분석하고, 그 결과를 조직원들에게 피드백시킴으로써 윤리경영의 실천이 가능하도록 분위기를 쇄신하는 활동이다.

사례 10-3 소비자보호는 윤리경영 관점에서 접근해야

윤석중 필자

우리나라에서 윤리경영에 대해 관심을 갖기 시작한 것은 IMF 외환위기를 겪은 1990년대 후반부터였다. 모럴헤저드(Moral Hazard; 도덕적 해이)라는 용어도 그 당시 많이 쓰이기 시작하면서 이를 극복하는 수단으로서 윤리경영이 부각된 것으로 기억한다.

그 당시, 윤리경영이 무엇을 말하는지, 윤리경영이 시장경제 원리에 맞는 것인지를 알기 위해 자료도 찾아보고 미국의 기업윤리협회 인사들을 초청해서 듣고 배운 기억이 난다. 그 후, 많은 대학에서 강의도 하고 기업에게는 실천을 독려했지만 윤리경영의 개념을 제대로 이해하고 실천하는 기업은 정녕 극소수였고 아직까지도 윤리경영은 하나의 경영패션 또는 할 수 없이 하는 척하는 경영아이템 정도로 여기는 것이 현실이다.

윤리경영(Business Ethics)은 기업의 사회적 책임(CSR; Corporate Social Responsibility)이라는 용어로도 표현되면서, 기업이 이윤극대화만을 추구할 것이 아니라 사회에 공헌할 책임도 있다는 식으로 해석되고 이익을 사회에 환원하고 사회공헌을 하면 윤리경영을 하는 것으로 인식되어 있다. 많은 기업들이 불우이웃돕기 등 다양한 사회공헌에만 열을 올리고 그것을 홍보하는 것을 보면 알 수 있다. 기업은 사회공헌에 소요되는 비용을 추가 지출되는 준조세 또는 홍보비용 정도로 인식하는 것이 현실이다.

그러나 사회공헌은 윤리경영의 극히 일부에 해당될 뿐, "사회공헌이 곧 윤리경영"은 아니다. 윤리경영은 범위가 훨씬 넓고, 윤리경영에 소요되는 비용은 소모성 비용이 아닌 투자이며, 투자에 따른 수익창출 효과가 시설투자보다 훨씬 크고 기업을 영속시키는 원동력이라는 것이 선진국에서는 입증된 사실이다.

윤리경영의 정의를 간단명료하게 표현하자면, "기업의 이해관계자에게 좋은 기업이 되기 위해 행하는 경영 방식"을 말한다. 여기에서 기업의 이해관계자는 업종에 따라 다를 수 있지만 공통적으로 기업의 주인인 주주, 기업에 종사하는 근로자, 상품을 매수하는 소비자, 원자재를 납품하는 납품업자, 기업이 위치한 지역사회, 행정적 지원과 규제를 받는 정부 등 기업을 경영하면서 관련을 맺을 수밖에 없는 이해관계자들을 일컫는다.

주주에게 좋은 기업은 기업이 성장하고, 이익 많이 내고, 배당금 많이 주고, 주가도 상승해야 좋은 기업일 것이다. 근로자에게 좋은 기업은 임금 많이 주고, 근로자복지 좋고, 근로환경 좋고, 해고 불안 없는 기업일 것이다. 소비자에게 좋은 기업은 양질의 상품을 저렴한 가격에 제공하며, A/S철저하여 소비자의 신뢰도와 만족도를 극대화하는 기업일 것이다.

납품업자에게는 공정하고 투명한 입찰이 보장되고, 갑질 없고, 현금으로 대금결제 잘 해주는 기업이 좋은 기업일 것이다. 지역사회에게 좋은 기업은 지역사회에 일자리 많이 만들고, 세금 많이 내고, 공해 유발하지 않고 자연보호 잘하며, 지역의 불우이웃도 도와주는 그런 기업일 것이다. 정부에 좋은 기업은 일자리 많이 만들고, 세금 정직하게 내고, 각종 규제나 룰을 잘 지키는 기업일 것이다.

이렇듯 윤리경영은 그 범위가 경영의 모든 분야에 해당될 만큼 광범위하다. 이해관계자별 윤리경영을 실천하는 데는 투자비용이 수반되는 것도 있지만 제도 개선만으로도 가능한 분야도 많다.

윤리경영의 결과는 기업신뢰도 상승, 주가 상승, 품질향상, 매출액증가, 이익증가, 기업경쟁력 상승, 근로자의 충성도 상승 등으로 나타나며, 그 가치는 투자비용 대비 수익상승률, 주가상승률, 매출상승률, 원가하락률 등 모든 평가지표에서 나타나게 된다. 결국, 윤리경영은 불우이웃돕기와 같은 사회공헌만을 얘기하는 것도 아니고, 기업에게 비용만 발생시키는 준조세도 아니다. 윤리경영은 시장경제 시스템 하에서 투자가치가 있는 무형자산인 것이다.

그렇다면 금융소비자와 관련한 금융당국의 시각은 어떠한가. 금융행정혁신보고서, 국정기획자문위 등에서 말하는 소비자보호기능 강화와 금융감독원의 소비자보호기능 분리 방안 등은 윤리경영에서 말하는 "소비자에게 좋은 회사가 되기 위해서는 어떻게 해야 하는 것인가"라는 관점과는 확연한 차이가 있다.

금융당국의 방안은 금융회사들이 정부라는 이해관계자가 만들어 놓은 규정을 위반하거나 규정을 지키면서도 금융소비자를 기만하고, 등치고, 협박하고, 정보를 제공하지 않는 방식 등으로 금융소비자를 착취하는 행위를 막는데 급급한 소극적 방안이지 소비자 만족방안이 아니다.

즉 금융회사가 당국의 감독 및 규정을 지키는 것은 정부라는 이해관계자에게 좋은 금융회사가 되기 위한 윤리경영에 해당되지, 금융소비자에 대한 윤리경영에는 해당되지 않는다.

금융소비자에게 좋은 금융회사는 그러한 비도덕적 행태의 근절은 기본이고 더 나아가 고객에게 양질의 금융서비스를 가장 저렴한 비용으로 제공해주고 민원이 발생할 경우 고객 편에 서서 신속하게 해결해 줌으로써 고객이 믿고 다시 찾을 수 있는 회사일 것이다.

따라서 금융소비자에 대한 윤리경영은 투트랙(two-track)으로 접근해야 한다. 한 가지는 지금과 같이 정부라는 이해관계자에게 좋은 금융회사가 되기 위해 금융당국의 소비자보호에 대한 규제와 룰을 금융회사가 잘 지키도록 유도하는 방안이고, 다른 하나는 금융회사가 금융소비자라는 이해관계자에게 좋은 금융회사가 되기 위한 노력을 할 수 있는 환경을 마련해 주는 것이다.

지금처럼 금융회사가 금융당국이라는 이해관계자에게만 충실하게 하는 규제와 감독 만능주의로는 소비자가 신뢰하고 만족하는 금융회사가 나올 수 없다. 지금의 금융회사는 금융당국이라는 이해관계자만 무섭지 금융소비자는 무섭지 않기 때문이다.

금융당국에 의한 규제감독도 1) 민원발생 → 사후검사 → 솜방망이 처벌 → 신규 규정 제정 → 규정 피해 나가기 → 소비자 착취의 악순환이 지속되거나, 2) 정부 인허가 업종이라는 이유로 금융당국이 금융소비자보다 금융회사를 보호해야 하는 대상으로 보는 관점이 바뀌지 않는 한, 아무리 소비자보호감독원을 신설하고 규정을 많이 만들어도 금융소비자에 대한 적폐는 청산되지 않을 것이다.

출처 : 이코노믹리뷰, 2018. 1. 9일자

4) 윤리경영의 실행

윤리적 의사결정은 기업윤리의 실천에 있어서 핵심이다. 기업이 윤리적으로 운영되기 위해서는 모든 의사결정이 윤리적으로 행해져야 한다. 그러나 다양한 조직적 및 환경적 요소가 기업의 윤리적 의사결정 질에 영향을 미친다.

기업이 윤리적 경영을 실천하기 위해서는 먼저 최고경영자의 몰입이 중요하다. 이러한 최고경영자의 윤리에의 몰입은 조직의 도덕적 분위기 강화와 제도 및 절차로 구체화될 수 있다.

(1) 최고경영층의 몰입

최고경영층은 개인적 행동사례 또는 정책을 통하여 이상적으로 윤리적 역할모델을 구축할 수 있다. 즉 최고경영층으로부터 모든 의사결정에 있어서 윤리적 문제가 깊게 고려되어야 한다. 강력한 메시지는 조직 모든 계층의 구성원들의 의사결정에 영향을 미쳐 조직의 윤리적 성과 증진에 크게 기여할 것이다. 최고경영층은 일반적으로 정책수립 능력뿐만 아니라 권한이 있으므로 조직의 도덕적 분위기를 크게 좌우한다.

(2) 도덕적 분위기

조직구성원 윤리에 대하여 편하게 느끼지 않는다면 조직에서 윤리가 실천되기는 어려울 것이다. 그러나 기업에서 권리, 정의, 정직, 진실, 공정성 등과 같은 용어가 생소하게 들릴 경우가 많다.

(3) 윤리강령

최고경영층은 조직 내 모든 경영자와 종업원에게 적용되는 행위기준을 설정하고 의사소통을 할 책임이 있다. 경영자들이 이런 책임을 수행하는 한 방법으로는 윤리강령 또는 행동강령을 제정하는 것이다. 경영자들이나 종업원들은 윤리적 딜레마에 당면했을 때 윤리강령에 근거하여 행동할 수 있다.

(4) 윤리위원회

많은 조직에 있어서는 윤리적 문제를 다루기 위하여 이사회 산하에 윤리위원회를 설치하거나 윤리담당임원을 두기도 한다. 윤리위원회를 둘 경우 의장은 외부인사가 맡을 수 있으며, 위원의 3분의 1 이상은 부사장급의 최고경영진으로 구성하는 것이 보통이다.

(5) 민원자문관

경쟁 압력에 시달리는 조직은 때때로 단기적 조직의 이익을 극대화하기 위하여 윤리적 문제를 외면하고 업무를 추진할 경우가 많다. 이 경우 소비자나 이해관계자로부터 소송이 걸려 기업의 이미지에 악영향을 미치는 수가 있다. 이런 문제에 대응하기 위하여 조직은 민원자문관 제도를 운용할 수 있다.

(6) 윤리 핫라인

조직구성원이 비윤리적 행위를 은폐하는 것은 그들이 의심스러운 행위를 목격했을 때 어떻게 반응해야 할지를 모르기 때문이다. 이런 현상을 방지하기 위하여 조직은 윤리 핫라인(hot line)을 설치할 수 있다. 윤리위원회 위원 또는 민원자문관이 익명의 전화를 받아 조용히 상황을 내사한다. 그리고 전화를 건 사람의 신분을 보호하기 위한 정교한 시스템이 마련되어 있어야 한다.

(7) 윤리훈련

경영자 윤리훈련에 대해서는 상당 기간 논쟁이 되어 왔다. 하나는 윤리는 개인적이고 경영자에 내재되어 있는 것으로 변경 또는 교육이 가능하지 않다는 입장이다. 다른 입장은 경영훈련의 한 부분으로서 윤리가 가르쳐질 수 있다는 것이다.

(8) 윤리감사

윤리감사는 기업의 윤리적 분위기나 프로그램을 평가하는 메커니즘이다. 즉 윤리감사는 윤리프로그램, 윤리강령, 핫라인 그리고 윤리훈련 프로그램 등이 적절히 기능하고 있는지를 신중하게 검토하는 과정이다.

기업윤리헌장

우리 기업은 온 국민과 함께 지난 날의 가난과 어려움을 딛고 땀과 창의로 오늘날의 자랑스러운 경제발전을 이룩하였다.

우리 기업은 세계가 하나의 시장으로 열리고 경제력이 나라의 흥망을 가름하게 될 세기적 변환의 문턱에서, 나라와 민족의 장래를 떠받쳐야 할 소중한 사명을 짊어지고 있다. 머지않아 다가올 통일에 대비하기 위해 우리 기업은 국부를 늘리고 국력을 키우는 데 더욱 힘을 쏟아야 하며, 지속적인 성장과 발전을 통해 선진 복지국가를 만들어 우리 후손에게 평화롭고 풍요로운 삶의 터전을 물려주어야 한다.

우리 기업은 창의와 활력이 넘치는 기업가 정신을 발진하여 경영과 기술을 혁신하고, 투명한 기업경영을 통해 시대정신과 국민적 흥망에 부응하는 바람직한 정경문화를 정착시켜, 건실하게 성장해 나가야 한다.

우리 기업은 자유시장경제체제를 창달하여 국민의 희망과 꿈을 실현시키고, 국민으로부터 신뢰받는 기업으로 만들어 나가야 한다. 세계와 호흡을 같이 하고 국민으로부터 사랑받는 기업문화를 가꾸어 나가는 것이야말로 우리 기업이 나가야 할 참다운 길이다.

이에 우리 기업은 새로운 마음가짐으로 다음과 같이 우리가 힘써 행할 바를 정하여 이를 실천해 나가고자 한다.

1. 우리 기업은 기업시민으로서 사회적 책무를 다한다.
2. 우리 기업은 창의와 혁신을 통해 정당한 이윤을 창출한다.
3. 우리 기업은 투명경영을 하는데 노력을 다한다.
4. 우리 기업은 정치권 및 정부와 건전하고 투명한 관계를 유지한다.

5. 우리 기업은 전문경영인의 육성을 위해 노력한다.

6. 우리 기업은 기업 상호간에 공정한 경쟁을 한다.

7. 우리 기업은 대・중소기업간 협력을 발전시켜 나간다.

8. 우리 기업은 소비자와 고객의 권익증진에 힘쓴다.

9. 우리 기업은 모든 기업구성원의 이익을 향상시킨다.

10. 우리 기업은 환경친화적 경영을 지향한다.

11. 우리 기업은 지역사회의 발전에 기여한다.

12. 해외진출 기업은 현지국의 선량한 기업시민으로서 현지국의 법률을 준수하고 현지국의 문화와 거래관행 존중한다.

13. 우리기업은이헌장을준수하고실천이가시화되도록공동협력하여국민으로부터 신뢰받는 기업을 만드는데 노력한다.

제11장

기술경영 및 지식경영

1. 기술경영의 이해

1) 기술의 중요성

우리나라 산업은 해외의존도가 높고, 국제시장에서의 경쟁여건은 날로 어려워지고 있다. 이러한 상황에서 우리가 개척해 나아갈 방향의 하나가 기술고도화라는 것은 당연시되고 있는 것 같다. 최근에 이루어지는 기술의 발전은 생산운영관리를 포함한 경영학의 전 분야에 걸쳐 영향을 미치면서 기술경영이라는 새로운 패러다임을 형성해 가고 있다.

홀과 존슨(G. R. Hall and R. E. Johnson)은 "기술(technology)이란 과업수행, 용역제공 혹은 제품생산을 가능하게 하는 지식이나 정보를 뜻한다"고 하였다. 따라서 기술은 기계류, 프로세스, 제품, 서비스, 생산방법 등을 지칭하는 단순한 생산기술과는 그 성격을 달리한다. 기술은 생산기술의 밑바탕을 이룰 뿐만 아니라 엔지니어링, 관리, 마케팅, 생산노하우 등을 포함하는 지식이나 정보라고 할 수 있겠다.

칸츠와 램(Kanz & Lam)은 기술이란 기업에 내재된 노하우(know-how)로서 소비자의 잠재된 욕구를 충족시킬 수 있는 제품이나 서비스를 규명하고 개발할 수 있는 능력이라고 하였다.

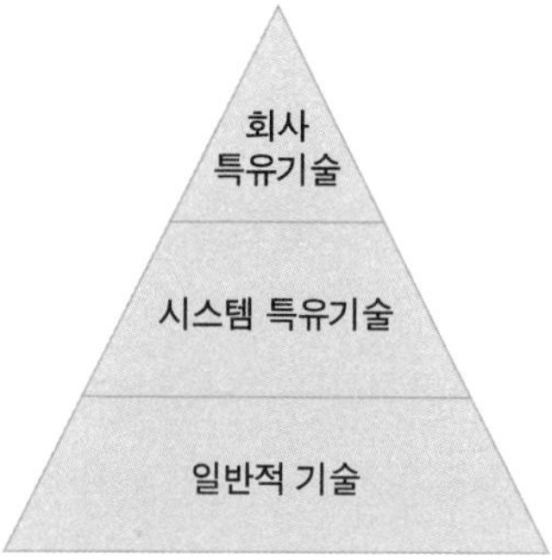

〈그림 11.1〉 기술의 계층적 구조

자료: 윤석철, 『기술축적 · 관리론』(서울: 일신사, 1982), p.

일반적으로 연구개발 활동의 효율성은 이미 축적된 과학 · 기술이 쌓여가므로 연구개발 활동의 결실인 기술은 〈그림 11.1〉의 피라미드형 계층적 구조로 분류할 수 있다.

첫째는 일반적 기술(general technology)인데, 이는 어떤 기업에 있어서 공통된 정보나 지식을 뜻한다. 예를 들면 수학 · 외국어 등의 기초적 지식을 비롯하여 도면을 읽을 수 있는 지식, 필요한 공구를 설계할 수 있는 능력, 컴퓨터 프로그래밍 등과 같은 전문적 지식 등이 여기에 포함된다.

일반적 기술은 여러 책들을 읽음으로써 또한 각급 학교의 교육을 통해 장기적으로 습득되는 것이므로 특정 과목을 위하여 단기일 안에 집중적인 습득은 거의 불가능하다. 어떤 산업에 종사하든지 모든 기업들은 일반적으로 이러한 지식을 갖고 있어야 하며, 따라서 이러한 일반적 기술 없이 어떤 기업이 기술적 산업(technology-based industry)에 참여하기란 현실적으로 매우 어렵다.

둘째는 시스템 특유기술(system-specific technology)로서 이것은 어느 특정 산업에 종사하려면, 그 조직이나 구성원이 보유해야만 하는 지식으로서 그 동종 산업의 고유한 기술을 뜻한다. 특정 프로젝트를 통해 습득한 지식, 특수 시스템과 직결되는 정교한 절차나 특수 해법과 같은 기술들이 이에 속한다.

제조업의 예를 들면 시스템특유기술은 한 제조품목에 고유한 기술을 가리킨다. 타기업이 그 품목의 생산에 성공했다면 아마도 동일한 기술을 보유하게 될 것이다. 국가 간 혹은 기업 간의 기술이전에는 주로 이 시스템 특유기술이 주 대상이 된다.

셋째는 기업특유기술(firm-specific technology)로서 이는 동종 산업의 타 기업들로부터 자사를 차별화시키며, 또한 경쟁적 우위를 보유할 수 있게 하는 기술을 뜻한다. 기업특유기술은 기업의 전반적인 활동의 결과로 나타난다. 동일한 품목을 생산하는 기업들 사이에서도 기업특유기술은 상이할 수 있다. 예를 들면 자동차의 엔진을 제조함에 있어 타사의 제품보다 더 가볍고 견고하게 실린더 블록을 특수박벽주조할 수 있는 기술이 있다면, 이것은 기업특유기술에 속할 것이다.

그러나 이러한 수준에 도달하기 위해서는 일반적인 실린더 제조기술의 단계를 거친 후, 더 나아가서 실린더 블록 주조에 상당한 경험과 연구개발의 과정이 쌓인 후에야 비로소 가능하게 되는 것이다. 이 기업특유기술은 기업간 경쟁력의 원천이 되기 때문에 쉽게 타 기업이나 국가에 이전하려 하지 않는다.

기업에 있어서 기술개발 내지 연구개발(R&D) 활동은 매우 중요하다. 기업 간 경쟁의 격화에 따라 탁월한 기술능력을 보유한 기업만이 치열한 경쟁에서 살아남을 수 있고 지속적인 성장과 발전이 가능하다.

오늘날은 이미 기술력이 기업이나 국가의 경쟁력을 좌우하는 시대이다. 그 동안 한국 기업들은 외국에서 검증된 기술을 가져와 제품화하는 경우가 일반적이었다. 따라서 최고경영자(CEO)는 특별히 기술에 대해 따로 신경을 쓸 필요가 없었다. 왜냐하면 금융, 회계, 마케팅 등이 기업이익을 내는 데 훨씬 중요하게 작용한 때문이었다. 그러나 이제는 경영환경이 변했으며, 기술이 가장 중요한 경영요소가 되었다.

글로벌 경쟁전략은 점점 기술위주로 바뀌고 있어 기술이 기업과 국가들의 힘을 결정한다고 해도 과언이 아니다. 기술혁신이란 경영자들이 과학, 엔지니어링, 관리들 간에 연결을 효과적으로 하는 데에 투자할 때 이루어지는 것이다. 오늘날 기술은 글로벌 경쟁에 있어서 국내외 기업 간에 중요한 경쟁무기가 되고 있으므로 기술에 관한 충분한 관리가 이루어져야 한다.

2) 기술경영의 정의와 중요성

기술은 국가의 경제성장과 기업의 성공을 이끄는 매우 중요한 자원으로 인식되어 왔다. 1960년대부터 시작한 우리나라의 경제발전과 기업들의 성공도 기술자원을 효과적으로 활용하였기에 가능한 일이었다. 즉 국가 및 기업 차원에서의 기술경영이 성공적으로 진행되었다고 할 수 있다.

기술경영은 기술을 전략적으로 활용함으로써 새로운 사업 기회를 창출하고 혁신적 제품을 고안하는 등 공학과 경영학을 통합한 개념이다. 1980년대 미국 스탠퍼드대 윌리엄 밀러 교수가 기술경영 강좌를 개설한 것이 효시다. 이후 1990년대 MIT 경영대학원 내에 기술경영학위 프로그램이 개설되면서 본격적으로 도입되기 시작했다. 미국은 기술을 제품화하는 데에 뛰어난 능력을 보여온 일본을 극복하기 위해서는 기술경영이 필수적이라고 판단하여 정부 및 대학, 기업이 공동으로 노력한 결과, 지금은 많은 대학의 정규 프로그램으로 운영되고 있다.

기술경영은 엔지니어들은 재무관리를 잘 모르고, 관리자는 기술을 이해하지 못한다는 데에 착안하여 과학과 기술, 그리고 관리지식과 실제적 문제들을 통합한 학문간의 지식분야라고 할 수 있다. 다시 말하면 기술경영은 기술관련 분야(예, 연구개발 · 엔지니어링 · 제조)를 비즈니스관련 분야(예, 마케팅 · 재무 · 인적자원)와 통합하는 데에 그 초점이 있다.

기술경영(Technimanagement 또는 Management of Technology : MOT)이란 인간 상호관계의 시간적 검증을 받은 원리를 기술적 조직체들의 생산성 향상에 적용시키는 것과 관련된 것으로 정의한다. 또 기술경영을 넓은 의미로 "기술을 모든 경영의 중심"으로, 좁은 의미로는 "기술의 전략적 관리"로 정의하기도 한다. 기술경영은 어떻게 정의를 내리든 간에 종전의 경영분야와 기술분야를 접목시킨 새로운 경영학의 한 영역으로 자리잡아 가고 있다.

많은 기업들이 높은 인건비에 의한 원가상승과 그에 못 미치는 낮은 생산성으로 어려움을 겪고 있다. 그렇다면 이러한 어려움은 피할 수 없는 것일까? 대답은 그렇지 않다. 경영자가 지금까지 가졌던 경영이념 및 방법을 새롭게 정립함으로써 이러한 난국은 타개할 수가 있는 것이다. 그 방법으로는 다음과 같다.

첫째, "생산성을 어떻게 제고시킬 것인가?"라는 문제를 뛰어 넘어서 "어떻게 하면 경쟁력의 우위를 확보할 수 있는가?"를 생각해야 한다.

둘째, 단순히 노동생산성만을 고려하기보다는 기업 전체적인 능률을 생각한다. 실제로 제조원가에서 노무비가 차지하는 비율은 그리 크다고 할 수 없다.

셋째, 제품믹스, 기술, 생산량, 판매시장 등 각 분야의 동적 유동상태를 파악하여 통제 가능한 것을 찾아 전체적인 초점을 맞추도록 해야 한다.

넷째, 서로 모순되고 상반되는 무원칙의 생산임무 대신 명확하고 뚜렷한 생산임무에 초점을 맞추도록 생산구조 및 정책을 정립한다.

이러한 개념은 기업경영을 뚜렷한 초점에 맞출 경우 전통적인 기업경영에 비해 낮은 원가로 뛰어난 경쟁력을 지닐 수 있는 이점이 형성된다. 그러나 이 같은 이점에도 불구하고 실제로 초점있는 경영을 하는 기업들은 흔하지 않다. 그들은 과거의 경영방식에 얽매여 '규모의 경제'나 '자본지출의 극소화'를 이유로 여러 시장의 수많은 소비자를 상대로 다양한 제품을 생산함으로써 경영전략, 마케팅관리, 생산통제 등에 있어서 적당히 타당성을 찾게 되는 뒤죽박죽의 경영이 이루어지고 있다. 결과적으로 높은 제조간접비의 발생을 초래하고 있으며, 이에 따라 기업에서의 기술경영은 매우 중요한 경영활동이 되어가고 있다.

한국기업들은 이제 연구개발(R&D) 등 기술에 관련된 문제를 전략적인 관점에서 바라보고 전략과 기술의 통합을 이루기 위해 노력해야 한다. 새로운 기술이 기업에 제공하는 효과는 크게 두 가지이다. 첫째는 새로운 상품이나 서비스를 개발하거나 그런 능력을 향상시키는 것이다. 둘째는 기업활동의 프로세스 효율성을 제고하는 일이다. 상품 · 서비스의 개발은 전략과 분리해서 생각할 수 없다. 상품 · 서비스의 개발을 위한 기술은 기업의 목표시장과 경쟁우위 등을 정의하는 기업의 전략에서부터 시작해야 한다. 관련 기술의 획득방법도 전략적 관점에서 가장 효과적인 것을 선택해야 한다.

또 프로세스의 효율성 제고를 위해 기업들은 IT(정보기술)에 많은 관심을 보여야 한다. 특히 엄청난 양의 솔루션 중에서 자사의 전략적인 목표를 달성하기 위해 가장 효과적인 것을 선택할 수 있는 역량을 키워야 한다.

사례 11-1 건전한 산업 생태계 조성… 대기업 동반성장 '잰걸음'

협력사 상생 펀드 만들고 기술 공유

대기업과 중소기업의 '동반성장'이 정부의 주요 정책과제로 떠오르면서 대기업의 움직임이 빨라지고 있다. 자금 지원부터 기술 협력, 교육 기회 제공 등 협력사를 물심양면으로 지원함으로써 건전한 산업 생태계를 구축하기 위해 노력하고 있다. 기업 경쟁의 패러다임이 변화하면서 협력업체의 성장이 곧 기업 성장으로 직결된다는 판단도 동반성장 확산의 밑거름이다.

먼저 중소기업의 자금 사정을 고려해 거래 대금을 현금으로 지급하고 상생펀드를 조성하는 기업이 늘고 있다. 삼성전자는 자금 조달에 어려움을 겪고 있는 중소 협력사의 자금 유동성 지원을 위해 2005년부터 거래대금을 전액 현금으로 지급하고 있다. 2011년부터는 대금 지급 횟수를 월 2회에서 4회로 늘렸다. 설 연휴를 앞둔 지난 11일에는 협력사 물품 대금을 1주일 앞당겨 지급했다.

지난해 6월엔 1차 협력사가 2차 협력사에 물품 대금을 전액 현금으로 지급하도록 지원하는 '물대지원펀드'를 5,000억 원 규모로 조성했다. 자금이 필요한 1차 협력사가 시중은행에 대출 신청을 하면 2차 협력사에 지급할 물품 대금을 1년간 무이자로 1차 협력사에 대출해주는 제도다. 대출 기간은 1년 추가 연장할 수 있다.

최저임금 인상으로 어려움을 겪는 협력업체도 돕는다. 현대차그룹은 지난달 24일 최저임금 인상과 관련해 2 · 3차 협력사 지원을 위한 '상생협력 협약'을 체결했다. 현대차그룹이 상생협력을 위해 총 1,500억 원을 출연했다. 500억 원은 중소 협력사 근로자 임금 지원을 위해, 1,000억 원은 임금 지원과 더불어 협력사의 회사 운영 자금을 지원하는 데 쓰

대기업 · 중소기업 상생기금 조성 사례

기업	사례
삼성전자	1차 협력사가 2차 협력사에 물품 대금을 현금으로 지급할 수 있도록 5,000억 원 규모 물대지원펀드 조성
현대자동차그룹	2 · 3차 협력사 지원을 위해 상생협력 협약 체결 및 상생협력 기금 1,500억 원 출연
SK그룹	6,200억 원 규모 동반성장펀드 조성 및 2 · 3차 협력사로 지원 대상 확대
LG그룹	LG전자, LG화학 등 주요 계열사를 중심으로 8,500억 원 규모 상생기금 조성 계획

인다. 최저임금 인상으로 어려움을 겪는 중소 협력사를 돕기 위해서다.

교육 프로그램을 통해 협력사의 자생력도 강화하고 있다. SK는 2006년부터 협력사 역량 강화를 위한 교육 프로그램인 동반성장아카데미를 운영하고 있다. SK가 관련 비용을 전액 지원하는 동반성장아카데미는 1차 협력사 중심에서 작년부터 2, 3차 협력사로 참여 대상을 확대했다. 1차 협력사를 대상으로 하던 동반성장 MBA(핵심 인재 대상)와 동반성장 e-러닝(전 임직원 대상)을 2, 3차 협력사로 확대하는 한편 협력사 경영인을 위한 동반성장 CEO 세미나(최고경영자 대상)도 신설했다. 총 수강 인원은 20만 명에 달한다.

LG전자는 2011년부터 LG전자 동반성장 아카데미를 통해 협력회사의 인적자원 개발을 적극적으로 지원하고 있다. 사출성형, 채권관리, 채용면접 기법 등 협력회사의 경영, 생산성, 품질 역량 강화에 필수적인 과목 90여 개를 강의 중이다.

협력사와 적극적 소통을 통해 원청사가 앞으로 나아갈 길도 알려준다. LG전자는 매년 자사 협력회사 모임인 협력회와 함께 총회를 연다. 전년도 주요 성과를 공유하고, 생산성 향상 및 품질 개선에 성과를 낸 협력회사를 시상하기 위해서다. 지난해 3월 열린 총회에서는 부품 표준화 및 공용화를 통해 효율적인 생산시스템을 만들고 빅데이터를 활용해 스마트 팩토리를 구축하는 등 중점 추진 방향을 공유했다.

기술 공유에도 적극적이다. 포스코는 지난해 4월 산업통상자원부와 한국산업기술진흥원(KIAT), 중소기업들과 2017년 1차 포스코 기술나눔 확산을 위한 업무 협약을 체결했다. 포스코가 보유한 300개 우수기술을 나눔기술로 제공하고, 이 중 69개 기술의 특허 83건을 24개 기업에 무상 이전했다. 무상 이전 대상 기술에는 기계장치, 로봇, 이물질 제거기 등 산업용 기계 61건, 운행 · 주행, 설비장치 등 시스템 기술 83건, 신재생에너지 80건, 철강, 소재 56건 등이 포함됐다.

기술 전수 및 연구개발(R&D) 지원 등으로 협력사의 경쟁력도 높아졌다. 현대 · 기아차 1차 협력사의 평균 매출은 2001년 733억 원에서 2016년 2,722억 원으로 연평균 9.1% 성장했다. 매출 1,000억 원 이상 협력사 수는 2001년 62개에서 2016년 156개로 2.5배로 증가했다. 협력사의 재무안정성도 강화돼 2001년 152%에 달하던 부채비율이 2016년 114%로 낮아졌다. 현대 · 기아차 협력사들은 평균 30년 이상 협력 관계를 유지하고 있다.

GS는 2010년부터 지주사인 (주)GS 대표를 위원장으로 하고, 자회사 및 계열사 대표를 위원으로 하는 그룹 차원의 '공생발전협의회'를 구성했다. 계열사별로 추진하고 있는 협력회사 동반성장 프로그램 추진 실적을 점검하고, 활성화 방안을 모색하는 등 적극적인 활동을 펼쳐나가기 위해서다.

출처 : 한국경제, 2018. 2. 19일자

3) 기술경영의 영역

넓은 의미로 보면 혁신은 문화혁신, 기술혁신, 경영혁신 등을 모두 포함하나 여기서는 기술혁신만을 언급한다. 기업 내에서 기술경영의 위상을 나타내면 〈그림 11.2〉와 같다. 기업경영활동은 가치사슬의 가장 상류(upstream)에 위치하고 있고, 시장과 가장 멀리 떨어져 있으므로 일반적으로 계량적인 분석보다도 정성적인 분석이 많이 사용된다.

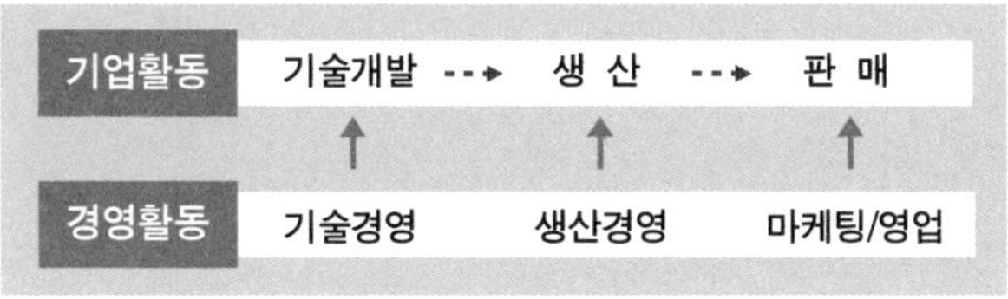

〈그림 11.2〉 기업에서의 기술경영의 위상

기술경영의 세부내용은 다음과 같다.

▷ 기술혁신과정과 산업발전

① 기술혁신과 산업발전

② 첨단산업에서의 기술혁신

▷ 기술전략의 수립 및 실행

③ 기술전략의 체계와 내용 및 실행

④ 핵심기술역량과 기술학습

⑤ 외부기술활용, 기술이전, 기술협력과 전략적 제휴

▷ 연구 관리

⑥ 연구 프로젝트관리

⑦ 연구 인력관리

⑧ 연구 조직 및 자원관리

▷ 신제품 개발

⑨ 신제품 개발의 과정, 조직, 관리방법 및 성패요인

▷ 국제 기술경영

⑩ 국제 기술경영 : R&D 국제화, 기술이전 등

▷ 과학기술정책과 하부구조

⑪ 과학기술정책, MIS, 산학연협동, 기술경영 생태계

⑫ 특수논제 및 기타

기술경영/연구관리는 〈그림 11.3〉과 같이 공학, 경영학, 정책학 등 관련 분야와 연관된 여러 학문 간의 특징을 지니고 있다.

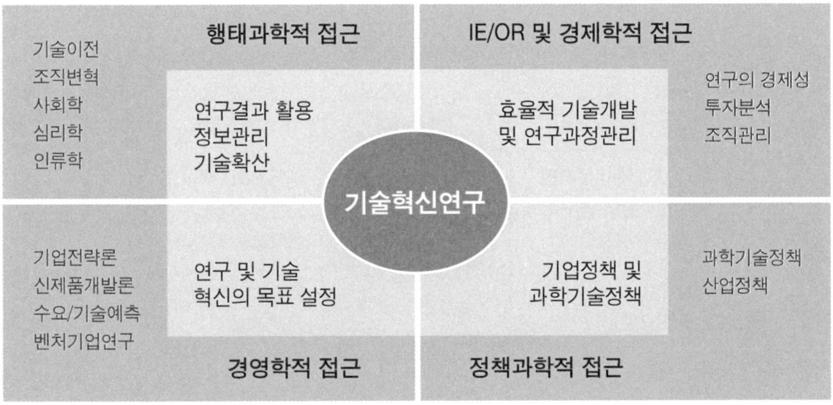

〈그림 11.3〉 기술혁신연구와 관련 학문의 관련성

4) 우리나라 기술경영의 발전과정

우리나라 기술경영은 우리나라 산업의 발전과 함께 성장해 왔다. 우리나라에 연구관리 기법이 도입된 것은 1966년 한국과학기술연구소(KIST) 설립 당시로 거슬러 올라간다. KIST는 출범 당시부터 서구의 우수연구소를 벤치마킹하고, 바텔연구소 등의 도움을 받아 연구 프로젝트 계약제도 및 연구관리 시스템을 도입하였다.

또한 우리나라의 기술경영 관련 연구는 초창기에 한국과학기술원(KAIST), 한국과학기술연구소(KIST) 경제분석연구실, 과학기술정책연구소 등을 중심으로 연구가 추진되어 오다가 점차 고려대, 연세대, 서강대, 성균관대, 서울대, 중앙대, 아주대 등 대학들이 참여함으로써 1980년대 중반이후 활성화되었다. 산업계에서 우리나라의 기술경영 발전과정을 단계별로 정리하면 〈표 11.1〉과 같다.

<표 11.1> 우리나라의 전반적인 기술경영의 발전과정

구 분	도입기		발전기	
	1970년대	1980년대	1990년대	2000년대
주요 사건	KIST에서 분화된 정부출연 연구소 다수 설립	민간연구소 설립 활성화	대형 R&D 추진, 민간연구소 급증, 산학협동 활성화	기술협력 및 성장/핵심기술 자체개발
주요 기술개발 방식	모방 및 기술도입	기술도입	기술도입 및 자체개발	자체개발
핵심연구주제	정부출연연구소	정부출연연구소 민간기업	민간기업 대학	민간기업 대학
민간기업의 주요 기술경영 이슈	기술수요 파악, 기술도입	연구관리, 개도국 기술발전	과학기술정책, 연구기획/평가, 기술전략	기술전략, 전략적 제휴, 혁신기술경영
기술경영/ 연구관리 연구주체	정부출연연구소	정부출연연구소, 대학	대학, 민간기업, 정부출연연구소	대학, 민간기업
국내선도 연구소들의 R&D 방식	1세대	1세대 → 2세대	2세대 → 3세대	2/3세대 → 4세대
일반기업 연구소들의 R&D 방식	-	1세대	1세대 → 2세대	2세대
기술경영부문 주요 국내잡지	기술이전	기술관리, 과학기술정책	기술혁신연구, 과학기술정책, 기술관리	기술혁신연구, 기술관리
기술경영 교육	-	산발적인 특강 프로그램	기술경영 석사 학위과정 개설	기술경영 학위과정 확산

사례 11-2 '흙수저 신화' 마윈이 직접 말한 성장 키워드3

연세대에서 특별 대담…
"기업의 미래는 '여성과 청년'·'LQ'·'신(Xin)'에서 찾아야"

마윈 알리바바그룹 회장이 2월 7일 열린 '글로벌 지속 가능 발전 포럼'에서 자신이 만든 한자 '신(Xin)'을 소개하고 있다. / 연합뉴스

평창 동계올림픽 개막을 계기로 방한한 마 회장은 연세대 백주년 기념관에서 열린 '2018 글로벌 지속 가능 발전 포럼(GEEF)에서 반기문 전 유엔 사무총장과 특별 대담을 갖고 기업의 지속 가능성과 미래에 대한 철학을 공유했다.

마 회장은 '흙수저'의 성공 신화를 쓴 중국 청년들의 롤모델이자 중국 기업을 대표하는 인물이다. 세계적으로 '마윈 명언'이 회자될 만큼 자신의 철학과 비전을 말로 전달하는 데 능통한 그는 이번 포럼에서도 재치 있고 명확한 논리를 펼쳤다.

1시간 30분 정도 이어진 대담에서 그가 강조한 키워드는 세 가지였다. 마 회장은 기업과 사회의 발전을 위해 여성과 청년의 고용 확대와 평등한 기회를 제시했다. 급속도로 진행되는 기술혁명 시대의 위기를 돌파하려는 해결책에 대해서는 "인간은 자동차와 달리기 경기에서 이길 수 없다"며 "기계와 경쟁하려는 어리석은 일 대신 기계가 할 수 없는 일을 하도록 발전해야 한다"고 말했다.

키워드 ① 여성과 청년

"기성세대가 가만히 앉아 미래를 걱정할 게 아니라 청년들을 고용해야 합니다. 좋든 싫든 이젠 여성과 청년을 환영할 준비를 하세요. 그리고 포용하세요."

마 회장은 포럼에서 여성과 청년들의 역량을 강조하는 데 많은 시간을 할애했다. 그는 "알리바바의 성공 비결은 여성과 청년이었다"며 "힘과 근력의 세계가 아닌 지식정보 사회에서는 '지혜'를 겨뤄야 하고 돌봄의 경쟁이 중요한 21세기엔 여성 지도자가 더 많아져야 한다"고 강조했다.

알리바바는 6만 5,000여 명의 직원 중 49%, 임원의 37%가 여성이다. 알리바바그룹 이사회에도 여성 이사가 1명 포함돼 있다. '청년'도 알리바바 성공의 핵심 키워드다. 알리바바는 젊은 아이디어를 통한 기업 발전을 위해 '임원 퇴직제도'를 운영하고 있다. 본인 나이와 회사 재직 기간을 합쳐 '60년'을 초과하면 퇴직 신청이 가능하며 이후엔 알리바바 '명예이사'가 된다.

2013년 49세가 된 마 회장은 스스로 만든 퇴직제도 조건에 해당하자 미련 없이 최고경영자(CEO) 자리에서 물러났다. 이후 알리바바 이사회의 전략정책을 담당하고 조직 문화와 인재 양성에 힘쓰고 있다.

퇴직 제도와 마 회장의 철학 덕분에 알리바바그룹 임직원의 평균연령은 33세다. 마 회장은 기업에서 희망이 없다고 말하는 것은 그 기업에 젊은이가 없기 때문이라고 강조했다.

그는 "인터넷으로 숨 쉬고 먹고 자고 읽는 18억 명의 청년들이 미래를 바꿔 놓을 사람들이자 미래의 에너지원"이라며 "급격한 기술 변화를 잘 이해하지 못하는 기성세대가 가만히 앉아 미래를 걱정할 게 아니라 청년들을 고용해야 한다"고 말했다.

마 회장이 "싫든 좋든 이젠 여성과 청년을 환영할 준비를 하라"고 말하자 청중의 박수가 쏟아졌다.

키워드 ② 기계와 LQ

"인간은 기계와 경쟁할 필요가 없습니다. 알파고와 바둑을 두는 것은 자동차와 달리기 경기를 하는 것과 같아요. 인간은 기계가 절대 할 수 없는 일을 해야만 합니다." 데이터 기술을 강조하는 알리바바는 4차 산업혁명을 어떻게 바라보고 있을까. 반 전 총장이 4차 산업혁명에 따른 일자리 위협에 우려를 표하며 "인공지능(AI)이 지성과 감성을 모두 지배한다면 인간의 역할은 어디까지인가"라고 질문했다.

하지만 마 회장은 "AI가 아무리 똑똑해져도 사람을 대체할 수 없다"고 단언했다. 그는

"AI는 인간의 뇌를 배울 뿐 인간을 이길 수는 없다. 인간은 지금까지 뇌의 5~8%만 발휘했는데 어떻게 AI가 인간을 이길 수 있겠느냐"고 반문했다.

또한 AI에 대적할 수 있는 인간의 능력으로 사랑지수(LQ)를 꼽았다. 그는 "성공하고 싶다면 감성지수(EQ)를 높이고 지고 싶다면 지능지수(IQ)를 높여라. 하지만 존경받고 싶다면 LQ를 높여라. LQ만이 인간이 가질 수 있는 힘"이라고 말했다. 또한 인간이 기계와 경쟁하기보다 기계가 절대 할 수 없는 일을 인간이 할 수 있도록 교육하는 것이 더 중요하다고 말했다.

그는 "인간이 자동차나 기차보다 빨리 달리기 어려운 것처럼 알파고의 계산을 인간이 따라잡을 수 없다"며 "우리의 교육을 어떻게 바꿔야 할지 고민하고 우리 아이들이 기계와 경쟁하려고 하지 않도록, 기계가 절대 못하는 것을 하도록 가르쳐야 한다"고 강조했다.

마 회장은 기계로 인해 사람들의 노동시간이 줄어드는 것은 오히려 기쁘게 생각한다고 주장했다. 그는 "제 할아버지는 매일 18시간을 일했지만 우리는 주 5일 매일 9시간씩 일하면서도 바쁘다고 느낀다"며 "우리의 다음 세대는 주 3일 매일 3시간씩만 일하고 전 세계 도시를 여행할 것"이라고 말했다. 기계를 통해 인간이 하지 않아도 되고 하고 싶지 않은 일들을 대체하면 많은 사람들이 더 나은 삶을 살 수 있을 것이란 주장이다.

키워드 ③ 신(xin)

"우리가 기부한 돈이 큰 변화를 일으키지는 못했겠지만 기부하는 행위는 우리 스스로를 변화시켰습니다. 우리 모두 그렇게 바뀌면 세상도 바뀔 수 있죠."

마 회장에게는 독특한 이력이 있다. 그는 2016년 '신(xin)'이라는 새로운 한자를 창작했다. 친할 친(親)과 마음 심(心)을 합친 글자다. 모든 세상이 가족과 같아져야 한다는 뜻을 담았다. 마 회장은 이날도 이 한자를 소개하며 "효율적으로 기술을 활용하며 신(xin)을 마음에 품고 그걸 해낼 수 있는 역량을 갖춰야 한다"고 말했다.

마 회장이 이날 신을 소개한 이유는 효율적 이타주의를 설명하기 위해서다. 그는 자선활동의 효율성을 강조하며 "선의만으론 세상이 바뀌지 않고 기업의 효율성을 품은 자선활동이어야 지속 가능하다"고 말했다.

출처 : 한국경제매거진, 제1160호(2018. 2. 21일자)

2. 지식경영의 이해

1) 지식경영의 정의

지식이 기업경영에 있어서 새로운 경쟁의 원천으로 부각되고 있다. 그러나 조직내 존재하는 지식은 체계적으로 구조화되어 있지 않으면 활용하기 어렵게 되거나 쉽게 사라지게 된다.

최근에는 지식경영시대, 지식기반경제, 지식정부, 지식자본, 지식사회 등의 말들이 자주 사용되면서 성공적인 지식경영이 중요한 화두로 등장하고 있다. 이러한 지식경영은 이윤을 추구하는 기업은 물론이고, 공공기관을 비롯하여 비영리기관인 정부, 학교, 군대, 시민단체, 종교단체 등에서도 필요한 것으로 나타나고 있다.

지식경영(Knowledge Management)의 개념은 학자에 따라 달리 표현되고 있다. 노나카(Nonaka)의 정의에 따르면, 지식경영은 "조직적 차원에서의 지식은 물론 개인의 지식을 체계적으로 발굴하여 기업 내부에 축적 · 공유하고, 이 지식을 기업의 경쟁력 제고를 위해 활용하는 경영"이라고 정의하고 있다. 가트너 그룹(Gartner Group)은 "기업의 지적 자산을 생성, 채집, 구조화, 접근 및 사용을 하기 위한 관리방법론으로서 데이터베이스, 문서, 업무규정 및 절차뿐만 아니라 직원들 머리 속에 담겨 있는 전문지식이나 경험들까지 포함하는 것"이라고 정의를 내리고 있다.

또한 위트만-하트(Whittmann-Hart)는 "조직의 지식을 비즈니스 문제를 해결하기 위하여 적시에 올바른 환경(context) 내에서 필요로 하는 사람에게 제공하는 것"이라고 지식경영에 대한 정의를 말하고 있다.

그 외에도 지식경영에 대한 개념정의를 살펴보면 다음과 같다.

① 지식경영은 예측할 수 있는 정보, 결과에 초점을 맞춘 정보를 통해 변화하는 상황에 맞게 경영과정 자체를 변화시킴으로써 조직과 시장을 변화시키는 전략이다.
② 지식경영이란 기업이나 종업원 개개인이 지니는 지식을 체계적으로 발굴하여 기업 내부의 보편적인 지식으로 발전시켜 기업전체의 경쟁력을 향상시키는 경영활동을 말한다.

③ 지식경영이란 지식을 지속적으로 획득 · 창출, 축적, 전파 · 공유하고, 이를 활용해서 고객에게 뛰어난 가치를 제공함으로써 높은 기업성과를 달성하려는 것이다.

④ 지식경영은 지식을 획득하고 축적하여 자원으로 체계화하고, 체계화된 지적 자원을 기업경영에 활용하는 기법이다.

이상을 종합해 보면, 지식경영이란 조직적 차원에서 구성된 개개인의 지식을 체계적으로 찾아내어 기업 내부에 축적 · 공유하면서, 기업의 경쟁력을 높이는 경영방식이라고 정의할 수 있다. 결국 지식경영은 기업들이 가치 있는 지식을 창출하고 확산 및 공유함으로써 기업의 핵심자원 활용을 극대화시키려는 새로운 경영기법의 하나이다.

이를 위해서는 지식의 가치와 중요성을 인식하고 지식의 창출 · 획득 · 저장 · 공유를 위한 기업문화의 형성과 보상체계의 마련, 정보체계와 구성원 간의 네트워크 연결 등 지식인프라의 구축이 필요하다. 지식경영을 통해 향상된 핵심역량은 기업의 업무전반에 걸쳐 적용되어 실체를 갖춘 부가가치이자 다른 기업과 차별되는 역량으로 나타나게 된다.

2) 지식경영의 등장 배경

일찍이 제일 먼저 지식사회의 등장을 예견했던 금세기 경영학계의 구루(Guru : 대스승)라 불리는 피터 드러커교수는 1969년 당시 센세이션을 불러 일으켰던 베스트셀러 『단절의 시대』와 1999년 『비지니스 위크』가 올해의 책으로 선정한 『21세기 지식경영』을 통해 지식사회의 등장을 예측하였다. 그는 지식이 자본과 노동을 밀어내고 생산의 유일한 수단이 될 것이며, 지식 없는 국가는 이제 지구상에서 살아남을 수 없다고 설명하였다.

세계적인 미래학자 앨빈 토플러박사는 30여 년 전 『미래의 충격』이라는 불후의 명저에서 지식과 기술을 변화의 주요 원동력으로 꼽았으며, 지식이 자본, 노동, 그리고 원료를 대신해 경제발전을 이끌게 된다고 하였다. 그는 또 하나의 명저 『권력이동』(1990)에서 "사실상의 생산수단을 소유한 새로운 형태의 피고용자가 출현하고 있다"고 규정했는데, 여기서 '사실상의 생산수단'이란 도구나 기계류 따위가 아니라 '지식과 아이디어'라고 규정하였다.

피터 드러커의 최근 저서 『Managing in the Next Society』에 따르면, 다음 사회(next society)는 세 가지 특징을 지닌다.

첫째, 노인인구가 급속도로 증가하는 반면 젊은 인구는 격감한다. 이와 더불어 달라지는 노동형태와 노령인구들을 수용할 수 있는 새로운 고용방법의 창출이 주요 과제가 될 것이다.

둘째, 지식이 핵심자원이 되고 지식근로자 특히 지식기술자들이 사회의 지배집단이 된다. 지식사회에서는 국경이 없어지고 상승 이동이 쉬워지며 성공뿐만 아니라 실패 가능성도 높아진다. 따라서 기업은 지식기술자들을 유인하여 전 지구적 차원의 경쟁력을 갖추어야 한다.

셋째, 산업구조가 크게 달라진다. 농업과 제조업이 쇠퇴하고 지식산업이 급성장한다. 이로 인해 농업이나 제조업에서의 보호주의가 새로이 등장하고, 경제블럭 내부에서는 무역을 자유화하지만 외부적으로는 배타적인 태도를 취하는 새로운 보호주의가 대두될 것이다.

지식경영이 등장하게 된 배경으로는 첫째, 정보기술의 발전이다. 특히 가상공간에서의 네트워킹 출현은 각 개인이 자신에게 필요한 정보를 시공간을 초월하여 습득할 수 있도록 하였으며, 이전에는 불가능하게 보였던 신속한 정보처리, 정보의 체계적인 분류, 축적, 공유 그리고 관리를 쉽게 해줌으로써 지식경영 분야의 발전을 가속화하였다.

둘째, 창조적 지식의 중요성이 부각되었다. 치열한 경쟁사회 속에서 기업이 지속적으로 성장 · 발전하고, 경쟁우위를 확보하기 위해서는 조직구성원이 보유한 창조적 지식이 핵심임을 기업들이 인식하면서 지식경영의 중요성이 부각되었다.

셋째, 학습조직의 비효율성에 대한 대안이 필요하게 되었다. 학습할 수 있는 능력을 기업의 가장 중요한 발전의 원천으로 내세웠던 학습조직이 구체적인 방법론을 제시하지 못하여 사람들의 관심에서 멀어지게 되었고, 그에 대한 반등으로 지식경영이 새로운 대안으로 제시되었다.

넷째, 무형자산에 대한 새로운 인식의 대두가 지식경영이 나오게 된 배경이다. 전통적으로 기업의 자산가치를 재무적인 자산 중심으로 산출하는 방식에 대한 근본적인 문제제기와 함께 최근 인적자본, 회계 등 인간이나 조직이 보유하고 있는 지적자산을 체계적으로 규명, 관리하고자 하는 새로운 노력으로 지식경영의 중요성이 나타나게 되었다.

사례 11-3 4차 산업혁명 관련 기술 · 디자인 우선심사

'혁신성장을 주도하는 강한 지식재산 창출' 개념도

자료 : 특허청

특허청이 올해 정책방향을 '강한 지식재산(IP) 창출'과 '지식재산 보호강화', '지식재산 사업화 촉진', '미래 지식재산 기반마련'에 맞췄다. 지식재산의 '창출-보호-활용'의 선순환 플랫폼을 구축해 지식재산 분야를 혁신하고, 국가 경쟁력을 강화하기 위한 것이다. 특허청은 이를 통해 4차 산업혁명 분야 핵심.원천특허를 확보하는 것은 물론 수출기업 지원 확대와 지식재산분야 일자리 창출에 나선다는 구상이다. 특허청의 올해 역점 추진 정책을 알아본다.

특허청은 올해 성장을 주도하는 '강한 지식재산 창출'과 공정경제를 촉진하는 '지식재산 보호강화'에 본격적으로 나선다. 21일 특허청에 따르면 강한 지식재산 창출을 위해 그간 심사단계에만 국한돼 있었던 특허품질 제고 노력이 연구개발(R&D).출원 등 특허권 창출의 모든 단계로 확대된다. 이를 위해 특허청은 '전 주기적 특허창출관리체계'를 구축하는 한편, 특허 빅데이터 활용을 통해 발명의 품질을 높이기로 했다.

또 출원품질이 우수한 대리인에게 인센티브를 부여하는 등 자율적 출원품질 관리 환경 조성에 나서는 것은 물론 심사관만 활용하던 선행기술조사 결과를 출원인에게도 제공, 차별화된 특허확보 전략수립이 가능하도록 했다. 여기에 심사인력증원을 통해 현재 13시간인 심사관의 심사 1건당 투입시간을 오는 2022년까지 20시간으로 늘려 특허심사 품질을 높일 계획이다. 4차산업혁명 분야의 핵심.표준특허 확보를 지원하는 것도 올해 특허청의 핵심 과제다. 이를 위해 4차 산업혁명 관련 기술.디자인에 대해서는 우선심사키로 했다. 이에 따라 인공지능(AI).사물인터넷(IoT) 등 관련분야 특허출원이 우선심사대상에 포함된다. 또 지식재산 외환거래 조사.분석자료를 관계부처에 제공, 부처별 지재권 무역수지 적자개선대책을 마련키로 했다. 출원수수료 감면확대도 핵심특허 확보를 위한 방안중 하나다. 또한 전문인력을 보강해 특허심판의 공정.신속.정확성을 확보해 나가기로 했다.

특허청은 이와 함께 공정경제를 실현하기위해 중소.벤처기업의 지식재산보호 강화에도 나선다. 중소기업이 보유한 기술탈취를 막기위해 조사.시정권고 등의 신속한 수단을 마련하고, 특허청 특별사법경찰의 수사범위도 영업비밀.디자인 침해행위까지로 넓히기로 했다. 아울러 중소.벤처기업의 부담을 덜어주기 위해 손해입증부담을 낮춰 지재권 소송 대응력을 높여 나가기로 했다. 또한 다른 사람의 상표.상호 부정사용행위 즉각적인 행정제재를 취해 공정한 경쟁질서를 만들어 나갈 계획이다.

우리기업의 K-브랜드 보호를 위해 해외상표 브로커에 대한 '무단선점조기경보체계' 대상국가를 확대하는 것도 기업지원 방안의 하나다. 또한 신성장기술을 보유한 수출중소기업이 해외에서 지재권분쟁을 겪을 경우 지원하는 한편, 한류콘텐츠와 관련한 상품.서비스 등에 대한 지재권확보와 분쟁예방 및 수익화 전략 등을 제공, 기업의 해외진출을 촉진키로 했다.

특허청 관계자는 "지식재산 창출.보호와 함께 경제.사회적 지식재산 격차를 줄이는 것도 중요한 정책"이라면서 "공익변리사지원 확대와 국선대리인 제도 등을 도입해 경제적 약자 보호를 위한 지식재산서비스를 확대해 나가겠다"고 말했다.

출처 : 파이낸셜 뉴스, 2018. 2. 21일자

3) 지식경영의 구성요소

지식경영의 구성요소를 살펴보면 다음의 〈그림 11.4〉과 같다.

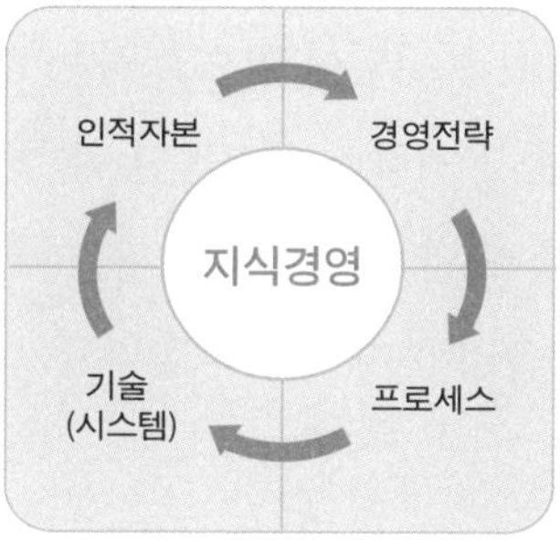

〈그림 11.4〉 지식경영의 구성요소
자료: 하정출, 『지식경영론』(서울: 두남, 2005), p. 238.

(1) 인적자본

기업 내부시스템이 아무리 잘 구축되어 있어도 조직 구성원들이 그 시스템의 필요성을 인식하지 못하고 수동적인 조직생활을 영위한다면 지식경영을 실행하기 위한 노력이 기업에 큰 부담이 될 수 있다. 따라서 지식경영의 성공을 위한 가장 큰 역할은 기업 지식의 대부분을 가지고 있는 조직구성원에 있으며, 지식경영 성공의 가장 핵심적인 부분을 지니고 있는 것이다.

그러므로 기업의 조직구성원을 단순 육체노동자에서 지식노동자로 변환시키기 위한 적절한 교육 · 훈련과 지식공유를 위한 민주적인 기업문화의 마련 등이 선행되어야 하며, 인센티브 제공과 인사고과 활용 등을 통해 조직구성원의 지식창출을 위한 노력이 적절히 평가되어야 한다.

(2) 경영전략

전략은 실질적으로 지식경영을 실천하는 지침이 된다. 즉 현재 기업이 가장 필요로 하고 가치 있게 생각하는 것을 실현하기 위해 기업전체 및 주요부문 활동을 총체적으로 적응시키기 위한 결정 규범이라 할 수 있다. 지식경영을 위한 전략은 조직 내 지식의 공유, 저장, 사용 그리고 창출에 이르는 전 과정을 통해 기업에 대한 구체적인 목표를 제시할 수 있어야 한다. 또한 단기적인 성과를 얻는 데 치중하기 보다는 장기적이며 중요성이 큰 전략을 세우도록 해야 한다.

또한 모든 조직구성원이 지식 접근을 용이하게 할 수 있도록 배려하는 것이 중요하다. 더 구체적으로는 해당 기업은 기업이 필요로 하는 핵심역량을 규명하고 현재 기업이 보유하고 있는 지식수준과 지식의 창출방안, 경쟁우위 확보를 지원할 수 있는 노력의 구체적인 모습을 도출해 낼 수 있어야 한다. 따라서 이를 지속적으로 평가하고 전개할 수 있는 노력을 게을리 하지 않아야 한다.

(3) 기술

기술은 지식경영이 포함하고 있는 구성요소 중 핵심적인 위치를 차지하고 있다. 지식을 데이터베이스화하여 쉽게 접근하고 활용할 수 있도록 하는 기본적인 기능으로부터 좀 더 진보된 형태의 지능을 갖춘 정보기술 등을 통해 다양하고 강력한 도구를 제공하고 있다. 기술은 하드웨어와 소프트웨어에서 개인화되고 표준화된 인터페이스를 제공할 수 있어야 하며 다양한 도구를 통해 언제, 어디서나 접속 가능한 채널을 열어 놓아 개방된 형태의 열린 지식공간을 마련해야 한다. 이러한 정보, 통신기술은 조직을 통해 창출된 지식의 확산과 활용을 극대화하여 주며, 업무의 질적 수준을 높일 수 있는 훌륭한 도구가 될 수 있다.

(4) 프로세스

지식경영을 위한 프로세스는 각 업무영역별로 단절된 과정이 아닌 기존의 업무 프로세스와 지식창출 및 지식공유 과정이 하나로 통합된 프로세스로 추진될 수 있도록 해야 한다. 또한 프로세스는 기업이 꼭 필요로 하는 지식을 얻을 수 있도록 설계되어야 하는데, 그 이유는 올바르지 못한 프로세스의 도입으로 인해 오히려 기업의 성과가 악화되는 방향으로 그 과정이 가속화될 수도 있기 때문이다.

4) 지식경영의 유형

지식경영은 지식자산의 활용목적과 지식자산의 활용기법이라고 하는 2개의 축에 기초를 두어 다음과 같은 네 가지 유형으로 나눌 수 있다.

(1) 최우수 성공사례(Best Practice) 공유형태(개선/집약)

조직 내의 성공사례의 노하우, 일상의 업무분석과 학습을 통해서 지식을 공유하고 이전한다. 구체적으로는 성공사례의 이전, 과거사례의 재활용, 지식저장소의 공유와 지식발굴 활동을 한다. 이를 위해서는 과거의 문제해결 방법의 공유, 업무의 중복 배제, 최고의 노하우 복제를 통한 시간의 단축과 비용의 절감이 필요하며, 기업 내에서 지식의 공유에 대한 의식개혁이 이루어져야 한다.

(2) 전문지식의 네트워크 형태(개선/제휴)

노하우를 기반으로 조직 내외의 전문가를 네트워크로 연결한다. 이를 위해서는 사원, 전문가 지식을 한 군데에 모아야 하며, 지식을 적재 · 적소 · 적시에 결합하고, 네트워크를 통한 의사소통을 받아들이는 조직문화를 만들어야 한다.

(3) 지적 자본형태(증가/집약)

경제적 가치로 변환할 수 있는 지식자산을 대상으로 수익창출을 해야 한다. 지식자산과 기업가치를 연결하는 노력을 하고, 잠재적 지식자산에서 지적자산까지 포괄적인 지적재산 전략을 수행한다. 이를 위해서는 지식자산을 파악하고 활용하기 위한 조직적 분류체계와 방법 등을 정비하여야 한다. 이때 지식자산을 정적인 자산으로 보기보다는 동적인 프로세스로서 지식자산의 활용에 초점을 맞추어야 한다.

(4) 고객지식의 공유형태(증가/제휴)

고객을 참여시켜 지속적으로 지식을 공유하고 창출할 수 있도록 한다. 세부방안으로는 고객과의 지식공유, 고객에 대한 지속적인 지식제공, 고객관계관리(CRM), 일대일 마케팅(1 to 1 Marketing) 등을 들 수 있다. 이를 위해서는 고객과 지식을 공유하고 지식을 제공하는 장소 만들기가 중요한데, 고객이 원하는 것이 무엇인가를 파악하여 고객과 지속적 성장구조를 만들어 나가야 한다.

5) 지식경영의 주요 성공요인

대븐포트(Daven Port, 1998)) 등은 24개의 회사를 대상으로 연구한 결과 지식경영의 성공요인으로 다음과 같이 여덟 가지를 제시하였다.

첫째, 지식경영과 기업의 성과 연계
둘째, 인터넷 등 기술적 인프라 확보
셋째, 탄력적이며 동시에 표준화된 지식관리 체계의 보유
넷째, 지식 중심적인 기업문화의 조성
다섯째, 지식경영에 관한 명확한 목표와 용어의 사용
여섯째, 조직구성원을 동기부여하는 적절한 수단 활용
일곱째, 지식이전을 위한 다양한 채널의 구축
여덟째, 지식경영에 대한 최고경영층의 지원

한편 노나카(Nonake, 1995)와 다케우치(Dake Uchi, 1995), 올리치(Olrich, 1996) 등도 다양하게 견해를 제시하고 있는데, 이를 정리하면 다음과 같다.

(1) 최고경영자의 명쾌한 비전 · 전략

- 조직비전 · 전략의 설정과 전사 차원의 공유
- 지식실태를 파악하여 지식상의 문제를 재정의
- 자사조직에서 필요한 지식경영의 정의와 범위를 결정

(2) 지식중시의 사풍

- 상호신뢰와 호혜의 사풍
- 외부지식을 적극적으로 배우려는 자세
- 직위에 관계없이 자유롭고 활발하게 토론하는 커뮤니케이션 환경
- 다양한 대화 장소의 존재

(3) 실천활동을 지원하기 위한 제도(평가지표, 프로세스, 조직)

- 지식 및 그 제공자를 평가하는 구조
- 지식제공자에 대한 인센티브(보수, 포상)
- 사원의 프로화를 촉진하는 단순 조직과 권한이양
- 조직 비전과 일치되는 개인 목표설정, 이를 근거로 하는 목표관리
- 어느 지식이 귀중한가를 이해하는 정도
- 지식을 기반으로 경쟁하고, 타인을 돕는 것에 자부심을 가지는 전문가 의식을 가진 직원
- 실천활동을 지원하기 위한 정보기술 활용
- 노하우의 중요성에 대한 이해 : 문서화된 정보로부터 얻을 수 있는 내용의 한계에 따라 직접 대화 선호
- 각 사원에게 수시로 자유롭게 전달되는 신선도와 스피드를 지닌 '동적 지식'과 지식으로부터 핵심을 추출해 체계화한 '정적인 지식'의 조화
- 철저한 탈종이화(paperless)를 통한 정보의 디지털화

(4) 최고경영자의 주체적 참여

- 조직구조, 추진 프로세스의 구축, 의식개혁을 위한 리더십의 발휘
- 지속적 지원

6) 지식경영의 촉진방안

기업이 지식경영을 성공적으로 도입하기 위해서는 다음과 같은 점에 착안하여 단계적으로 실행계획을 짜서 실시하는 것이 바람직해 보인다.

첫째, 초기에는 벤치마킹을 통해 경각심을 불러 일으킨다. 유사한 업종분야의 세계 초일류 기업과 비교하여 우리의 지식경영의 현 위치가 어느 정도인가를 구성원들이 인식할 때, 지식의 창출 · 공유 · 활용 등을 위한 제반 노력에 구성원이 동참할 것이다.

둘째, 우선적으로 기업전략상 핵심이 되는 부문에 집중한다. 지식경영으로 패러다임을 바꾸는 것은 기업문화를 바꾸는 일이므로 많은 노력과 시간이 필요하다. 따라서 초기에는 효과성 측면에서 우선시되는 부문을 택하여 지식경영이 도입될 수 있도록 하고, 점차 그 범위를 확대해 나가는 전략이 바람직하다.

셋째, 지식의 공유와 이전이 자연스럽게 이루어지는 분위기를 조성한다. 지식을 공유하고 이전하는 행동이 조직 내에서 높이 평가받는 문화가 조성되어야 한다. 이는 구성원들이 지식경영의 효과를 인식하고 자기들의 성과 제고를 위해 자발적으로 지식공유, 이전활동을 하도록 장(場)을 만들어 주는 것이 필요하다.

넷째, 지식의 창조나 획득에 대해서는 이를 평가, 측정하고 적절한 보상을 실시하여야 한다. 구성원들이 지식의 창조나 획득에 계속적으로 관심을 갖도록 하기 위하여 축적된 지식에 대한 객관적 평가나 측정을 실시하여 적절한 보상을 해주는 것이 좋다. 이 보상은 반드시 금전적일 필요는 없다.

다섯째, 정보기술을 적절히 활용하여 지식경영의 인프라를 구축해야 한다. 원활한 지식의 공유, 이전, 활용이 되게 하기 위하여 E-mail, 인터넷, 그룹웨어, 지식 데이터베이스 등이 사용될 수 있는 정보인프라의 구축이 필요하다.

여섯째, 최고지식경영자(Chief Knowledge Officer : CKO)를 두어 사장이 지식경영의 의지를 보여야 한다. CKO는 지식경영의 정책을 수립하고 집행하는 최고지식경영자이므로, 지식경영에 관한 실질적인 권한을 가져야 한다. 초기에는 사장이 직접 맡을 수도 있으나 부사장이나 전무 급에서 CKO가 되는 것이 바람직하다.

일곱째, 지식경영에 관한 업무표준화, 교육훈련 프로그램 등이 정비되어야 한다.

지식경영은 전사적으로 실행되어야 하므로 이를 위한 각 부서의 업무표준화가 필요하고, 지식경영의 활력소를 불어넣기 위하여 적절한 교육, 훈련 프로그램이 실행되는 것이 필요하다.

위의 촉진방안에 착안하여 기업이 지식경영을 단계적으로 도입하면 21세기 우량기업의 면모를 갖출 수 있을 것으로 보인다.

제4부

경영학 각론

제12장

생산운영관리

1. 생산운영관리의 기본 개념

1) 생산의 의의 및 목적

기업이 이용 가능한 자원, 즉 인간 · 원자재 · 기계설비 · 에너지 · 정보 등을 유용하게 활용하여 제품이나 서비스로 변환하여 가는 과정을 생산활동이라고 한다. 이와 같은 생산활동은 공장 · 농장 · 광산 · 사무실 · 병원 · 백화점 · 은행 · 운송기관 · 식당 · 컴퓨터센터 등 여러 곳에서 볼 수 있다. 많은 경제학자들이 생산을 유형 · 무형의 경제재를 창출하는 활동, 즉 경제적 생산으로 이해하면서 그의 기본을 효용 창출에 두고 있다.

생산(production/operations)이란 생산요소(투입물)를 유형 · 무형의 경제재(산출물)로 변환시킴으로써 효용을 창출하는 과정을 말하며, 과정(공정)은 기업이 이용가능한 생산자원인 인간 · 원자재 · 에너지 · 정보 · 기계설비를 유효하게 활용하여 제품이나 서비스로 바꾸는 변환과정이다.(〈그림 12.1〉 참조)

기업의 생산활동을 전제로 할 때 생산의 목적은 고객의 만족과 경제적 생산이라 할 수 있다. 고객의 만족과 생산자의 이익은 경제적 생산에 의한 산출물의 효용창출을 통해서 이루어질 수 있기 때문이다.

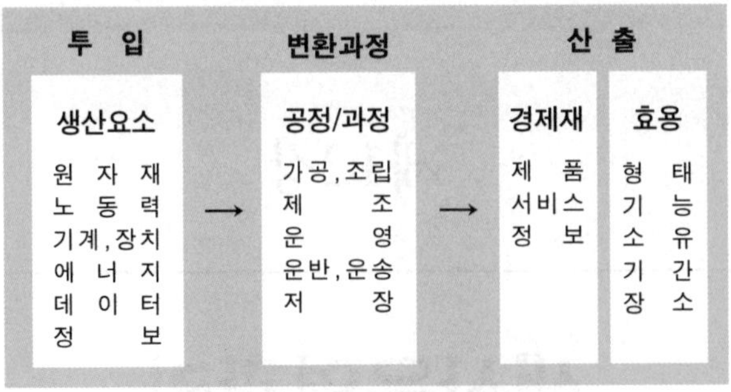

〈그림 12.1〉 생산의 기본적 의의

자료: 이순룡, 『생산관리론』(서울: 법문사, 2002), p.3.

전통적인 생산론자들은 생산의 목적을 생산요소 결합의 경제적 최적화, 즉 생산원가 내지 투입비용의 최소화에 두어 왔다. 그러나 기업에서 산출된 재화나 서비스는 고객의 요구나 욕구를 충족시켜서 잘 판매되는 제품이어야 한다. 왜냐하면 기업이 존속 · 발전하기 위해서는 생산된 제품이나 서비스는 시장에서 수요가 있어야 하고 이로부터 기업은 이윤을 얻을 수 있기 때문이다.

생산기업이 이윤을 얻기 위해서는 경제적 생산을 통한 효용가치의 창출, 특히 투입요소의 비용감소와 함께 산출물의 가치증대, 즉 부가가치가 필요한 것으로 이 경우 산출물의 시장평가 가치는 투입된 비용보다 커야 한다. 그러므로 생산기업에서는 최소한의 투입비용으로 산출가치액이 최대가 되도록 생산활동을 해야 한다.

2) 생산운영관리의 의의 및 중요성

생산활동을 하는 생산시스템의 관리인 생산운영관리의 중요성은 사람, 자본 및 자재들의 성공적인 관리를 통해서만이 목적을 달성할 수 있기 때문에 어떤 유형의 조직에나 절대적이다. 생산관리를 더욱 잘 이해하기 위해 시스템적 관점에서 살펴보고자 한다.

생산시스템이란 투입물을 원하는 산출물로 변환시키는 생산활동을 하는 조직이다. 생산활동은 효용이 있는 그리고 부가가치의 증대를 가져오는 제품/서비스를 창출하는 조직화된 활동이다. 생산시스템은 '투입→변환→산출'이라는 과정으로 진행된다.

첫째, 투입은 사람, 자재, 자금, 기계, 방법, 기술, 시장 등을 구성된다.

둘째, 변환은 이들 투입물을 효과적 · 능률적으로 결합하여 효용(부가가치)이 있는 산출물(제품/서비스)을 가져오는 과정을 말한다. 그러나 변환과정은 실체적 공정에만 한정되지는 않는다. 변환에는 '제조업에서의 실체적 변환', '운송업에서의 장소적 변환', '창고업에서의 시간적 변환', '도소매업의 거래적 변환', '정부기관, 교회, 교육기관, 금융기관, 정보 · 통신기관, 숙박업체, 법률기관, 위락시설 등에 나타나는 상태의 변환' 등이 있다.

셋째, 산출은 유형 또는 무형의 재화나 서비스, 정보 등을 말한다. 이는 소비자의 욕구를 충족시켜 줄 수 있는 힘, 즉 효용이 있어야 하고 부가가치의 증대를 가져와야만 한다. 부가가치도 화폐적 가치만을 의미하는 것이 아니라 인간적 · 비물질적 가치도 포함된다. 산출의 유형은 변환과정의 유형에 따라 다음과 같이 나눌 수 있다. 즉 제조업은 실체적 변환을 통하여 형태효용을, 운송업은 장소적 변환을 통하여 장소효용을, 창고업은 시간적 변환을 통하여 시간효용을, 도소매업은 거래적 변환으로 소유효용을, 기타 서비스업들은 상태의 변환으로 상태효용을 창출하고 있다. 따라서 오늘날의 모든 유형의 조직은 생산시스템임을 알 수 있다.

이상과 같은 견해를 바탕으로 하여 생산관리의 개념을 정리하면, 생산관리(POM : Production & Operations Management)란 생산시스템의 생산효과를 높이기 위해 제품생산 및 서비스 운영활동을 계획하고 조직하여 운영 및 통제하는 포괄적인 관리활동을 말한다.

이러한 개념을 바탕으로 생산시스템에서 고객이 요구하는 좋은 품질의 산출물을 적시(time), 적량(quantity), 적질(quality), 적소(place), 적가(price)로 공급하기 위해서는 가용자원을 효율적으로 활용하기 위한 원가(cost), 품질(quality), 납기(delivery), 유연성(flexibility) 등 네 가지의 생산관리 목표를 설정할 수 있다.

3) 서비스의 산출 활동

(1) 서비스의 개념과 특성

생산활동은 제조활동과 서비스활동으로 분류된다. 제조활동에 의해 냉장고 · 자동차 · 시계 · 의류 등과 같은 유형적인 제품이 생산되고, 서비스산출활동에 의해 의사의 진료, 자동차 수리 · 교육서비스 등과 같이 무형적인 서비스가 제공된다. 서비스란 고객의 편익과 만족을 위해서 서비스 제공자 자신 내지 다른 서비스자원을 이용하는 과정 · 노력 · 행동의 수행을 말한다.

기업의 입장에서 보면 서비스는 고객의 요구에 정성껏 부응하기 위해서 대가를 받고 고객에 제공되는 물리적 기능과 정서적 기능의 조합이라 할 수 있는데, 이들 기능은 서비스의 창출 및 제공활동을 통해서 실현된다.

제품과 구별되는 서비스의 주요 특성들을 살펴보면 다음과 같다.

첫째, 형태의 무형성을 들 수 있다. 서비스는 실체가 보이지 않고 만져지지 않는다. 그래서 서비스는 재고로 저장할 수 없으며 서비스활동을 측정 · 평가 · 관리하기가 힘들다. 이는 물리적 속성 내지 제품속성으로 측정할 수 없으며, 서비스는 어떤 구조를 갖고 있는 것이 아니라 기능이기 때문이다.

둘째, 내용의 이질성이다. 서비스의 생산 및 인도 과정에서 여러 가변적 요소가 많기 때문에 한 고객에 대한 서비스가 다음 고객에 대한 서비스와 다를 가능성이 있다. 예를 들어 같은 서비스업체에서도 종업원에 따라서 제공되는 서비스의 내용이나 질이 달라진다. 또 같은 종업원이라도 시간이나 고객에 따라서 다른 서비스를 제공할 수 있다. 심지어는 종업원이 아니라 기계를 사용하는 경우에도 서비스 질이 달라질 수 있다. ATM을 사용할 때 스크린의 지시사항을 잘 이해하지 못한 고객이 경험하는 서비스 질은 다른 고객과 다를 것이다. 즉 서비스는 동질적이 아니고 변동적이어서 규격화 · 표준화하기 어렵다.

셋째, 서비스의 소멸성이다. 제품은 수명기간 동안 존재하지만 서비스는 제공 후 소멸된다. 서비스는 무형성 내지 비저장성으로 인해 판매되지 않아도 소멸된다. 연극공연, 열차 및 항공기의 운행시각 등에서 볼 수 있는 것처럼 많은 서비스의 수요는 시간적 제한이 있다.

넷째, 생산과 소비의 동시성/비분리성이다. 제품과 달리 서비스의 생산과 소비 내지 판매는 동시에 이루어진다. 서비스의 경우 대부분 고객이 생산과정에 직접 참여하므로 서비스 제공자와 고객과의 긴밀한 접촉이 필요하다. 생산과 소비의 동시성은 서비스 품질관리의 장애요인이 되기도 한다.

(2) 제조활동과 서비스활동의 차이점

제조활동과 서비스활동은 많은 경우에 재화와 서비스를 혼합해서 생산하고 있어서 이들의 명확한 구분은 쉽지 않다. 순수재화를 생산하는 제조활동과 순수서비스를 산출하는 서비스활동 간의 차이점을 정리해 보면, 〈표 12.1〉과 같다.

이들 제조활동과 서비스활동 간의 차이점은 제조업과 서비스업을 운영 · 관리하는데 중요한 전략변수가 된다. 제품과 같은 재화는 형태가 있어서 물리적 변환, 즉 가공 · 생산 · 저장 · 운송 등이 가능하지만, 형태가 없는 서비스는 이와 같은 물리적 변환이 어렵기 때문에 제조업에서 행하는 재고관리나 운반관리 등은 별로 중요하지 않다. 그 대신 고객과의 긴밀한 접촉을 위해 양질의 인적자원을 개발하고, 고객이 접근하기 쉬운 곳에 서비스 시설을 분산 · 운영하며 생산기능과 마케팅기능을 통합 · 운영하는 것이 중요하다.

제조업의 경우 수요변동에 재고를 활용할 수 있어 한 곳에서 집중적으로 생산하여 규모의 경제를 추구할 수 있지만, 서비스업에서는 한시적인 서비스 수요로 인하여

〈표 12.1〉 제조활동과 서비스활동의 차이

특성	제조활동	서비스활동
산출물의 형태	유형의 제품	무형의 서비스
제품/서비스의 저장	재고로 저장	저장할 수 없음
생산/운영 시설규모	대규모	소규모
생산/운영 사업장수	적다	많다
생산자원의 집약	자본집약적	노동집약적
생산과 소비	별도로 행해짐	동시에 행해짐
고객과의 접촉빈도	낮다	높다
고객의 역할정도	낮다	높다
고객요구 반응시간	길다	짧다
품질/생산성 측정	용이하다	어렵다

수요에 대응한 분산된 생산을 도모하는 경우가 대부분이다. 서비스의 수요가 시간적 제한이 있지만, 고객 수요를 확률적으로 예측하거나 사전에 예약을 받음으로써 불확실한 수요에 어느 정도 대비할 수 있다.

대부분 서비스의 경우 생산과 동시에 소비되기 때문에 제품처럼 유통경로를 통해서 고객에 제공되기는 힘들다. 고객이 서비스사업장으로 가거나 아니면 서비스제공자가 고객에 접근하여 고객과 서비스생산자가 접촉한다. 고객접근을 용이하도록 하는 방법의 하나는 서비스시스템을 교통이 편리한 곳이나 고객이 접근하기 쉬운 곳에 분산 · 운영하는 것으로 햄버거 체인이나 시중은행의 현금자동인출기(ATM)의 경우를 예로 들 수 있다.

사례 12-1 임금 뛰는데 생산성은 바닥… 곳곳서 경고음

급격한 최저임금 인상과 낮은 생산성 등이 우리 경제의 발목을 잡을 수 있다는 경고가 곳곳서 나오고 있다. 투자와 고용을 확대하고 관련 법과 제도를 정비하는 등 경제 전반의 혁신능력을 강화해야 한다는 지적이다.

19일 국제통화기금(IMF)은 한국 정부와의 연례협의 결과 보고서를 통해 한국의 최저임금 인상이 소비를 부양해 경제성장을 뒷받침 할 수 있지만 급격한 추가 인상은 실업률을 끌어올리는 등 경제에 타격을 줄 수 있다고 지적했다. IMF는 우리나라의 잠재성장률 둔화에 대해서도 우려했다. 한국의 노동인구가 줄면서 고용 증가세가 위축돼 잠재성장률이 2020년대 연평균 2.2%로 떨어진 뒤 2030년대에는 1%대로 떨어질 것으로 내다봤다. 잠재성장률을 끌어 올리기 위해서는 생산성을 향상시키고 노동시장 참여확대를 위한 구조개혁과 재정투자 확대가 필요하다고 조언했다.

IMF의 조언 중에서 생산성 향상 문제는 한국경제의 난제로 꼽힌다. 한국의 낮은 노동생산성은 경제발전을 가로막는 큰 문제 중에 하나로 지목돼 왔는데 개선이 되고 있지 않기 때문이다.

한국의 생산성은 경제협력개발기구(OECD) 회원국 가운데 최하위 수준에 머물고 있다. 한국생산성본부에 따르면 2015년 기준 한국의 노동생산성은 OECD 35개국 중 28위에 불과했다. 한국보다 노동생산성이 떨어지는 OECD 국가는 그리스, 폴란드, 칠레, 멕시코 등 일부 뿐이다. 한국의 노동생산성은 제조업 기준으로 2011년부터 2015년까지 5년 연속 감소하는 등 갈수록 악화되기도 했다.

최근에는 제너럴모터스(GM)가 군산공장을 폐쇄하겠다고 밝히자 한국GM 부실의 중요한 원인으로 높은 임금에 비해 낮은 생산성이 꼽히기도 했다. OECD는 지난해 말 세계 경제전망 보고서에서 한국 경제가 성장하기 위해서는 반드시 생산성 향상이 이뤄져야 한다고 강조했다. 생산성 제고를 위해서는 재정 역할을 강화하고 상품 시장과 노동 시장의 구조개혁을 병행할 필요가 있다는 것이다.

이웃나라 일본 역시 생산성 논란이 작년부터 올해까지 이어지고 있다. 일본의 노동생산성은 한국에 비해 약간 높지만 OECD 평균에도 미치지 못하는 수준이다. 일본에서도

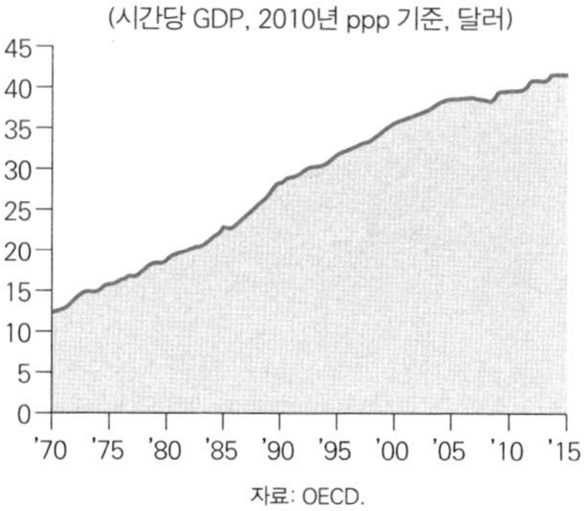

자료: OECD.

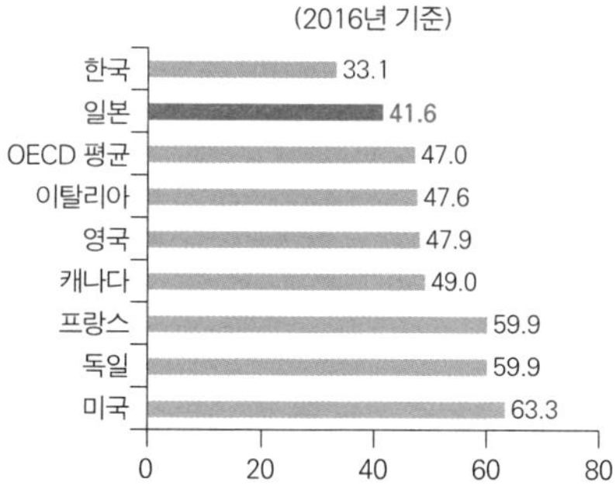

자료: OECD.
주: 시간당 GDP, 2010년 ppp 기준 달러, 2016년은 추정치

일본의 노동생산성(현대경제연구원)

낮은 노동생산성이 국가 경쟁력을 훼손하는 주요 원인으로 꼽히고 있다. 이에 아베 총리는 2조엔 규모의 재정을 편성해 현재 0.9% 수준에 머물고 있는 생산성 상승률을 2% 수준으로 개선하는 생산성 혁명을 하겠다고 밝혔다. 생산성 혁명을 위해서 기업에 대한 투자 및 연구개발(R&D) 지원 확대와 세제 혜택, 규제 완화 등 구체적인 대책 마련을 지시했다.

한국도 일본의 사례를 참고해 생산성을 높이는데 국가적인 대안을 마련하는 것이 시급하다는 지적이다. 현대경제연구원은 최근 보고서를 통해 생산성을 높이려면 단기 및 중장기 경제정책 운영 방향을 명확히 하고, 이를 지속할 수 있는 체제 구축을 통해 경제의 안정화는 물론 이의 기반이 되는 시장의 신뢰도를 높여야 한다고 강조했다. R&D 투자 강화, 인적자본에 대한 투자 확대, 혁신생태계의 조성 등 우리 경제 · 사회 전반의 혁신능력 제고를 위한 다양한 정책 노력도 있어야 한다고 분석했다.

이부형 현대경제연구원 이사대우는 "현재까지의 고용대책들을 재검토해 정책 실효성을 제고할 필요가 있다"며 "민간 부문에서도 일과 삶의 균형 촉진, 각종 차별 철폐, 고령자 노동 환경 개선 등의 노력이 필요하며, 정부는 이를 적극 지원해야 한다"고 밝혔다.

이어 "투자 증대를 통한 직 · 간접 고용 확대 기업에 대해서는 기업 규모를 불문하고 세제를 통한 간접지원은 물론 투자 · 고용촉진장려금의 형태로 직접 지원하는 방안을 고려할 필요도 있다"고 덧붙였다.

출처 : 아시아경제, 2018. 2. 19일자

2. 수요예측 및 제품설계

1) 수요예측

미래의 제품 · 서비스의 크기를 추정하는 수요예측은 정성적 예측기법과 정량적 예측기법의 두 가지가 있다.

(1) 정성적 예측기법

장래의 기술예측이나 신규로 개발된 신제품시장 및 수요 등의 예측은 관련 자료가 부족하거나 장기예측적인 성격을 띠고 있어 전문가의 주관적인 의견이나 추정을 토대로 하게 된다. 과거의 관련 자료나 장래의 사태변화와 관련된 자료를 제대로 얻을 수 없을 때 흔히 이 접근방법이 이용된다. 정성적(주관적) 수요예측 방법은 직관력에 의한 예측, 의견조사에 의한 예측, 유추에 의한 예측 등으로 분류된다.

① 직관력에 의한 예측

전문가 내지 구성원의 주관적인 의견이나 판단에 의존하는 예측방법으로 델파이법, 위원회합의법, 판매원 의견종합법, 경영자 판단 등이 있다.

첫째, 델파이법(Delphi method)은 인간의 직관력을 이용하여 장래를 예측하는 방법으로 Rand사의 헬머(O. Helmer)에 의해 개발되었다. 원래 기술예측용으로 개발되었지만 최근에는 관련 자료가 불충분한 중 · 장기예측, 신제품개발, 신시장 개척, 전략결정 등에 이용되고 있다. 이 기법의 특징은 전문가를 한 자리에 모으지 않고 일련의 미래사항에 대한 의견을 질문서에 각자 밝히도록 하여 전체 의견을 평균치와 사분위 값으로 나타나는 데 있다. 전문가들을 한자리에 모으지 않는 이유는 다수의견이나 유력자의 발언 등에 의한 심리적 영향을 배제하기 위함이다. 그 대신 전문가들의 의견을 종합하여 그에 대한 의견을 재차 묻는 것과 같은 피드백과정을 거듭하여 의견을 좁혀 나가게 된다.

둘째, 판매원 의견종합법(composite of sales force opinion)은 특정 시장에 정통한 판매

사원이나 거래처의 의견을 종합하여 수요를 예측하는 방법이다. 영업사원은 고객과의 접촉이 많아서 고객의 요구와 취향을 잘 알고 있으므로 좋은 시장정보원이 될 수 있다. 비교적 단기간에 양질의 시장정보를 입수할 수 있다는 이점이 있지만 영업사원의 입장에서 소비자의 희망과 실제 구매의사를 구분하기는 쉽지 않으며 자신의 경험에 치우쳐 예측하는 경향이 많다.

셋째, 경영자 판단(executive opinions)은 예측과 관련 있는 상위 경영자의 의견을 모아 예측하는 방법으로 장기계획 및 제품개발에 이용되기도 한다. 이 방법은 주로 경영자의 의견이나 판단에 의존하므로 그들의 능력에 따라 차이가 많으며 정확도가 높지 않다.

② 의견조사에 의한 예측

다수의 의견을 수렴한다는 점에서 정성적 예측방법 중 가장 객관화된 예측방법이다. 이 기법은 궁극적으로 수요를 결정하는 것은 소비자이므로 제품이나 서비스를 새로 출시하기에 앞서 소비자의 의견조사 내지 시장조사를 행하여 수요예측을 하는 방법이다. 단기 · 중기 · 장기예측에 적용할 수 있는데, 단기에서는 예측의 정확도가 높지만, 장기예측의 경우는 매우 낮다. 조사방법으로는 전화, 면담조사, 설문지조사 등이 있다.

③ 유추에 의한 예측

새로운 사업이나 제품을 개발할 경우 과거의 경험이나 자료가 없는 경우가 대부분이다. 새로운 것이라고 하지만 기능면에서 비슷한 기존 제품에 관한 자료나 경험에 비추어 예측할 수 있다. 이러한 방법에는 라이프사이클 유추법과 자료유추법 등이 있다.

첫째, 라이프사이클 유추법(life cycle analogy)은 전문가의 도움이나 경영자의 경험으로 제품의 라이프사이클을 판단하여 수요를 예측하는 방법이다. 여러 차례의 제품개발을 경험한 경영자들은 라이프사이클을 토대로 하여 미래의 수요를 판단하거나 예측한다. 이 경우 경험에 주로 의존하므로 그릇된 판단이 나올 수 있다.

둘째, 자료유추법(historical analogy)은 신제품을 개발할 때 그와 유사한 기존제품의 과거 자료를 기초로 하여 예측하는 방법으로 과거 수년 간의 수요량 · 수요자 동태 ·

라이프사이클 등에 관한 자료로부터 유추하는 것이다.

(2) 정량적 예측기법

① 시계열분석

시계열분석(time series analysis)이란 시계열(년, 월, 주, 일 등)을 따라 제시된 과거자료로부터 그 추세나 경향을 파악하여 장래의 수요를 예측하는 것이다. 이 경우 과거의 자료를 미래예측의 길잡이로 이용하는 데 시간이 독립변수가 되며 수요량은 종속변수가 된다. 따라서 시계열 분석의 초점은 과거에 발생된 수요와 관련된 시계열성에 있다고 볼 수 있다. 과거의 수요 자료를 시계열에 따라 그래프로 그리면 일정한 패턴, 즉 시계열적 변동이 나타난다. 이 변동은 추세변동, 순환변동, 계절변동, 불규칙변동 등으로 구분되며, 이들은 시계열 자료의 주요 구성요소를 이룬다.

② 최소자승법에 의한 예측

최소자승법(least square method)은 관찰치와 추세치와의 편차자승의 총 합계가 최소가 되도록 동적 평균선을 그리는 방법이다. 이 방법으로 시계열의 추세변동을 계산할 때는 우선 원계열의 변동추세에 알맞은 추세선의 유형을 선정하여야 한다. 최소자승법은 주기변동, 계절변동, 불규칙변동 등을 고려함이 없이 장래의 수요변동을 추세변동만으로 예측하려는 방법이다.

③ 이동평균법에 의한 예측

이동평균법(moving average method)은 과거 일정 기간의 실적을 평균해서 예측하는 방법이다. 이동평균법에는 과거 여러 기간의 실적치에 동일한 가중치를 부여하는 단순이동평균법과 최근의 실적치에는 가장 높은 실적치를 부여하는 가중이동평균법이 있다.

④ 지수평활법에 의한 예측

최소자승법이나 이동평균법에서는 장기간의 과거실적을 필요로 하지만, 지수평활법(exponential smoothing method)은 최근의 데이터만으로 예측이 가능하다는 장점이 있다. 이동평균법에서는 최근의 데이터가 부가되면 먼 과거의 데이터는 밀려 나가게 되어 있다. 즉 과거로 거슬러 올라갈수록 데이터의 중요성은 감소한다는 가정이 타당하다고 보면 지수평활법이야말로 가장 논리적이고 사용하기 쉬운 방법이라고 할 수 있다. 그래서 전체 예측기법 중에서 단기예측법으로 가장 많이 사용되고 있는데 도·소매상의 재고관리에도 널리 이용되고 있다.

2) 제품설계

(1) 제품의 연구개발 및 제품의 설계

기업이 성장·발전하기 위해서는 고객이 만족할만한 제품(서비스)을 제공함에 있어서 경쟁기업에 뒤져서는 안 된다. 한 마디로 창조적이며 지속적인 제품개발이 필요한 것이다.

제품개발(product development)이란 기존제품의 개량 및 신제품의 개발을 말한다. 제품개발은 경쟁우위를 확보하고 새로운 수요창출과 수요변화에 대한 대응, 그리고 생산능력을 최대한 이용하기 위해서 필요하다.

기술수준이 높은 선진국과 경쟁하기 위해서는 이에 대처할 수 있는 기술력의 배양, 즉 연구개발(Research and Development : R&D)이 절실히 필요하다. 산업기술의 혁신은 아이디어 창출로부터 시작해서 기초—응용—개발 연구를 거쳐 생산·판매단계에서 비로소 결실을 맺는다. 때문에 연구개발 내지 신제품개발에는 많은 시간과 자금이 소요될 뿐만 아니라 위험이 따른다.

제품개발이나 생산전략을 수립할 때 고려해야 되는 제품수명주기(product life cycle : PLC)의 단계는 도입기·성장기·성숙기·쇠퇴기로 구분된다. 제품수명주기는 제품에 따라 차이가 크며 제품수명이 성숙기에 이르면 제품개량을 통한 수명연장이나 신제품의 개발이 요구되는데, 이 경우 수명주기의 감사가 관리가 필요하다.

제품설계의 과정은 다음의 〈그림12.2〉와 같이 고객 내지 시장의 요구를 개략적인 기술시방으로 옮기는 예비설계와 기술시방(technical specification)을 구체화하는 최종설계로 나눌 수 있다. 최종설계는 다시 기능설계·형태설계·생산설계로 구분된다.

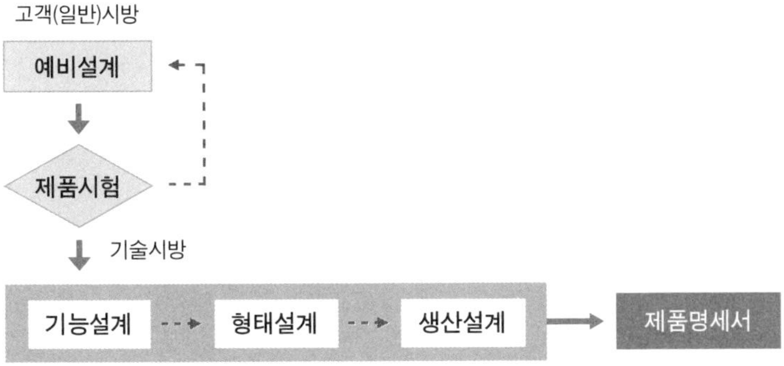

〈그림 12.2〉 제품설계의 진행과정

① 기능설계(functional design)

고객의 요구 내지 연구결과를 개략적인 시방으로 옮긴 기술시방을 다시 제품시방(제품명세서)으로 바꾸는 첫 번째 과정이라 할 수 있다. 기능설계는 제품의 작용, 즉 기능 내지 성능을 구체화시키는 과정이다.

② 형태설계(form design)

형태설계란 제품의 선, 모양 및 색채를 결합한 제품외관에 대한 설계로서 일명 스타일 설계라고도 불린다. 제품의 외관은 시각적 소구를 통하여 판매를 촉진하는 효과를 가지고 있으므로 제품의 형태를 기능과 유기적으로 결합하여 제품설계를 할 필요가 있다.

③ 생산설계(production design)

생산비용 절감이 가능한 동시에 기능과 제품 스타일에 영향을 주지 않는 설계변경의 여부를 검토해야 한다. 생산설계의 목적은 기능설계나 형태설계에 의하여 주어진 범위 내에서 가급적 경제성이 높은 생산방식을 정하는 것이다. 이를 위해 제품의 재료·구조·형상 등의 설계, 생산방법, 생산설비 등을 경제적인 면에서 결정한다.

④ 제품명세서(product specification)

제품설계의 결과는 제품시방서 내지 명세서로 제시되는데, 이는 제품의 구성·기능·형태 등을 비롯하여 제조과정에 관한 기술적인 시방으로 표현된다. 이것은 정밀한 계수적인 설명서에서부터 문장으로 된 지침에 이르기까지 다양한 형식으로 되어 있는데, 보통은 청사진이나 제작설계도로 생각할 수 있다.

(2) 혁신적 제품설계기법 및 가치공학기법

제품설계는 제품의 기능적 요건들을 충족시킬 수 있는 범위 내에서 경제적으로 생산할 수 있도록 설계되어야 하는데, 제품의 사용기능과 비용을 함께 고려한 설계가 '가치공학에 의한 가치개선 설계'이다. 가치분석 내지 가치공학기법은 선진제국을 비롯한 여러 나라에서 원가절감과 가치개선을 목적으로 도입되고 있는 기법으로 불필요한 비용을 식별하고 제거하기 위한 하나의 문제해결 시스템으로 소비자가 요구하는 다양한 기능들을 효과적으로 설계에 반영할 수 있다.

가치분석(value analysis)은 1947년에 미국 GE사의 구매과장 마일즈(L. D. Miles)에 의해서 비롯되었다. 최저의 비용으로 필요한 기능을 달성하기 위해서 제품 내지 서비스의 기능분석에 기울이는 조직적인 노력이 바로 가치분석(VA) 내지 가치공학(value engineering : VE)이다.

VA/VE는 제품 · 자재 · 공정 · 작업 · 서비스 등 모든 분야에 적용할 수 있다. 예를 들어 제작도면과 시방서의 변경, 설계서의 변경, 제조방법의 능률화, 제조공정의 개선, 공법의 변경, 구매자재의 변경, 운반수단 및 방법의 개선, 사무절차의 개선, 품질 및 서비스의 개선, 원가절감 등 여러 분야에 적용된다.

사례 12-2 '제조업 패러다임'을 바꾸는 핵심 동력 스마트팩토리

인더스트리 4.0의 주요 특징은 점점 더 커지고 있는 개인 요구사항을 반영해, 개별기업 경계를 뛰어 넘는 범 기업적 가치창출 네트워크를 실시간으로 구축하는 것이다.

스마트팩토리는 제조업 생산 과정에서 중앙통제를 없애 부품과 기계 설비, 물류, 소비자들이 스스로 분권적으로 소통하게 만드는 개인 맞춤형 생산 프로세스다. 최근 주목받고 있는 스마트팩토리는 생산방식의 전환 외에도 세계경제 분업체계의 패러다임 변화를 촉진시키는 혁명적 전환의 원천이 되고 있다. 한국은 스마트팩토리 구축의 초기 단계에 있지만, 그런 만큼 엄청난 성장 잠재력도 갖고 있다. 제4차 산업혁명의 거시적인 관점에서 수혜 종목을 발굴하면, 기대 이상의 수익률 기대할 수 있는 주식시장 유망 섹터다.

대부분의 사람들은 '스마트팩토리' 하면 단순하게 공장자동화를 떠올린다. 그러나 스마트팩토리는 그렇게 간단하게 정의될 개념이 아니다. 제4차 산업혁명의 맥락에서 살펴봐야 할 중요한 의미를 갖고 있다. 제4차 산업혁명은 ICT(정보통신 기술) 융합이 핵심으로, 2016년 다보스 세계경제포럼에서 주창된 용어다. 제4차 산업혁명은 인공지능, 로봇공학, 사물인터넷, 자율주행차, 3D 프린터, 나노기술 등 6대 분야에서 나타나고 있는 새로운 기술 혁신으로, 이 용어의 진원지는 독일이다. 제조업 강국 독일이 신흥개발도상국의 위협에 맞서 추진한 '인더스트리 4.0' 정책이 4차 산업혁명의 주요 흐름을 창출했다고 할 수 있다. 기존 대량생산 방식 만으론 중국처럼 인건비가 저렴한 나라와 가격 경쟁이 불가능하기 때문에 나온 혁신 방안이다.

인더스트리 4.0의 주요 특징은 점점 더 커지고 있는 개인 요구사항을 반영해, 개별기업 경계를 뛰어 넘는 범 기업적 가치창출 네트워크를 실시간으로 구축하는 것이다. 표준화된 제품을 대량 생산하는 근대적인 공장에서 한 발 더 나아가 다양한 유형의 제품을 대량 생산하는 것이 대량 맞춤화(mass customization) 단계인데, 인더스트리 4.0은 이것마저 뛰어넘는 개인 맞춤형 생산을 목표로 하고 있다. 시장 변화에 맞게 유연하게 대응해 점점 더 개인화 되고 있는 요구를 충족시킬 수 있는 새로운 유형의 생산체계를 만들겠다는 것이다. 인더스트리 4.0을 우리나라에선 제4차 산업혁명 혹은 스마트팩토리라고 부른다. 그러나 엄밀히 말하면 제4차 산업혁명 안에 인더스트리 4.0이 있고, 인더스트리 4.0 안에 스마트팩토리가 있다고 보는 게 타당할 것이다.

그렇다면 스마트팩토리와 공장자동화의 차이점은 무엇일까? 공장자동화는 효율적인 대량생산을 목적으로 중앙에서 컴퓨터와 로봇 같은 장비를 이용해 공장 전체의 무인화와 생산 과정의 자동화를 꾀하는 시스템을 말한다. 그러나 스마트팩토리는 단순히 사람의 노동력을 대체하는 공장자동화에서 한발 더 나아가, 센서와 기기들로부터 축적된 정보, 즉 빅데이터를 바탕으로 공장 스스로 공정 최적화나 생산 스케줄 수립 같은 최적의 의사결정을 내릴 수 있게 하는 것을 최종 목적으로 한다. 그 제조 과정에는 관련 물품 조달, 물류, 소비자 등 다양한 객체가 존재한다. 스마트팩토리는 이 객체에 각각 지능을 부여하고, 이를 사물인터넷(IoT)으로 연결해 자율적으로 데이터를 연결 · 수집 · 분석하는 시스템을 의미한다.

핵심은 사이버물리시스템

스마트팩토리의 핵심 기반은 사이버물리시스템(Cyber Physical Systems · CPS)이다. 이는 물리적 현실 세계가 사이버 세계처럼 움직일 수 있도록 인간이 의도대로 조절할 수 있는 기술을 말한다. 이 기술은 생산제조과정을 혁명적으로 스마트하게 진화시킨다. 대량생산 비용으로 개별 주문생산을 할 수 있는 이유는 바로 스마트팩토리가 사이버물리시스템(CPS) 기술 발전에 기반하고 있기 때문이다. 여기서 인공지능과 사물인터넷이 사이버물리시스템(CPS) 발전을 지원해주는 역할을 한다. 컨베이어벨트에선 기계 설비가 주체가 돼 객체인 부품과 제품을 만들지만, 이 시스템에선 부품과 제품이 주체가 돼 객체인 기계 설비의 서비스를 받으며 스스로 생산과정을 거치는 방식으로 바뀌게 된다. 여기서 한 발 더 나아가면 모든 요소들이 주체로 변화하는 분권화가 실현된다. 중앙통제가 사라지고 부품과 기계 설비들이 스스로 의사소통 하면서 작업이 이뤄지기 때문에 인간의 노동력도 거의 필요로 하지 않게 된다.

세계 분업체계 패러다임의 변화

스마트팩토리는 생산방식의 혁명적인 전환을 가져올 뿐만 아니라, 세계경제의 패러다임 변화에도 촉매제 역할을 할 것으로 예상된다. 인건비가 비싼 선진국이 인건비가 싼 개발도상국으로 생산 공장을 이전하는 기존의 패러다임이 깨질 것이다. 다시 말해 스마트팩토리는 세계 경제의 분업체제 구조를 근본적으로 바꿀 것이다. 앞으론 인건비가 싼 곳이 아닌, 소비시장이 큰 곳에 공장을 짓는 것이 유리해질 것이다. 소비시장 규모가 가장 큰 곳은 미국과 EU다. 그렇게 되면 수 십 년 간 지속돼 온 후진국 경제 개발 모델이 붕괴될 수도 있다.

예컨대 아디다스는 수 십 년만에 자국으로 복귀해 독일 안스바흐에 신발제조 스마트팩토리를 구축했고, 미국의 애틀랜타에도 스마트팩토리를 짓고 있다. 연간 100만 켤레를 생산하는 아디다스의 독일 스마트팩토리 상주 인력은 10여 명에 불과하다. 일반 신발공장에서 600명이 매달려야 하는 일을 로봇이 거의 다 해치우고 있다. 기존 20일이 소요되던 맞춤형 신발 생산도 하루 만에 끝낼 수 있어 인간 노동력의 98% 이상이 불필요해졌다. 아디다스와 협력업체들이 아시아 지역에 직간접적으로 100만 명을 고용하고 있다는 점을 고려하면 엄청난 변화가 따를 것으로 예상된다.

스마트팩토리의 등장으로 선진국은 후진국에 제조업을 이전할 필요가 없어졌다. 그 결과 작업환경과 기술력이 좋고 시장 규모도 큰 선진국으로 다시 공장이 회귀하고 있다. 그중에서도 미국은 세계 최대 시장이기 때문에, 제조업체들은 미국 본토에 스마트 팩토리를 짓고 각종 공산품을 생산하는 것이 유리해진다. 그렇게 되면 미국이 세계 최대 소비시장, 동시에 세계의 공장으로 변할 수 있다. 미국 등 선진국에 다시 제조업 부흥 시대가 올 수 있다는 얘기다.

그 뿐만이 아니다. 스마트팩토리는 그 자체가 황금알을 낳는 거위다. 예를 들어 독일은 인더스트리 4.0을 통해 주력산업 경쟁력을 끌어올리고, 새로운 유형의 설비를 전 세계에 판매하는 계획을 세우고 있다. 이 계획이 실현되면 독일에 미칠 경제적 파급효과가 엄청날 것으로 예상된다. 낙관적인 시나리오 기준으로 2015~2025년에 260조~552조 원 규모의 추가 성장 잠재력이 나올 것으로 분석되고 있다. 현재 독일 내에 설치된 설비 규모는 약 3,000조 원, 거기서 파생하는 유지보수 시장 규모는 매년 350조 원에 이르고 있다. 이를 전 세계로 확대하면, 그 시장 규모는 상상을 초월할 것으로 예상된다.

독일 · 미국 · 일본의 스마트팩토리 전략

현재 독일과 함께 스마트팩토리 구축에 앞장서고 있는 대표적인 국가는 미국과 일본이다. 선두주자인 독일은 정부 주도 하에 산 · 학 · 연 연계를 추진하며 공적 표준화 전략을 추진하고 있다. 자동차, 기계 및 관련 부품산업이 강한 독일은 21세기형 차세대 생산 체제를 구축해 스마트팩토리의 글로벌 표준을 장악하려 하고 있다. 장기적으론 독일 산업계 전역을 '세계의 공장을 만드는 공장'으로 전환하려는 구상도 갖고 있다. 반면 미국은 대기업 주도하에 개방적 구조로 시장 기반의 표준화 전략을 추진하고 있다. 미국은 사물인터넷의 연장선 상에서 새로운 사업 모델과 수익 흐름의 창출이라는 현실적 실리를 추구하고 있다. 한편 일본은 느슨한 표준 전략을 추구하며 기업들이 각개 약진하는 모양새다. JIT, 카이젠, 모노즈쿠리 같은 기존 생산성 제고 방식의 한계를 돌파하기 위한 보완적 수단으로 스마트팩토리를 활용하면서, 독일, 미국과 다른 제3의 현실적 노선을 탐색하고 있다.

ICT · 제조업 강국 한국의 현실은?

한국은 한발 늦게 스마트팩토리의 중요성을 깨닫고 2014년 '제조업 혁신 3.0 전략'을 발표했다. 국내 중소 · 중견 제조업 위주의 스마트팩토리 구축 지원에 나서고 있다. 2015

년에는 민관합동 스마트공장 추진단을 설립해 스마트 공장 구축 및 보급 사업 총괄 업무를 맡겼다. 추진단은 스마트공장을 2017년 5,000개, 2020년까지 1만 개, 2025년까지 3만 개로 확대한다는 계획을 세워놓고 있다. 그러나 이 지원도 실제로는 중소기업들의 공장 자동화 수준에 머물러 있어 궁극적인 스마트팩토리와는 다소 거리가 멀다고 볼 수 있다.

대기업들이 구축한 스마트팩토리도 아직까진 불완전하다. 스마트팩토리는 데이터들이 공급망, 유통, 물류센터, 본사, 고객, 다른 시스템과 연결돼 보다 빠르고 효율적으로 공유되는 것이 중요한데, 한국의 제조 공장들은 이 부분에서 여전히 미흡한 상황이다. 독립적인 공장 하나의 시스템뿐만 아니라 그 공장에 부품과 재료를 제공하는 공급업체들까지도 서로 연결이 최적화 돼야 하는데, 그렇지 못한 것이 현실이다. 중소기업에서 스마트팩토리 구축이 제대로 안 되면, 그 부품으로 최종제품을 만드는 대기업의 스마트팩토리도 불완전해질 수밖에 없다.

한국도 스마트팩토리 구축에 시동은 걸었지만, 선도국가에 비해 전략적 추진과 세부 실행계획 등 측면에서 아직 많은 어려움을 겪고 있다. 범국가적인 스마트팩토리 생태계 구축에 더 많은 자원을 투입해야 하는 상황이다. 스마트팩토리 시스템의 국제표준을 주도하기 위해 국가와 산업계, 학계 등이 더 긴밀하게 힘을 합쳐야 한다.

출처 : 서울경제, 2018. 1. 21일자

3. 공정설계 및 생산능력 결정

1) 공정설계

(1) 공정의 개념과 유형

자원을 소비하여 가치를 창출하는 하나의 변환과정인 프로세스(process)를 생산관리에서는 생산공정으로 표현하는데, 이는 제조공정에 국한된 개념은 아니며 서비스과정에도 똑같이 적용된다. 모든 프로세스에는 투입과 결과가 있어 프로세스를 행동지향적 구조로 이해할 수 있다. 특히 업무나 서비스와 같은 소프트웨어 프로세스는 시간과 장소 전반에 걸친 작업행위의 순서라 할 수 있다. 그래서 프로세스의 개선이나 혁신의 일차적 목표로서 시간단축을 말하지만 중요한 것은 프로세스의 결과에 고객이 만족해야 한다는 점이다. 이는 곧 공정이나 프로세스에서 가치창출 내지 부가가치가 이루어져야 함을 의미한다.

생산공정이란 원자재에서 제품에 이르는 시간 · 공간과 더불어 변하는 과정, 즉 투입요소가 산출물로 바뀌는 과정이다. 전반적인 생산시스템의 입장에서 생산공정을 프로젝트 공정, 개별공정, 로트 · 뱃치 공정, 라인 · 대량 공정, 흐름 · 연속 공정으로 분류한다. 제품의 변환과정을 중심으로 제조공정을 채취(추출), 화학적 변화, 조리, 가공 · 성형, 조립 등으로 분류할 수도 있다.

(2) 공정의 설계

공정의 설계란 투입요소, 생산 및 서비스활동, 물자와 정보의 흐름, 업무 내지 작업의 순서, 제품 및 서비스의 생산장비와 방법 등을 선택하는 장기적 의사결정이다. 투입요소의 선택에는 기업의 생산전략 및 자원의 획득능력과 부합하도록 인간의 기능과 원자재 · 장비 · 정보 등을 배합하는 결정이 포함된다. 공정설계의 대상으로 사무 · 업무 · 서비스의 과정이나 제조공정 등을 들 수 있다. 공정을 설계할 때에는 다음의 네 가지를 고려요인으로 설명할 수 있다.

① 자본집약도(capital intensity)

신규 공정의 설계나 기존 공정의 재설계에서 중요한 고려사항으로 자본집약도를 들 수 있다. 자본집약도란 공정에 투입되는 장비와 인간의 숙련기술 간의 구성비를 말하는 것으로 보편적으로 장비에 투입되는 비용이 클수록 자본집약도가 높다.

② 자원유연성(resource flexibility)

생산설비나 종업원 등 생산자원에 대한 경영의사결정으로 이들 자원의 유연성 정도가 결정된다. 예를 들어 짧은 수명주기나 높은 고객화가 요구되는 신제품이라면 생산설비는 여러 가지 용도에 쓸 수 있는 것이어야 하며, 종업원들은 다양한 업무를 수행할 수 있어야 한다.

③ 수직적 통합(vertical integration)

공정을 설계할 때에는 원자재의 획득에서부터 최종 제품의 납품에 이르기까지 전체 공급망을 살펴보아야 한다. 공급망을 관리하는 과정이 많을수록 수직적 통합의 정도가 높다. 광범위한 수직적 통합은 일반적으로 생산량이 많고 과업의 전문화 및 높은 반복도에 의해 생산효율이 높아질 때 매력적이다.

④ 고객참여도(customer involvement)

고객이 생산공정이나 서비스과정에 참여하거나 작용하는 고객참여도는 서비스과정의 설계시 중요한 고려사항이 된다. 고객참여의 범위는 카페테리아 식당의 셀프서비스에서부터 고객이 제품의 색상 · 모양 · 성능 등의 시방을 지정하는 제품선택이나 서비스의 내용 · 시간 · 장소 등을 고객이 정하는 맞춤에 이르기까지 다양하다. 고객의 참여도가 높은 공정은 덜 자본집약적이고 자원유연성은 보다 높은 경향이 있다.

2) 생산능력의 결정

(1) 생산능력의 개념과 측정

생산규모는 주로 생산설비에 의해서 결정되는 것으로 설비의 능력적 관점에서 볼 때

설비의 생산능력으로 좁혀서 표현할 수 있다. 생산능력(capacity)이란 생산요소인 인적 및 물적 요소의 능력을 말하는 것으로 작업능력과 설비능력으로 구분되지만 설비나 시설의 능력으로 나타내는 것이 보통이다. 또한 생산능력을 생산시스템(공정)이 정상적인 상태에서 일정기간에 달성할 수 있는 부가가치활동의 최대수준으로 말하기도 한다.

생산능력을 측정하거나 판단할 때 사용되는 능력척도는 다음의 세 가지로 요약할 수 있다.

첫째, 설계능력(design capacity)으로 설계상에 표시된 성능 내지 용량으로서 생산시스템의 내・외 여건에 관계없이 생산설비나 시설에서 일정기간 중 생산 가능한 최대산출량이다.

둘째, 유효능력(effective capacity)으로 주어진 여건에서 일정기간 중에 생산가능한 산출량으로 시스템능력이라고도 부른다.

셋째, 실제능력(actual capacity) 또는 실제 생산량은 현재의 생산자원으로 실제로 달성한 산출률이나 산출량이다. 돌연한 기계공장이나 불량발생 또는 재료부족 등으로 유효능력에 미치지 못하는 것이 보통이다.

이들 세 가지 능력척도들은 시스템의 유효성(effectiveness) 측정에 있어 중요한 척도가 되는데, 특히 시스템 능력의 효율과 이용률 측정에 중요하다.

(2) 생산능력의 결정

생산시스템을 신설하거나 확장할 때 생산능력의 결정은 매우 중요한 일이다. 능력의 결정문제는 장기적 수요변화에 대한 설계능력의 결정과 경기변동 및 시장 수요변동 등에 따른 수요변화에 대한 유효능력의 결정이 중심을 이루는데, 이들은 장기적 내지 전략적 능력결정 문제이다.

생산능력의 결정은 경영자가 수행해야 하는 모든 생산 의사결정 중에서도 가장 기본이 되는 사항이다. 능력결정이 중요한 이유를 살펴보면 다음과 같다.

첫째, 생산능력은 제품 및 서비스에 대한 장래의 수요에 대처하는 조직의 잠재적인 영향력과 직접적인 관련이 있다.

둘째, 능력과 수요요건이 서로 부합되면 생산비를 최소화할 수 있다.

셋째, 능력은 생산원가의 중요한 결정인자이다.

넷째, 능력결정 결과는 생산과업수행이나 생산성과에 장기간 영향을 미친다.

생산능력의 결정은 장기이익을 최대화하기 위한 목적으로 기업의 자원을 사용하도록 추구되어야 한다. 이 경우 생산능력 부족으로 야기된 기회손실과 초과능력으로 발생하는 비용간의 이해 득실을 따져보아 능력을 결정해야 한다.

4. 시설입지 및 설비배치

1) 시설입지

(1) 입지요인

입지요인(location factor)이란 특정한 시스템이 유리하게 경영활동을 전개할 수 있는 장소적 적합성이다. 따라서 시설 및 공장입지를 정할 때는 반드시 이들 입지요인의 검토 및 분석 · 평가가 선행되어야 한다. 시설 및 공장입지 요인들을 그의 성질에 따라 경제적 · 자연적 · 사회적 입지요인 등으로 분류된다.

첫째, 경제적 입지요인은 교통편리 및 운송비용, 노동력의 양과 질, 임금수준, 시장의 수요와 근접성, 외주업체의 이용 가능성, 기술의 획득, 전기 · 수도 등의 사회간접자본시설의 이용, 토지가격 등을 들 수 있다.

둘째, 자연적 입지요인으로는 기후의 적합성, 공업용수의 이용가능성, 원자재의 근접성, 배수의 용이성 등을 들 수 있다.

셋째, 사회적 입지요인은 지역사회의 풍토와 관습, 그 지역의 삶의 질, 법규와 제도, 세제, 지원제도, 국토계획 등을 들 수 있다.

(2) 입지결정기법

기업이 최대이윤을 올릴 수 있는 장소적 적합성이라 할 수 있는 입지요인에는 비용으로 계측할 수 있는 양적 요인과 거의 계측할 수 없는 질적 요인이 있다. 양적 요인은 구체적인 비용으로 파악될 수 있지만 질적 요인은 추상적인 비용으로 파악된다. 그래서 비용을 중심으로 전개되는 입지결정의 분석에서는 양적 요인의 분석이 주류를 이루고 있지만 질적 요인을 간과해서는 안 된다. 다음에서는 이러한 기법들을 간략하게 살펴보고자 한다.

① 양적 요인의 분석

㉠ 총비용비교법

입지결정과 관련되는 구체적 비용은 물론 추상적 비용과 기회비용을 모두 포함하며, 추상적 비용이나 기회비용은 현실적으로 파악하기 어려우므로 대개는 재료비, 수송비, 노무비 등의 구체적 비용만으로 입지결정을 행한다.

㉡ 손익분기도법

입지비용을 고정비와 변동비로 구분하여 생산량의 변동에 따라 이들 비용의 변화를 나타내는 손익분기도를 이용하여 입지결정을 하는 방법이다.

㉢ 수송계획법

입지문제에 주요 목표는 주어진 물량을 각 시설의 요구를 충족시켜 주면서 총수송비가 최소가 되도록 각 시설 간에 배분하는 경우가 많다. 이럴 경우 여러 입지 운송망과 최적화라는 관점에서 문제에 접근하여야 하며, 수송계획법(transportation method)이 유용한 도구가 된다. 수송계획법에 의한 최적입지의 선정은 고려대상 입지를 하나씩에 대하여 수송계획법에 의한 최적수송계획을 수립하고 총수송비를 구한다. 각 후보입지들 중 총수송비가 최소인 입지를 선정하는 것이다.

② 질적 요인의 분석

㉠ 요인평정법

고려되는 입지요인별로 가중치가 부여된 요인평정표에 요인별로 평점하여 산정한 요인별 점수의 합계가 가장 큰 대한을 선정하는 방식이다.

㉡ 브라운-깁슨 모델

입지결정에서 양적요인과 질적요인을 함께 고려할 수 있는 복수공장의 입지분석

모델로 입지에 영향을 주는 요인들을 중심으로 필수적 기준, 객관적 기준, 주관적 기준 등 세 가지의 기준이 제시되었다.

2) 설비배치

(1) 제품별 배치

특정의 제품(서비스)을 생산하는 데 필요한 설비와 작업자를 제품의 생산과정 순으로 배치하는 방식이다. TV나 자동차 조립공장 · 음료수 및 식품가공 공장 등과 같이 물류의 흐름이 일정하게 연속되는 소품종 다량생산 공장과 카페테리아 식당이나 항공기 탑승수속 등에서 볼 수 있는 배치유형이다. 이 배치방식에서는 특정 제품생산에 적합한 전용설비를 사용하기 때문에 다양한 제품을 생산하는 주문하는 주문생산에는 부적합하다.

(2) 공정별 배치

이 방식은 기계공장에서 흔히 볼 수 있는 배치형태로서 기능별 배치(function layout)라고도 한다. 즉 기계설비를 기능별로 배치하는 형태로서 가령 연삭작업은 연마(grinding) 부서에서 행하고, 용접은 용접부서에서 행하도록 배치하는 것을 말한다. 이 배치는 제품의 종류는 많고 생산량이 적은 다품종 소량생산에 알맞도록 범용설비를 기능별 즉 기계종류별로 배치하는 것이 특징이다. 서비스업에서는 특정기능이 수행되는 작업장소별로 시설배치를 하는 경우를 예를 들 수 있다. 이 경우 작업별 배치라고도 한다.

(3) 고정형 배치

대형 항공기와 같이 제품이 매우 크고 복잡한 경우에는 제품을 움직이는 대신 제품생산에 필요한 원자재, 기계설비, 작업자 등을 제품의 생산 장소에 근접시키는 것이 유리하다. 대형 선박이나 토목건축 공사장에서 볼 수 있는 배치유형으로 제품이나 공사구조물은 한 장소에 고정되고, 그 대신 자재와 기계설비를 현장에 옮겨서 생산가공하는 것이 특징이다.

5. 재고관리

1) 재고관리의 의의

재고관리(inventory control)란 수요에 신속히, 그리고 경제적으로 적응할 수 있도록 재고를 최적상태로 관리하는 절차라고 할 수 있다. 시장의 제품수요 동향에 신속히 적응할 수 있는 생산체제를 갖추고 아울러 제품, 공정품, 부분품, 원재료 등의 재고량을 경제적 관점에서 가능한 한 최저로 유지하는 것이 바람직한 재고관리이다. 즉 고객의 서비스 수준을 충족시켜주면서 품절로 인한 손실과 재고유지비용 및 구매비용을 최적화하여 총재고비용을 최소로 하는 것이 재고관리의 기본목표이다.

생산 · 판매시스템의 재고관리 문제들은 다음 세 가지의 것이 대부분이다. 첫째, 1회 주문량을 얼마로 하여야 하는가?(경제적 발주량), 둘째, 언제 주문하여야 하는가?(발주점) 셋째, 어느 정도의 재고수준을 유지해야 하는가?(안전재고 수준) 등이다.

2) 재고관리 시스템

재고관리 시스템에는 두 가지의 일반적인 유형이 있다. 이들 유형은 고정주문량 시스템과 고정주문간격 시스템이다. 고정주문량 시스템은 경제적 주문량 시스템 혹은 Q시스템이라고도 하며, 고정주문간격 시스템을 정기주문시스템 혹은 P시스템이라고도 한다.

(1) 고정주문량 시스템

EOQ모형은 얼마나 주문해야 하는지에 대해서는 답할 수 있으나 언제 주문해야 하는지에 대하여는 답할 수 없는 것이 특징이 있다. 언제 주문할 것인가는 재주문점(ROP)에 의하여 결정된다. 재주문점은 조달기간 동안의 기대수요를 포함하는 것이 일반적이다.

만약 수요와 조달기간이 모두 일정하다면 재주문점은 다음 식과 같이 단순하게 계산할 수 있다.

$$ROP = d \times LT$$

d : 일일수요량
LT : 조달기간(lead time)

수요와 조달기간이 다양하다면 실제수요가 평균수요를 초과할 가능성도 있다. 결과적으로 조달기간 동안 재고부족의 위험을 감소시키기 위하여 안전재고라고 불려지는 추가적인 재고가 필요하게 되며, 이 안전재고량에 의해서 재주문점은 증가하게 된다.

즉, **재주문점**(ROP) = **조달기간 동안의 평균수요 + 안전재고**(safety stock)

(2) 고정주문간격 시스템

고정주문간격 시스템에서 주문의 크기는 다음 계산에 의해 결정된다.

주문량 = 검토기간 동안의 평균수요 + 안전재고 − 재주문시 남은 재고

$$= d(OI + LT) + Z\,(OI + LT) - A$$

OI : 주문간격
A : 재주문시 남은 재고
LT : 조달기간(lead time)

위의 모형에서 검토기간 동안의 수요는 정규분포라고 가정한다.

6. 전사적 품질경영(TQM)

1) TQM의 의의 및 특성

(1) TQM의 의의

① 코헨과 브랜드(Cohen & Brand)의 정의

"TQM(Total Quality Management)이란 업무의 모든 국면에서 (total) 고객의 요구를 충족시키고도 남도록(quality) 조직의 역량을 개발하고 유지하는(management) 것이다." 여기서 종합적(total)이라는 말은 조직의 모든 기능과 계층과 속하는 모든 종업원이 품질을 추구해야 함을 의미하고, 품질(quality)이란 조직의 모든 측면에서의 우수성을 의미하며, 경영(management)이란 품질경영과정을 통한 품질결과의 추구를 의미한다.

② 베커, 골롬스키 및 로리(Becker, Golomski & Lory)의 정의

"TQM은 경영철학이자 그러한 철학을 실천하기 위한 도구 및 전략들의 집합이다." 김연성 등도 전사적 품질경영(TQM)이란 조직의 모든 기능에 있어서 품질을 향상시키기 위한 개념과 도구들의 총체라고 하였다. 오늘날 더 많은 진보적인 기업들은 TQM을 경영철학으로 삼고 있다. 피터 드러커(Peter F. Drucker)는 경영의 탁월성을 무결점경영(Zero Defect Management)이라 명명했는데 TQM을 경영철학으로 삼고 있는 기업에서는 TQM과 무결점경영은 동일한 것으로 간주하고 있다.

③ 로스(Ross)의 정의

"TQM은 제품 및 서비스품질의 지속적인 개선을 달성하기 위해서 한 조직내의 모든 기능들과 과정들을 통합하는 것이다. 그 목적은 바로 고객만족(CS)이다." 쥬란(Juran) 박사는 TQM이란 단순히 품질변동의 원인을 파악하고 개선하는 데 있는 것이 아니라 고객의 욕구를 만족시키는 데 있다고 하였다. 크로스비(Crosby) 박사는 TQM은 결함예방의 모든 경영조치를 집중시키고 고객과 공급업자, 그리고 종업원을 만족시키는 데 그 목적이 있다고 하였다. 또 TQM은 전 종업원의 참여를 전제로 하기 때문에 현장 근로자를 중심으로 하는 과거의 품질관리와는 다르다고 하였다.

④ 이순룡(1998)의 정의

TQM은 전사 · 종합적 품질경영으로서 품질중심의 전사적인 시스템접근을 전개하는 경영전략이다. TQM은 품질의 전략과 방침이 최고경영자에 의해 지시되고 추진되어야함은 물론 전 구성원이 품질의식을 갖고 품질개선 활동에 적극적으로 참여하여야 한다. TQM에서는 고객의 기대부응하여 그들이 만족할 수 있는 세세한 목표가 제시되고 구성원들에게는 충분한 권한이 부여된다.

TQM의 궁극적 목표는 '고객만족(CS)'이며, 이를 위해 조직의 모든 구성원과 자원들을 결집한 품질시스템으로 지속적인 품질개선 활동이 전개된다. 즉 조직의 결집된 노력을 바탕으로 하여 품질 및 서비스를 혁신하여 고객만족도를 극대화함으로써 기업의 경쟁적 우위를 확보한다.

(2) TQM의 특성

TQM은 베리(Berry)가 지적한 바와 같이 수익성 및 경쟁력의 제고, 조직유효성의 향상, 그리고 고객만족(CS) 또는 고객환희(customer delight)를 실현할 수 있으며, 〈표 12.2〉에서와 같이 전통적 경영과 차이점을 보이고 있다.

〈표 12.2〉 TQM과 전통적 경영의 차이점

TQM	전통적 경영
▪ 고객에 초점	▪ 종업원의 헌신노력 없음
▪ 품질우선	▪ 결과(results) 지향적
▪ 복수의 품질차원	▪ 경영(관리)에 초점
▪ 경영자/종업원의 헌신노력	▪ 이익우선
▪ 공정(process) 지향적	▪ 단일의 품질차원

한편 안영진(1999)은 TQM의 특성으로서 다음과 같은 일곱 가지를 들고 있다.

① 품질의 전략성

② 고객우선주의

③ 종업원의 참여

④ 최고경영자의 적극적인 참여

⑤ 지속적인 개선

⑥ 교육과 훈련

⑦ 공급업자와의 관계

(3) TQM의 핵심적 가치

고객이 원하는 초점에 맞추는 TQM 활동은 다음과 같은 열 가지의 핵심적인 개념에 기초하고 있다.

① 이윤창출을 위한 품질

기업이 생산하는 제품이나 서비스, 경영과정 및 인적자원의 질을 높임으로써 기업은 많은 이윤을 얻을 수 있다. 제품과 서비스 및 경영과정에서 발생할 수 있는 비용은 기업이 아무런 행동을 취하지 않으면, 기업에게는 비용을 작용하여 결국 이윤을 서서히 감소시키는 결과를 가져온다. 인적자원에 관련된 비용으로 절감하는 것도 기업의 이윤창출과 증가에 중요한 요소이다. 따라서 세계적인 우수기업들은 전사적 차원의 품질향상 프로그램을 실시하고 있는데, 그 예를 보면 다음의 〈표 12.3〉과 같다.

〈표 12.3〉 품질향상 프로그램

기 업	프로그램
Xerox	품질을 통한 리더십
Texas Instruments	종합적 품질문화
Ford	종합적 품질우수성 추구
IBM	경영과정에서의 품질집중
National Semiconductors	품질향상전략
ICL	ICL방식의 품질
NarWest	품질서비스 프로그램

자료: 김기영 외 공저, 『품질경영』(서울: 박영사, 1999), p.165.

② 적시의 무결점활동

TQM에서는 결함 없는 작업이 가능하다는 전제를 갖고 있다. 이것은 작업과정에 있어서 완전함을 추구하는 것인데, 목표점에 일치한다는 사실보다는 '완벽한 업무를 달성하기 위한 마음자세'가 더 중요하다. 적시에 적합한 일을 하여 무결점을 추구하는 것은 사전예방에 대한 강조와 함께 측정 및 업무과정통제, 자료에 기초한 낭비와 실수제거 등의 지속적인 활동을 통해 이루어질 수 있다.

'무결점'은 지속적인 향상을 달성하기 위한 목표가 되며, 우수한 품질을 확보하기 위하여 기업은 사후조치가 아니라 예방에 초점을 맞추게 된다. 이는 어느 정도의 불량품을 허용하는 전통적인 품질개념으로부터 벗어날 수 있는 사고전환을 요구하는 것이다. 즉 TQM에서는 비용과 결점이 동시에 감소할 수 있다는 것으로 전제하여 무결점 상태에 도달할 수 있다고 본다. 지속적인 향상과 예방은 바로 이와 같은 사고에 기초하고 있는 것이다.

③ 품질비용

품질비용이라는 것은 양질의 제품이나 서비스를 생산함에 있어서 발생하는 모든 경영상의 비용을 의미하는데, 예방비용, 평가비용, 내부 실패비용, 외부 실패비용 등이 있으며, 고객의 요구수준을 초과한 비용과 기회비용 등이 포함된다.

④ 경쟁적 벤치마킹

시장에서의 기업성과는 항상 경쟁적인 관점에서 파악되어야 한다. 기업이 경쟁력을 지니기 위한 전략의 수립과 시행, 그리고 경쟁력의 근원으로 작용할 수 있는 기술 및 품질능력의 확보 등은 모두가 고객을 근원으로 하여 경쟁적인 상황에서 이루어지는 것이다. 이러한 측면에서 경쟁적 벤치마킹은 기업의 지속적 성과향상에 기초가 되는데, 기업이 경쟁사와 자신에 대한 평가를 하여 시장에서의 우위성 확보를 위해 활용할 수 있게 하는 지속적인 경영과정을 의미한다.

⑤ 전 구성원의 참여

제품이나 부품의 어느 부분에서 결함이 발생하게 되면 어느 특정한 사람이나 공정에 문제가 있는 것으로 생각하기 쉬우며, 이러한 요인으로 개선할 수 있는 많은 문제들을 경시해 버리게 된다. 조직구성원 모두가 제품의 결함을 발생시킬 수 있으며, 모든 사람들이 양질의 제품을 생산하고 품질비용을 절감해야 하는 책임이 있다.

⑥ 팀 활동에 의한 시너지 효과

시너지의 의미는 부분의 합보다 전체가 더 큰 효과를 내는 것을 의미하는데, TQM에서도 협력과 합의, 창조적 갈등과 팀 전체의 성공을 진작시키기 위해서 사용된다.

⑦ 주인의식과 자율경영

TQM 프로그램은 어떤 문제에 처했을 때 그 문제를 자신의 것이라고 인식하고, 자료조사와 해결책을 강구하여 궁극적으로 바라는 성과를 내는 것이다. TQM은 심리적인 면에서의 소유의식을 강조함으로써 조직구성원에 대한 전통적인 관리 · 통제보다는 조직개발관점에서의 자율경영을 전략적으로 이용하고 있다.

⑧ 역할모델로서의 관리자

TQM은 최고경영층으로부터 출발되어야 하며, 모든 계층의 경영자들은 그들 자신이 역할모델이라고 할 수 있다. TQM 프로그램은 경영피드백 시스템에서 형성됨으로써 경영자들이 품질을 위한 역할모델로서 어떻게 행동해야 하는가를 생각할 수 있도록 해야 한다.

⑨ 인정과 보상

적절한 인정과 보상시스템은 TQM 프로그램에 중요하며, 특히 품질개선과정이 이루어지는 일상적인 작업집단에게는 더욱 중요한 의미를 갖는다. 인정이란 개인이나 집단의 실적을 칭찬함으로써 격려하는 것을 의미한다. 보상이란 성과와 관련하여 재정적인 혜택을 주고 인정해 주는 것을 말한다. 실적을 증가시키고 참여적인 문제해결에 의한 지속적인 성과향상을 위해서는 인정과 보상을 통한 적극적인 동기부여가 중요하다.

⑩ 품질전달체계

품질전달체계를 명확하게 정의함으로써 모든 구성원들에 자신의 일들이 중요한 작업활동이라는 확신을 심어줄 수 있으며, 팀워크를 통해 구성원들의 복합된 기술, 사고와 경험 등을 이용할 수 있다.

2) TQM의 구성요소 및 시행전략

(1) TQM의 구성요소

콜라릭(Kolarik)은 TQM의 기능적 구성요소들을 〈그림 12.3〉에서와 같이 세 가지로 구분한다. 즉 고객중심(내부고객/외부고객/고객만족), 지속적 개선(교육/실행) 및 총체적 관여(고객/공급자/납품업체) 등이 그것이다. 이것들은 TQM이 활성화되기 위해서 존재해야 하는 것이다.

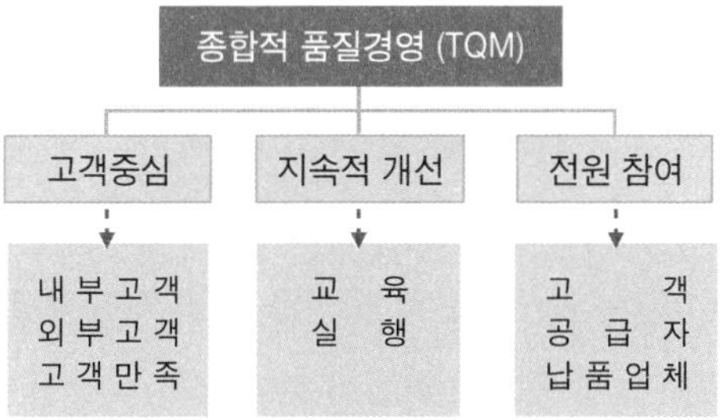

〈그림 12.3〉 TQM의 기능적 요소

미국 연방정부 내의 기관들이 TQM을 배우고 추진하는 것을 돕기 위해 설립된 연방품질원(Federal Quality Institute)의 로고(〈그림 12.4〉 참조)에도 TQM의 구조와 내용이 잘 묘사되어 있다. 모든 TQM이 성공하기 위해서는 갖추어야 할 세 개의 기본적 요소가 있다. 즉 고객만족, 전원참여, 지속적 개선 등의 세 범주 안에 일곱 가지의 TQM 활동들을 엮어 놓았다. 각각의 요소들을 간략하게 살펴보면 다음과 같다.

① 고객만족(customer satisfaction)

고객이 품질을 평가하는 주체라는 사용자중심의 인식이 확산됨에 따라 품질의 현대적 정의는 고객기대의 충족 내지는 초과만족에 모아지고 있다. 데밍(Deming), 쥬란

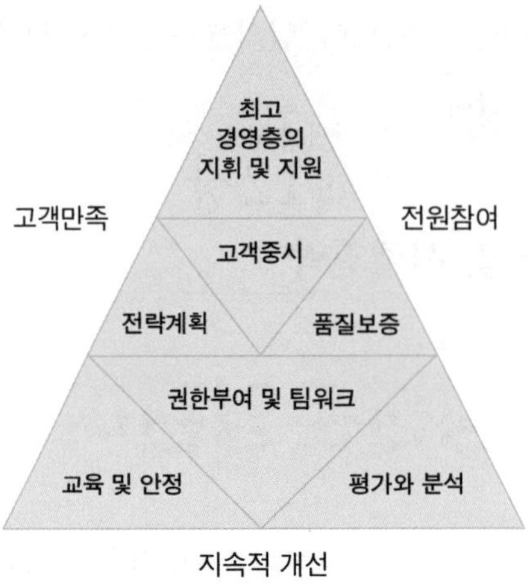

〈그림 12.4〉 FQI의 TQM로고

(Juran), 파이겐바움(Feigenbaum) 등과 같은 품질의 선구자들은 이러한 고객중심을 강조하고 있으며, 말콤 볼드리지 상(Malcolm Baldridge National Quality Award : MB상) 같은 품질관련 상에서도 고객만족에 큰 비중을 두고 있다.

고객이 제품을 구입할 때 가격 · 품질 등을 고려한 가치를 기초로 구매결정을 하므로, 고객을 만족시키기 위해서는 단순히 규격을 지키고 불평을 줄이는 것을 넘어 고객의 기대에 부응한 제품을 설계하고 변화하는 고객과 시장의 요구에 민첩하게 대응할 태세를 갖추어야 한다.

즉 고객의 요구에 부응하는 설계품질이 이루어져야 하고, 다음에 이 설계규격에 일치하는 품질을 보증하도록 해야 한다. 고객의 요구와 가치를 파악하고 이해하는 수단으로 고객의 의견조사나 표적집단조사(FGI) 등이 있다.

② 지속적 개선(continuous improvement)

지속적 개선은 고객의 요구 및 기대와 공정 산출물의 차이를 끊임없이 개선하려는 노력이자 경영철학이라고 할 수 있다. 특히 지속적 개선은 기계, 자재, 생산방법 등에 있어서의 끊임없는 개선을 추구한다.

지속적 개선은 생산의 모든 분야와 계층의 활동에서 공정결과와 고객의 기대수준 사이의 차이를 줄여 나가는 체계적인 접근법이지만 좁게는 공정의 개선을 의미하기도 한다.

③ 전원참여(total participation)

조직의 모든 계층 및 부문의 참여는 TQM을 성공적으로 실행하는 데 필요한 중요한 요소이다. 모든 조직구성원들이 적극적으로 참여함으로써 작업자, 관리자, 납품업자 등의 노력이 통합되어진다. 전원참여는 품질관리 분임조와 작업자팀과 같이 참가하는 것만을 의미하지는 않는다. 모든 계층과 부문의 종업원이 문제해결과 품질개선에 창의적 노력을 기울이는 것을 말한다.

전원참여에 있어서 중요한 요소는 각 작업자가 자기가 수행하는 작업의 품질을 검사할 책임을 갖는다는 것이다. 불량이 발생하면 생산현장에서 담당작업자가 바로 시정하는 원천적 품질관리가 일상화되어야 한다. 이러한 철학은 작업자를 넘어 모든 계층, 모든 부서, 납품업자 등에게까지 적용된다.

(2) TQM의 성공요인 및 시행전략

TQM의 성공요인에 관한 사라프 등(Saraph et. al.)의 연구, 포터와 파커(Porter & Parker)의 연구, 그리고 미국 말콤 볼드리지 상의 기준 등 세 가지 분류를 종합하여 TQM의 성공요인을 정리하면 다음과 같다.

① 최고경영자의 의지와 리더십에 의한 품질방침의 수립 및 경영자 진단
② 수립된 방침의 추진과 관리
③ 조직구성원의 조직적 참여
④ 교육과 훈련에 의한 인적자원의 능력개발
⑤ 공정(process)의 관리와 품질관리기법의 활용

(3) TQM의 시행전략

① 1단계 : 품질이 무엇인가를 결정한다

TQM의 성공적인 시행을 위해서는 품질에 대한 인식을 뚜렷이 하는 것이 선행되어야 하지만, 더 중요한 것은 품질목표를 구체적으로 설정하는 것이다. TQM에서 품질은 고객의 기대를 만족시키거나 능가하는 데에 있으며, 모토롤라사의 6시그마(six sigma) 품질목표는 하나의 좋은 예이다.

② 2단계 : 조직이 TQM을 받아들일 수 있도록 준비한다

최고경영진의 TQM전략을 기업 내에 확산시키고, TQM의 지지를 얻기 위해 종업원의 팀웍을 강화해야 하는 단계이다. 준비해야 할 사항은 다음과 같은 것들이다.

- 모든 조직구성원에게 품질은 조직전체의 책임임을 인식시킨다.
- TQM전략을 수용할 인사정책을 수립한다.
- TQM의 전략시행에 중추적인 역할을 할 인물의 선정한다.

③ 3단계 : 종업원을 교육시키고 권한을 부여한다

일반적으로 TQM의 성공을 위해서는 두 가지의 필수적인 교육이 요구된다. 즉 하나는 성과를 측정하고, 문제를 분석하며, 문제의 원인을 제거하기 위해 실시되는 통계적 기법의 교육이며, 다른 하나는 계량적인 방법으로 처리될 수 없는 문제를 해결하는 데에 초점을 둔 교육이다.

④ 4단계 : 성과를 측정하여 피드백을 주고 필요한 조치를 취한다

품질관련 문제는 그 원인이 알려져 해결책이 제시되기 전에 발견해야만 의미가 있다. 이렇게 하기 위해서는 제품 및 서비스를 생산하는 매 단계마다 품질관련 정보를 알 수 있도록 피드백 시스템이 설치되어야 한다.

또한 TQM을 시행하는 제조업체는 재공품의 품질을 관리하기 위해 생산공정의 각 단계마다 품질의 적합성에 대한 검사를 실시한다.

⑤ 5단계 : 지속적인 개선에 주력한다

이 단계는 TQM의 시행에서 오는 어려움 때문에 또는 더 이상의 변화가 필요 없다고 나름대로 판단해서 TQM의 시행을 중단해서는 진정한 시행효과를 거둘 수 없다는 것을 말해준다.

이상에서 언급한 TQM 시행전략의 다섯 단계는 기업들이 TQM 프로그램을 단계적으로 시행하는 데에 필요하다.

사례 12-3 손익 분기점 낮춰 기업 이익 키우려면 비용절감이 첫 발

인천에 소재한 인쇄용 원료 제조업체 A사는 공공기관 입찰부터 민간 기업 납품까지 수년간 노력한 끝에 인천 내에서 어느 정도 입지를 굳히고 있었다. 하지만 인쇄용 원료 제조업종은 진입 장벽이 높지 않아 갈수록 경쟁이 치열해지고 있었다. 경쟁에서 밀리는 것은 시간문제라고 생각한 A사 대표는 매경기업비용절감센터를 소개받아 컨설팅을 받았다. 두 달 반가량 컨설팅을 받은 A사는 총 11개 분야에서 약 10억 8,000만 원의 절감 효과를 얻었다.

기업 비용은 크게 고정비와 변동비로 나뉜다. 변동비(원재료비 · 노무비 등)는 생산량이나 판매량이 늘어나면서 같이 증가하는 비용이고, 고정비(건물임차료 · 보험료)는 생산량 증감과 상관없이 일정하게 지출하는 비용을 말한다. 기업의 수익성을 평가할 때 손익분기를 맞췄느냐고 말하는데 수익과 비용이 동일해 이익도 손실도 나지 않는 지점을 '손익분기점'이라고 부른다.

기업의 존재 목적은 이윤 창출인데 이익은 수익(매출)에서 원가, 즉 각종 고정비와 변동비 비용을 뺀 뒤 플러스가 돼야 한다. 기업에서 제품 몇 개를 팔아야 손익이 나는지를 알아보는 방법은 '손익분기점 매출량'을 계산하는 것이다. 이 매출량은 한 개의 제품 단가에서 그 제품의 변동비를 뺀 이익(공헌이익)을 고정비로 나눠보면 계산할 수 있다. 예를 들어 월 고정비가 5,000만 원인 A사가 있다고 하자. A사의 제품 단가가 10만 원이고 원재료비 등 변동비가 5만 원이면 손익분기점 매출량은 총 1,000개가 된다. 즉 A사는 월 1,000개 이상 팔면 이익이 발생하고 미만일 경우 손실을 보게 된다. 기업 이익을 키우려면 손익분기점을 낮춰야 하는데 여기에는 크게 두 가지 방법이 있다. 가장 기본적 방법은 매출을 늘리는 것이지만, 불황기에 단가나 판매량을 높여 매출을 올린다는 것은 쉽지 않다. 또 다른 방안은 고정비나 변동비를 줄이는 것이다. 고정비와 변동비 중 어떤 부문에 초점을 맞춰 비용을 낮출 것인가는 해당 기업이 사용하는 비용을 성격별로 분류·분석하면 가능하다. 비용을 낮추면 결국 기업 손익분기점을 아래로 내려 이익의 크기를 크게 만들 수 있다.

출처 : 매일경제, 2018. 2. 21일자

제13장

마케팅관리

1. 마케팅의 개념

1) 마케팅의 의의

마케팅에 대한 개념 정의는 시대의 변천과 사회 및 기업의 발전정도에 따라 많이 변화하여 왔다. 각 시대마다 마케팅을 보는 관점에 있어서 차이가 두드러지게 나타났으며, 오늘날 하루가 다르게 마케팅의 개념이 역동적으로 변화하고 있는 것을 알 수 있다.

마케팅에 대한 공식적인 정의는 1960년 미국 마케팅협회(American Marke ting Association)의 의해 처음으로 제시되었다. 이때의 마케팅에 대한 정의는 "마케팅이란 생산자로부터 소비자 또는 사용자에게로의 재화나 서비스의 흐름이 원활히 이루어지도록 관리하는 기업 활동의 수행"으로 설명하고 있다. 이 당시에는 마케팅을 주로 유통기능적 측면에서 취급하고 있고, 경제적 활동을 하는 기업들만이 마케팅의 주체가 될 수 있다는 사고가 지배적이었음을 알 수 있다.

1985년 미국마케팅협회(AMA)에 의한 마케팅의 정의를 살펴보면, "마케팅이란 개인과 조직의 목적을 충족시키는 교환을 창조하기 위하여 아이디어, 재화 그리고 서비스의 개발, 가격결정, 판매촉진, 유통 등을 계획하고 수행하는 과정"이라고 설명하고 있다.

따라서 마케팅은 시장(market)을 향해 기업의 모든 자원 활용 노력을 집중시킨다는 의미를 갖고 있다고 볼 수 있다. 또한 마케팅은 현대 기업에 있어서 기업 내 관리기능 중의 하나라는 단순한 의미를 넘어 기업이 생존 · 성장이라는 목표달성을 위해 행하는 모든 경영활동의 기본을 이루는 의미를 지니게 된다. 마케팅 개념을 구성하고 있는 요소들의 특징을 간략하게 살펴보면 〈그림 13.1〉과 같다.

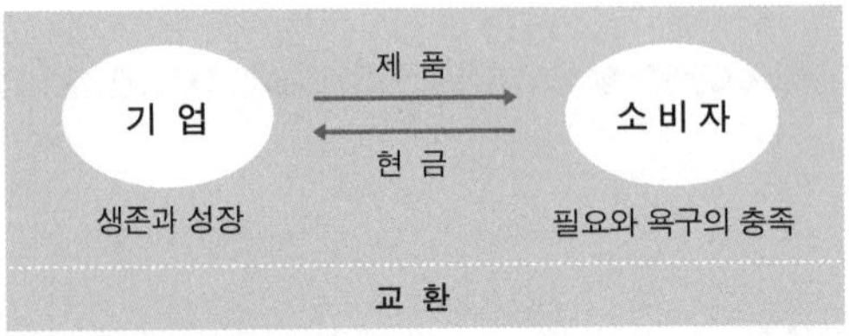

〈그림 13.1〉 마케팅의 개념

자료: 채서일, 『마케팅』(서울: 학현사, 1999), p.9.

(1) 필요와 욕구

마케팅은 인간의 필요와 욕구에서 시작된다고 해도 과언이 아니다. 필요(need)란 사람이 살아가는 데 필요한 음식, 옷, 집, 안전, 소속감 등과 같은 기본적인 것들이 부족한 상태를 말하며, 이러한 것들이 결핍되었다고 느낄 때 -그 사람은 필요를 가지고 있다고 볼 수 있다. 욕구(want)란 그러한 필요를 충족시킬 수 있는 어떤 구체적인 수단을 원하는 것을 말한다. 인간의 필요는 기본적인 만족의 결핍을 느끼고 있는 상태이다. 인간은 생존을 위해 의 · 식 · 주, 안전, 소속감, 존경 등을 필수적으로 갖추어야 하는데, 이 같은 것들이 결핍되었다고 느낄 때 그 사람은 필요를 가지고 있다고 볼 수 있다. 이 같은 필요들은 사회나 마케팅에 의해 만들어지는 것이 아니라 인간이 생리적으로 갖고 있거나 인간의 조건 그 자체에 의해 생겨난다.

소비자가 갖고 있는 필요들을 만족시킬 수 있는 구체적인 제품이나 서비스에 대한 바램인 욕구는 문화, 사회에 따라 다르며, 학교, 기업, 가족 등의 사회적 제도나 힘에 의해 형성되고 끊임없이 변화되어 간다. 소비자가 무엇을 원하는지를 이해하는 것이 마케팅의 출발점이라고 할 때, 마케팅의 대상은 필요가 아니라 욕구라는 것을 알 수 있다.

(2) 생존과 성장

오늘날 기업은 어떤 제품을 생산할 것인가를 결정하는 과정에서부터 제품판매 후 각종 서비스를 제공하는 과정에 이르기까지 소비자지향적인 활동을 해야 한다. 그렇지 않으면 경쟁적 우위를 확보하는 것은 물론 기업의 존속까지도 위협을 받을 수 있는 시장상황 하에 놓여 있다고 볼 수 있다.

소비자는 필요와 욕구를 충족시켜 줄 것으로 기대되는 제품들 중 가장 많은 만족을 제공하는 제품을 선택하게 되므로, 기업이 생존과 성장(growth)을 위해서는 소비자들의 만족을 극대화시켜 줄 수 있는 소비자 중심의 마케팅활동을 하지 않으면 안 된다. 그래서 소비자로부터 만족을 주게 되는 기업은 생존하게 되고, 그렇지 않은 기업은 도태하게 되는 것이다.

(3) 교환

어떤 제품이나 서비스가 소비자의 필요나 욕구를 충족시키고 소비자에게 만족과 가치를 제공한다고 할지라도 그 제품이나 서비스를 제공하는 기업에게도 무엇인가 이득이 있지 않으면 교환은 일어나지 않는다.

교환(exchange)이란 가치 있는 제품이나 서비스의 대가를 제공하고 획득하는 행위를 말한다. 기업은 양질의 제품과 서비스를 소비자에게 제공하고, 소비자는 그 대가로 현금의 교환을 통해서 각각의 목적을 달성하고자 한다. 그래서 기업은 생존 · 유지가 되고, 소비자는 본인의 필요에 의해 욕구충족을 달성하게 된다.

교환이 실제로 일어나는가의 여부는 교환과 관련된 당사자들이 교환의 조건에 동의하느냐 하지 않느냐에 달려 있다. 교환이 일어나기 위해서는 교환의 조건이 당사자들로 하여금 교환 이전보다 더 나은 상태로 만들어 줄 수 있어야 한다. 그런 의미에서 교환은 가치를 창조하는 과정이라고 할 수 있다.

(4) 시장

기업과 소비자의 상호관계는 하나의 교환과정으로 볼 수 있으며, 이와 같은 교환이 이루어지는 곳이 시장(market)이다. 옛날에는 시장이라는 개념이 동대문, 남대문 시장처럼 물건을 파는 사람과 사는 사람이 만나 교환이 이루어지는 곳으로서 장소적인 의미를 갖는 것으로 인식되었다. 그러나 최근에는 시장이 반드시 어떤 특정 장소를 지칭하는 개념 보다는 어떤 제품이나 서비스의 실제 또는 잠재적 구매자들의 집합을 의미하는 뜻으로 쓰이고 있다.

특히 교통과 통신의 발달에 따라 제품이나 서비스를 판매하는 기업은 TV에 광고를 통해 소비자들에게 정보를 전달할 수 있고, 전화나 인터넷을 활용하여 가상공간에서도 소비자들로부터 주문을 받을 수도 있다. 또한 제품은 우편을 통해 소비자에게 전달될 수도 있으며, 판매자와 구매자간에 전혀 물리적인 만남이 없이도 교환이 일어날 수 있다.

(5) 고객가치와 만족

고객가치(customer value)란 제품이나 서비스로부터 고객이 얻기를 기대하는 혜택과 그것을 얻기 위해 소요되는 비용 간의 차이를 말한다. 소비자는 가치가 크다고 지각하는 제품이나 서비스를 선호하기 때문에 기업은 자사제품에 대한 소비자들의 지각적 가치를 증대시키기 위한 마케팅 노력이 필요하다.

최근에는 소비자가 자신에게 필요한 제품을 직접 만들어 사용하는 창조적 소비자(크레슈머 : Cresumer = Creation + Consumer)의 개념까지 등장하고 있어, 제품과 서비스로부터 고객이 획득하고자 하는 고객가치가 크게 변화되고 있다는 사실을 알 수 있다.

고객만족(customer satisfaction)이란 소비자가 제품사용에서 느끼게 되는 심리적 충만감을 말하는데, 기대했던 것보다 실제 성과가 좋으면 만족도는 크게 증가하게 된다. 그리고 만족한 고객은 동일한 제품을 재구매할 가능성이 높으며, 그 제품의 상표에 충성도를 보일 가능성도 크다.

2) 마케팅개념의 발전 단계

기업의 경영철학, 사회분위기, 그리고 경제적 환경은 마케팅이 무엇인지 그리고 어떻게 해야 그것을 가장 잘 실행할 수 있는지에 대한 마케팅의 개념을 변화시킨다. 이처럼 각 시대에 걸쳐 나타난 마케팅의 지배적인 사고형태는 생산지향적, 제품지향적, 판매지향적, 고객지향적 및 사회지향적 마케팅의 개념 등으로 발전되어 왔다.

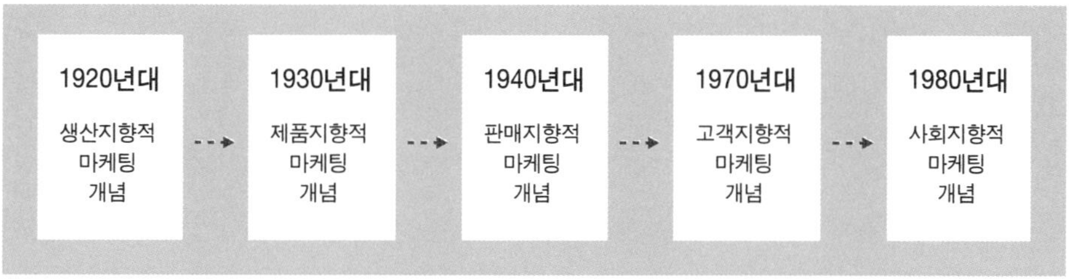

〈그림 13.2〉 마케팅개념의 발전단계

(1) 생산개념

20세기 미국에서 나타난 가장 초기의 생산개념(production concept)은 제품 및 서비스의 생산과 유통을 강조하여, 그 효율성을 개선시키는 데에 목표를 두고 있다. 다시 말하면 생산지향적 기업은 제품생산의 효율성을 높여서 소비자들에게 낮은 가격으로 제품을 제공하고자 한다. 또한 제품에 대한 유통망을 확장하는 데 노력을 집중하여 소비자가 쉽게 제품을 구입할 수 있도록 한다.

이러한 생산지향적 개념은 수요가 공급을 초과하는 만들기만 하면 팔려나가는 상품이거나 제품의 원가가 높아서 생산성의 향상을 통해 원가를 낮춰야 팔려나가는 상품을 생산하는 기업에서 흔히 볼 수 있는 경영철학이다.

(2) 제품개념

제품개념(product concept)이란 소비자들은 가장 우수한 품질이나 효용, 성능을 제공하는 제품을 선호한다는 개념이다. 그래서 제품지향적인 기업은 다른 어떤 요인보다도 더 나은 제품을 생산하고 계속 개선하려는 데에 노력을 집중하게 된다. 제품지향적 개념에 입각한 기업은 기본적으로 잘 만들어진 우수한 제품은 소비자들이 절대로 외면하지 않으며, 그 품질과 성능에 만족할 것이라는 가정하에 이루어진다.

(3) 판매개념

판매개념(selling marketing concept)은 기업이 소비자들로 하여금 경쟁회사의 제품보다 자사제품을 보다 많이 구매하도록 설득해야 하며, 이를 위해서는 이용가능한 모든 효과적인 판매활동과 촉진도구를 활용해야 한다고 보는 개념이다. 따라서 판매지향적인 기업의 활동은 적극적인 판매와 대 소비자 촉진과 홍보에 총력을 다하는 데에 집중한다고 볼 수 있다.

이 개념에 의하면 소비자는 제품에 대한 관심을 불러일으키려는 노력이 없는 한 소비자들은 제품을 구매하지 않으며, 구매하더라도 충분한 양을 구매하지 않을 것이라는 가정을 하고 있다.

(4) 마케팅개념(고객지향적 개념)

마케팅개념(marketing concept)은 기업의 목표달성여부는 시장에 있는 소비자의 욕구를 파악하고, 소비자에게 최선의 만족을 전달해 주는 활동을 얼마나 경쟁자보다 효율적으로 수행할 수 있느냐에 달려있다고 보는 개념이다. 고객지향적 개념에 입각한 기업은 제품의 생산, 전달 및 최종적인 소비자 관련된 전반적인 활동을 통해서 소비자의 필요와 욕구를 만족시키는 데 초점을 둔다는 것이다.

즉 고객을 발견하여 그를 이해하고 고객에게 적절한 제품이나 서비스를 제공할 수 있다면 특별한 판매활동이 없이도 자연적으로 제품이나 서비스가 판매될 것이다. 고객 없는 기업은 없으며, 기업의 가치 창출의 근원이 바로 고객이기 때문에 고객지향의 기업경영은 이런 관점에서 큰 의의와 장점이 있다고 할 수 있다.

(5) 사회적 마케팅개념

최근 기업을 둘러싸고 있는 산업, 경제, 정치, 사회적 환경들은 급속도로 변화하고 있다. 특히 자원의 부족, 과잉인구, 교통문제, 환경오염, 소비자피해 등은 경제사회 전반에 걸친 주요 관심사로 부각되고 있는 실정이다. 이러한 상황들은 기업으로 하여금 사회와 기업의 관계에 대한 고려라는 변화를 요구하고 있다.

따라서 기업은 마케팅활동에 따른 의사결정시에 사회의 관심사를 함께 고려해야 할 필요가 있다. 이러한 배경 하에서 등장한 새로운 마케팅의 개념이 사회적 마케팅 개념(societal marketing concept)이다. 자연환경 문제를 고려해서 공해를 줄이는 제품생산과 기업의 공해방지시설 설치 등을 강조하는 그린마케팅(green marketing)도 사회지향적 마케팅 개념의 예라고 볼 수 있다.

사회지향적 마케팅 개념에 입각한 기업은 기업의 이익추구, 소비자 만족 및 사회전체의 복지향상을 조화롭게 고려하여 의사결정에 반영하여야 한다.

3) 마케팅관리

(1) 마케팅 적용 범위

전통적으로 마케팅은 영리기업에서만 관심을 갖는 대상으로 인식되어 왔으나 최근에는 그 적용범위가 확대되어 비영리기관을 포함한 거의 모든 조직의 관심대상이 되고 있다.

① 영리기관

우리나라에서 마케팅 활동을 통합적이고 체계적으로 추진하려는 노력은 1980년대 들어서 나타나기 시작했으며, 주로 식음료 등 비내구재를 생산하는 기업에서 비교적 빠른 속도로 마케팅개념이 받아들여지기 시작하였다.

② 비영리기관

영리추구를 목적으로 설립된 조직이 아니라 공공이익의 실현을 최우선 과제로 삼고 설립 · 운영되는 모든 조직을 비영리조직이라고 한다. 병원, 양로원, 사립학교, 박물관, 노동조합, 종교단체, 지방자치단체 등 다양한 비영리기관에서도 환경변화에 적응하기 위한 노력의 일환으로 마케팅개념을 적극적으로 도입하는 사례가 많이 증가하고 있는 실정이다.

(2) 마케팅믹스

마케팅믹스(Marketing Mix)는 표적시장에서 마케팅목표를 달성하기 위해 기업이 활용하는 마케팅도구들의 집합을 말한다. 일반적으로 마케팅믹스는 4P's를 가리키는 말이라고 할 수 있는데, 마케팅믹스와 관련된 의사결정들을 설명하면 다음과 같다.

첫째로 제품관리는 제품수명주기(PLC), 신제품개발, 상표, 포장, 품질, 디자인 등의 개발과 관련된 의사결정들을 말한다.

둘째로 가격관리는 제품가격의 수준과 범위, 가격결정 전략, 허용가격범위 등을 결정하는 것을 말한다.

셋째로 유통관리는 유통경로의 설계, 물적유통관리, 중간상(도매상 및 소매상)의 관리 등을 위한 활동을 의미한다.

넷째로 촉진관리는 광고, 인적판매, 홍보(PR), 판매촉진 등을 통해 고객이나 일반대중들과의 커뮤니케이션에 관한 의사결정을 말한다.

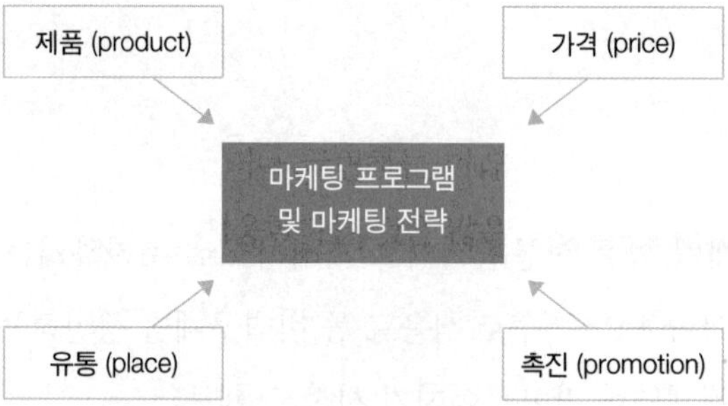

〈그림 13.3〉 마케팅믹스의 4P 요소

사례 13-1 고객 취향따라 변신… '카멜레온 매장' 뜬다

같은 브랜드라도 지역 · 상권따라 매장 인테리어 · 상품 구성 다르게

1~2인 가구 많으면 소포장 제품, 유동 인구 많으면 편의점 스타일

손님 늘지 않는 저성장 시대에 매출 늘리려는 업체들의 자구책

지난달 31일 서울 서교동 엘큐브 홍대점. VR(가상현실) 체험존으로 구성된 매장 3층에서 20대 연인들이 건당 7,000~1만 2,000원의 이용료를 내고 승마경주, 골드러쉬(금캐기) 등의 VR을 즐기고 있었다. 의류 제품은 3만~5만 원대가 많았다.

같은 날 압구정동 엘큐브 가로수길점은 '스타트업 브랜드'의 의류로 채워져 있었다. 20대 후반에서 30대 초반 여성이 즐겨찾는 이 매장에는 10만~20만 원대 옷이 많았다. 같은 엘큐브가 맞는지 의심스러울 정도로 두 매장은 달랐다.

엘큐브는 2016년 롯데백화점이 '젊은 층을 위한 미니백화점'을 목표로 만들었다. 처음엔 전체 점포를 여성 패션 위주로 꾸몄다. 그런데 홍대점만 매출이 나빴다. 경미령 홍대점장은 "10대 후반 20대 초반 고객이 많은 지역 특성을 고려해 작년 10월 VR존 등 체험시설을 늘렸다"고 했다. 이후 월 매출이 40% 이상 늘었다.

상권 · 지역 따라 변신하는 '카멜레온' 스토어 같은 브랜드 점포지만 지역 · 상권에 따라 확연히 다르게 꾸미는 '카멜레온 점포'가 늘고 있다. 유통업체들이 같은 브랜드 매장은 인테리어, 제품 구성을 비슷하게 한다는 원칙을 깨고, 고객의 연령과 취향에 따라 매장을 다양화하는 전략을 구사하기 시작했다.

명동은 기초화장품, 강남은 색조화장품

올리브영 서울 명동점 매장에 들어서면 밝은색 톤의 마스크팩 매대가 눈에 들어온다. 오른쪽엔 클렌징 · 보디로션 등 기초화장품들이 진열돼 있다. 각종 안내문은 중국어와 한국어로 병기돼 있다. 명동점 손님의 70%인 중국 · 일본인 관광객은 기초화장품을 주로 산다. 젊은 국내 여성이 많이 다니는 거리에 있는 서울 역삼동 올리브영 강남점은 인테리어부터 명동점과 확연히 다르다. 짙은 색감의 알록달록한 1층 중앙 매대는 형형색색의 립스틱이 차지하고 있다. 각종 색조화장품과 아이라이너 · 섀도 등 눈 화장품을 시연하는 코너가 있다. 이 매장 매출의 40%는 색조화장품에서 나온다.

수퍼마켓도 매장 구성을 다양화하고 있다. 홈플러스 익스프레스는 상권 특성에 따라 '프리미엄' '신선 중심' '일반' 등 5종으로 구분하고 있다. 1~2인 가구가 밀집한 지역에는 소포장 제품과 가정간편식 제품을 중점 배치하고, 광화문 · 논현동 등 유동인구가 많은 지역 매장에는 편의점과 유사한 제품 구성을 한다. 롯데슈퍼는 9일 "지역 상권 연령대와 소득수준 등을 고려해 상품과 매장을 변화시키는 신개념 매장을 선보이겠다"고 밝혔다.

저성장 시대… "매장 구성도 공급자 중심서 소비자 중심으로 변모"

카멜레온 점포 전략의 배경은 경기 침체다. 손님이 늘지 않는 저성장 시대엔 찾아오는 손님들의 구매액을 늘리는 방식으로 성장을 꾀할 수밖에 없다. 장기 불황을 겪은 일본에서는 같은 매장이지만 지역 · 상권별로 큰 차이를 보이는 '신코(深耕 · 심경)' 매장이 인기를 끌었다. '밭을 깊게 간다'는 의미로 상권별로 손님들의 연령 · 성향 등을 고려해 매장을 재구성하는 것이다. 도쿄역 인근 다이마루 백화점은 '1층에는 명품 · 화장품'이란 공식을 깨고 선물 매장을 중점 배치했다. 도쿄역에서 기차를 타고 지방으로 가는 손님들이 선물을 많이 사는 것을 겨냥했다.

서용구 숙명여대 경영학부 교수는 "경제 성장기엔 공급자(유통업체) 중심으로 매장을 구성해도 되지만 저성장 시대에는 소비자 중심으로 변모해야 살아남을 수 있다"며 "획일화된 매장의 시대는 끝났다"고 말했다.

출처 : 조선비즈, 2018. 2. 19일자

2. STP전략

마케팅전략과 계획을 수립함에 있어 시장을 세분화(segmentation)하고, 표적시장을 선정하며(targeting), 표적시장에 적절하게 제품을 포지셔닝(positioning)하는 일은 가장 기본적이면서도 중요한 일이다. 이 세 가지 단어의 머리글자를 따서 STP 전략이라고 하며, 간략하게 살펴보면 다음과 같다.

1) 시장세분화

(1) 시장세분화의 의의

시장은 서로 다른 특성을 지닌 소비자들로 구성되어 있다. 소득, 나이, 직업 등의 개인적 특성뿐만 아니라 제품을 구매할 때 고려하는 속성, 구매행동에 있어서도 각기 다른 모습을 보인다. 그러나 기업이 이렇게 서로 다른 소비자 개개인에게 완전히 개인화된 마케팅믹스를 가지고 각기 다른 방식으로 접근하는 것은 그에 따르는 비용의 증가 때문에 대개의 경우 불가능한 일이다.

또한 소비자 개개인의 특성 간 차이를 전혀 무시하고 오직 하나의 마케팅전략을 가지고 시장을 공략하는 것 또한 매우 위험한 일이다. 따라서 이러한 문제를 해결하기 위하여 소비자들을 일정한 기준에 따라 크게 몇 개의 세분시장으로 나누어 각각의 시장에 차별적인 마케팅전략을 구사하는 방법이 시장세분화(segmentation)이다.

(2) 시장세분화의 기준

① 지리적 변수(geographic variables)

국가, 지방, 도시 등의 지역에 따라 소비자를 세분화할 수 있는데, 어떤 기업은 자사 제품의 판매가 유리한 하나 또는 몇 개의 지역에 대해서만 마케팅활동을 할 수도 있고 또 다른 기업은 전 지역을 자사 제품에 대한 시장으로 고려하고 각 지역마다 다른 소비자의 욕구를 파악하여 각 지역의 소비자 욕구에 맞는 마케팅전략을 구사하기도 한다.

지리적 세분화는 다른 세분화방법보다 시장을 구분하는 것이 용이하다는 이점이 있으며, 각 지역마다 소비자들 간의 뚜렷한 차이를 보이는 경우에는 매우 효과적인 세분화가 될 수 있다. 그러나 일반적으로 지리적 변수 하나만을 가지고 시장을 구분하는 데에는 위험이 따르게 된다. 그 이유는 비록 지역적으로 떨어져 있더라도 기후 환경이나 생활, 문화가 그다지 차이를 보이지 않는 경우에는 지리적 변수만 가지고 소비자 구매행동의 차이를 규명하기는 어려운 일이기 때문이다.

② 인구통계적 변수(demographics variables)

시장은 나이, 가족 생활주기, 성별, 소득, 직업, 교육수준, 종교, 인종 그리고 국적 등의 인구통계적 변수에 따라 세분화가 가능하다. 일반적으로 이 변수는 객관적인 자료를 제공하기 때문에 소비자들의 시장을 세분화하는 데 가장 널리 사용된다.

첫째로 나이와 가족 생활주기이다. 소비자들의 욕구와 구매행태는 나이에 따라 다르게 나타날 수 있으며, 또한 결혼 여부 등의 가족 생활주기의 단계에 따라서도 다르게 나타난다. 따라서 기업은 소비자들의 나이나 가족 생활주기에 따라 변화하는 욕구를 파악하여 각각의 연령대에 맞는 제품을 생산하는 등의 차별적 마케팅활동을 수행하여야 한다.

둘째로 성별을 들 수 있다. 성별에 따른 세분화는 화장품, 헤어 디자인, 의류상품 그리고 잡지 등의 산업에서 많이 사용되어 왔다.

셋째는 소득이다. 소득은 곧 구매력을 나타낼 수 있기 때문에 소비자들 간의 소득 차이는 확실한 세분화 변수가 될 수 있다.

그 외에도 직업, 교육수준, 종교 등이 인구통계적 변수로 사용될 수 있다.

③ 심리적 변수(psychographics variables)

소비자를 차별적인 시장으로 세분화할 수 있는 심리적 변수에는 라이프스타일, 개성, 사회계층 등이 있다.

첫째로 라이프스타일을 들 수 있다. 마케팅관리자들은 소비자들의 라이프스타일에 따른 세분화를 점차적으로 많이 사용하고 있다. 라이프스타일을 통한 세분화는 일반적으로 광고를 통하여 특정 라이프스타일 집단에 속한 사람의 생활을 묘사하여 같은 라이프스타일에 속하거나 속하고 싶어하는 소비자들로 하여금 동질성을 느끼게 하여 제품 구매를 유도하는 방식을 사용한다.

둘째는 개성이다. 소비자들 개성의 차이를 인식하고 그 차이에 따라 시장을 세분화하기도 한다. 특히 의류상품, 담배, 화장품, 보험 또는 주류제품 등과 같은 상품들은 소비자들을 그들이 가지고 있는 독특한 개성에 따라 시장을 세분화하여 표적고객들의 성격에 알맞는 상품으로 성공한 경우가 많다.

셋째는 사회계층이다. 일반적으로 사회적 계층에 따라 자동차, 의류, 가구, 레저활동, 독서습관 등에 대한 선호에 큰 차이를 보인다. 그러나 사회적 계층은 어떤 하나의 변수에 의하여 형성되어진 것이 아니라 교육수준, 직업 등의 여러 변수들이 복합적으로 관련되어 있기 때문에 사회적 계층을 명확히 구분하는 것은 쉽지 않은 일이다.

④ 행동적 변수(behavioral variables)

시장을 세분화하는 행동적 변수에는 제품 구매 및 사용 상황, 추구하는 편익, 사용 경험, 사용률 등을 들 수 있다.

첫째, 구매 또는 사용상황이다. 소비자들은 언제 제품 구매에 대한 생각을 떠올리게 되며, 언제 구매를 하게 되며, 언제 구입한 제품을 사용하게 되는지에 따라 나누어질 수 있다. 사용상황에 따른 세분화는 기업들로 하여금 제품사용 상황을 개발하거나 확장시키는 데 도움을 줄 수 있다.

둘째, 추구하는 편익이다. 같은 품목의 제품이라 하더라도 모든 소비자들이 동일한 편익을 얻고자 제품을 구매하지 않는다. 또한 동일한 편익을 추구하는 소비자들이라 하더라도 제품의 각 편익들에 대하여 중요하게 생각하는 정도에 있어서는 많은 차이를 보인다. 따라서 편익세분화는 소비자들이 제품을 구입할 때 고려하는 주요 편익의 차이에 따라서 소비자들을 몇 개의 차별적 집단으로 나누는 방법이다.

셋째, 제품사용의 경험이다. 소비자들은 제품사용 경험에 따라 사용경험이 전혀 없는 소비자들, 과거에 사용한 경험이 있지만 지금은 사용하지 않는 소비자들, 향후에 잠재적으로 사용할 가능성이 있는 소비자들, 처음으로 구매하여 사용하고 있는 소비자들 그리고 정기적으로 사용하고 있는 소비자 등으로 나누어 볼 수 있다.

넷째, 사용률이다. 소비자들은 제품의 사용정도에 따라 소량, 중량, 다량사용자 등으로 나누어질 수 있다. 다량사용자들의 경우에 일반적으로 시장의 작은 부분만을 차지하고 있을 뿐이지만 전체 매출에 있어서는 매우 높은 비율을 차지한다.

2) 표적시장 선정

시장을 세분화의 기준에 따라 분류하고 나면, 세분화된 시장 중에서 기업이 목표로 하는 시장을 선정해야 한다. 이러한 표적시장 선정 전략에는 비차별적 전략, 차별적 전략 및 집중적 전략 등이 있다.

(1) 비차별적 마케팅전략(undifferentiated marketing strategy)

비차별적 마케팅전략은 세분시장 간의 차이를 무시하고 하나의 제품으로 전체시장을 공략하는 전략이다. 이 전략은 소비자들 간의 욕구에 대한 차이보다는 공통점에 대하여 중점을 두며, 다수의 구매자에게 소구하기 위해서 기업은 하나의 상품과 하나의 마케팅프로그램으로 시장을 공략한다. 따라서 기업은 대량유통과 대량광고 방식을 채택하는데, 이는 소비자들의 마음 속에 우수한 자사제품의 이미지를 심어주기 위해 수행된다.

(2) 차별적 마케팅전략(differentiated marketing strategy)

차별적 마케팅전략은 기업이 여러 개의 표적시장을 선정하고 각각의 표적시장에 적합한 마케팅전략을 개발하는 것 이다. 현대적인 기업들은 차별적 마케팅전략을 구사하고 있다. 그 중요한 이유는 차별적 마케팅은 일반적으로 비차별적 마케팅전략보다 높은 매출과 이익을 올리는 것을 가능하게 해주기 때문이다. 그러나 차별적 마케팅전략은 각각의 세분시장에 적합한 마케팅 프로그램을 실행하기 위해 많은 비용을 사용하기 때문에 일반적으로 비용의 증가를 가져온다.

각 세분시장별로 적합한 마케팅계획을 수립하기 위해서는 각 세분시장별로 촉진 그리고 유통관리 등이 이루어져야 하며, 경우에 따라서는 각각의 세분시장에 차별적 광고를 제작하기도 하기 때문에 상당히 비용이 많이 들 수밖에 없다. 따라서 기업은

〈그림 13.4〉 표적마케팅 전략의 유형

차별적 마케팅전략을 구사하기 위해서는 증가된 비용을 고려한 예상수익을 무엇보다 먼저 생각해야 할 것이다.

(3) 집중적 마케팅전략(concentrated marketing strategy)

집중적 마케팅전략은 기업의 자원이 제한되어 있을 경우에 주로 사용되는 방법으로, 큰 시장에서의 작은 시장점유율을 누리기보다는 하나 또는 소수의 작은 시장에서 높은 시장점유율을 갖고자 하는 전략이다. 이 전략을 통하여 기업은 자사가 공략하고 있는 특정한 시장에 속한 소비자의 욕구를 매우 잘 알고 있기 때문에 그 시장 안에서 강력한 위치를 얻을 수 있다.

그러나 경우에 따라서는 보다 큰 경쟁자가 동일한 시장에 진입할 수도 있기 때문에 높은 위험을 감수하지 않으면 안 된다. 따라서 하나의 시장을 선택하여 집중적 마케팅전략을 실행하기 보다는 복수의 세분시장에 접근하는 것을 선호하게 된다.

3) 포지셔닝

기업이 어떤 세분시장에 진입할 것인가를 결정하고 나면, 기업은 그 세분시장에서 자사의 제품을 어떠한 자리에 위치시킬 것인가의 대한 전략이 필요하다. 제품 포지셔닝(positioning)은 자사의 제품 및 이미지가 표적시장의 마음 속에 차별화될 수 있는 위치를 차지하도록 계획하는 기업의 활동이다.

즉 자사의 제품을 경쟁제품에 비해 어떠한 차별적 특징을 갖도록 포지셔닝 할 것인가를 결정해야 한다. 기업이 선택할 수 있는 포지셔닝의 유형을 살펴보면 다음과 같다.

(1) 속성에 의한 포지셔닝

제품의 속성(특성)을 이용하는 방법으로 가장 흔히 사용되는 것으로서 광고에서 제품이 갖는 특성을 강조함으로써 상표와 특성을 연결시켜 위상을 정립하는 방법이다. 예를 들어 '볼보는 튼튼한 자동차', 천연 암반수로 만든 하이트' 등이 해당된다.

(2) 모델에 의한 포지셔닝

제품을 광고하는 모델의 성격과 이미지를 상표와 연결시켜 상표의 이미지를 구축하는 방법이다. 유명모델이나 유명인사 또는 그 제품의 전형적인 소비자를 모델로 기용함으로써 모델의 이미지를 상표로 전이시키고자 할 때 사용된다. '다시다의 김혜자', '나이키와 마이클 조단' 등이 해당된다.

(3) 가격-품질 상관관계에 의한 포지셔닝

일반적으로 사람들은 '가격이 높으면 품질이 좋고, 가격이 낮으면 품질도 나쁘다'라는 생각을 가지고 있다. 그러므로 가격을 잘 이용하여 품질에 관한 포지셔닝을 할 수도 있다. 주로 고가격 고품질 전략으로 화장품, 모피의류, 자동차 등을 예로 들 수 있다.

(4) 사용용도에 의한 포지셔닝

제품의 사용용도와 상황을 보여 줌으로써 '이 제품을 이럴 때 사용하는 것' 또는 '이 제품은 이런 용도로 쓰이는 것' 등과 같은 포지셔닝을 말한다. 예를 들면 광고에서 '운동 후에 마시는 스포츠 음료', '전자파제거의 선인장', '정전기 발생을 예방하는 부드러운 섬유유연제' 등 을 들 수 있다.

(5) 경쟁자의 의한 포지셔닝

경쟁자를 이용하여 그 경쟁자의 위상과 비슷하게 포지셔닝 할 수 있으며, 경쟁사의 제품에 대한 비교광고 등을 통해서도 할 수 있다. 예를 들면 '우리는 2등입니다. 그래서 1등을 위해 노력할 것입니다'라는 광고를 볼 수 있다.

사례 13-2 **'1조 클럽 식품' 비결은… 장수브랜드 · 세대초월 인기 · SNS 입소문**

'1조 클럽 식품': 단일상품 기준 누적매출 1조 원 넘은 식품

1986년 첫선 보인 신라면 2015년 누적 매출 10조 넘어

다시다, 40년 이상 식탁 점령.. 칠성사이다, 출시 67년 메가히트상품 자리매김

불닭볶음면, 출시 6년만에 10억 개 팔려 1조 클럽 눈앞

식품시장 주요 메가히트 상품

회사	농심	CJ제일제당	롯데제과	롯데칠성음료	오리온	해태
제품(출시시기)	신라면 (1986)	다시다 (1975)	자일리톨껌 (2000)	칠성사이다 (1950)	초코파이 (1974)	맛동산 (1975)
누적판매량(개)	290억	-	54억 5,000만	196억	-	28억
누적매출(원)	11조	6조	1조 8,500억	-	4조 7,200억	1조 4,000억 (추정)

(판매된 제품을 한 줄로 나열하면) 지구 ○바퀴 또는 서울~부산 ○왕복. 판매량 ○○○만 개 돌파….

식품업계를 중심으로 일정기간 매출액이나 판매량을 앞세우는 이른바 '숫자마케팅'은 소비자들에게 제품의 우수성을 홍보하는 수단으로 주로 활용되고 있다. 숫자는 가장 객관적인 데다 소비자들에게 가장 쉽게 각인시킬 수 있기 때문이다. 식품업계에서 단일상품 기준 누적매출이 1조 원을 넘으면 메가히트 상품으로 본다. 수량으로는 보통 1,000만 개 이상을 기준으로 삼지만 제품별로 단위가격이 천차만별이어서 잘 쓰이지 않는다.

9일 업계에 따르면 메가히트 상품은 최소 20~30년을 넘어서는 장수브랜드로 남녀노소를 가리지 않고, 두루 인기를 끌며, 입소문(과거엔 CM송, 현재는 SNS)을 탄다라는 공통된 비결을 갖고 있다.

신라면 11조 원 '베스트 메가히트 상품'

대한민국의 식품 중 단일품목으로 최고의 히트상품은 단연 농심의 '신라면'이다. 신라면은 국내는 물론 해외에서도 '한국적인 매운맛'으로 선풍적인 인기를 끌며 세계인들의 입맛을 사로잡고 있다. 1986년 첫선을 보인 신라면은 31년 만에 290억 개가 팔리며 누적매출 11조 원을 넘어섰다. 290억 개는 지구촌 인구(약 70억 명)가 이 기간 동안 4개 이상씩 먹은 셈이다.

신라면은 지난 2015년에 단일 식품브랜드로는 처음으로 누적매출 10조 원을 기록했다. 농심은 신라면 출시 후 패키지를 한 번 바꿨을 뿐 맛은 그대로 유지하고 있다. 농심은 신라면 외에도 안성탕면(3조 4,000억 원), 짜파게티(2조 원), 너구리(1조 7,000억 원), 육개장사발면(1조 5,000억 원) 등이 누적매출 1조 원을 넘어선 '1조 클럽' 식품군에 속해 라면 명가의 지위를 굳히고 있다.

다시다 6조 원 '국민조미료' 자리매김

CJ제일제당 다시다도 메가히트 상품으로 40년 이상 식탁을 점령하고 있다. 1975년 처음으로 선보인 다시다는 현재까지 누적매출액이 6조 원을 넘어서며 국민조미료로 확고한 지위를 차지하고 있다. CJ제일제당의 스팸(3조 5,000억 원)과 햇반(1조 5,000억 원)도 단일 제품으로 누적매출이 1조 원을 넘는 메가히트 상품이다.

칠성사이다 67년 '최장수 메가히트' 상품

롯데칠성음료의 칠성사이다는 67년이라는 긴 시간동안 남녀노소 누구나에게 꾸준한 인기를 끌고 있다. 1970년대까지만 해도 계란과 함께 학창시절 소풍이나 여행 필수품으로 인기를 끌어 온 칠성사이다는 누적 판매량도 196억 개(340mL 병 환산)로 신라면에 이어 2위다. 칠성사이다를 현재 절반 가격 수준인 500원을 적용해 계산하면 누적매출도 10조 원에 달한다.

1974년 첫선을 보이며 국내는 물론 해외에서도 선풍적인 인기를 끌고 있는 오리온의 초코파이는 44년간 누적 매출이 4조 7,200억 원을 기록하며 꾸준한 사랑을 받고 있다. 롯데제과가 2000년 선보인 자일리톨껌은 17년간 누적매출이 1조 8,500억 원을 기록했다. 해태의 맛동산(1조 4,000억 원), 부라보콘(1조 3,000억 원), 홈런볼(1조 3,000억 원)도 1조 원 상품에 속한다.

'손이 가요 손이 가 새우깡에 손이가요', '껌이라면 역시 롯데껌' 등 과거 제품이 TV CM송을 통해 히트 공식을 썼다면 최근에는 SNS의 인기를 무시할 수 없다. 삼양식품의 '불닭볶음면'은 유튜브 등 외국인의 인기에 힘임어 출시 6년째인 현재 10억 개가 팔려나가며 매출 1조 원을 앞두고 있다.

출처 : 파이낸셜 뉴스, 2018. 1. 9일자

3. 마케팅믹스 전략

1) 제품전략

제품전략에서는 제품수명주기, 신제품개발, 상표 등으로 나누어서 살펴보고자 한다.

(1) 제품수명주기

제품수명주기(Product Life Cycle)는 한 제품이 신제품으로 시장에 도입되어 성장과 성숙과정을 거쳐 결국은 쇠퇴하여 시장에서 사라지는 과정을 말한다. 전형적 제품수명주기는 도입기, 성장기, 성숙기, 쇠퇴기 등의 네 단계로 구성되어 있다.(〈그림 13.5〉 참조)

첫째, 도입기 단계(introduction stage)는 제품이 처음으로 시장에 출시되면서 시작되는 단계로 비교적 오랫동안 지속된다. 매출액 성장이 매우 느리며, 매출이 낮은 반면 유통비용과 촉진비용이 많이 소요되어 보통 손실이 발생하거나 이익이 매우 낮다. 이 단계에서의 주요 과제는 잠재구매자들에게 신제품을 알리고 시험구매를 하도록 유도하며, 광고를 포함하여 많은 촉진비용이 요구된다.

둘째, 성장기 단계(growth stage)는 제품을 구매하는 사람들이 늘어나면서 매출이 급

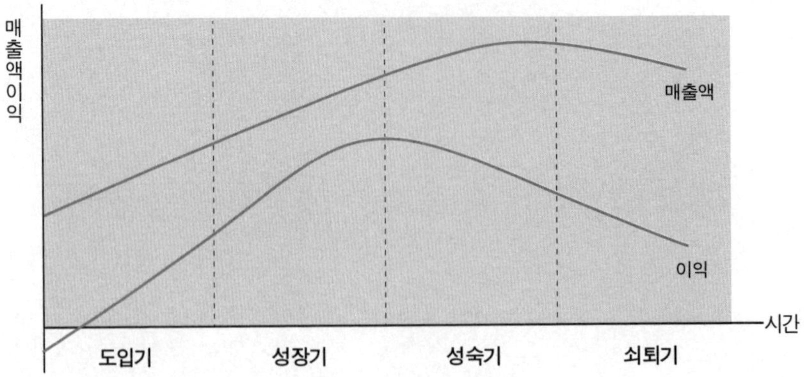

〈그림 13.5〉 제품수명주기

속하게 증가하는 단계이다. 제품의 단위당 제조비용이 감소되고 촉진비용이 많은 수량으로 분산됨에 따라 이익은 증가한다. 매력적인 이익기회를 잡기 위하여 경쟁사들이 진입한다. 이 단계에서의 주요 과제는 시장확대에 노력하면서 동시에 경쟁우위 확보에 나서야 한다.

셋째, 성숙기 단계(maturity stage)는 제품의 매출성장률이 지속적으로 둔화되기 시작하는 시점이다. 이 단계에서는 판매량의 절대적 크기는 증가하지만 증가율은 감소하며 가장 높은 매출을 실현하게 된다.

〈표 13.1〉 제품수명주기 단계별 마케팅 전략

특성/목표/전략		도입기	성장기	성숙기	쇠퇴기
특성	매출액	낮음	급속한 성장	최대	감소
	고객당 비용	고	중간	저	저
	이익	마이너스	이익상승, 최고점 도달	점차 감소	계속 감소
	고객	혁신층	조기수용층	조기다수자의 후기다수자	보수층
	경쟁자	거의 없음	증가	가장 많음	감소
마케팅목표		제품인지와 사용창출	시장점유율 극대화	시장점유율 방어와 이익극대화	비용절감 및 제품철수
전략	제품	기본 제품제공	제품확장, 서비스 보증	상표 및 모델의 다양화	취약한 품목제거
	가격	고가격	시장침투가격	경쟁자 대응가격	가격 인하
	유통 경로	선택적 유통	집중적 유통	보다 집중적인 유통경로	선택적, 수익성이 없는 유통폐쇄
	광고	조기수용자와 중간상 간의 제품인지형성	대중시장에서의 인지와 관심형성	상표차별화와 혜택강조	핵심상표 충성자 유지에 필요한 만큼
	판촉	시용유도를 위한 판촉치중	수요확대에 따른 판촉 감소	상표전환을 위해 판촉노력증가	최소 수준으로 감소

자료: 김종의 외 공저, 『마케팅의 이해』(서울: 형설출판사, 2007), p.218.

넷째, 쇠퇴기 단계(decline stage)는 제품의 매출이 떨어지는 시기를 말한다. 쇠퇴기에 있어서 가장 중요한 것은 적절한 철수시기를 선택하는 것이다.

제품수명주기의 단계별 마케팅 전략을 요약해 보면 〈표 13.1〉과 같다.

(2) 신제품 개발

오늘날은 소비자들의 기호와 기술 그리고 경쟁이 급격하게 변화하기 때문에 기업들이 기존 제품에만 의존해서는 존속하고 성장을 할 수가 없다. 우리나라에서도 매년 자동차의 신형모델이 나오고 냉장고나 TV 같은 가전제품은 새로운 모델이 나올 때마다 더욱 편리한 속성이 추가되거나 기능이 향상되고 있다.

기업들을 수 많은 경쟁환경 속에 직면해 있으며, 원가 · 품질관리 · 고객만족 · 핵심 경쟁우위 등 많은 측면에서 끊임없는 노력을 하고 있다. 그러나 더 큰 성장을 위해 신제품개발을 통한 신규사업의 창출이나 신규고객의 확보 역시 기업이 간과할 수 없는 과제이기도 하다. 글로벌 시대와 변화하는 기업의 경쟁환경에서 신제품개발은 경쟁의 핵심 무기이다.

신제품이 시장에서 성공하고 실패하는 데에는 많은 요인들이 있을 수 있다. 기업의 경영자 및 마케팅관리자들은 이러한 요인들을 정확하게 파악하여 성공할 수 있는 조건들을 갖추어 나가며, 실패요인들을 제거하기 위해서 노력하는 일은 기업 생존과도 관련이 있는 매우 중요한 일이라고 할 수 있다. 신제품의 성공요인들을 몇 가지로 구분하여 살펴보면 다음과 같다.

① 소비자의 필요와 욕구충족

시장에서 신제품이 성공하기 위해서는 무엇보다도 새로운 제품이 소비자의 필요와 욕구에 적합해야 한다는 것이다. 그렇게 하기 위해서는 고객의 필요에 관한 자료의 수집과 고객의 필요를 해결하기 위한 제품의 편익이 소비자에게 적절하게 제공되고 있는지를 지속적으로 확인해야 한다. 또한 고객들이 중요하게 생각하고 있는 편익들이 무엇인지를 끊임없이 찾아낼 수 있는 자세도 매우 중요하다고 볼 수 있다.

최근에 소비자는 기업이 만든 제품을 단순히 구매해서 사용하는 것에서 벗어나 기업의 상품개발 원천으로서의 역할과 품질평가 주체로 그 중요성이 더해지고 있다. 이에 따라 기업들은 소비자들이 무엇을 원하는지에 대한 소비행동적 측면에 보다 계량화하고 객관화된 자료를 바탕으로 상품개발에 나서야 할 것이다.

② 기술적 우위

신제품이 성공하기 위해서는 소비자들이 진정으로 원하는 편익을 제공할 수 있는 기술상의 우위성을 필요로 한다. 기업의 입장에서 독점적인 기술적 우위를 갖고 있을 때 성공적인 신제품을 출시할 가능성이 커지는 것은 당연한 일이다. 끊임없이 연구하고 개발하는 능력은 시장에서의 성패를 결정하는 중요한 요인임에 틀림없다.

③ 기업 내부부서의 협력

신제품 개발은 기업의 어느 한 부서만의 과제가 아니라 전사적인 차원에서 수행되어야 하는 아주 중요한 과업이므로 모든 부서가 각자 맡은 역할을 충실히 수행할 수 있어야 한다. 관련 부서들 사이의 원활한 커뮤니케이션은 매우 중요하다. 결국 신제품을 성공시키려는 강력한 의지를 가진 기업 내의 임직원은 물론이고, 각각의 업무를 담당하고 있는 각 부서에서의 협력은 신제품의 성공을 충분히 뒷받침한다고 볼 수 있다.

④ 신제품개발의 기간과 출시의 타이밍

빠른 신제품의 개발은 신제품 성공의 핵심이라고도 할 수 있다. 기술진보의 속도가 매우 빠르게 진행되고, 신기술을 바탕으로 한 신제품 역시 엄청난 속도로 시장에 등장하고 있다. 따라서 어느 기업이 얼마나 빨리 소비자의 필요와 욕구에 부응하는 신제품을 개발하여 경쟁사보다 시장에서 선점할 수 있느냐가 가장 중요하며, 지속적인 기업생존과 성장을 영위할 수 있는 핵심열쇠라고도 할 수 있다.

⑤ 최고경영자의 의지

많은 기업들이 연구개발부에서 신제품에 관한 기술적 연구를 하고 있지만, 기업의 최고경영자의 의지와 아낌없는 지원이 없다면 신제품이 시장에서 성공하기는 매우 어렵다. 신제품개발 과정에서 주도적인 역할을 해야 하는 최고 경영자가 뚜렷한 전략적 목표를 가지고, 적극적인 지원과 더불어 신제품개발에 솔선수범 할 때 신제품의 성공 확률은 증가할 수 있다. 따라서 최고경영자는 신제품개발에 대한 전폭적인 지원, 기술변화에 대한 대응, 진취적이고 미래지향적인 조직문화 구축 등의 역할을 수행해야 한다. 그래서 조직구성원들이 창의적인 사고와 함께 의욕적으로 신제품개발 업무를 수행할 때 신제품의 성공가능성은 더욱 높아질 것이다.

(3) 상표

상표(brand)란 상품에 붙여진 이름을 말한다. 보다 공식적인 정의는 특정판매자의 제품이나 서비스를 경쟁자의 것과 식별하기 위해 주어진 명칭, 상징, 도안 또는 이것들의 조합을 말한다. 상표를 개발 · 유지하는 데는 장기적 관점에서 많은 투자가 요구된다. 소비자들이 발음하기 좋고 기억하기 쉬운 상표명을 찾아내야 하고, 이 상표에 대한 인지도와 선호도를 높이기 위하여 지속적으로 광고를 해야 하며, 경쟁상표와 잘 구분되는 포장을 사용해야 한다.

강력한 상표는 강한 소비자애호도를 유발한다. 많은 소비자들이 이러한 상표의 제품을 구매하고, 경쟁제품이 더 낮은 가격에 판매되더라도 전환하지 않는 것이다. 또한 소비자들이 선호하는 상표를 보유한 기업은 경쟁자의 많은 광고에서 흔들리지 않는다. 따라서 많은 기업들이 자사상표에 대한 인지도와 선호도를 높이기 위하여 막대한 투자를 아끼지 않는다.

상표명 전략에는 개별상표 전략, 공동상표 전략 등이 있으며, 간략하게 살펴보면 다음과 같다.

① 개별상표명 전략

개별상표명 전략은 생산된 제품 각각에 상표를 붙이는 전략으로 현대자동차의 경우 소나타, 아반테, 그랜저, 에쿠스 등을 들 수 있다. 이 전략은 각각의 상표제품을 통해 소매점의 넓은 진열공간을 확보할 수 있어 경쟁제품의 진입을 시킬 수 있다. 특정 상표가 실패해도 그 영향이 자사의 다른 상표제품에 파급되지 않는 장점이 있다. 그러나 각 개별상표별로 별도의 광고와 촉진을 해야 하기 때문에 마케팅 비용이 많이 든다는 단점도 있다.

② 공동상표명 전략

이 전략은 특정 제조업자가 생산하는 모든 제품들에 동일한 상표를 부여하는 것으로 오뚜기 마요네즈, 오뚜기 국수, 오뚜기 카레 등을 예로 들 수 있다. 공동상표 전략은 개별상표 전략과는 반대로 마케팅 비용은 절감되나 한 제품이 부정적인 사건이 발생하는 경우네는 그 효과가 전체 상표에 파급된다는 단점이 있다.

2) 가격전략

(1) 가격의 중요성

소비자들은 원하는 제품이나 서비스를 사용하기 위해서는 그에 대한 적절한 대가를 지불해야 한다. 기업들이 생산하여 제공하는 제품과 서비스는 물론이며, 정부나 대학 등의 비영리조직의 서비스를 이용하는 데에도 직·간접적으로 대가를 지불하고 있다. 이와 같이 시장에서 판매자나 소비자들에게 제품이나 서비스의 가치를 나타내는 기준이 가격(price)이다. 예를 들면 수업료, 전기료, 이자, 집세, 봉급, 택시요금 등은 모두 가격에 해당된다.

보통 가격을 결정한다고 할 때, 가격은 두 가지 의미로 해석될 수 있다. 제조회사의 관점에서 가격은 출고가격을 의미한다. 즉 제조회사가 상품을 도매업자나 소매업자에게 판매하는 가격을 말한다. 소매업자의 관점에서 가격은 소매가격을 의미하는데, 최종구매자가 상품을 사는 가격을 가리킨다.

제조회사가 유통업자들보다 우월한 위치에 있었던 시대에는 제조회사가 출고가격은 물론 소매가격까지 결정하는 것이 일반적이었다. 그러나 최근 유통업자들의 힘이 강해지면서 소매가격의 결정 권한은 급속히 소매업자에게 넘어가고 있다.

(2) 가격결정 방법

가격결정 방법에는 여러 가지가 있으며, 그중에서 가장 기본적인 방법인 원가가산법,

목표수익률 기준법, 경쟁기준법, 지각적 가치기준법 등을 살펴보고자 한다.

① 원가가산 가격결정법

가장 기초적인 방법으로서 원가가산 가격결정법(cost-plus pricing)은 상품의 원가에 일정 비율의 이익을 더하여 가격을 결정하는 방법이다.

원가가산법이 실무에서 가장 널리 사용되고 있는데, 그 이유는 다음과 같다.

첫째, 판매자는 수요를 예상하는 것보다는 원가에 대해 확실성을 더 많이 가지고 있다. 가격기준을 원가로 함으로써 판매자는 가격결정 작업을 단순화할 수 있다.

둘째, 동종 산업 내의 모든 기업들이 이러한 방법을 쓴다면 결국 가격은 비슷해질 것이다.

셋째, 원가가산법은 구매자에게나 판매자에게 모두 공정한 방법이라 생각할 수 있다.

② 목표수익률 가격결정법

목표수익률 가격결정법(target-return pricing)이란 목표로 하고 있는 투자수익률(return on investment : ROI)을 달성할 수 있도록 가격을 결정하는 방법이다. 이 방법은 미국의 GM사가 사용해 왔는데, 이 회사가 15%에서 20%의 투자수익률을 달성할 수 있도록 자동차 가격을 정해 왔다.

이 가격결정 방법은 공공시설에 대해서도 사용되는데, 적정 투자수익률로서 가격을 제한하기 위해서이다. 이 방법은 시장 내에서 독점적인 지위를 갖고 있고, 투자자들에게 적절한 이익을 제공해야 하는 의무를 안고 있는 정부투자기관이나 공기업들에 의하여 많이 사용된다.

③ 경쟁사 기준 가격결정법

경쟁사 기준 가격결정법(going-rate pricing)은 경쟁자의 가격을 기준으로 동일한 수준이나 아니면 조금 높거나 낮도록 가격을 결정하는 방법이다. 예를 들어 소수의 대기업들이 시장을 지배하고 있는 철강, 정유, 제지, 비료 등의 시장에서는 모든 기업들이 동일한 가격을 책정하고 있는 것이 보통이다. 중소기업은 선도기업의 가격을 따르게 되며, 자사의 수요나 원가의 변화보다는 선도기업의 가격변화에 따라 자사의 가격을 변경한다.

경쟁사를 모방하여 가격을 결정하는 것은 매우 흔히 사용되는 방법이다. 즉 원가측정이 어려운 경우, 또는 경쟁사의 반응이 불확실한 경우, 기업들은 경쟁사의 현행 가격을 따르는 것이 좋은 해결방법이라고 생각하기 때문이다.

④ 지각적 가치 가격결정법

지각적 가치 가격결정법(perceived value pricing)에 있어서 중요한 것은 제조업자의 제품에 대한 가치를 시장이 어떻게 지각하고 있는가를 명확하게 결정하는 것이다. 이 방법이 중요한 것은 기업의 원가가 아니라, 구매자가 지각하는 가치(perceived value)라고 생각한다. 따라서 구매자의 마음속에 지각적 가치를 높이기 위해서는 광고, 판매원과 같은 마케팅 믹스에서 비가격 변수를 많이 이용한다.

따라서 기업은 소비자가 평가한 상품의 지각가치(perceived value)에 입각하여 가격을 결정한다. 이를 위하여 먼저 표적고객의 수용 가능한 가격을 알기 위한 소비자조사가 선행되어야 한다. 즉 소비자들의 구매의도(수요량), 가격의 변화에 대한 민감도(가격탄력성), 표적시장의 특성 등에 대한 정보를 소비자조사를 통해 획득하여 이를 가격결정의 기초로 삼아야 하는 것이다.

(3) 가격결정 전략

① 신제품 가격결정 전략

기업이 개발한 신제품을 시장에 성공적으로 진입시키기 위한 가격결정 전략에는 초기 고가격전략(skimming pricing)과 시장침투 가격전략(penetration pricing)이 있다.

첫째, 초기 고가격 전략은 신제품개발에 소요된 비용을 단기적으로 회수하기 위해 제품의 가격을 고가격으로 설정하는 방법이다. 이 전략은 신제품이 매우 독특한 경우 이용할 수 있으며, 경쟁기업이 저가격의 경쟁제품으로 시장에 진입해 오기 전까지 활용할 수 있는 전략이다.

둘째, 시장침투 가격전략은 시장을 선점하거나 높은 시장점유율을 확보하기 위해 의도적으로 낮은 가격을 책정하여 경쟁기업의 시장진입을 막으려는 가격결정 전략이다. 이 전략은 시장 진입 초기에 낮은 가격을 책정하여 높은 시장점유율을 확보하고자 하는 것이다.

② 제품믹스 가격결정 전략

기업에서 취급하는 제품믹스를 고려하여 기업 전체의 이익을 제고시키기 위해 이용되는 가격결정 전략이다.

첫째, 단계별 가격결정 전략은 한 품목에 해당되는 여러 가지 종류의 제품에 대해 각각 상이한 가격대를 설정하는 전략이다. 예를 들어 넥타이의 가격을 고급품, 중가품, 저가품 등 몇 단계로 등급을 나누어 가격을 결정하는 전략이다. 둘째, 제품사양 가격결정 전략은 제품의 기본적 기능이 아닌 부가적 기능이나 엑세서리 등을 사양(option)제품으로 하여 이에 대해 별도의 가격을 부과하는 전략이다. 자동차의 경우 에어백, 파워핸들 등이 사양제품에 속한다.

셋째, 부속제품 가격결정 전략은 특정 제품의 경우 그 기능을 발휘하기 위해서는 부속제품이 반드시 필요한 경우가 있다. 예를 들어 면도기와 면도날, 카메라와 필름 등 같은 제품에서 볼 수 있다.

넷째, 제품묶음 가격결정 전략은 다양한 제품을 공급하는 경우 낱개로 판매하는 제품가격보다 묶어서 판매하는 제품의 가격을 낮게 책정하여 매출액을 높이고자 하는 가격결정 전략이다.

③ 할인 가격결정 전략

미리 가격을 할인해 줄 비율이나 금액을 정해 두고 고객을 유인하고자 하는 가격결정 전략으로 현금할인, 수량할인, 영업할인, 계절할인 등을 들 수 있다.

사례 13-3 소비자 감성 건드려야 제품도 잘 팔린다

시장조사는 소비자의 행동과 사고방식, 생활습관을 면밀하게 관찰하여 아이디어의 근거를 마련하기 위해 꼭 필요한 작업이다. [사진 freepik]

시장조사는 보고서를 작성하기 위한 것이 아니다. 소비자가 정말 우리 제품을 필요로 할 것인가를 밝혀내고 사업이 중단되는 순간의 근거를 마련하는 작업이다. 아무리 좋은 아이디어, 기술, 특허라고 해도 창업가의 비전을 펼칠 시장이 없다면 무슨 소용일까?

지금은 스타트업 설립의 확고한 목표와 입장을 잠시 내려놓고 소비자의 행동과 사고방식, 생활 습관을 면밀하게 관찰하는 인문학적 성찰의 시간이다. 평소 주변 환경과 각종 이슈에 대해 관심과 고찰의 습관을 지닌 사람일수록 시장조사와 창업의 성공 가능성을 높일 수 있다.

시장조사를 통해 다음 질문에 대한 답을 구해 볼 수 있다.

풀고자 하는 문제의 중요도
풀고자 하는 문제가 잠재 고객에게 얼마나 중요하고 그 규모는 얼마나 되는지 조사

우리의 고객은 누구인가
연령, 직업, 소득, 성장 배경, 주거지, 라이프스타일 등을 조사

고객은 문제 해결을 위해 무엇을 사용하는가

우리 제품에 해당하는 경쟁 제품을 어디서, 얼마나, 어떻게 구매하며, 무슨 기능을 얼마나 자주 사용하는지, 선호하는 가격대 등을 조사

고객은 왜 사용하는가

각 기능의 사용이유, 가격이 싸서 구매하는 건지, 가격이 싸다고 여기는 이유는 무엇인지, 디자인이 맘에 들어서인지, 디자인의 어떤 면이 특별히 어필하는지, 맛이 좋아서 구매하는 건지, 맛이 어떻게 다르기에 좋아하는지 등을 조사

고객은 왜 우리 제품을 구매하게 될 것인가

우리의 해결책이 고객에게 얼마나 유효한가 조사. 문제를 파악해도 고객이 외면하는 제품/서비스가 나오기도 함.
(추후, Product-Market fit에서 더 상세히 다룰 예정)

고객의 구매 결정에 방해가 되는 것은 무엇인가

소비자를 고객으로 전환시키기 위해 최종 구매에 영향을 주는 Call-To-Action(CTA)는 무엇인지 조사

구축한 고객을 기반으로 무엇을 더 할 수 있나

Product-Market fit을 이룬 후, 확장 또는 신시장 진출 등을 할 수 있는지 조사

[제작 김예리]

비슷한 기능의 제품을 싸게 만들면 구매할 것이라는 소비자 설문 결과를 바탕으로 개발한 제품이 안 팔리는 이유가 나중에 알고 보니 해당 제품이 주는 감성이기 때문이라는 것이 드러나는 경우가 있다.

중국 시장에서 공전의 히트를 기록한 A라는 제품이 있다. 국내 해당 제품군에서는 평균 이하의 시장 반응을 보였지만 중국 시장에서는 유독 상당한 반향을 일으킨 제품이다. 시장조사를 통해 구매이유를 알아보니 예쁜 디자인과 저렴한 제품이기 때문이라는 소비자의 답변을 얻었다.

자신도 싸게 만들고 A 제품의 디자이너를 영입해서 시장 진입을 시도하려 하지만 여의치 않다. 사실 중국 소비자의 가장 중요한 구매요인은 프랑스제라는 국가 브랜드의 매력 때문이었다. 그러나 중국 소비자의 생활의식과 습관에 대한 몰이해 속에 진행된 시장조사에서는 이 부분이 전혀 드러나지 않았다.

중국 소비자의 생활 습관과 문화에 대한 통찰을 바탕으로 면밀한 관찰이 있어야 성공

적인 시장조사가 될 수 있다. 내가 가진 것을 기준으로 상대에게 물어보니 잘못된 조사 결과가 나오는 것은 당연하다. 과거 이룬 탁월한 성공 때문에 나오는 편견과 오만함이 가져다준 승자의 저주라고 할 수 있겠다. 탁월한 업적을 이룬 사람들이 스타트업 창업에 나설 때 겪게 되는 흔한 오류이기도 하다.

아이폰 초기 삼성이 잘 못했던 것

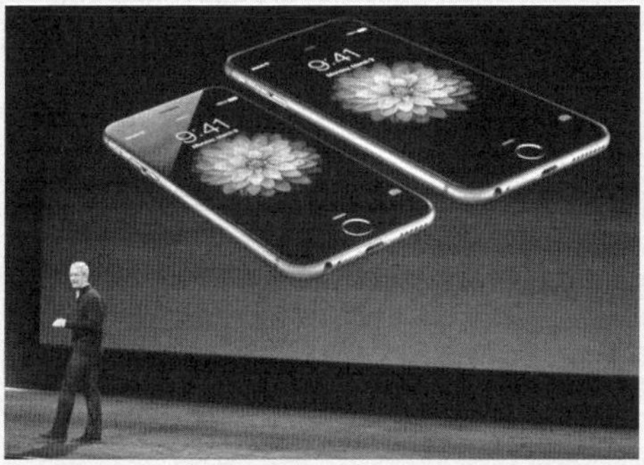

마케팅을 혐오했다고 알려진 애플의 스티브 잡스가 표면에 드러나지 않은 소비자의 속마음을 파악하는 마케팅의 본질을 가장 잘 이해하는 사람일 수도 있다. [AP=연합뉴스]

이와 유사한 사례로 스마트폰이 있다. 아이폰이 처음 나올 당시 경쟁사 대표는 그걸 소비자는 원하지 않는다고 자신 있게 이야기했다. 결과는 여러분이 알고 계시는 바대로다. 당시 한 언론사는 '삼성은 왜 아이폰을 만들지 못할까'를 기사제목으로 뽑았다. 반대로 가장 마케팅을 혐오했다고 알려진 애플의 스티브 잡스가 표면에 드러나지 않은 소비자의 속

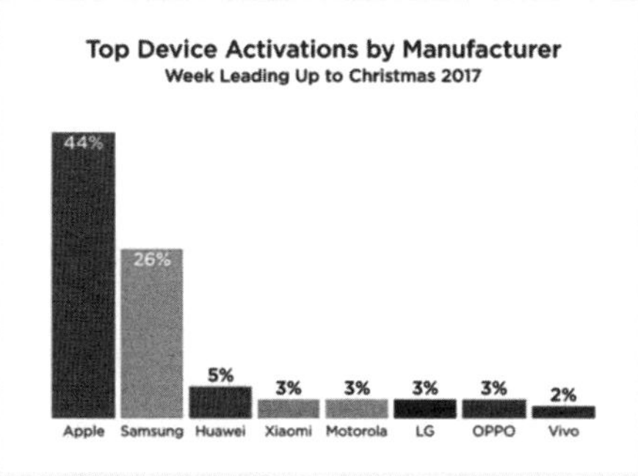

아이폰X의 기대 이하 실적이 이슈화 된 기간의 경쟁사 실적 [출처 Flurry Analytics]

마음을 파악하는 마케팅의 본질을 가장 잘 이해하는 사람일 수도 있다.

표면에 드러난 시장조사 결과는 소비자의 속마음을 대표한다고 보기 어려운 경우도 허다하다. 제한적 자원으로 사업 성과를 만들어 나아가야 하는 스타트업은 반드시 시장조사를 실시해야 한다.

시장조사 자료는 매우 방대해 이를 활용하려면 상당한 자원과 시간이 소요된다. 스타트업이 대기업의 방식을 따르려 하면 안된다. 조사 방법은 크게 각종 자료, 논문 등의 정보를 바탕으로 하는 간접적인 것과 소비자와 대면하는 직접적인 것으로 나뉜다. 스타트업으로선 직접 조사방식이 더 효과적이다.

대기업은 시장조사 수행 인원과 제품개발 인력이 서로 다른 경우가 허다하다. 설령 같다고 해도 문제 해결을 위해 시장을 파악하려는 열정이 스타트업보다 떨어지는 경우가 많다. 소비자들 또한 형식적 조사엔 진정성있게 응하지 않아 시장조사의 한계를 드러낸다.

소비자 속마음 읽으려면

초기 시장조사 대상 소비자가 제품개발 과정에서 상호 소통하는 주요한 의견 집단이 되고, 궁극적으론 충성 고객으로까지 발전한다. 이처럼 직접 시장조사가 제품 성공에 매우 중요한 것임을 이해한다면 스타트업이 기존 기업을 이기는 방법은 생각보다 간단하다. 문제는 이를 알면서도 많은 스타트업 창업가가 시장과 직접 소통하는 것을 꺼린다는 점이다.

출처 : 중앙일보, 2018. 2. 21일자

3) 유통전략

(1) 유통경로의 중요성

유통은 제품, 서비스를 고객에게 전달하는 것이며, 유통경로(channels distribu tion)란 제품과 서비스가 제조업자로부터 소비자 및 최종사용자에게 이전되는 과정에 참여하는 모든 개인 및 기업을 의미한다고 볼 수 있다. 유통경로는 원유의 파이프라인과 비교될 수 있는데, 유통경로를 통한 상품이동과정에 참여하는 경로구성원에는 제조업자, 중간상, 그리고 구매자들이 포함된다.

중간상의 역할은 도매상이나 소매상에 의해 수행될 수 있다. 도매상(wholesale rs)은 최종소비자에게 판매하지 않고, 주로 소매상이나 다른 도매상, 기업고객들에게 판매하는 중간상을 말한다. 소매상(retailers)은 주로 최종소비자들에게 상품을 판매하는 중간상을 말한다.

흔히 "중간상은 쓸데없이 가격만 올리고 중간에서 마진만 취하는 불필요한 존재이다"라는 인식을 하고 있다. 그러나 중간상이 각자의 기능을 잘 수행한다면, 제조업체가 생산된 제품을 직접 판매하는 것보다 표적시장에 대한 상품공급에서 더 효율적이기 때문에 필요한 것이다.(〈그림 13.6〉 참조)

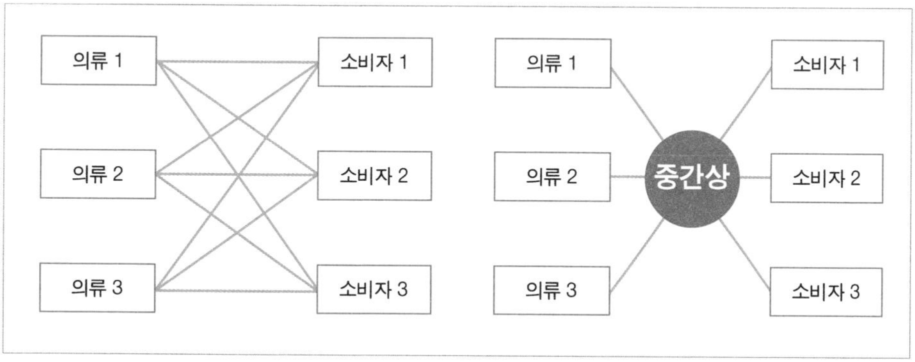

〈그림 13.6〉 중간상 이용의 거래

(2) 유통경로의 구조

유통경로는 표적소비자들의 욕구에 따라 다양하게 조직될 수 있다. 마케팅관리자는 유통경로상에 다양한 형태의 중간상들을 포함시키거나 혹은 중간상의 참여를 배제시킬 수 있다. 또한 기업은 하나의 유통경로를 이용하거나 둘 이상의 서로 다른 유통경로를 활용할 수도 있다. 다음은 소비재와 산업재의 유통경로 구조에 대하여 살펴보기로 한다.

① 소비용품의 유통경로

소비용품(consumer product)의 유통경로는 매우 다양한 형태를 취한다. 소비용품의 제조업자가 이용할 수 있는 유통경로는 다음의 〈그림 13.7〉과 같이 크게 네 가지 유형으로 분류할 수 있다.

유형 1은 제조업자가 직접 소비자에게 판매하는 형태로서 직접마케팅경로(direct channel)라고 부른다. 예를 들면 정수기판매, 가정용 학습지회사, 암웨이 등 가정방문판매를 통해서 제품을 판매하는 기업들을 말한다. 또한 통신판매, 우편주문, 텔레마케팅 등의 판매회사들도 직접 상품을 판매한다.

유형 2는 제조업자와 소비자 사이에 소매상이 개입되는 형태로서 백화점, 할인점 등과 같은 대형소매업체들은 제조업자들로부터 직접 구매한 상품들을 판매한다.

유형 3은 제조업자와 소비자 사이에 도매상과 소매상이 개입되는 형태로서 가장 전형적인 경로의 유형이다. 이러한 유형의 예는 식품, 약품 등의 많은 소비용품분야

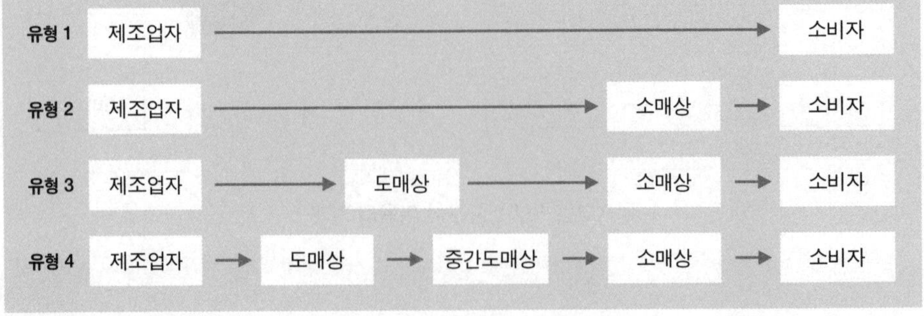

〈그림 13.7〉 소비용품의 유통경로

에서 중소규모의 제조업자들에 의해 흔히 이용된다.

유형 4는 제조업자와 소비자 사이에 세 단계의 중간상이 개입되는 형태이다. 잡지, 레코드, 우유, 육류 등의 제품에서는 도매상과 소매상 사이에 중간도매상이 흔히 존재하는데, 이들은 대형도매상들이 직접 공급하기 어려운 소규모 소매업자들에게 상품을 공급한다.

유통경로가 길어질수록 각 중간상들이 수행하는 마케팅기능은 보다 전문화된다. 각 중간상은 자신이 잘 할 수 있는 유통기능만을 수행하기 때문에 이로 인해 얻어지는 효율성의 증대는 제조업자가 모든 유통기능들을 직접 수행할 경우와 비교하여 최종소비자가격을 더 낮출 수 있는 것이다. 그러나 제조업자와 소비자 사이에 보다 많은 중간상이 개입될수록 제조업자의 통제력이 약해진다.

② 산업용품의 유통경로

소비용품과 비교하여 조직구매자에게 주로 판매되는 산업용품은 많은 경우 직접 유통경로를 사용한다. 즉 산업용품은 자사의 영업사원이나 직접 마케팅기법을 이용하여 기업체 고객들에게 직접 판매된다.

소비용품의 시장과 비교하여 산업용품의 시장은 대체로 소수의 대규모 구매자들로 구성되며, 또한 구매자들은 지리적으로 집중되어 있다. 그러므로 산업용품 제조업자들이 중간상들을 이용하여 얻게 되는 이점이 소비용품 제조업자들보다 낮다. 산업용품 제조업자들이 보다 짧은 유통경로를 선호하는 또 다른 이유는 제품의 복잡성으로 인해 제품판매에 전문적 지식이나 판매 후 서비스가 요구되기 때문이다. 산업

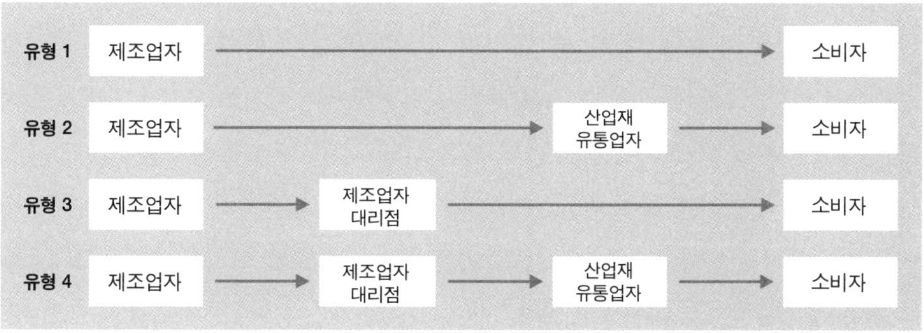

〈그림 13.8〉 산업용품의 유통경로

재의 유통경로는 〈그림 13.8〉과 같다.

(3) 물적유통 관리

① 물적유통의 개념

물적유통(physical distribution)은 원자재, 완제품 및 관련정보를 발생지점에서 소비지점까지 효율적이고 효과적으로 흐르도록 계획 · 실시 · 통제하는 과정이라고 정의할 수 있다. 물적유통은 판매를 위해 생산지에서 소비지까지 상품이 이동되는 과정을 관리하는 보다 협의의 개념인 반면에 로지스틱스(logistics)는 조달, 생산, 판매활동에 수반되는 물적흐름을 통합적으로 관리하는 보다 광의의 개념으로 사용된다.

② 물적유통 시스템의 기능

물류관리자는 주문을 어떻게 처리하고, 생산된 제품을 어떤 지역에 보관하며, 어떤 운송수단을 이용해야 하며, 제조업자 · 중간상 · 고객 간의 연계를 위해 어떤 정보시스템이 필요한지에 관한 결정을 내려야 한다. 각 물적유통의 기능에 대하여 살펴보면 다음과 같다.

첫째, 주문처리(order processing)의 기능을 들 수 있다. 물적유통은 고객의 주문으로부터 시작된다. 신속하고 효율적인 주문처리는 이익증대와 고객만족을 실현할 수 있다. 주문처리에는 영업사원이나 고객에 의해 작성된 주문서를 창고에 보내고, 화물표를 작성하고, 신용상태를 조사하는 것 등이 포함된다. 창고에서 주문확인서가 작성되고 주문한 상품이 고객에게 배달되면 주문처리 과정은 마무리된다. 기업은 여러 단계를 거치는 주문처리 과정이 신속하고 정확하게 이루어지도록 해야 한다.

둘째, 창고(warehousing)의 기능이다. 모든 기업들은 판매될 때까지 생산된 제품을 보관해야 한다. 물류에서 저장기능은 생산과 소비가 이루어지는 시점과 장소가 일치하지 않기 때문에 필요하다. 최근 들어 최신설비를 갖춘 새로운 형태의 창고들이 등장하고 있다. 전통적인 고층의 창고는 속도가 느린 엘리베이터와 낙후된 자재취급방법을 이용하여 운영되었으나, 점차 중앙컴퓨터의 통제 하에 최신의 자재취급시스템을 갖춘 자동화창고로 대체되고 있다.

셋째, 재고(inventory)의 기능이다. 재고는 고객만족에 영향을 준다. 마케팅관리자는 고객의 수요에 즉각적으로 대응하기 위해 충분한 재고를 유지하고자 한다. 그러나 재고수준의 증가에 따라 고객에 대한 서비스 수준은 향상되지만 비용도 함께 증가한다. 마케팅관리자는 재고량의 증대가 재고비용의 상승을 상쇄할 만큼 매출과 이익의 증대로 연결되는지를 알아야 한다. 그러므로 재고관리의 핵심은 수요, 비용, 고객서비스 등을 적절히 충족시키면서 총재고비용을 최소화하는 것이다.

넷째, 수송(transportation)의 기능이다. 기업은 어떤 수송수단을 선택하느냐에 따라 상품가격, 배달의 효율성, 인도시의 상품상태 등이 달라질 수 있으며, 이러한 것들은 고객만족에 영향을 줄 수 있다. 중요한 운송수단으로는 철도, 트럭, 해상, 항공, 파이프라인 등 다섯 가지를 들 수 있다.

다섯째, 정보시스템(information system)의 기능이다. 보다 효율적인 물적유통관리를 위해 컴퓨터를 사용한 정보시스템을 도입하는 기업들이 늘어나고 있다. 컴퓨터의 급속한 발전은 물적유통 시스템의 신속성과 효율성을 지속적으로 향상시키고 있다.

(4) 유통채널(소매상을 중심으로)

① 소매상의 의의

소매상이란 최종 소비자들에게 제품이나 서비스를 판매하는 유통업을 말한다. 넓은 의미에서 소매업은 점포에서 판매하는 것뿐만 아니라 방문판매 또는 통신판매와 같은 무점포 판매도 포함하며, 외식업이나 개인 서비스업과 같은 업소까지도 포함한다. 좁은 의미의 소매상은 제품을 소비자에게 판매하는 소매활동만을 포함한다.

소매상은 상품의 흐름과정에서 생산 · 공급업자와 소비자를 원활히 연결시켜 주는 기능을 수행하며, 양측 모두에게 장소효용, 시간효용, 소유효용 및 형태효용 등을 제공한다. 이러한 효용의 창출은 거래기능, 물적 유통기능 및 촉진기능을 적극적으로 수행함으로써 이루어진다.

② 소매상의 유형

1996년 우리나라 유통산업이 완전 개방된 이후 국내 소매시장에는 큰 변동이 있었다. 슈퍼마켓 등 소규모 점포의 위상은 추락한 반면 대형할인점, 편의점, 무점포 판매점

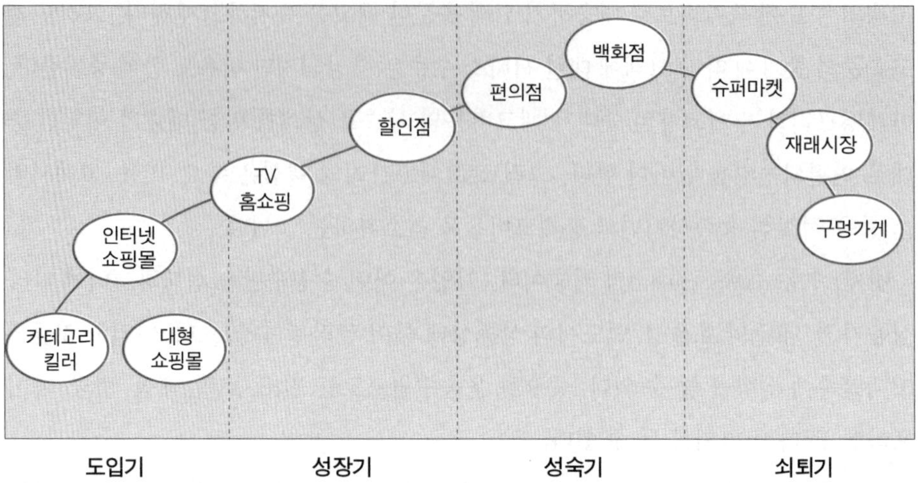

〈그림 13.9〉 소매상의 라이프사이클

등 새로운 소매업은 급성장했다.(〈그림 13.9〉 참조)

점포 소매상과 무점포 소매상의 유형을 간략하게 분류하여 보면, 다음의 〈표 13.2〉와 같다.

〈표 13.2〉 소매상의 분류

구분			특징
점포 소매상	생필품	구멍가게	소비자와 가장 근접. 외상판매 가능
		편의점	편리성 추구, 긴 영업시간
		슈퍼마켓	저비용, 저마진, 한정된 제품구색
		연금매장	특정계층을 위해 구매시 보조기능 역할을 수행
		할인점	항상 저렴한 가격, 유명상표 판매, 정상적 상품을 싸게 파는 장점
	생필품+전문품	회원제 창고 도매업	회원제, 상품구색 한정
		하이퍼마켓	저마진, 저가격 판매, 슈퍼마켓+할인점 접목
		슈퍼센터	저가격 할인 및 셀프서비스
		재래시장	소비자대면판매, 단독점포로 한정된 제품 판매

(계속)

구분			특징
점포 소매상	전문품	대중 양판점	가격은 백화점과 할인점 중간, PB상품에 주력
		백화점	고가격, 넓은 제품구색, 최상의 서비스 제공
		전문점	해당 제품계열의 다양한 상품
		팩토리 아울렛	주로 재고 상품을 저가판매
		카테고리 킬러	특정 상품군만 전문적 취급, 체인화 및 저마진, 비용절감
무점포 소매상	생필품+전문품	자동판매기	24시간 셀프서비스, 상품구색 한정
		방문판매	소비자를 직접 방문하여 판매
		통신우편판매	통신수단, 우편에의 판매방식
		텔레마케팅	전화를 통한 판매
		TV홈쇼핑	케이블 TV를 통한 판매
		전자상거래	인터넷을 통한 가상공간에서의 판매
		M-커머스	이동 중에도 무선인터넷과 첨단 통신기술을 통해서 상거래가 이루어짐

자료: 안광호 · 한상린, 『유통원론』(서울: 학현사, 2005), p.61.

4) 촉진전략

(1) 촉진의 중요성

촉진(promotion)이란 기업의 제품이나 서비스를 주어진 가격에 구매하거나 구매를 계속하도록 유도할 목적으로 제품 또는 서비스의 성능이나 가치에 대하여 소비자를 대상으로 정보를 제공하거나 설득하는 것과 관련된 마케팅 노력의 일체를 말한다. 최근에는 기업의 촉진활동이 주로 판매증대를 목적으로 마케팅관리자가 주도하던 일방적이고 설득적인 의사전달 중심의 활동에서 마케팅관리자와 고객 간의 지속적이고 우호적인 관계형성을 목적으로 하는 쌍방적인 의사소통 중심의 활동으로 변화되고 있다.

(2) 촉진믹스 관리

촉진믹스의 요인으로는 광고, 인적판매, 판매촉진, 홍보(PR) 등으로 간략하게 살펴보면 다음과 같다.

① 광고

광고(Advertising)란 광고주가 유료로 대중매체를 이용하여 촉진활동을 수행하는 비인적 촉진수단을 말한다. 광고는 짧은 시간 내에 많은 고객들에게 정보를 제공할 수 있으며, 그 결과 고객당 소요촉진 비용은 상대적으로 저렴하다. 그러나 고객이나 상황에 따라 제공하는 정보의 내용이나 양을 수시로 쉽게 변경 또는 조절할 수 없다는 단점이 있다.

② 인적 판매

인적 판매(personal selling)는 판매원을 매개로 하는 촉진수단으로 판매원 판매라고도 한다. 판매원을 통해 자사제품에 관한 정보를 제공하고, 자사제품을 구매하도록 설득하는 촉진활동을 말한다. 인적 판매는 판매원이 직접 고객과 만나 정보를 제공하고 설득하기 때문에 아무리 많은 판매원을 활용한다 하더라도 광고처럼 짧은 시간에 많은 고객들에게 정보를 제공할 없어 촉진속도가 느리고, 고객당 촉진비용이 많이 소요된다는 단점이 있다.

③ 판매촉진

판매촉진(sales promotion)이란 제품 또는 서비스의 판매를 증대시키기 위해 사용하는 단기적인 촉진수단을 말한다. 즉 경품, 특가세일, 쿠폰, 샘플제공 등이 판매촉진 수단으로 활용된다. 판매촉진은 단기간 내에 판매를 증대시킬 수 있는 것은 장점이나 촉진비용이 많이 소요되고 마케팅 관리자들 간에 모방이 용이하여 판매증대의 효과가 감소될 가능성이 높은 단점이 있다.

〈표 13.3〉 촉진믹스의 장 · 단점

촉진수단	특징	장점	단점
광고	비인적 대중매체 활용	다수고객 접근 가능 메시지 통제 가능 고객당 비용 저렴	정보양의 제한 고객별 메시지 개별화 불가능 효과측정 어려움
인적 판매	판매원 활용	고객별 정보개별화 가능 설득력 높음 즉각적 피드백	촉진속도 느림 고객당 촉진비 높음
판매촉진	샘플, 경품 등을 활용하는 단기적 유인책	주의집중 효과 큼 즉각적 구매유인효과 큼	비용고가 모방 용이
홍보	매체 주관하에서 뉴스 형태로 정보 제공	신뢰도 높음 비용 무료	통제 어려움 간접적 효과
PR	이미지 제고 위한 공중관계 형성	다각적 효과	효과 느림 간접적 효과
직접촉진	비공개적 개별매체 활용	고객 개별화 가능 상호작용성 높음	고객당 촉진비 높음 접근 고객수 제한

④ 홍보

홍보(publicity)는 매체회사로 하여금 자사제품이나 서비스 등에 대하여 뉴스형태로 다루어 주게 함으로써 촉진효과를 얻을 수 있는 촉진수단을 말한다. 홍보는 마케팅관리자가 주도하지 않고 매체회사가 주도하기 때문에 신뢰도가 높아 촉진효과가 크다는 장점이 있다. 그러나 마케팅관리자가 홍보의 내용을 직접 통제할 수 없다는 점은 단점이다.

제14장

인적자원관리

1. 인적자원관리의 의의와 중요성

1) 인적자원관리의 의의

인적자원관리(human resource management)는 조직구성원을 선발하여 개발 · 유지하고 더 나아가서는 효율적으로 이용하는 것뿐만 아니라 이러한 제 기능을 계획 · 조직 · 지휘 및 통제를 하여 조직의 목표를 효율적으로 달성하도록 하는 관리기능이라고 정의할 수 있다. 다시 말하면 조직목적을 달성하기 위한 원동력이 되는 인적자원을 조직의 장기전망에 맞추어 확보하고, 개인의 개성과 복지를 존중함과 동시에 개인능력의 육성 및 개발을 도모하는 것이다.

또한 조직구성원으로서 원만한 인간관계를 유지할 수 있는 환경을 조성하여 이러한 환경 속에서 조직에 대해 최대의 공헌을 할 수 있는 장소를 제공하거나 만들어 냄으로써 노동의 결과에서 개인 또는 집단으로서의 최대의 만족을 얻도록 하는 관리기능인 것이다.

이러한 인적자원관리는 조직의 성패에 매우 중대한 영향을 미치기 때문에 모든 조직에 있어서 우수한 인재의 확보 · 계발 및 유지야말로 관리자에 부과된 가장 중요한 과제 중의 한 가지라고 할 수 있다. 오늘날 아무리 자동화시스템이 발달되었다고 해도 결국은 인간의 노동력이 제공되지 않고는 조직활동이 수행될 수 없기 때문에 인적자원의 관리는 더욱 중요한 관리자의 과업이 되고 있다.

2) 인적자원관리의 중요성

기업에는 인적자원 말고도 기계, 원료, 정보, 자금 등 여러 자원이 있는데, 기계설비나 자금을 효율적으로 다루어야 기업성과를 높일 수 있음은 말할 필요도 없다. 이러한 물질적 · 재무적 자원을 얼마나 효율적으로 관리하느냐의 여부는 그것을 다루는 사람의 능력과 의지에 달려 있으며, 이들이 얼마나 효율적으로 관리되는가에 달려 있다.

뿐만 아니라 인적자원은 물적자원과 달리 키우고 증대시켜서 사용할 수 있는 자원이기 때문에 효율적 활용에 앞서서 개발시키고 발전시키는, 즉 자원을 확대하는 작업이 효율적 관리의 필수적 단계이다. 그리고 기업은 물적자원 그 자체로부터 어떤 성과를 얻는 것이 아니라, 이들 분야에서 일하는 종업원의 활동에 의해서 목적을 달성하는 것이다. 따라서 인사관리는 기업의 모든 분야에 걸친 공통적이며 필수적인 활동이 되는 것이다.

최근 우리나라에는 정치 · 경제 · 기술 등 사회 전반에 걸쳐서 많은 변화가 일어나고 있다. 이들 변화 중에서 현대조직의 인적자원관리를 크게 변화시키고 있는 요인들을 살펴보면 다음과 같다.

첫째, 사회발전과 욕구수준의 상승이다. 사회문화의 발전은 조직구성원들의 일에

〈표 14.1〉 인적자원관리의 변화방향

전통적 인사관리	현대적 인적자원관리
▪ 일상적, 운영적(routine, operational)	▪ 장기적, 전략적(long-term, strategic)
▪ 통제적(policing)	▪ 동반자적(partnering)
▪ 행정적(administrative)	▪ 컨설팅(consulting)
▪ 기능중심적(functionally oriented)	▪ 성과중심적(perfomance-oriented)
▪ 내향적(inward-looking)	▪ 외향적(outward-looking), 고객중심적
▪ 반응적(reactive)	▪ 선제적(proactive)
▪ 활동중심적(activity-focused)	▪ 문제해결지향적(solution-focused)

자료: 이학종 · 양혁승, 『인적자원관리』(서울: 박영사, 2006), p.15.

대한 개념과 직장생활의 질에 많은 변화를 가져오면서 그들의 욕구와 행동동기를 복잡하게 만든다. 더럽고 위험하고 어려운 일을 기피하는 3D(dirty, dangerous, difficult)업종 기피현상은 사회 · 경제발전이 우리나라 근로자들의 일에 대한 태도를 얼마나 변화시키고 있는지를 말해준다. 그리고 점차 증가하고 있는 민주화의 물결은 조직구성원들의 경영참여의식을 높이면서 경영과정에 큰 변화를 가져오고 있으며, 활성화된 노조활동은 급격한 임금상승을 야기시켰다.

둘째, 세계화와 경영선진화 및 경쟁력 강화 압력을 들 수 있다. 최근 개방화와 세계화의 물결 속에서 세계시장을 상대로 무한경쟁에서 살아남을 수 있는 경쟁력을 강화하는 데 전력을 기울이고 있고, 그 과정에서 인적자원이 경쟁력 강화에 가장 중요하다는 것을 인식하게 되었다. 기업경영은 인적자원과 그들에 대한 관리수준에 달렸고, 기술과 품질, 그리고 서비스와 속도 등 경쟁력의 주요 원천도 역시 인적자원과 이의 효율적인 관리에 달려 있다는 것을 실감하게 된 것이다. 이와 같은 현상은 유능한 인적자원의 확보와 경영의 질 향상 그리고 선진기업으로서의 기업문화 개발 등 인적자원관리의 중요성을 한층 더 높이고 있다.

셋째, 인적자원관리의 도전적 환경이다. 현대조직은 세계화, 민주화, 사회다원화 등의 환경 속에서 무한경쟁에 적절히 대응하기 위하여 변신해야 하고, 여기에 인적자원관리가 결정적인 역할을 한다. 조직체의 경영전략과 통합된 전략적 인적자원관리, 장벽 없는 무한계 경영, 자원의 공유의식, 지식 · 학습문화, 스피드경영문화, 노사간의 협력관계, 구성원들의 팀워크 등이 현대조직의 새로운 환경 하에서 살아남기 위하여 개발해야 할 인적자원관리 도전이다.

사례 14-1 119개국 중 30위… 인적자원 경쟁력 '뒷걸음질'

2018년 119개국 중 30위… 1단계 ↓ /노사협력 · 여성 리더십 '최하위'

우리나라의 인적자원 경쟁력이 후퇴하고 있다.

유럽 경영대학원 인시아드(INSEAD)와 세계 최대 다국적 인력서비스 기업인 아데코(ADECO)가 23일(현지시간) 세계경제포럼(WEF) 연차총회(다보스포럼)에서 발표한 '2018 글로벌 인적자원 경쟁력지수'(GTCI)에서 우리나라는 55.57점을 받아 전체 119개국 가운데 지난해보다 한 계단 하락한 30위를 기록했다.

GTCI는 인적자원의 유치, 성장, 보유 등 전 세계 각국의 인적자원 경쟁력을 포괄적으로 보여주는 지수로 사업환경, 교육 정도, 노동시장 유연성, 여성의 리더십 기회 등 6개 분야 48개 항목을 종합해 평가한다.

한국은 수년째 30위권 안팎에 머물고 있다. 2014년 29위에서 2015~2016년 34위로 하락했다가 지난해 29위로 반등했으나 올해 다시 떨어졌다. 한국은 공교육 분야에서 57.21로 14위를 기록했고 정보통신기술(ICT) 인프라 분야에서는 1위를 차지했다. 반면 노사협력 분야는 3계단 하락한 116위로 최하위권에 머물렀다. 남녀의 소득격차 순위 분야도 86위에서 96위로 하락했으며, 여성의 리더십 기회 분야도 117위로 최하위였다. 사회계층 이동성 분야 역시 94위에 그쳤다.

인적자원 경쟁력이 가장 높은 국가는 지난해에 이어 올해도 스위스(79.90점)가 차지했다. 싱가포르(78.42점), 미국(75.34점), 노르웨이(74.56점), 스웨덴(74.32점) 등이 뒤를 이었다.

출처 : 세계일보, 2018. 2. 19일자

2. 인적자원관리 활동

인적자원관리활동은 기업에 있어서 사람과 관련된 모든 활동으로서 종업원을 고용하여 교육 · 훈련시켜 적시에 적절한 위치에 배치하는 활동을 말한다. 이러한 인적자원관리의 활동은 인적자원의 계획수립에서부터 모집 · 선발, 교육 · 훈련 및 업무평가를 통한 보상관리까지를 포함하는 모든 과정을 의미한다. 본 장에서는 이러한 일련의 과정들을 간략하게 살펴보고자 한다.

1) 인적자원의 계획수립

인적자원 계획은 기업이 보유하고 있는 또 앞으로 보유해야 할 인적자원을 중심으로 최적의 인적자원 규모를 결정하여 최적의 시기에 최적의 위치에 배치하는 데 중점을 두고 수립하여야 한다. 인적자원 계획의 수립은 첫째로 세부조직별로 필요한 전문기술을 가진 인적자원이 얼마나 필요한가를 파악하는 적정인원계획, 둘째로 현재의 종업원과 앞으로 필요한 종업원간의 수급불균형을 어떻게 맞출 것인가의 인원수급계획, 셋째로 필요한 인적자원을 채용하는 구인계획과 불필요한 인적자원을 줄이는 해고계획의 구인 · 해고 계획, 넷째로 종업원 능력을 개발하기 위한 인적자원 개발계획의 수립 등 나누어 볼 수 있다.

조직에서 요구되는 인적자원을 확보하려면 우선적으로 인적자원이 배정될 직무들이 확정되어야 하고, 이들 직무의 업무내용과 자격조건이 구체화되어야 한다. 인적자원 확보의 선행조건인 직무분석방법과 직무설계에 대하여 간략하게 살펴보고자 한다.

(1) 직무분석

① 직무분석의 의의

직무분석(job analysis)이란 직무를 수행하는데 필요한 지식과 능력, 숙련도, 책임 등과 같은 직무상의 모든 요건을 체계적으로 결정하는 과정을 말한다. 직무를 분석하면 직무에 대한 요건이 파악되기 때문에 기업의 목표를 달성하기 위해 각 종업원들에게 적절히 일이 할당되었는지 그 일이 적정하게 이루어지고 있는지를 알 수 있다. 직무분석은 과학적 · 합리적인 인사관리의 기초로서 그 목적은 다음과 같다.

㉠ 합리적인 선발 · 배치 · 승진

각 직무마다 필요로 하는 자질이 있는데, 그 요건을 갖춘 자를 구하기 위해서는 어느 직무에 어떤 자질이 필요한가 하는 직무분석이 선행되어야 하는 것이다. 각 직무에 요청되는 특성에 알맞은 자질을 갖춘 자를 구하여야 하며, 직무분석에 따른 인간분석이 합리적인 선발 · 배치 · 승진 등을 위해서 필요한 것이다.

㉡ 합리적 교육훈련

직무에 따라 어떤 자질이 요청되고 있는가를 명확히 파악해야만 그 직무에 적합한 교육훈련을 효율적으로 수행할 수 있다. 만일 각 직무의 특성과 소요 자질을 파악하지 못한다면 그 교육훈련은 단기적이며 일반적인 교양이나 육체적인 단련에 그치게 되고, 그 직무의 기능 및 기술축적에 요청되는 전문적인 교육훈련은 할 수 없게 될 것이다.

㉢ 합리적 임금관리

직무분석은 합리적인 임금관리, 특히 직무급 및 직능급 확립에 필요하다. 합리적인 임금관리는 각 직무의 수행과정에서 각 직무의 상대적 가치를 결정하고, 인사고과에 의해 특정 종업원을 판단하여 임금을 결정하는 방향을 택하고 있다.

㉣ 합리적 평가관리

직무분석은 직무평가의 대상인 직무의 내용을 명확히 하여 주고, 또 인사관리를 위한 개별 작업자의 근무태도를 결정하는 기준을 제공하는 역할을 하고 있다.

㉤ 합리적 노사관계관리

직무분석은 노사의 감정적인 대립을 방지하고 협력적인 노사관계를 발전 · 유지시키는 데 기여한다. 직무분석을 통하여 각 직무의 책임과 권한에 관하여 경영자와 노조 간의 공통적인 이해를 촉진시킴으로써 협력적 노사관계를 만들 수 있다.

② 직무기술서와 직무명세서

직무에 대한 정보를 수집, 분석한 후에는 이러한 자료를 활용하기 위해서 이를 문서화하여 일목요연하게 정리하여야 한다. 이러한 목적으로 작성되는 것이 직무기술서와 직무명세서이다.

직무기술서는 직무분석 결과에 근거하여 직무수행과 관련된 과업 및 직무행동을 일정한 양식에 기술한 문서를 말한다. 이 문서에 포함되는 내용으로는 직무의 명칭, 소속 등과 같은 직무의 확인사항과 직무의 내용, 직무의 요건 등 직무 전반에 걸친 사항 등이 포함된다.

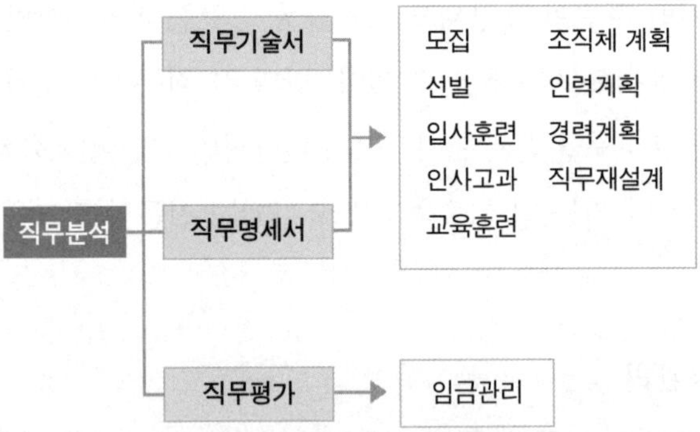

〈그림 14.1〉 직무분석과 인적자원관리 기능

자료 : 이학종 · 양혁승, 『전게서』, p.228.

직무명세서는 직무기술서의 내용 중에서 직무요건만을 분리하여 직무수행에 필요한 종업원의 지식, 능력, 기능, 행동 등을 일정한 양식에 기록한 문서를 말한다. 직무기술서의 초점이 업무중심의 직무요건이라면 직무명세서는 해당 직무를 수행하기 위해서는 어떤 사람이 필요한지를 보여주는 사람중심의 인적요건에 있다고 볼 수 있다. 〈표 14.2〉는 직무기술서 및 직무명세서의 요약 내용이다.

〈표 14.2〉 직무기술서와 직무명세서에 포함되는 사항

직무기술서	직무명세서
▪ 직무명칭	▪ 직무명칭
▪ 직무의 소속직군, 직종	▪ 직무의 소속직군, 직종
▪ 직무내용의 요약	▪ 요구되는 교육수준
▪ 수행되는 과업	▪ 요구되는 기능/기술 수준
▪ 직무수행의 방법	▪ 요구되는 지식
▪ 직무수행의 절차	▪ 요구되는 정신적 특성(창의력, 판단력 등)
▪ 사용되는 원재료, 장비, 도구	▪ 요구되는 육체적 능력
▪ 관련되는 타 직무와의 관계	▪ 요구되는 작업경험
▪ 작업조건(작업집단인원수, 상호작용의 정도 등)	▪ 책임의 정도

자료: 박경규, 『신인사관리』(서울: 홍문사, 2002), p.138.

(2) 직무설계

① 직무설계의 의의

직무분석과 매우 밀접한 관계를 갖고 있는 인적자원관리 기능이 직무설계(job design)이다. 직무분석과 직무설계는 매우 밀접한 관계를 맺고 있다. 그러나 직무분석은 주로 기존 직무를 분석하는 목적으로 선발, 훈련, 인사고과, 보상 등 인적자원관리 기능을 위한 정보자료수집에 초점을 맞추는 것에 비해, 직무설계는 기존 직무를 대상으로 동기부여적 관점에서 직무내용을 개선하고 직무의 효율성을 높이기 위한 직무재설계에 초점을 맞춘다.

직무설계는 모든 계층의 조직구성원으로 하여금 직무 그 자체에서 만족과 의미를 부여 받도록 하여 종업원의 동기유발과 생산성을 향상시키는 것을 목적으로 한다. 또한 직무설계는 생산성과 직무만족의 영역 중에서 경영자가 보다 중시해야 할 것은 생산성 보다 동기유발이다. 왜냐하면 기업 조직의 목표달성이란 과제는 그 과정에 참여하는 종업원의 동기유발 없이는 불가능하기 때문이다.

② 직무설계의 방법

㉠ 합리지향적 직무설계 방법

과업의 수를 제한하고 작업조건을 표준화하며 작업자의 대체성을 높일수록 직무의 능률이 향상된다는 전제 하에 직무의 과학적인 분석을 통하여 가장 이상적인 직

무내용과 직무수행방법을 설계하여 작업자로 하여금 이를 그대로 수행하도록 하는 접근방법이다. 따라서 동작연구를 통하여 직무내용과 직무환경 그리고 직무수행방법 등 주로 직무의 물리적, 물질적 요소를 구조화하고 이를 체계적으로 그리고 기계적으로 분석하며, 조직체의 경제적 성과를 기준으로 가장 이상적인 직무설계를 모색하는 것이 특징이다.

ⓛ 동기부여적 직무설계 방법

직무의 경제적 · 기술적 요소뿐만 아니라 직무와 연결된 모든 사회 · 심리적 요소들을 통합하여 조직구성원에게 보람있는 직무내용을 설계하여 구성원의 동기를 유발시키려는 직무설계방법이다. 이 방법은 시스템관점에서 개인과 집단 그리고 작업환경 등 직무와 밀접한 관계를 맺고 있는 모든 요소들을 분석하여 이를 직무내용 및 직무환경 설계에 반영한다. 직무에 대한 성과는 직무수행에 따른 경제적 보상보다도 구성원의 심리적 만족에 달렸다는 전제하에 직무수행과정에서 구성원에게 동기유발과 더불어 자아실현의 기회를 부여하도록 직무내용과 직무환경을 설계하는 데 노력을 기울인다.

ⓒ 직무재설계 방법

현대 조직에서 활용되는 직무재설계 방법에는 첫째, 개인수준의 직무재설계 방법으로 직무순환(job rotation), 직무확대(job enlargement), 직무충실화(job enrichment) 등을 들 수 있다.

2) 인적자원의 모집 및 선발

(1) 모집

모집(recruitment)이란 능력 있는 인적자원을 기업으로 불러 모으는 과정을 말한다. 모집원천과 방법은 선발인원 · 모집지역 · 선발시기 · 직종 · 선발방법 등을 고려하여 조직에서 가장 적합하고 효과적인 모집방법을 선택해야 한다. 일반적으로 모집방법에는 내부모집과 외부모집으로 구분할 수 있다.

먼저 내부모집이란 조직 자체 내에서 승진과 전환배치 등을 통해 필요로 하는 구성원을 보충하는 방법으로 직위의 결원발생이나 직무의 공백이 생길 경우에 효과적이다. 내부모집을 우선으로 할 경우에는 조직구성원의 사기가 향상되고 해당 직위에 보다 적합한 구성원을 배치시킬 가능성이 높아지며, 외부모집보다 비용절감 효과를 가져올 수 있다는 점에서 장점으로 볼 수 있다. 그러나 동창, 친족관계 및 동향관계 등으로 파벌조성이 이루어져 불합리성을 노출시킬 가능성이 있고 경우에 따라서는 직무와 개인의 능력이 일치하지 못하는 상황도 발생할 수 있다는 점은 약점으로 작용할 수 있다.

외부모집은 필요로 하는 인적자원을 조직외부로부터 보충하는 방법으로 일반공모(공개모집)과 연고모집(비공개모집) 등으로 나눌 수 있다. 일반공모에는 공공직업소개소, 교육기관추천, 광고 등이 있고, 연고모집에는 전에 근무했던 사람들을 통해서 모집하는 경우와 현재 근무중인 조직구성원을 통한 모집 등이 있다.

여러 가지의 모집방법 중 어느 것이 조직의 현재 상황에서 가장 적합한가를 신중하게 고려해야 한다. 그리고 최선의 모집방법을 결정하기 위하여 각 모집방법에 대한 상대적 비용, 노동시장의 성향, 조직의 성격, 직무의 특성과 요건 등을 고려하여야 한다.

(2) 선발

선발(selection)은 모집활동에 의해 응모한 지원자 중에서 기업이 필요로 하는 자질을 갖춘 사람을 선별하는 것이다. 지원서와 개인자료 등과 같이 사전에 제출되거나 확보된 자료, 시험, 면접 등 다양한 방법이 동원되어 가장 적합한 사람을 찾아내는 과정이다. 그러나 실질적인 선발과정은 기업에 따라 다르고 또 같은 기업이라고 하더라도 모집하는 분야에 따라 다를 수 있다.

3) 인적자원의 교육훈련과 경력개발

(1) 교육훈련

교육훈련(education & training)은 하루가 다르게 변화하고 있는 경영의 환경 속에서 인적자원의 능력이나 직무와 관련하여 기술수준을 지속적으로 향상시키고 개발하는 과정을 말한다. 즉 교육훈련이 추구하는 궁극적인 목적은 구성원들이 갖고 있는 현재의 능력뿐만 아니라 잠재적인 능력까지도 개발할 수 있도록 하는 것이다.

교육훈련은 직무현장에서 직무를 수행하는 가운데 이루어지는 직장 내 교육훈련과 직무수행시간 외에 이루어지는 직장 외 교육훈련 등이 있다. 최근에는 직무와 직접 관련이 없는 교육으로 정신교육, 애사심 고취를 위한 교육, 윤리경영을 위한 교육, 성희롱에 관한 교육 등도 많이 실시되고 있다.

교육훈련 기법은 매우 다양하며, 교육훈련 참가자에 대하여 직급별 활용되는 대표적인 기법을 살펴보면 다음과 같다.

① 신입사원 교육훈련

㉠ 합리직장 내 교육훈련(on the job training: OJT)

직장 내에서 상급자가 직접 직무를 수행하는 방법을 교육훈련시키는 방법이다. 상급자나 숙련된 직장 동료가 기술적인 조언을 함으로써 직장 외 교육훈련 보다도 더 쉽게 이루어질 수 있다.

㉡ 멘토 시스템(mentor system)

기업조직에서 멘토는 "후진들에게 역학모델을 제공할 뿐만 아니라 도전적 직무부여, 상담 및 조직에 대한 지식제공 등을 통해 그의 대인관계 개발 및 경력관리에 도움을 주는 자"로 이해되고 있다. 신입사원에게 멘토관계가 형성되었을 때 멘토가 수행하는 기능 중 가장 먼저 나타나는 단계는 지도활동이다. 즉 신입사원은 멘토로부터 조직에 대한 의미있는 정보를 획득하고 조직에 적응하는 데 필요한 정보인 기존 구성원의 인적사항, 조직내 권력 구조 및 조직의 일반적 풍토 그리고 조직에서 갖추어야 할 기본 자세, 예의바른 태도 등을 멘토로부터 교육받게 된다. 또한 멘토는 신입사원이 수행하는 직무에 대한 지식, 수행요령 그리고 기존 조직구성원과의 직무관련 협동양식 등에 대해서도 구체적인 정보를 제공한다.

② 작업층 교육훈련

작업층은 상사로부터 지시를 받아 주어진 직무를 수행하는 종업원으로서 미숙련 작업자, 준숙련 작업자, 그리고 숙련 작업자로 구분된다. 이들을 위한 교육훈련의 내용은 주로 해당 직무를 성공적으로 수행하는 데 필요한 구체적 기능에 초점이 맞추어진다.

㉠ 실습장 훈련

기업 내 작업장과 별도의 공간에 설비를 갖추어 교육대상자에게 주로 기능을 전수시키는 훈련기법이다.

㉡ 도제제도

도제제도(apprenticeship program)는 직장 내 훈련과 직장 외 훈련을 혼용한 방법이다. 즉 교육대상자는 일정기간 동안 작업장 내에서 상사 내지 선배동료로부터 기능을 배우고 이어서 직장외의 일정한 장소에서 강의에도 참석한다. 직장 외 교육훈련(off the job training : Off JT)은 현장에서 직무를 수행하면서 느끼는 긴장감을 없애 주고, 교육훈련에만 전념할 수 있도록 하기 위한 것으로서 다른 부서나 조직의 사람들과 접촉할 기회를 부여하여 새로운 아이디어나 경험을 얻게 하여 다시 직무수행을 할 경우에 유용하게 적용할 수 있도록 하는 것이다.

이러한 교육훈련은 전문교육기관이나 다른 조직에 의뢰하여 교육훈련을 받도록 하고 있으며, 전문가를 초빙하여 강연회 또는 강습회를 통해서도 실시되어진다. 이 제도의 장점은 직장 내 훈련(OJT)과 직장 외 훈련(Off-JT)의 장점을 모두 흡수할 수 있다는 데 있으며, 단점은 동시에 많은 사람을 교육시킬 수 없다는 것이다.

㉢ 직업학교 훈련

이 기법은 교육대상자를 직업학교에서 학습하게 하는 것을 말한다. 일종의 학교파견 교육훈련으로 우수한 교육실시자가 있어서 학습효과 높은 것이 장점이며, 단점은 교육훈련 내용과 실무와의 연결에 문제가 생길 수 있다.

③ 관리층 교육훈련

관리층의 직무는 관리활동인 계획, 조직화, 지휘, 그리고 통제활동을 수행하는 것이다. 기업의 관리층은 최고경영층, 중간관리층, 그리고 하위관리층으로 구분되며 이러한 개별 관리층에 따라 요구되는 능력 또한 구분된다.

㉠ 인 바스켓 훈련

인 바스켓 훈련(in-basket training)은 관리자의 의사결정능력을 제고시키기 위해 개발된 것이다. 훈련실시자는 훈련참가자에게 가상의 기업에 대한 정보, 즉 생산제품, 조직구조, 종업원에 대한 정보 등을 제공한 후 이들에게 특정 경영상황에서 문제해결을 위한 의사결정을 하게 한다. 이 기법의 장점은 모의상황이 다양하고 실제와 같기 때문에 훈련참가자에게 흥미를 유발할 수 있으며, 단점으로는 훈련의 효과를 측정하는데 어려움이 있다.

㉡ 사례연구

사례연구(case study)는 관리자의 의사결정능력을 향상시키기 위해 도입되는 기법이다. 기업에서 일어난 일련의 사건, 기업의 현황들을 교육 참가자에게 제시하고 참가자들은 이 사례에서 중요한 문제점을 밝혀내고, 분석하여 원인을 추론하고 문제해결을 위한 대안을 제시한다. 이 기법의 장점은 기업의 현실적인 문제에 대한 학습이 가능하나 단점으로는 적절한 사례를 확보하는 데 어려움이 많다.

㉢ 역할연기법

역할연기법(role playing)은 관리자뿐만 아니라 일반 종업원을 대상으로 인간관계에 대한 태도개선 및 인간관계 기술을 제고시키기 위한 기법이다. 교육참가자는 어떤 상황을 교육실시자로부터 부여받고 가장 효과적이라고 판단되는 행동을 한다. 이 기법의 장점은 참가자에게 흥미와 체험감을 주며, 단점으로는 교육의 범위가 제한적일 수 있다.

(2) 경력개발

① 경력개발의 의의

경력개발(career development)은 기업의 요구와 개인의 욕구가 일치될 수 있도록 각 개인의 경력을 개발하는 활동을 의미한다. 경력개발은 개인의 욕구를 충족시킬 기회를 제공하여 그들이 스스로 경영활동에 적극 참여하여 기업의 발전과 개인의 발전을 동시에 달성할 수 있도록 하는 것이다.

경력개발의 목적을 기업과 종업원의 입장에서 살펴보면 다음과 같다. 기업이 추구하는 목적은 첫째, 종업원의 경력개발을 통해 인적자원을 효율적으로 확보할 수 있다. 경력개발이라는 것은 결국 종업원에게 여러 종류의 직무를 수행할 수 있는 능력을 갖추도록 하는 것인데 결국 기업은 미래에 필요한 인력을 보다 효율적으로 확보한다. 둘째, 경력개발을 통해 기업은 조직의 노하우를 체계적으로 축적하여 경쟁력을 제고시킬 수 있다. 셋째, 종업원의 기업에 대한 일체감을 제고시켜 기업 내 협동시스템의 구축이 보다 원활해진다.

경력개발이 종업원에게 주는 장점을 보면 다음과 같다. 첫째, 종업원의 성장욕구를 충족시켜 준다. 경력개발은 종업원이 지니고 있는 기술, 능력이 노후화되는 것을 방지하고 보다 새로운 도전적인 직무경험을 하게 함으로써 종업원 자신으로 하여금 성장의 기쁨을 가져다 준다. 둘째, 종업원에게 자리에 대한 안정감을 주고 미래를 보다 의미 있게 설계할 수 있게 해줌으로써 종업원에 비전을 가져다준다. 셋째, 경력개발은 종업원에게 전문적 능력의 획득기회를 부여하기 때문에 노동시장에서 자신의 경쟁력을 높이게 해준다.

② 경력관리의 기본 원칙

㉠ 경력경로의 원칙

경력관리는 명확한 경력경로의 확립을 원칙으로 하고 있다. 이 원칙은 기업의 모든 직위는 계층적인 경력경로로 형성되고 정의되며, 또 기술되고 평가되어야 한다는 것이다.

㉡ 적재적소 배치의 원칙

종업원을 적재적소에 배치하는 것을 원칙으로 하고 있다. 즉 종업원의 적성, 지식,

경험, 기타 능력과 조직의 목표달성에 필요한 직무가 잘 조화되도록 맞추는 것이다. 이를 위해서는 직무의 자격요건과 종업원의 적성 및 개인적 선호에 대한 정보를 충분히 파악하여야 한다.

㉢ 자체 후진양성의 원칙

경력관리는 기업 내부에서의 후진양성을 원칙으로 한다. 즉 경력관리는 인재를 외부에서 충원하는 것보다 내부에서 자체적으로 양성하는 것을 기본원칙으로 한다. 내부충원은 종업원에게 성장동기를 부여하고 종업원을 기업에 밀착시키도록 한다.

(3) 승진관리

① 승진관리의 의의

승진(promotion)은 기업 내 개인이 현재 수행하는 것 보다 더 나은 직무로의 이동을 말한다. 우리나라 기업에서의 승진문제는 대부분의 종업원들이 많은 관심을 갖는 부분이다. 승진이 종업원에게 매우 중요하게 인식되는 이유를 살펴보면 다음과 같다.

첫째로 개인이 조직에서 보다 높은 자리로 올라간다는 것은 자기 자신, 가족 및 주위 사람들로부터 인정감을 보장해 주기 때문이다.

둘째로 승진은 개인에게 권한의 증가를 가져다준다. 보다 많은 부하에, 자신의 지배욕구를 충족시켜 주는 도구가 된다.

셋째로 승진은 본질적으로 보상의 증가를 가져다 준다. 승진이 되면 임금의 상승이 이어지고 임금의 상승은 자신에게 생활의 질을 높여주는 중요한 도구가 된다.

넷째로 승진은 대부분의 경우 기업조직으로부터의 인정감의 표시가 되며, 이것은 직장안전으로 연결되어 개인으로 하여금 조직 내에서의 심리적 안정감을 가져다준다.

② 승진정책

㉠ 연공주의

연공주의(seniority orientation)는 연공이 높은 종업원을 우선적으로 승진시켜야 한다는 입장이다. 연공이란 한 조직 내지 해당 직급에서의 개인의 근속기간을 말하는데, 우리나라 기업에서는 학력별 근속기간을 중요시하고 있다.

ⓛ 능력주의

능력주의(competence orientation)는 승진후보자가 보유하고 있는 능력을 중시해야 한다는 입장이다. 능력주의는 우리나라의 경우 기업의 세계화와 관련하여 기업의 경쟁이 국내에서 국외로 확대되자 이미 능력주의를 도입하고 있는 선진국 기업과의 경쟁에서 연공주의가 효율적이 되지 못한다는 인식에서 더욱 강조되고 있다.

③ 승진의 유형

㉠ 직급승진

직급승진은 종업원이 상위직급으로 이동하는 것으로 기업에서의 직급의 예는 대리-과장-차장-부장-이사 등으로 구분할 수 있다. 직급승진의 기본 전제는 상위직급의 특정직무가 공석이 되어야 한다는, 즉 결원이 생겨야 가능해진다는 것이다.

㉡ 자격승진

자격승진은 종업원이 갖추고 있는 직무수행능력(직능)을 기준으로 승진시키는 제도이다. 이 제도는 종업원의 능력신장을 지원하고 승진정체 현상을 감소시키는 데 본질적으로 기여하는 우수한 제도이다. 그러나 능력이 향상된 종업원이 이에 상응되는 직무를 수행하지 못하고 있는 과잉능력 상태가 되었을 때 종업원의 직무에 대한 불만족이 나타난다. 뿐만 아니라 기업의 입장에서 보면 종업원에 대한 보상을 업적을 기준으로 지급하는 것이 아니고 능력을 기준으로 지급하기 때문에 종업원이 수행하고 있는 직무에 비해 과잉능력을 갖추었을 때 단기적으로는 그만큼 인건비가 추가로 발생하게 된다.

㉢ 대용승진

대용승진은 승진은 발생했지만 직무내용이나 보상이 변동되지 않은 경우이다. 즉 직무내용의 실질적인 변동없이 직급명칭 혹은 자격명칭만 변경되는 형식적 승진을 말한다. 대용승진이 발생하는 경우는 조직내부 사정상 오랫동안 승진정체 현상 때문에 조직분위기가 정체되어 있을 때와 종업원이 대외업무를 수행하는 경우 접촉고객의 종업원에 대한 신뢰심을 높이기 위해 직급을 높이게 되는 경우 발생한다.

4) 인적자원의 보상관리

종업원들이 기업에 공헌한 대가로 받는 보상(compensation)에는 임금과 복리후생을 들 수 있다. 종업원들에게 보상은 생계비나 욕구충족 등 생활수준을 유지하며 더 나아가 동기유발의 수단이 될 수 있어야 한다. 그러나 기업의 입장에서는 이러한 보상을 비용으로 인식하기 때문에 줄이려고 하는 반면에 종업원들은 소득으로 인식하여 더 많은 보상을 받으려고 노력한다. 이러한 차이로 인해 기업에서 보상관리의 중요성이 점점 더 증대하고 있다.(〈그림 14.2〉 참조)

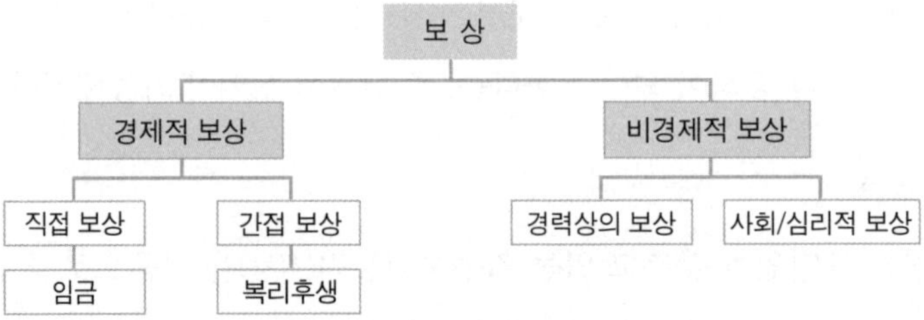

〈그림 14.2〉 보상의 개념

(1) 임금

① 임금의 중요성

임금(wage)이란 근로자가 조직에 대해 제공한 노동에 대한 대가로 받는 금품 일체를 말한다. 임금은 기업뿐만 아니라 종업원 모두에게 매우 중요한 의미를 지니고 있다. 임금이란 본질적으로 분배적 특성을 지니고 있어 기업과 종업원간의 갈등의 주요인이 되고 있다. 소득수준이 높은 나라이건 낮은 나라이건 기업의 노사간 단체교섭의 핵심 이슈가 거의 임금으로 나타나고 있는 실정이다. 이러한 임금갈등을 최소화하기 위해서는 임금에 대한 공정성을 추구함으로써 가능하다.

임금이 종업원의 측면에서 중요한 의미를 갖게 하는 이유를 살펴보면 다음과 같다. 첫째로 임금은 종업원 소득의 주 원천으로서 생리적 욕구를 충족시키는데 결정적인 역할을 한다. 둘째로 임금은 종업원의 생활의 질을 향상시키는 데 중요한 역할을 하며, 셋째로 임금은 종업원의 존경의 욕구를 충족시켜 줄 수 있다. 따라서 임금은 기업뿐만 아니라 종업원 모두에게 경제적 및 사회적 효율성 관점에서 매우 중요한 의미를 갖고 있다.

② 임금의 체계

㉠ 직무급

직무급은 해당기업에 존재하는 직무들을 평가하여 상대적인 가치에 따라 임금을 결정하는 제도이다. 직무평가에서는 개별 직무의 기업목표 달성 관련 중요성, 수행상의 난이도, 작업환경 등이 조사되어 직무들 간의 상대적인 가치가 측정된다. 따라서 직무가치가 높은 직무를 수행하는 종업원에게 직무가치가 낮은 직무를 수행하는 종업원보다 더 높은 임금을 주는 것이 공정하다는 것이다. 직무급은 산업화를 먼저 시작한 선진국 기업에서 널리 실시되고 있는 제도이며, 우리나라 기업에서는 극히 일부분의 기업에서 도입하고 있다.

㉡ 연공급

연공급은 종업원의 근속연수를 기준으로 임금을 차별화하는 제도를 말한다. 즉 근속연수가 많은 종업원에게 근속연수가 적은 종업원보다 더 많은 임금을 주는 것이 공정하다는 논리에서 도입되는 것이다. 연공급 임금체계는 일본에서 생성되어 우리나라 대부분의 기업이 도입하고 있는 실정이다.

〈그림 14.3〉 임금체계

자료: 박경규, 『전게서』, p. 426.

㉢ 직능급

직능급은 종업원이 보유하고 있는 직무수행능력(직능)을 기준으로 임금액을 결정하는 제도이다. 종업원들이 연공은 같지만 직능이 다른 경우 상이한 임금을 받으며, 역시 동일한 직무를 수행하더라도 보유하고 있는 직능이 상이할 경우 임금액은 달라진다.

㉣ 성과급

성과급은 종업원이 달성한 성과의 크기를 기준으로 임금액을 결정하는 제도이다. 임금이란 결국 기업이 창출한 부가가치에서 나오는 것이고 부가가치는 제품의 판매로 인해 발생한다. 이러한 제품을 개인이 얼마나 만들었느냐가 바로 기업의 부가가치 창출에 대한 개인의 기여분이 되며, 개인은 이 기여분에 해당되는 만큼 보상을 받는 것이 공정하다는 논리이다.

㉤ 수당

수당은 기준 외 임금으로서 기업에서 도입하고 있는 수당의 종류는 우선 법적 강제성에 따라 법률로 정해 있는 법정 수당과 기업이 임의로 지급하는 법정 외 수당이 있다. 법정 수당은 근로기준법에서 규정한 수당으로서 초과근무수당, 야간작업수당, 연차 유급휴가수당, 숙직수당 등이 있다. 법정 외 수당은 직책수당, 자격수당, 가족수당, 통근수당, 지역수당, 주택수당 등이 있다.

(2) 복리후생

① 복리후생의 의의

복리후생(welfare)은 종업원의 복지향상을 위하여 시행되는 임금 이외의 간접적인 모든 급부를 말한다. 임금 이외의 수단에 의하여 종업원의 노동력을 유지, 발전시켜 종업원의 능력을 최대로 발휘하게 함으로써 생산성 향상을 도모시키고자 한다.

우리나라 기업에서의 복리후생제도는 1919년 경성방직주식회사에서 도입한 기숙사, 사택 그리고 식사제공 등이 효시인 것으로 기록되고 있다. 당시 복리후생제도는 노동력 확보를 위한 수단에 불과했다. 전반적으로 열악했던 우리나라 기업에서의 복리후생제도는 1961년 근로기준법이 제정되면서 퇴직금제도가 신설되었다.

1963년에는 사회보장에 관한 법률 및 산업재해보상보험법의 제정으로 기업 내 종업원에 대한 복리후생문제에 대해 국가가 적극적으로 개입하기 시작하였으며, 1970년대 이후 기업의 규모가 신장됨에 따라 자발적인 복리후생제도의 도입이 더욱 확대되기에 이르렀다. 처음에는 기업주의 입장에서 출발하였으나 최근에는 노사가 공동으로 복리후생제도를 운영하는 경우도 있고 종업원들이 자율적으로 운영하는 경우까지 있다.

② 복리후생의 유형

㉠ 법정 복리후생

법정 복리후생은 국가가 기업의 종업원을 보호하고 국가사회복지의 한 보조수단으로 법률을 제정하여 기업으로 하여금 강제적으로 도입하도록 한 것을 말한다. 그 종류로는 각종 보험료 지원, 퇴직금 제도, 유급휴가제도 등을 들 수 있다.

첫째, 보험료 지원에는 근로자가 질병에 걸렸을 때 적은 부담으로 이를 치료할 수 있게 해주는 제도의 의료보험료 지원, 근로자가 노령 혹은 폐질로 인해 소득이 없는 경우와 생계를 책임지고 있는 사람이 사망했을 때 남은 유족의 생계를 지원해주는 제도의 연금보험료 지원, 근로자의 산업재해 및 직업병으로부터 보호하고자 하는 것을 목적으로 하는 산업재해보상보험료 지원, 근로자가 실직이 되었을 때 대비하여 실직된 근로자 및 그 가족의 생계를 지원하는 것을 목적으로 하는 고용보험료 지원

〈그림 14.4〉 복리후생제도

등이 있다.

둘째, 퇴직금 제도는 근로자가 일정기간 동안 해당 기업에 근무한 후 퇴직할 때 기업이 근로자에게 일정액을 지급하는 제도를 말한다.

셋째, 유급휴가제도는 근로자가 일을 하지 않고도 임금을 받을 수 있는 경우를 말한다. 우리나라에서는 연차유급휴가 그리고 산전 · 후 휴가를 법으로 정하고 있다. 유급휴가제도는 국가가 국민복지 차원에서 도입한 것이며, 기업으로서는 노동력의 재생산이라는 관점에서 볼 때 매우 합당한 제도라고 판단된다.

㉡ 법정 외 복리후생

법정 외 복리후생 프로그램은 국가에서 법률로 정한 복리후생 프로그램 이외에 기업이 도입하고 있는 것을 말한다.

첫째, 기업이 근로자에게 제공하는 생활시설과 관련되는 프로그램은 주택시설, 급식시설 등이 있다.

둘째, 경제시설은 매점으로 불리는 구내시설, 금융제도의 대여제도와 저축제도, 종업원이 경조사에 금품을 모아주는 공제제도 등이 있다.

셋째, 보건위생시설은 종업원 및 그 가족의 보건위생을 위한 시설로서 진료시설, 휴양시설, 보건시설 등이 있다.

넷째, 교육 · 체육 · 오락시설 등은 종업원들의 교양을 높이거나 특정분야의 교육기회를 제공하기 위한 시설이다. 체육 및 오락시설은 종업원의 건전한 심신발달, 여가의 이용, 오락을 목적으로 한다.

5) 인적자원의 이직관리

(1) 이직관리의 의의

이직(turnover)이란 조직으로부터 금전적 보상을 받는 개인이 조직에서 구성원 자격을 종결짓고 조직을 떠나는 것을 말한다. 이직은 이직의사결정의 주체에 따라 자발적 이직(voluntary turnover)과 비자발적 이직(involuntary turnover)으로 구분할 수 있다.

자발적 이직은 종업원에 의해 주도되는 것으로서 기업에 대한 불만 혹은 보다 나은 직무를 찾아 다른 기업으로 가는 전직과 학업의 계속, 결혼, 임신, 출산, 지병, 가족의 이주 등으로 인한 사직이 이에 포함된다. 비자발적 이직은 종업원 의사에 상관없이 이루어지는 것으로서 기업이 주도하는 해고, 정년퇴직 그리고 사망 등이 이에 포함된다.

(2) 인력감축

기업의 주도로 나타나는 이직현상이 인력감축으로 이것은 인력공급이 과잉상태일 때 취하는 기업의 행동이다. 따라서 기업의 인력감축 전략은 기업뿐만 아니라 종업원이 부담하게 될 비용을 최소화시키는 방향으로 수립되어야 한다. 기업의 인력감축 전략을 간략하게 살펴보면 다음과 같다.

① 초과근무시간 단축

비용이 가장 적게 발생하며 도입이 용이한 것이 바로 초과근무시간의 단축이다. 이 전략은 시장에서의 제품수요가 줄어들어 기업으로서 생산량을 줄여야 하는 경우에 가장 먼저 생각할 수 있는 대안이다.

② 신규채용 억제

기업이 정년퇴직 및 자연발생적인 이직을 이용하여 인력을 중 · 장기적으로 감축하자는 것이 그 목적이다. 이 방법은 기업의 경쟁력 저하에 상당한 영향을 미칠 수 있다. 앞서가는 기업들은 매년 전체 종업원의 5% 정도를 신규로 채용함으로써 기술변화에 대처하고 있는데, 해당 기업이 신규채용을 억제한다면 신기술 도입에 있어서 소극적이 되는 것이다. 신규채용억제는 정년퇴직자, 자발적 이직자, 그리고 매년 채용하는 신규인력의 숫자가 많은 기업에서는 효과적이지만 그렇지 않은 기업에서는 그 효과가 상당히 제한적이다. 따라서 신규채용억제 전략만으로 필요한 인력이 줄어들지 않을 경우 보다 적극적인 전략의 도입이 요청된다.

③ 조기퇴직제도의 도입

정년에 도달하지 않은 종업원을 자발적인 의사에 따라 퇴직시키는 제도로 명예퇴직제도라고도 한다. 인력감축을 위해 특별한 이직의사가 없는 종업원에게 기업이 퇴직에 대한 수당 내지 다른 좋은 조건을 제시하고 종업원이 이를 받아들이는 경우이다. 이 제도는 기업의 입장에서는 상당한 경제적 비용을 필요로 한다. 종업원이 퇴직할 경우 정년까지의 남은 기간을 보상할 수 있는 퇴직수당을 지급해야 한다. 종업원의 입장에서는 조직퇴직제도는 업무량 증가 측면에서 부담을 가져다준다. 왜냐하면 이 제도에 의해 퇴직한 종업원에 대해서는 후속 충원이 없기 때문에 기업에 남아있는 종업원은 퇴직자의 업무를 분담해야 하기 때문이다.

④ 보상의 동결

이 전략은 기업이 종업원에게 제공하는 경제적 보상인 임금 내지 복리후생을 동결시킴으로써 종업원의 자발적 이직을 유도하는 것이다. 이러한 보상의 동결은 해당 기업의 종업원에게 보상에 대한 불만족을 발생시키고 자연스럽게 이직으로 연결된다.

⑤ 해고

해고는 기업의 의지에 의해 종업원이 강제적으로 기업을 떠나는 것을 말하는데, 이것은 통상해고와 정리해고로 구분된다. 통상해고는 종업원의 개인적 사유에 의하여 해고되는 것으로 취업규칙을 위반하였거나 혹은 무능력으로 그 개선이 불가능한 경우이다. 반면에 정리해고는 기업의 경제적 · 기능적 변화로 인해 종업원이 해고되는 것을 말한다. 해고는 종업원에게 사형선고나 다름없기 때문에 종업원이 불공정하게 해고되는 것을 방지하기 위해 국가는 법률을 통해 보호하고 있다. 인력감축을 위한 해고전략은 기업이 도입할 수 있는 최악의 전략으로서 이를 피하기 위해 기업은 최선의 노력을 해야 하겠다.

사례 14-2 사람은 큰 것보다 작은 것에 감동한다

높은 자리일수록 인맥 관리 잘 해야

외부교육 수강생 모임인 원우회도 도움

최고의 인맥관리 비결은 정성과 시간

연하장 [중앙포토]

새해 인사를 문자나 카톡 메시지 정도로 대체하는 세태이지만, 나의 지인 중에는 전화를 하거나 심지어 부담 없는 가벼운 선물과 함께 찾아온 지인도 있었다. 주고받은 많은 문자 중 기억에 남는 것은 역시 보내는 이가 쏟은 정성과 시간에 비례하지 않을까.

인맥관리를 잘하는 사람일수록 작은 메시지에도 본인의 노하우를 녹여 전달했으리라 추측한다. 당신은 어떤 연하장이 가장 기억에 남았는지?

직장생활을 하면서 점점 더 높은 포지션으로 올라가면 너무 바빠져 업무적으로 만나는 것 외에는 따로 인맥을 만들거나 관리할 시간이 없다고들 한다. 그런데 아이러니하게도 높은 포지션으로 올라갈수록 대외적인 인맥을 활용해야 하는 상황이 더욱 많아진다.

외부 네트워크를 대략 분류를 해보면 고객 회사, 소비자군, 관련 업계, 주주 · 투자자, 정부기관, 비정부기구, 언론 등이다. 이들은 모두 회사의 비즈니스와는 직간접적으로 연결되어 있다. 이들의 파워와 결정으로 회사의 운명이 좌우될 수도 있다. 당연히 이들을 관리하는 것은 높은 요직에 있는 분의 몫이다.

한 가지 예를 들어보자. 가령 제약회사 관계자가 보건복지부 담당 과장과 업무적으로 만나야 하는 상황이라고 가정하자. 평소에 인간관계가 전무한 사람을 그 과장이 만나줄 리 만무할 것이다. 또 평소 헤드헌터 업체의 컨설턴트 등의 채용 관계자들과 유대관계가 전혀 없는 사람이 갑자기 퇴사하게 될 상황이면 급히 헤드헌팅 업체를 찾아 이력서를 넣게 된다.

그러나 서로가 원하는 바와 헤드헌터의 입장에선 그 사람의 성향을 잘 모르기 때문에 맞춤식 포지션을 추천받기 쉽지 않다. 그래서 평상시 나와 직간접적으로 관계되는 인적 네트워크를 잘 다지고, 좋은 관계를 유지해야 함은 말할 것도 없다.

외부활동이 잦은 영업직 외에 보통 직장인들 대부분은 회사 내부인들과 시간을 보내게 된다. 그리고 주말은 가족과 함께다. 그렇게 인맥관리에 시간을 투자하지 않으면 그나마 있던 지인들도 다 떨어져 나간다.

인맥을 쌓고 싶다면 가장 기본적인 것부터 시작해보자. 첫째는 초·중·고교나 대학 동창회 모임이 있는지 알아본다. 아무래도 동창들은 조직 내에서 나와 비슷한 위치에 있고, 관심사도 비슷할 것이다. 또 동창이라는 교집합에 들어 있어 쉽게 친해질 수 있다.

두 번째는 자신이 속한 업계의 커뮤니티나 협회를 직접 찾아보거나 외부 활동이 활발한 지인의 추천을 받는다. 동종업계 모임은 경쟁사 직원이 많지만 최신 트렌드나 각종 정보를 공유할 수 있을 뿐 아니라 필요할 때엔 한목소리를 낼 수 있기 때문에 비교적 활발하게 운영된다.

또 한 가지 방법은 현재 업무를 하는 직군별로도 크고 작은 모임이 존재하니 본인 직급과 니즈에 맞는 커뮤니티를 찾아 활동하는 것이다. 예를 들면 HR(인사)을 담당하는 중간관리자라고 가정해보자. 인사실무자들을 위한 잡지도 발행하고, 직무 관련된 교육도 받을 수 있는 모임이 다수 존재한다. 거기에 등록하면 인사공부는 물론, 오프라인 모임을 통해 동종 직군들과 네트워킹이 가능하다.

만약 중간관리자가 아니고 인사 임원일 경우에는 어떨까. 실무업무나 교육보다는 조직관리나 조직발전에 더 관심이 많을 것이다. 무엇보다도 노조가 있는 회사의 경우 노조 협상에 관한 정보를 공유할 수 있는 모임이 최상일 것이다. 대기업 건설회사의 인사 임원이라면 비슷한 고민을 지니고 있을 건설회사들의 인사 임원 모임에 가입하면 된다.

만약 외국계 기업에서 인사업무를 한다면? 외국계 기업만의 공통적인 문화가 있으므로 외국계 기업 인사 모임에 들어가면 된다. 본인의 직무에 걸맞고 현재 관심사에 부합하

인사 임원일 경우, 실무업무나 교육보다는 조직관리나 조직발전에 더 관심이 많을 것이다. [사진 Freepik]

는 크고 작은 모임이 많으니 관심을 갖고 찾아보자.

가장 기본적인 단계가 이렇게 직무 관련 모임이라면, 그다음은 단계를 약간씩 업그레드를 해보는 거다. 본인의 직무나 산업 분야와는 무관하더라도 관심 대상과 사회적 위치가 비슷한 불특정 다수가 모이는 모임이 있다.

AMP(Advanced Management Program)로 불리는 각종 최고경영자과정, 중간관리자급 대상으로 하는 과정 등 대학이나 전문교육기관들이 주최하는 실로 다양한 외부과정들이 있다. 개설 목적에 따라 교육과정이 다 다르다. 주로 바쁜 CEO들을 위한 조찬 모임 등 각종 커리큘럼별로 존재한다. 4차 산업혁명에 초점을 맞춘 IT 과정, CFO 과정, 세일즈과정, 미니 MBA 과정, 협상 과정 등 유용하게 쓸 수 있는 커리큘럼이 많다.

외부교육은 또 다른 교류의 장

이렇게 다양한 외부교육이 존재하는 나라가 또 있을까 싶을 정도로 우리나라 사람의 배움에 대한 열망은 대단하다. 보통은 교육과정 기간이 3~4달이 가장 흔하다. 긴 과정은 1년짜리도 있다. 중간 · 졸업여행식으로 즐거운 여행이나 각종 이벤트로 친목 관계를 형성하게 된다. 물론 교육수료와 동시에 모든 친목 관계도 끝나면 인맥을 형성했다고 할 수 없을 것이다.

끝은 또 다른 시작이라는 말이 있지 않은가. 함께 교육받은 수강생들이 동창회 형식으로 원우회를 결성하게 된다. 이 원우회를 통해 정기적으로 만나는데, 비즈니스 교류도 하

한 경영전문대학원에서 학생들이 수업을 받고 있다. [중앙포토]

고 친목을 도모하면서 관계를 유지해 나간다.

이렇게 교육프로그램을 통해 만난 원우들 모임에서 산업 분야별 전문인을 지인으로 둔다면 매우 편하다. 금융, 산업, 건설 등 분야별로 전문 정보 요원을 둔다면 필요한 정보를 손쉽게 얻을 수 있다.

명함관리 이렇게

외부에서 만나는 사람이 많으면 많을수록 쌓여만 가는 명함들이 제대로 관리되지 않고 방치되기 쉽다. 이럴 때는 적절하게 명함관리용 앱을 이용하거나 분류라도 해보는 거다. 기준은 얼마나 자주 교류가 필요한지 또는 비즈니스 관계인지 아닌지에 따라 각자 필요에 의해 정할 수 있다.

가장 단순한 것은 색깔별로 분류하는 것이다. 녹색, 노랑색, 빨강색 등으로 나눠본다. 가령 녹색은 연중행사 정도로만 낮은 빈도로 연락해도 되는 명함들, 노랑부터는 더 잦은 빈도의 교류가 필요한 그룹 등 본인만의 방법을 찾아 시간과 공을 들여 만난 분들과의 인연을 지속해보자.

나의 지인 중 한 명은 카톡 친구가 무려 4000명이 넘어가는 인맥왕이다. 그는 약 15년간 현장 영업 이력을 가지고 있는데, 아마도 만난 사람들과 빠짐없이 교류하는 것 같았다. 또 실적을 잘 내 작년 초부터 중견기업의 대표이사 자리를 꿰차고, 1년 만에 회사 역사상 최고의 실적을 내기도 했다. 그의 성공의 비결이 궁금해서 슬쩍 물어보았다.

그가 답했다. "인맥관리, 솔직히 별거 있나요. 절대 부담스러울 정도의 큰돈은 들어가

명함이 제대로 관리되지 않고 있다면 명함관리용 앱을 이용하거나 분류라도 해 보자. [중앙포토]

지 않아요. 왜냐면 사람들은 의외로 큰 것보다는 작은 것에 감동하거든요. 만약 감기 걸린 고객이 있다면 저는 전화통화를 통해 목소리를 듣고 금세 알아채고 감기약을 보내주죠."

그는 물론 별거 아니라고 했으나 남들이 미처 생각하지 못하는 세세한 것까지도 챙기는 것은 솔직히 쉬운 일이 아니다. 아마도 그의 진심이 느껴져서, 끈끈한 관계가 지속하는듯했다.

새해가 밝았지만 아직 덕담을 주고받지 못한 지인이 분명 있을 것이다. 아직 늦지 않았다. 설 연휴가 남아 있기 때문이다. 이번에는 식상한 새해 인사말보다는 받는 이가 진정 소중한 사람이라는 느낌을 받을 수 있는 감동 어린 새해 인사를 준비해보면 어떨까.

출처 : 중앙일보, 2018. 1. 7일자

6) 인사고과

(1) 인사고과의 의의

기업조직에서 도입하고 있는 인사고과는 기업측뿐만 아니라 종업원측을 위해 종업원을 대상으로 필요한 제 사항을 체계있게 평가하는 활동을 말한다. 인사고과에서 평가되는 사항은 일반적으로 종업원의 능력, 개인적 특성, 행동 그리고 기업에의 공헌도 등이 있다. 인사고과의 의미는 인력개발 부문뿐만 아니라 인사관리의 전 기능과도 관련을 가지고 있으며, 간략하게 살펴보면 다음과 같다.

첫째, 인사고과는 인력확보 활동에 중요한 정보를 제공한다. 기업이 인력을 확보하기 위해서 우선 인력의 수요 및 공급예측을 실시해야 하는데, 종업원의 능력을 평가하는 인사고과는 해당 기업의 보유인력에 대한 질적 수준을 판단하는 기준이 된다.

둘째, 인사고과는 인력개발을 위한 계획활동으로서 중요한 역할을 한다. 인력개발을 위한 직접적인 방법인 교육훈련 프로그램을 도입할 때 교육훈련 참가자의 현재 가지고 있는 능력과 잠재능력은 교육훈련의 내용 및 효과를 결정하는 데 주요한 자료가 된다. 또한 인력개발을 위한 간접적인 방법인 종업원의 배치 · 이동에 대한 의사결정을 할 때 인사고과 결과는 그 기준이 된다.

셋째, 인사고과는 임금결정의 중요한 기준이 된다. 임금이란 종업원이 제공하는 노동에 대한 기업의 보상이기 때문에 노동의 질과 양(성과)은 임금결정의 기준이 된다. 우리나라 기업의 경우 연공에 입각한 임금체계를 유지하고 있으나 2000년대 들어서면서 능력(업적)을 기준으로 전환하는 시도를 하고 있다.

넷째, 인사고과는 기업의 인력유지에 중요한 정보를 제공한다. 인력유지 활동을 종업원의 신체적 측면과 정신적 측면으로 구분해 볼 때 인사고과는 종업원의 정신적 측면에 대한 정보를 제공해 준다. 즉 종업원의 사기(士氣), 기업조직에 대한 애사심 등에 대한 정보는 인력유지활동을 위해 중요한 정보가 된다.

다섯째, 인사고과는 인력방출 활동에 중요한 자료가 된다. 기업이 과잉인력을 보유하고 있어 감축이 불가피할 때 누구를 방출시켜야 할 것인가에 대한 의사결정을 하는데 중요한 기준을 제공해 준다.

기업에서 도입하고 있는 인사고과 제도는 평가내용이 고과목적을 얼마나 잘 반영하고 있느냐와 관련되는 타당성(validity), 평가하려는 내용이 정확하게 측정되어지는 정도를 말하는 신뢰성(reliability), 인사고과제도를 피고과자인 종업원이 정당하다고 느끼는 정도인 수용성(acceptability), 그리고 고과제도가 비용 · 효과 측면에서 얼마나 실용성(practicality)을 가지고 있느냐 등의 제 구성요건을 충분히 갖추어 설계되고 운영되어야 한다.

(2) 인사고과의 방법

인사고과의 방법은 누가 고과자가 되느냐에 따라서, 고과시기를 언제로 할 것인가에 따라 그리고 어떤 고과기법을 도입하느냐에 따라 달라질 수 있다. 인사고과의 방법을 간략하게 살펴보면 다음과 같다.

① 서열법

서열법(ranking method)은 피고과자에 대해 능력 · 업적 등을 모두 합하여 그 가치에 따라 서열을 매기는 방법이다. 이러한 방법으로 교대서열법과 쌍대비교법이 있는데, 교대서열법은 피고과자 중 먼저 가장 우수한 사람과 가장 못한 사람을 뽑고 또 남은 사람 중에서 계속해서 이런 방법으로 가장 우수한자-가장 못한 자를 뽑아 전체 서열을 매기는 방법이다. 쌍대비교법은 피고과자가 임으로 한 쌍씩 짝을 지어 비교하는 것을 되풀이하여 서열을 매기는 방법이다.

② 평정척도법

평정척도법(rating scale method)은 피고과자의 능력, 개인적 특성 및 성과를 평가하기 위하여 평가요소들을 제시하고, 이에 대해 단계별 차등을 두어 평가하게 하는 기법이다. 이 방법은 고과목적에 따른 평가요소를 개발하여 평가하게 되면 특정 고과요소에 대한 피고과자의 수준을 판단할 수 있다.

또한 평가결과에 대한 의미있는 계량화가 가능하여 임금 책정 등에 유용한 정보를 제공할 수 있다. 그러나 이 기법은 신뢰성 측면에서 심각한 문제가 발생할 수 있으며, 고과자가 의도적으로 특정 피고과자를 높게 평가하려고 할 때 이를 막을 수 없다.

③ 체크리스트법

체크리스트법(check list method)은 고과내용이 되는 피고과자의 능력, 태도, 작업행동 그리고 성과 등에 관련되는 표준행동들을 제시하고 고과자가 해당 서술문을 체크하여 평가하는 기법이다. 체크리스트법의 특징은 고과의 내용이 되는 개별 표준행동에 고과자가 인지할 수 없도록 가중치가 매겨져 있다는 것이다.

이러한 가중치 책정작업은 인사고과 개발 위원회에서 여러 복잡한 과정을 거쳐서 이루어진다. 이 기법은 실용성 측면에서 평가항목이 되는 표준행동에 대한 개발비 그리고 이러한 항목들에 대한 가중치 부여에 대한 과학적이 검토과정에 많은 비용이 수반된다.

④ 중요사건 기술법

중요사건 기술법(critical incident technique)은 고과자가 일상 작업생활에서 관찰 등을 통해 피고과자가 보여준 특별히 효과적인 혹은 비효과적인 행동 내지 업적을 기록하여 이를 고과시점에서 정리하여 평가하는 것이다. 특별히 효과적인 행동 내지 업적이란 해당 작업조직에 결정적인-긍정적이든 부정적이든-영향을 주었던 사건을 말한다.

⑤ 행동기준 평가법

행동기준 평가법(Behaviorally Anchored Rating Scales : BARS)은 평정척도법과 중요사건 기술법을 혼용하여 보다 정교하게 계량적으로 수정한 기법이다. 이 기법은 먼저 관리자로부터 직무를 수행하는데 나타나는 수많은 중요사실을 추출해서 몇 개의 범주로 나눈다. 그리고 나서 각 범주의 중요한 사건을 척도에 의해 고과자가 평가하게 한다.

3. 노사관계관리 활동

1) 노사관계

(1) 노사관계의 의의

노사관계(labor relations)는 노동을 공급하는 자와 노동을 공급받는 자의 관계로 이루어진다. 종업원과 사용자 사이의 관계는 사용자와 노동자 개개인과의 개별적 고용관계에 바탕을 둔 관계로서 개별적 노사관계이다. 반면에 노동조합과 사용자 사이의 관계는 집단적인 계약에 바탕을 둔 집단적 노사관계를 말한다. 넓은 의미에서의 노사관계는 개별적 노사관계와 집단적 노사관계를 모두 포함하지만, 좁은 의미의 노사관계는 집단적 노사관계만을 뜻하는 것이다.

(2) 노사관계의 유형

조직체의 노사관계는 조직체가 처해 있는 정치, 경제, 사회 등 사회문화적 환경과 경영이념 그리고 노조조직의 지향성 등 여러 가지 요소에 의해 형성된다. 노사관계의 유형을 몇 가지로 구분하여 살펴보고자 한다.

① 노조부정형

사용자가 노조를 근본적으로 인정하려고 하지 않고 노조결성을 의도적으로 방지하거나 노조가 이미 결성되었으며, 노조활동을 방해하며 기회가 있으면 노조를 약화 또는 축출시키려고 온갖 노력을 다하는 노사관계 유형이다. 이 유형은 근로조건이 좋지 않은 상태에서 근로자들의 노조결성을 사용자가 강력히 저지하려는 조직체에서 볼 수 있는 것은 물론이고 근로조건이 좋은 조직체에서도 인간중심적 경영방침을 통하여 노조의 결성을 방지하려는 사용자의 경영이념에서도 볼 수 있다.

② 결탁형

단체교섭에 있어서 사용자와 노조 지도층 간에 거래나 부조리 또는 결탁에 의하여 노사간의 문제를 해결하는 노사관계 유형이다. 따라서 노조의 지도층은 조합원들의 의사를 반영하는 기능을 상실하고 경영층은 이를 악용하는 상태에서 정당한 노사관계가 이루어지지 않고 있는 것이 특징이다.

③ 무장휴전형

사용자는 노조를 인정하지만 상호 간의 갈등관계를 인식하고 서로 불신적인 관계에서 언제라도 전투를 할 무장태세를 갖추고 있는 노사관계 유형이다. 우리나라에서도 최근의 노사관계에서 상호 간의 불신감이 높고, 노사 상호 간의 대립상태에서 분쟁이 치열하고 장기화되는 경향이 있는 조직체가 적지 않은 점을 보아 무장휴전형의 노사관계가 많다고 할 수 있다.

④ 현실형

노사 양측이 서로 강력하다는 것을 인식하고 사회경제적 여건과 조직체 상황에 따라서 현실에 맞게 노사 상호 간의 관계를 맺어 나가는 유형이다. 따라서 현실형에서는 사회환경과 조직체의 수익 및 생산성 등 주요 시장구성요소들이 단체교섭을 포함한 노사관계의 기준이 된다.

⑤ 협력형

노사 양측이 각기 세력을 서로 인정하는 것은 물론 양측의 이득과 복지는 상호의존관계에 있다는 것을 전제로 서로 타협하고 협조하여 노사 간의 문제를 해결해 가는 유형이다. 이 유형은 노사관계가 발전하면서 노사 양측이 장기적으로 지향해야 할 바람직한 노사관계 유형이라고 할 수 있다.

사례 14-3 4차 산업혁명 쓰나미…우리 노사관계는 아직 1차 산업혁명기?

'파업' 직업활동가 양상…노동조합 · 노동운동 모두에게 외면 설 자리 잃을수도

역사를 거슬러 올라가 본다. 1차 산업혁명기 근로자들의 삶은 비참했다. 18세기 후반 영국을 보면 하루 근로시간은 평균 16시간에 달했으며, 사사로이 체벌이 가해지기도 했다. 인건비 절약을 위한 아동노동이 증가하면서 전체 근로자의 70%가량이 18세 미만의 미성년자로 채워졌다.

산업혁명으로 국가 전체의 부는 증가했지만, 같은 시기 영국 맨체스터 빈민가에 살던 사람들의 평균 수명은 17세에 불과했으며, 평균신장 증가율도 점차 감소해 19세기 초반에는 오히려 평균키가 작아지는 등 근로자들의 생존은 큰 위협을 받는 상황에 직면했다. 하층 빈민 계급으로 전 국민의 67%에 이르렀던 근로자들은 생존을 위해 집단적으로 사용자를 찾아가 협박하거나 생산기계를 파괴하는 활동을 감행하면서 자신들의 근로조건을 개선해 달라고 요구했다.

당시 영국 정부는 단결금지법 등을 제정하면서 근로자들의 집단행동을 불법으로 규정했으나 사용자들 사이에서는 노동조합의 집단행동에 대해 법률적 대응과 병행하여 자율적인 대화로 문제를 해결하려는 움직임이 있었고, 그 과정에서 단체교섭이 관행으로 자리 잡게 되었다.

이후 법 개정으로 노동조합과 단체교섭이 합법화되었는데, 18세기 후반 노동조합의 등장은 생존권 확보를 위한 시대의 요구였다고 할 수 있다. 이러한 배경으로 노동조합과 단체교섭은 특권으로 인정받게 되었고, 제조업이 중심이었던 1차 산업혁명기의 노동조합은 산업발전과 근로조건 향상이라는 두 개의 가치가 조화롭게 병행될 수 있도록 나름대로의 역할을 수행했다고 볼 수 있다.

하지만 현재의 산업구조는 제조업 중심에서 서비스업 중심으로 빠르게 변화했으며, 근로자들도 기업에 예속되어 착취당하는 대상이 아닌 기업과 동등한 파트너가 되었다. 평생직장 개념이 옅어지고 자아실현을 위해 언제든 쉽게 이직을 선택하는 시대가 된 것이다. 우리나라도 예외는 아니다.

또한 인터넷과 모바일이 주된 소통 수단으로 자리 잡았다. 군중들이 광장에 모여서 연설을 듣고 결집하여 힘을 과시하는 것은 기록영화에서나 볼 법한 구시대의 모습이 되었다. 이러한 시대의 변화상은 노동계의 소위 "총파업"이 직업활동가들만의 행사로 축소되고 그 위력이 약화된 것에서, 노동조합 조직률이 매우 낮은 수준으로 고정되어버린 것에서 쉽게 읽을 수 있다.

4차 산업혁명의 거대한 쓰나미가 밀려드는 최근의 변화 속에서 노와 사 모두 혁신하지 않으면 안 된다. 잠시라도 한눈을 파는 사이 우리는 어느새 세계의 경쟁에서 뒤처진다. /사진=연합뉴스

실제로 우리나라 노조 조직률은 노사분규가 극심했던 1989년 18.6%로 정점을 이뤘지만 해가 갈수록 줄어들면서 2004년 이후 10여 년 동안 9~10% 안팎에 머물러 있다. 이러한 현실에도 불구하고 노동조직의 위축과 조직률 저하의 원인을 내부에서 찾지 않고 정부와 사용자의 탄압 때문으로 규정하는 것은 이해하기 어렵다.

이제 노동조합의 역할과 활동 방향이 근본적으로 바뀌어야 한다. 18세기 후반에 생산기계를 파괴하고 사용자를 습격했던 방식으로 21세기에도 "투쟁"할 수 있다고 생각한다면 큰 오산이다. 해고된 회사에 복직하기 위한 고공시위, 대규모 집회와 사업장 점거는 더 이상 대다수 국민과 직장인들로부터 공감을 얻을 수 없다. 양 노총은 매년 현장투쟁 강화, 조직활동 강화를 외치지만 일자리를 찾지 못한 구직자와 취업대기자들에게는 공허한 주장일 뿐이고 열렬한 지지도 이끌어낼 수 없다.

이 시대 근로자들이 진정으로 원하는 것이 무엇인가? 이 시대 직장인들에게 노동조합이 다가갈 수 있는 방법은 무엇인가? 이에 대해 노동조합이 아주 솔직하게 고민하고 근로자들의 변화된 목소리를 받아들이지 못한다면 머지않아 노동조합과 노동운동은 모두

에게 외면당하고 설 자리를 잃어버릴 수도 있다.

상황 인식이 경직된 활동가 중심의 조직, 대규모 제조업 소속 조합원의 이익 추구로 끝나는 과격한 집회와 시위, 무리한 투쟁 위주의 이념성과 조직 선명성 경쟁으로부터 과감히 탈피해야 한다. 지금 노동조합은 선택의 기로에 서있다.

경영자들도 구태와 관행에서 벗어나야 한다. 근로자를 인적 자산으로 인정하지 않고 단순히 비용으로만 계산해서는 기업이 지속적으로 성장할 수 없다. 4차 산업혁명에 따라잡기 위해서는 근로자의 능력개발에 보다 많은 노력을 기울여야 한다.

4차 산업혁명의 거대한 쓰나미가 밀려드는 최근의 변화 속에서 노와 사 모두 혁신하지 않으면 안 된다. 1차 산업혁명 당시의 1년이 4차 산업혁명 시대에는 단 1초의 순간에 지나지 않는다. 잠시라도 한눈을 파는 사이 우리는 어느새 세계의 경쟁에서 뒤처진다.

출처 : 미디어펜, 2018. 2. 3일자

2) 노동조합

(1) 노동조합의 의의

우리나라의 노동조합 및 노동관계조정법 제2조에서는 "노동조합이라고 하는 것은 근로자가 주체가 되어 자주적으로 단결하여 근로조건의 유지 · 개선 및 기타 근로자의 경제적 · 사회적 지위의 향상을 도모함을 목적으로 조직하는 단체 또는 그 연합단체를 말한다"고 규정하고 있다. 비록 근로자가 주체가 되어 자주적으로 조직된 단체일지라도 그 목적이 다른 목적을 실현하고자 하는 단체이면 노동조합이라고 할 수 없다.

(2) 노동조합의 형태

① 직종별 노동조합

직종별 노동조합(craft union)은 가장 먼저 발달한 노동조합의 조직형태로서 특정기업이나 산업에 고용되는 것과는 관계없이 직종 또는 직업을 같이하는 근로자들로 조직된 노동조합을 말한다. 직업별 조합이라고도 불리며 주로 숙련공들의 기술이 필수적으로 요구되던 종래의 생산방식하에서 숙련근로자가 조직을 통해 노동시장을 배타적으로 독점하여 교섭력을 높이는 것을 주목적으로 하였다.

이 노동조합의 장점은 동종근로자 집단이기 때문에 단결이 강화되고 단체교섭과 임금협상이 용이한 것을 들 수 있다. 단점으로는 조직의 배타성으로 근로자 간의 형평성을 깨기 쉽고 기업현실을 고려함 없이 무리한 요구가 나타날 수 있다.

② 산업별 노동조합

산업별 노동조합(industry union)은 직종이나 계층에 관계없이 동일산업에 종사하는 근로자가 조직하는 노동조합을 말한다. 이 조합은 20세기 철강, 전기, 화학, 자동차 등의 대량생산공업이 발달하고 그와 같은 산업에서 미숙련공, 반숙련공, 숙련공 등이 복합적으로 존재함에 따라 과거 직종별 조합의 노동공급 제한방법과는 다른 방법이 필요한데에서 발생하였다.

산업별 노동조합의 장점은 기업과 직종을 초월한 거대한 조직으로서 정책활동에 의해 압력단체로서의 지위를 가지며, 산업구조의 변화와 그에 따른 자본의 집중화에 대응하여 해당산업에 있어서 교섭력의 통일화를 유지할 수 있다는 점을 들 수 있다. 단점으로는 직종간이나 단위 기업 간의 이해차이로 조직의 응집력이 약해질 가능성도 있다.

③ 기업별 노동조합

기업별 노동조합(company union)은 동일한 기업에 종사하는 근로자들로 조직되는 노동조합을 말한다. 이 조합은 같은 기업체에 근무하는 근로자들만으로 조직되므로 조직의 범위가 명확하며 조직활동이 비교적 용이하다. 또한 조합원들이 동일기업에 종사하고 있으므로 근로조건을 획일적으로 적용하기가 용이하며 사용자와의 밀접한 관계로 무리한 요구보다는 공동체의식을 형성하여 노사화합이 용이하게 이루어질 수 있는 장점이 있다. 그러나 기업 내 반목과 대립이 유발될 가능성과 사용자와 종업원간의 상하관계로 인하여 노조의 기능이 약화될 수 있을 뿐만 아니라 근로자들 사이에 조합원이라기보다는 종업원이라는 의식이 우선하여 조합운영상의 애로점이 나

〈표 14.3〉 노동조합의 형태별 특징

조합특성	직종별 조합	산업별 조합	기업별 조합	일반 조합
환 경	▪ 초기공업시대 ▪ 산업자본시대 ▪ 숙련공의 직업 독점 시대 ▪ 도제제도의 전성시대	▪ 기계생산시대 ▪ 직종의분화시대 ▪ 작업분업화시대 ▪ 반숙련공, 미숙련공의 다수 등장시대	▪ 사용자 주도적인 노사관계의 조직 ▪ 가족주의적 노사 패턴에서 갈등을 전제로 한 노사 패턴으로의 이양기 조직 ▪ 국가관리 등 독점 공공사업체	▪ 미숙련공 다수 등장 시대 ▪ 직업별 조합에서 제외되었던 산업의 조직 ▪ 직업별과 산업별의 중간산물
조직형태	▪ 1직업 1조합 ▪ 횡단적	▪ 1산업 1조합 ▪ 횡단적	▪ 1기업 1조합 ▪ 종단적	▪ 지역별 전산업 1조합 ▪ 횡단적
조직기반	▪ 숙련공	▪ 반숙련공 ▪ 미숙련공	▪ 기업	▪ 미숙련공 ▪ 잡근로자
조직성격	▪ 완전폐쇄적	▪ 개방적	▪ 폐쇄적	▪ 완전개방적
조직관리	▪ 공제활동 ▪ 중앙집권화	▪ 조합민주주의	▪ 복지활동 ▪ 조합민주주의	▪ 중앙집권적 관료주의
노동시장 통제방법	▪ 직업독점 ▪ 도제제도	▪ 단체교섭 ▪ 파업 ▪ 경영참가	▪ 노사협의 ▪ 단체교섭	▪ 입법규제 ▪ 단체교섭 ▪ 파업

자료: 최종태, 『인사관리론』,(서울: 박영사, 2005), p.901.

타날 수도 있다.

④ 일반 노동조합

일반 노동조합(general union)은 숙련이나 직종, 또는 산업에 관계없이 일반근로자를 폭넓게 포함하는 조합의 형태이다. 이것은 작업의 분업화, 단순화, 표준화 과정의 발달과 함께 등장한 대량의 미숙련근로자들이 노동생활을 영위하기 위한 최저생활의 필요조건을 확보하기 위해 생성되었다. 주된 요구조건으로는 고용의 안정과 임금 및 근로조건의 최저한도 설정 등을 들 수 있다. 일반조합은 조합원 구성의 이질성으로 인해 단결력이 약하고 양적으로만 팽창했기 때문에 유동적이며, 의견종합의 곤란 등으로 인해 단체교섭 기능이 약화될 가능성이 있다.

(1) 단체교섭의 의의

단체교섭(collective bargaining)이란 노사대등의 입장에서 행하는 노동조건의 집단적 거래관계 내지 집단적 타협의 절차를 말한다. 다시 말해 단체교섭권을 의미하는 것으로 단체교섭은 노동조합과 사용자 또는 그 단체 간의 근로조건, 기타 사항에 관한 교섭을 말한다. 단체교섭은 노사간 이해가 상반된 데서 비롯되므로 교섭을 하다 보면 합의가 이루어지거나 아니면 교섭이 결렬되는 사태를 가져올 수 있다.

단체교섭의 방식은 노동조합의 조직형태와 노동운동의 성격에 따라 여러 가지 양상을 나타내며, 단체교섭이 행하여지는 방향과 당사자의 수에 따라 일반적으로 다음과 같은 방식으로 분류할 수 있다.

(2) 단체교섭의 방식

① 기업별 교섭

기업 내 조합원의 협약의 적용대상인 교섭단위로 하여 기업 단위 노조와 사용자간에 단체교섭이 행하여지는 방식이다. 노동조합의 조직형태가 기업별 조합으로 결집되어 있는 우리나라는 여기에 해당된다.

② 집단교섭

여러 개의 단위노조와 사용자가 집단으로 연합전선을 형성하여 교섭하는 방식이며, 노동조합측이나 사용자측이 산업별로 연합전선을 형성하여 교섭하므로 연합교섭이라고도 한다. 주로 업종, 기업규모, 지역 등을 기준으로 집단을 구성하며 유럽 각국에서 많이 볼 수 있다.

③ 통일교섭

전국에 걸친 산업별 노조나 또는 하부단위 노조로부터 교섭권을 위임받은 연합체 노조와 이에 대응하는 산업별, 혹은 지역별 사용자 단체간의 단체교섭을 말한다. 이 방식은 산업별 교섭 또는 복수사용자 교섭이라고도 하며, 영국이나 미국을 비롯한 유럽 각국에서 채택되고 있다.

④ 대각선 교섭

통일교섭과 기업별 교섭의 절충방식으로 단위노조가 소속된 상부단체와 각 단위노조에 대응하는 개별기업의 사용자간에 이루어지는 교섭형태를 말한다. 사용자측에서 사용자 단체가 조직되어 있지 않다든지 또는 조직되어 있는 경우라도 각 기업에 특수한 사정이 있는 경우에는 이와 같은 교섭방식을 택하기도 한다.

⑤ 공동교섭

기업별 노동조합 또는 지역-기업단위 지부가 상부단위의 노조와 공동으로 참가하여 기업별 사용자측과 교섭하는 방식을 말한다.

4) 노동쟁의

(1) 노동쟁의의 개념

근로자들은 노동조합을 결성하여 그 단결력을 배경으로 사용자와 대등한 지위에서 근로조건의 유지 및 향상을 위하여 단체교섭을 행한다. 그러나 노사 간의 대립적인 사항이 단체교섭에 의해 해결된다고는 할 수 없다. 단체교섭에 의하여 문제점이 해결되지 않을 때 노사 간에는 분쟁상태가 일어나게 되고, 또한 양 당사자는 자기의 주장을 관철하기 위하여 실력행사에 들어가게 되는데 이것이 바로 노동쟁의(labor disputes)이다. 노동쟁의는 사용자 또는 사용자단체 간에 임금, 근로시간, 복지, 해고, 기타 대우 등 근로조건의 결정에 관한 주장의 불일치로 인하여 발생한 분쟁상태를 말한다.

(2) 노동쟁의 행위의 유형

① 근로자 측의 쟁의행위

㉠ 파업

파업(strike)은 가장 널리 행해지고 있으며, 또한 역사가 깊은 기본적인 쟁의형태로서 근로자가 단결하여 근로조건의 유지 또는 개선이라는 목적을 쟁취하기 위하여 집단적으로 노동의 제공을 거부하는 행위이다.

ⓛ 태업

태업(sabotage)은 근로자들이 집단적이고 의도적으로 작업능률을 저하시키는 쟁의 행위를 말한다. 즉 노동조합의 통제 하에 취업은 계속하면서 작업능률을 저하시켜 사용자에게 경제적 손실을 초래함으로써 압력을 가하는 방법이다.

ⓒ 불매운동

불매운동(boycott)은 사용자 또는 거래관계에 있는 제3자의 제품구입이나 시설이용을 거절하거나 사용자 또는 그와 거래관계에 있는 제2자와 근로계약의 체결을 거절할 것을 호소하는 투쟁행위이다.

ⓔ 피케팅

피케팅(picketing)은 파업을 효과적으로 수행하기 위하여 근로희망자들의 사업장 또는 공장의 출입을 저지하고 파업참여에 협력할 것을 호소하는 행위이다. 보통 사업장의 출입구 또는 작업현장에서 피켓을 들고 시위하거나 확성기를 사용해 설득하는 것을 볼 수 있다.

② 사용자 측의 쟁의행위

노동조합이 파업에 돌입했을 때 사용자가 취할 수 있는 행위도 있는데, 가장 대표적인 것이 직장폐쇄(lock-out)이다. 이는 노사 간 의견불일치가 있는 경우 사용자가 자기의 주장을 관철하기 위하여 근로자 집단에 대하여 생산수단에의 접근을 차단하고, 근로자의 노동력 발휘를 조직적 · 집단적 · 일시적으로 거부하는 행위이다.

제15장

재무관리

1. 재무관리의 기초

1) 재무관리의 의의와 목표

기업은 원료를 구입해서 제품이나 서비스를 생산하여 판매하고 이익을 창출하는 조직이다. 그런데 이러한 활동을 하기 위해서는 원료구입비, 인건비, 공장과 건물 구입비, 기계설비 운영비 등 많은 자금이 필요하다. 즉 기업경영에는 돈이 필요한데 이 돈을 어떻게 조달하여 어떻게 사용하느냐에 따라 많은 비용이 더 들기도 하고 이익이 더 창출되기도 한다. 따라서 가장 효율적으로 조달하여 가장 효율적으로 운용해야 하는데, 이러한 활동을 재무관리(financial management)라고 한다. 즉 재무관리는 기업의 자금흐름과 관련하여 기업경영 활동에 소요되는 자금의 조달과 운용에 관한 활동을 계획, 조정, 통제함으로써 기업목표를 달성하려는 일련의 활동을 말한다.

자본시장으로부터 일정한 자본을 조달받아 자산을 운영하고 이로부터 창출한 현금흐름을 자본조달자의 주주와 채권자들에게 배분하는 과정을 관리하는 것은 재무관리의 기능이다. 이러한 재무관리의 기능을 효율적으로 수행하기 위해서는 재무관리의 목표를 분명히 설정하여야 한다. 재무관리의 목표는 재무관리자가 투자결정과 자본조달결정을 내릴 때 의사결정의 기준이 된다.

이러한 재무관리의 목표는 첫째, 기업가치의 극대화(maximization of firm value)이다. 기업의 가치는 그 기업이 투자한 자산들이 앞으로 그 기업에 얼마나 공헌할 것인가에 달려있다. 둘째, 자기자본가치의 극대화(maximization of equity value)이다. 자기자본이 가지고 있는 권리는 주식의 형태로 거래되므로 자기자본가치의 극대화는 곧 주식가치의 극대화이다. 셋째, 경영자이익의 극대화(maximization of managerial interest)이다. 경영자는 주주의 이익을 극대화함으로써 경영자 자신의 이익도 증가시킬 수 있다. 따라서 주주들이 경영자를 확실하게 지배할 수 있는 상황에서 경영자는 주주의 몫인 자기자본의 가치를 극대화하는 의사결정을 하게 된다.

2) 재무제표

재무제표(financial statements)란 기업의 경영활동 가운데 자본의 흐름이나 상태를 숫자로 나타낸 표를 말한다. 기업은 1년마다 결산을 하게 되는데, 결산 후에 적성되어 발표되는 재무제표는 지난 1년간 기업의 경영성과를 알려주는 표이다. 이러한 재무제표에는 대차대조표와 손익계산서가 대표적이다.

(1) 대차대조표

대차대조표(balance sheet)는 결산기 말에 기업의 영업활동에 사용되고 있는 자산이 어떠한 형태로 얼마만큼 있으며, 그것이 어떠한 자본으로 조달되고 있는가를 나타내는 표를 말한다. 이것에 의하여 각종 자산이나 부채, 자본 등이 어떻게 구성되어 있는지, 균형이 맞는지, 재정상태는 건전한지를 검토할 수 있다.

대차대조표는 오른쪽의 대변에 자본의 조달과 관련된 항목을 적고, 왼쪽의 대변에 자본의 운용과 관련된 항목을 적게 된다. 오른쪽의 대변항목은 자기자본으로 조달한 부분과 타인자본으로 조달한 부분으로 나누어 기재하게 된다. 왼쪽의 차변항목은 현금, 유가증권 등의 유동자산으로 운용된 부분과 건물, 토지 등의 고정자산으로 운용된 부분으로 나누어 기재하게 된다.

(2) 손익계산서

손익계산서(income statement)는 일정기간의 영업실적을 올리고 그 이익을 내기 위해 어느 정도의 비용을 사용하였으며, 현재의 총이익은 얼마이며 세금을 낸 후의 순이익은 얼마인지를 정확하게 밝히는 표이다. 손익을 계산할 때에는 총 판매액에서 원가를 차감하여 매출 총수익을 계산하고 판매비용과 일반관리비를 차감한 후 영업이익을 산출한다. 또한 영업외의 활동으로 벌어들인 특별이익과 특별손실을 가감하여 법인세전 이익을 계산한 다음 당기 순손익을 산출하여 표시한다.

사례 15-1

투명경영 선도할 '감사위원회 정상화'

"경영 투명성 해치는 '회계조작'
기업 규모 클수록 업무집행 · 회계감시 더 중요
전문성과 독립성 확보된 감사위원회 정착시켜야"

이만우 교수

한국의 투명성에 대한 국제 평가는 늘 바닥이다. 평가기관마다 아프리카 저개발국보다 낮은 점수를 내놓는다. 그동안 저평가에 대한 체계적 원인 분석 없이 '기업주 책임'으로 몰아가는 분위기였다. 사실 부패의 본산은 정치권력이고 공공 부문 비리가 더 심각하다. 기업 비리는 기업주 책임도 크지만 임직원이 적극 가담하고 함께 은폐하는 '공모 프레임'이 더 문제다.

투명성을 갉아먹는 최악의 해충은 회계 조작이다. 거짓 재무제표는 회계담당자와 이사회가 공모하고 외부감사인이 부주의 또는 고의로 그냥 넘기면서 마각을 드러낸다. 주식회사의 경우 주주는 출자금에 대한 유한책임만 부담하고 경영은 이사회가 맡는다. 이사의 업무집행과 회계보고의 적정성을 감시하기 위해 일정 규모 이상의 주식회사는 감사위원회를 의무적으로 설치해야 한다. 감사위원회를 구성하는 감사위원은 사외이사 중에서 선임하는 것이 보통이다.

사외이사와 감사위원의 겸임은 업무집행과 감시활동이 동일인에 의해 수행되는 문제점은 있지만 업무과정에서 습득한 정보를 감사에 활용하는 장점도 있다. 회사 경영실적을 금액으로 표시하는 재무제표 검증이 감사위원회의 주된 기능이기 때문에 감사위원의 '재무제표 이해능력(financial literacy)'은 필수적이고, 적어도 1인은 회계에 정통한 전문가 중에서 선임해야 한다.

대기업은 사업 포트폴리오 구성 과정에서 지분투자를 통해 자회사와 관계회사를 다수 보유하기 때문에 이를 결합한 연결재무제표가 중요하다. 특히 금융회사는 자회사와 손자회사 및 관계회사가 얽혀 연결 절차와 지분법 평가가 매우 복잡하다. 신한금융지주는 은행, 카드, 금융투자, 생명보험 등 13개 자회사와 200개 넘는 손자회사를 연결하고, 100개 넘는 지분법 적용 대상 관계회사를 포괄하는 매우 복잡한 연결재무제표를 작성한다. 해외에 있는 자회사의 현지 통화를 원화로 환산하는 절차까지 얽힌다. 감사위원회의 감사보고서는 이사회와 주주총회에 제출되고 이를 기초로 외부감사인이 회계감사를 수행한다. 회계전문가가 없는 덕망가 중심의 감사위원회로서는 내용에 대한 기초적 이해도 쉽지 않다.

소규모 가족기업은 이해관계자도 적고 파산해도 손해 입을 사람이 많지 않다. 그러나 자산총액이 조(兆) 단위를 넘어서는 경우 투자자와 채권자뿐만 아니라 소비자와 근로자 등 이해관계자가 대폭 확대되기 때문에 이들을 보호하기 위한 업무집행과 회계에 대한 감시가 더욱 중요해진다. 지난 7일 최종구 금융위원장과 국회 정무위원회 소속 국회의원이 참석한 가운데 한국기업지배구조원 주관으로 '감사위원회 운영 모범규준' 제정을 위한 정책토론회가 열렸다. 자산총액 2조 원 이상인 감사위원회 설치 의무화 기준을 '1조 원 이상'으로 확대하고 감사위원은 사외이사 중에서만 선임하는 내용과 감사위원회를 보좌하기 위한 내부 감사부서 설치 권고도 포함된 초안이 소개됐다.

상근감사를 폐지하고 비상근인 사외이사로 감사위원회를 대체한 것은 독립성이 확보된 인사를 선임하고 상근 보좌기구를 설치한다는 전제가 깔려 있다. 감사부서 책임자에 대한 실질적 선임 권한도 감사위원회에 부여해야 한다. 외부감사인과 내부감사부서 책임자 선임뿐만 아니라 감사 투입 시간 및 보수도 감사위원회가 결정할 사항이다. 회계담당부서가 감사보수 책정을 주관하는 현재 관행은 외부감사인의 독립성을 훼손하는 함정이다. 내부감사부서가 산출 근거를 마련하고 감사위원회가 결정하는 것이 합리적이다. 부실감사로 회계사고가 발생하면 회사 감사위원에게도 민형사 책임이 부과된다는 사실을 상기해야 한다.

기업회계 투명성 제고를 위해 '주식회사의 외부감사에 관한 법률'이 전면 개정됐고 감사인 지정 대상도 대폭 확대됐다. 외부감사인의 감사절차는 회사 회계부서의 협조가 필수적인데 이를 강제할 수단이 마땅치 않다. 그러나 감사위원회 감사에 협조하지 않으면 이사를 겸직하는 감사위원이 인사권을 발동할 수 있고 허위보고에 대한 징계 수단도 많다. 감사위원회가 제대로 작동해야 회계 투명성이 개선된다. 관계 법령 개정을 통해 전문성과 독립성이 확보된 감사위원회를 정착시켜 기업 경영 투명성을 끌어올려야 한다.

출처 : 한국경제, 2018. 2. 3일자

2. 재무활동

재무활동이란 기업의 목표를 달성하기 위한 자본조달활동과 자본운용활동으로 나누어 볼 수 있다. 따라서 자본을 어떻게 조달할 것이며, 이 자본을 어떻게 운용할 것인가를 이해하는 것이 재무활동의 중요한 부분이라고 볼 수 있다.

1) 자본의 조달활동

기업들은 경영활동을 하면서 부족한 자본을 금융시장이나 증권시장을 통해서 조달할 수가 있다. 이러한 방법에는 직접금융과 간접금융의 방법이 있는데, 직접금융은 투자자에게 증권이나 채권 같은 증서를 주고 직접 돈을 공급받는 것이다. 간접금융은 돈 가진 자본가가 은행이나 투자회사에 예치한 돈을 기업이 차입하거나 약속어음을 판매하여 자금을 조달하는 방법이다.

(1) 직접금융을 통한 자본조달

현대의 기업들은 많은 자금을 자본시장에서 주식을 발행하여 자금을 융통한다. 주식회사의 경우에는 불특정 다수의 일반투자자들을 대상으로 주식을 발행하여 자금을 조달하는데, 자기자본의 형태여서 재무건전성 측면에서 다른 방법을 통한 자본조달보다 유리하다.

① 주식발행

주식발행을 통한 자본조달 방법에는 보통주와 우선주 발행의 두 가지 방법이 있다. 첫째, 보통주(common stock)는 기업이 발행한 주식으로 보통주를 가진 사람이 그 기업의 주인이다. 둘째, 우선주(preferred stock)는 보통주를 소유한 사람보다 먼저 배당을 받을 수 있는 주식이며, 그 대신 의사결정권은 없다.

② 회사채 발행

채권발행을 통한 자본조달은 그 유동성이나 편리성 측면에서 가장 일반적이면서 대규모로 자본을 조달할 수 있는 수단이기도 하다. 채권은 발행기관에 따라서 회사가 발행한 회사채(corporate bond)와 중앙정부가 발행한 국채(govern ment bond)로 분류된다.

회사채는 일정 이자를 주기로 약속하고 돈을 빌리며 발행하는 증서이다. 회사채 소유자는 원금과 이자를 확실히 받는 대신 회사에 대한 소유권이나 경영권은 전혀 없다.

(2) 간접 금융을 통한 자본조달

기업은 주식과 회사채 발행 등 직접 금융시장에서 자본을 조달할 뿐만 아니라 은행 등 금융기관을 통한 간접 금융시장에서도 자본을 조달할 수 있다. 현재 많은 기업들은 직접 금융시장에 비해 금융기관을 통한 간접 금융시장에서 더 많은 자본을 조달하고 있다.

① 은행차입

은행으로부터 자본을 차입하는 것은 가장 보편적인 기업의 자본조달 방법이다. 당좌

차월, 어음할인, 대출 등의 융자를 얻을 수 있는데, 은행은 이때 그 기업의 신용을 기준으로 하여 일정액 이상 차입을 못하도록 한도를 정해놓기도 한다.

② 기업어음

기업어음(commercial paper : CP)은 기업이 발행한 약속어음을 말한다. 기업어음을 발행하는 대부분의 기업들은 투자금융회사와 종합금융회사 및 일반시중은행 등의 중개기관을 통하여 이를 판매한다. 기업어음은 은행대출에 비하여 담보제공을 비롯한 번거로운 수속절차 없이 수시로 자본을 조달할 수 있다는 점에서 편리하지만 단기적인 자본조달 수단이다.

2) 자본의 운용활동

증권시장이나 금융시장을 이용하여 자본을 조달하고 나면, 그 조달된 자본을 언제, 어디에, 얼마만큼 투자할 것인가 하는 운용측면을 고려해야 한다. 자본을 운용하는 방법에는 미래 사업기회를 모색하여 투자하는 방법과 주식, 채권 등 금융상품에 투자하는 방법 등으로 분류할 수 있다.

(1) 사업에 투자

기업은 먼저 조달한 자본을 사업에 투자하며 위험과 수익성을 함께 고려하여 투자의 결과로 수익이 나올 수도 있지만 손해를 볼 수도 있다는 점을 고려해서 자본을 잘 사용해야 한다. 우선 유동자산이 사용되는 곳은 단기부채 상환이나 원료구매, 임금지불 같은 영업활동에 쓰이는데, 이는 수익을 가져오는 자산은 아니다. 그러므로 이와 같은 비수익성 자산을 과다하게 보유하는 것은 바람직하지 않다.

자금사용계획을 제대로 세우기 위해서는 투자할 사업에서 언제 얼마의 자금이 필요한지 그리고 투자한 결과가 언제 얼마의 자금으로 다시 들어올지도 예측해야 한다. 투자의 결과로 이익이 나기 시작하면 외부조달 없이도 그 자금을 사용할 수 있기 때문이다.

사업에 투자되는 자금은 현재 투입되고 수익은 몇 년 후에 들어오는 것이므로 몇 년 후에 들어올 수익을 현재가치로 환산하여 투자할 가치가 있는지 판단해보고 자금을 투입해야 한다. 이에 대한 여러 전문적인 계산방법이 있는데, 재무관리 담당자는 이러한 기법들을 알아두어야 할 것이다.

(2) 금융상품에 투자

조달된 자본으로 사업에 투자하여 이익을 낼 수도 있지만 자금이 남아돌거나 당장 투자할 대상이 없다면 필요한 시점까지 주식, 채권 등 금융상품에 투자하여 이익을 낼 수도 있는데 이때 발생되는 수익을 영업외 수익이라고 한다.

남는 자금은 현금으로 보유하는 것이 가장 유동성이 높다. 즉 언제라도 자금이 필요하면 바로 동원할 수 있어서 좋다. 그러므로 기업은 현금흐름을 예측하여 꼭 필요한 만큼만 가지고 있고 나머지는 수익을 내는 데 투자해야 현명한 처사이다. 그리고 현금의 유입은 가능한 신속하게 하고 유출은 가능한 늦추어서 현금 이용기간을 최대한 늘려야 할 것이다.

보유하고 있는 현금이 과다하다고 생각되면 미래에 필요한 시점까지 현금의 일부를 유가증권의 형태로 보유하는 것이 좋다. 여러 종류의 유가증권(주식, 채권, 기업어음 등)을 적절히 배합하여 보유하는 것이 좋은데, 이러한 다양한 유가증권의 적절한 결합을 포트폴리오(portfolio) 관리라고 한다.

사례 15-2 기업 자산의 가치, 어떻게 분석해야 정확할까

얼마 전 은퇴한 A씨는 그동안 집안에서만 써왔던 요리 실력을 활용해 새로운 사업을 시작하고자 한다. 그는 20년간 근무하며 수령한 퇴직금 1억 원과 모아왔던 저축을 활용하여 2억 원을 만들었고, 그 돈으로 최첨단 스마트 튀김기계를 해외에 직접 주문 제작해 구입했다.

그런데 문제가 생겼다. 최첨단 튀김기계를 구입하는 데 너무 많은 자금을 지출하여 매장을 임차할 수 있는 보증금을 준비하지 못했다. A씨는 자신의 요리실력과 특급기계를 사용한 음식사업은 잘될 것이라고 100% 확신하였기 때문에 큰 고민 없이 은행으로 달려가 보증금을 대출받고자 했다.

은행 : 안녕하십니까 고객님. 현재 고정수입이 없으셔서 신용대출이 불가능하십니다. 혹시 담보로 제공해 주실 부동산이나 기타 자산이 있으신가요?

A씨 : 집이 있긴 한데… 그건 아내가 절대 불가능하다고 못을 박았습니다. 그래서 최근에 구매한 기계가 있는데 그걸 담보로 대출을 받고 싶습니다.

은행 : 제공해주신 서류를 보긴 했는데… 아무래도 대출은 어려울 것 같습니다.

A씨 : 아니 왜요? 이거 2억 원이나 주고 산 물건이란 말이에요.

은행 : 죄송합니다만 두 가지 이유가 있습니다. 첫째는 본 기계가 특별제작품이라는 점입니다. 비싼 물건이긴 하지만 범용성이 없는 물건이기 때문에 만일 판매하고자 하는 마음이 있더라도 구매자가 있을지, 또 얼마에 팔 수 있을지를 확인할

수 없습니다.

A씨 : 중고로 팔 수 없을 거라는 이야기는 알겠습니다. 저도 알고 있는 부분이니까요. 근데 이 기계는 시중에서 절대 볼 수 없는 특별한 기계이고 이것으로 만든 저의 음식은 대박이 날 건데 대출이 안 되나요?

은행 : 두 번째 이유가 그것입니다. 고객님께서 해당 사업을 진행하신 과거 사례가 전혀 없고, 워낙 특별한 기계라 유사 업종에서 비교해 볼 수 있는 통계 자료가 없습니다. 저희 은행에서는 주관적인 근거로 대출심사를 하고 있지 않습니다.

A씨 : ….

이는 가상의 사례지만 실제로 회계기준에서 규정하는 자산의 평가 방법을 이야기 하고 있다. 재무상태표에서 표시하는 '자산'은 일반적으로 그 자산을 구입한 원가로 표시되어 있다. 그런데 앞서 필자의 기고문 등에서 많이 언급했던 바와 같이 자산의 정의는 '미래 경제적 효익'이다. 자산이 어떻게 미래 경제적 효익을 창출한다는 말인가? 그것은 자산의 보유 목적을 생각해보면 쉽다.

일반적으로 기업은 자산을 주로 '판매'하거나 '사용'할 목적으로 보유하고 있다. 그러므로 자산의 경제적 효익은 그 자산을 팔거나 사용해서 얼마의 가치가 될 것인가 하는 것을 측정하면 되는 것이다. 그리고 기업은 이를 측정해야만 한다. 가치가 없는 자산에 숫자를 부여하는 것을 우리는 '분식회계'라고 규정하고 있기 때문이다.

그러나 보통 판매가치를 측정하는 것은 쉽고 이해하기 쉬운 일이지만 사용가치를 찾는 방법은 쉽게 이해되지는 않는다. 간단하게 이야기하자면 사용가치란 그 자산을 사용해서 얼마만큼의 소득을 얻을 수 있을지 간접적으로 평가해 본 가치다.

예를 들면 삼성전자가 지금은 생산이 중단된 구형 스마트폰 제작 기계를 보유하고 있다면 그 자산은 가치가 있는 것일까. 그 기계를 아직까지 보유하고 있다면 그 자산의 금액은 0에 가까운 숫자로 평가되어 있을 것이다. 미래 경제적 효익(판매가치 및 사용가치 모두)이 없기 때문이다.

또 한 가지 더 예를 들어보면, 앞선 사례에서 최신형 튀김기계를 2억 원에 구입해 치킨을 팔았는데 그 치킨을 팔아 벌 수 있는 예상 영업이익이 1년에 5,000만 원이라고 하자. 그런데 이 기계는 한 5년 정도 쓸 수 있다고 예상된다면 이 기계의 사용가치는 2억 5,000

만 원인 것이다. 그러므로 2억 원에 구입한 그 기계는 최소한 2억 원 이상의 가치가 있다고 인정받을 수 있다. (사실 5년이란 시간은 긴 시간이므로 시간가치를 고려하면 실제로 2억 5,000만 원보다는 작지만 시간의 개념은 개념설명의 편의성을 위해 생략한다.)

요약하자면 기업은 보유하고 있는 자산의 현재 가치가 구입한 금액에 비해 부족하지 않을지 매 순간마다 평가해야 하는데, 평가하는 방법에는 일반적으로 '공정가치(판매가치)'와 '사용가치'가 있다. 특히 사용가치는 그 자산에서 직접적으로 관찰 할 수 있는 금액이 아니고 영업활동에서 획득할 수 있을 것으로 예상되는 수익을 통해 간접적으로 평가할 수 있다. 물론 위 사례처럼 과거 영업 사례가 전혀 없거나 비슷한 타사 사례 등도 없다면 미래를 예측하기가 어려우므로 사용가치 평가는 상당히 제한적일 수밖에 없다는 사실도 기억해야 한다.

결론적으로 자산과 부채와 자본으로 이루어진 재무상태표는 기준일 현재의 기업의 재산 상태를 가능한 한 정확하게 표시해야 한다. 그렇게 하기 위해서는 자산을 적절한 가치로 평가하는 것이 가장 중요한 일 중 하나일 것이다.

출처 : 매경프리미엄, 2018. 2. 6일자

3. 재무분석

1) 재무분석의 의의

기업이 자본을 조달해서 일정기간 영업을 하고 나서 그 동안의 활동을 재무측면에서 실적을 판단해 볼 필요가 있다. 기업의 성장성, 부도위험, 이익달성의 여부 등에 관한 분석을 해야 하는데 이를 재무분석(financial analysis)이라고 한다.

기업이 목표를 달성하기 위해서는 먼저 자기 기업이 처한 현 상태가 어떠하며 미비점은 무엇인가를 알아야 한다. 이것은 한 개인이 자신의 건강을 최적으로 유지하기 위하여 건강진단을 받는 것과 마찬가지이다. 이와 같이 기업의 현 상황을 금전적 측면에서 진단해야 한다.

광의의 재무분석이란 기업의 재무활동 전반에 걸친 분석으로 자금과 관련된 모든 활동을 검토하여 경영의사결정에 도움을 주기 위해서 실시해 보는 분석작업이다. 이러한 의미에서 재무분석을 경영분석(financial analysis)이라고도 한다.

그러나 협의의 재무분석은 기업의 현재와 과거의 재무상태나 영업실적을 파악하여 미래의 경영정책을 수립하는 데 필요한 의사결정의 기초자료를 제공하는 재무활동를 말한다. 물론 기업의 재무상태 분석은 재무제표상의 계량화된 수치를 보고 판단할 수도 있지만 보이지 않는 정보에 의존하는 질적인 분석도 병행되어야 바람직하다.

질적 분석은 기업의 분석에 관한 자료들 중 계량화하기 힘든 자료, 즉 재무제표에는 나타나지 않으나 기업의 장래성, 수익성, 배당 등에 영향을 미치는 여러 가지 특수한 요인들을 분석하는 것을 말한다. 그 내용에는 기업의 특징, 기업이 속한 산업의 전망, 정치 · 경제 · 사회적 환경의 변화가 기업과 산업에 미치는 영향, 기업의 연구개발능력, 금융기관과의 신용관계 등을 들 수 있다.

2) 재무분석의 비율

재무상태의 좋고 나쁨을 표시해 주는 지표가 필요한데 주로 비율로 나타낸다. 따라서 재무분석의 비율이라고 하는 것은 기업의 재무상태 및 경영성과를 나타내는 재무제표상의 항목들을 선정하여 이를 비교 · 검토하기 위하여 백분율로 나타낸 것이다.

재무분석은 비율분석(financial ratio analysis)과 표준비율의 설정이라는 두 가지가 있다. 비율분석은 항목들 간의 제 비율을 계산하여 이것과 비교기준이 되는 표준비율을 상호비교하여 기업의 재무상태와 영업실적을 파악하는 것을 말한다. 기업의 지난 영업기간 동안의 재무상태나 경영성과를 기간별로 비교해 보고, 또 다른 기업과도 비교해 보는 데 유용한 방법이다.

오늘날 대부분의 기업에서 실시하고 있는 경영분석 및 그 결과에 대한 비교평가는 거의 모두 비율에 의한 분석수치를 지표로 사용하고 있다. 이러한 비교분석에 사용되는 비율의 종류는 수없이 많으나 그중에서 중요한 것으로 유동성, 활동성, 안정성, 성장성, 수익성 등에 대하여 살펴보고자 한다.

(1) 유동성 비율

유동성(liquidity)이란 기업이 현금을 동원하여 단기부채를 갚을 수 있는 능력인데, 이러한 유동성을 보여주는 지표를 유동성 비율(liquidity ratio)이라고 한다. 한 기업의 유동성은 그 기업의 자금을 조달할 때 가장 먼저 고려해야 하는 중요한 비율이다. 유동성을 측정하는 비율에는 유동비율과 당좌비율 등이 있다.

① 유동비율(current ratio)

유동자산을 유동부채로 나눈 비율로 단기채무를 지급할 수 있는 능력이 얼마나 되는지를 측정하는 비율이다. 유동비율은 1년 이내에 현금화가 될 가능성이 있는 유동자산과 1년 이내에 갚아야 될 유동부채를 대비시킨 비율지표로 적어도 조만간에 갚아야 될 빚을 갚을 수 있는지를 보여준다. 일반적으로 200% 이상이면 유동성이 양호한 것으로 볼 수 있다.

$$\text{유동비율(\%)} = \frac{\text{유동자산}}{\text{유동부채}} \times 100$$

② 당좌비율(acid test ratio)

유동자산에서 재고자산을 차감한 당좌자산을 유동부채로 나눈 비율이다. 쉽게 현금화할 수 있는 현금 및 현금등가물, 단기금융상품, 매출채권, 유가증권과 같은 당좌자산을 기준으로 유동부채와의 비율로 평가하는 데 이를 당좌비율이라고 한다. 이 비율은 지급능력을 판단할 때 유동비율보다 더욱 정확성이 있다. 일반적으로 100% 이상이면 양호한 것으로 평가한다.

$$\text{당좌비율(\%)} = \frac{\text{유동자산} - \text{재고자산}}{\text{유동부채}} \times 100$$

(2) 활동성 비율

활동성 비율(activity ratio)은 기업이 소유하고 있는 자산을 얼마나 효과적으로 활동하고 있는가를 나타내는 비율로 기업의 매출액을 각 자산항목으로 나누어 구한 회전율로 나타낸다. 재고자산회전율, 매출채권회전율, 고정자산회전율, 총자산회전율 등이 있다.

① 재고자산회전율(inventory turnover)

재고자산의 과대투자 여부를 측정하기 위한 재무비율이다. 매출액을 평균재고자산으로 나누어 산출되는 비율로 재고자산이 얼마나 빨리 판매되어 회전되는가를 나타내는 것이다.

$$\text{재고자산회전율(회)} = \frac{\text{매출액}}{\text{재고자산}} \times 100$$

② 매출채권회전율(receivable turnover)

매출액을 평균매출채권으로 나누어 매출액의 현금화 속도를 측정하는 비율이다. 이 비율이 높을수록 매출채권관리가 잘 진행되고 매출채권의 현금화 속도가 빠르다는 것을 나타낸다.

$$\text{매출채권회전율(회)} = \frac{\text{매출액}}{\text{평균매출채권}}$$

③ 고정자산회전율(fixed assets turnover)

매출액을 고정자산으로 나눈 값으로 이 비율이 높을수록 고정자산의 이용도가 활발한 것으로 나타낸다.

$$\text{고정자산회전율(회)} = \frac{\text{매출액}}{\text{고정자산}}$$

④ 총자산회전율(total assets turnover)

매출액을 총자산으로 나눈 값으로 총자본은 총자산과 동일하므로 총자산회전율은 총자본회전율이라고도 한다. 이 비율은 기업이 사용한 총자산을 얼마나 효율적으로 이용했는가를 나타낸다.

$$\text{총자산회전율(회)} = \frac{\text{매출액}}{\text{총자산}}$$

(3) 안정성 비율

안정성 비율(stability ratio)이란 레버리지 비율(leverage ratio)이라고도 부르는 비율로서 기업의 장기지급능력을 측정하는데 사용되는 비율이다. 기업이 조달한 자본 중에서 타인자본에 대한 의존도를 나타내는 비율로서 부채비율과 이자보상비율 등이 있다.

① 부채비율(debt ratio)

타인자본을 자기자본으로 나눈 비율로 기업의 자본구성의 안정성을 측정하는 비율로 많이 이용되고 있다. 일반적으로 100% 이하를 표준으로 보고 있으며 부채와 자기자본이 같은 금액이면 부채비율 100%이고, 부채가 자기자본보다 많으면 100% 이상, 부채가 자기자본 보다 적으면 100 미만이 된다. 적어도 자기 돈 이상의 남의 돈을 투입하여 사업을 한다는 것은 바람직하지 않으므로 100% 이상의 부채비율은 위험하다고 볼 수 있다.

$$\text{부채비율(\%)} = \frac{\text{타인자본}}{\text{자기자본}} \times 100$$

② 이자보상비율(times interest earned ratio)

이자 및 법인세 차감 전 순이익이 타인자본의 사용으로부터 발생하는 이자비용의 몇 배에 해당하는가를 나타내는 비율로 기업이 부채에 따른 이자비용지급능력을 측정하는 비율로 이용된다.

$$\text{이자보상비율(\%)} = \frac{\text{이자 및 납세 전 이익}}{\text{이자}} \times 100$$

(4) 성장성 비율

성장성 비율(growth ratio)은 기업의 경영규모나 기업활동의 성과가 얼마나 증가했는가를 과거와 비교해서 나타낸 것이다. 이는 단지 기업의 매출액 증가만을 파악하는 것이 아니라 이익이나 자본 등이 어떠한 변화를 가져왔는가도 함께 파악해야 한다. 총자산증가율, 자기자본증가율, 매출액증가율, 순이익증가율 등이 있다.

① **총자산증가율**(growth rate of total assets)

기업에 투자되어 운영된 총자산이 당해 연도에 얼마나 증가하였는가를 나타내는 비율로서 전체적인 성장규모를 측정하는 지표이다.

$$\text{총자산증가율(\%)} = \frac{\text{당기말총자산}}{\text{전기말총자산}} \times 100$$

② **자기자본증가율**(growth rate of stockholder's equity)

자기자본이 당해 연도에 얼마나 증가하였는가를 나타내는 비율이다.

$$\text{자기자본증가율(\%)} = \frac{\text{당기말자기자본} \quad \text{전기말자기자본}}{\text{전기말자기자본}} \times 100$$

③ **매출액증가율**(growth rate of sales)

매출액이 당해 연도에 얼마나 증가하였는가를 나타내는 비율로서 매출액은 정상적인 영업활동에서 발생하는 영업수입이므로 매출액 증가율은 기업의 성장률을 판단하는 대표적인 비율이다.

$$\text{매출액증가율(\%)} = \frac{\text{당기매출액} \quad \text{전기매출액}}{\text{전기매출액}} \times 100$$

④ **순이익증가율**(growth rate of income)

기업의 최종성과인 순이익이 당해 연도에 얼마나 증가하였는가를 나타내는 비율이다.

$$\text{순이익증가율(\%)} = \frac{\text{당기순이익} \quad \text{전기순이익}}{\text{전기순이익}} \times 100$$

(5) 수익성 비율

수익성 비율(profitability ratio)은 기업이 일정기간 동안 기업의 경영활동에 대한 성과를 종합적으로 측정하는 비율이다. 총자본순이익률, 자기자본순이익률, 매출액순이익률 등이 있다.

① 총자본순이익률(net profit to assets)

순이익을 총자본으로 나눈 값으로 기업의 수익성을 대표하는 비율이다. 이를 투자수익률(return on investment : ROI)이라고도 한다.

$$\text{총자본순이익률}(\%) = \frac{\text{납세전순이익}}{\text{총자본}} \times 100$$

② 자기자본순이익률(net profit to net worth)

순이익을 자기자본으로 나눈 값으로 자기자본수익률(return on equity : ROE)이라고도 한다.

$$\text{자기자본순이익률}(\%) = \frac{\text{순이익}}{\text{자기자본}} \times 100$$

③ 매출액이익률(net profit to sales)

순이익을 매출액으로 나눈 값으로 기업의 경영활동에 따른 성과를 총괄적으로 파악하는 비율이다.

$$\text{매출액순이익률}(\%) = \frac{\text{순이익}}{\text{매출액}} \times 100$$

찾아보기

INDEX

최성용 서울여자대학교 경영학과 명예교수로 재직중이다. 한국생산관리학회 회장 및 한국서비스경영학회 부회장을 역임했으며, 한국경영사학회 및 동 중앙아시아 경상학회의 학술자문위원에 이어 2018년 한국경영학회 시니어위원회 위원장으로 활동하고 있다. 또한 지식경제부 기술표준원 서비스품질 인증심사위원, 한국표준협회 한국서비스대상 심사위원과 고용노동부 NCS 기관심사평가 활동에 참여하였다. 고려대학교에서 경영학석사 및 경영학박사를 취득했으며, 경영지도사 및 세무사의 자격을 취득한 바 있다. 고려대, 강원대, 경희대 및 동 대학원, 동국대 및 동 경영대학원, 삼육대 및 동 경영대학원 강사, 상명대학교 경영학과 강사, 서경대 대학원 박사과정 강사 등을 역임하였다. 미국 위스콘신대학교(Madison) 및 캘리포니아 주립대학교(Northridge) 객원교수 등을 역임하였으며, 중국 연변과학기술대학교의 2018년 여름 계절학기 초빙교수로 품질경영 강의를 담당한 바 있다.

주요 저서

생산관리연습(무역경영사, 1979), 체계경영학연습 II(무역경영사 1986), 논문작성의 이론과 실제(수서원, 1994), 계량경영학(수서원, 2000), 경영학원론(법경사, 2002), 서비스경영(공역 법경사, 2002), 서비스경영(법경사, 2003), 현대품질경영(대경, 2003), 현대서비스운영관리(삼영사, 2004), 서비스경영론(삼영사, 2006), 경영학원론(북코리아, 2007), New 품질경영론(대경, 2007), 품질경영론(북코리아, 2007), 현대기업경영론(무역경영사, 2008), 신품질경영(북코리아, 2011), 경영학원론(북코리아, 2018년 제3판) 외 논문 다수.

한동여 숙명여자대학교, 서울여자대학교, 세종대학교에서 강의를 역임했으며, 현재는 숭실대학교, 삼육대학교에서 강의를 담당하고 있다. 서울여자대학교 대학원 경영학석사 및 숙명여자대학교에서 경영학박사를 취득하였고 경영지도사로도 활동 중이다.

주요 저서

현대경영학(북코리아, 2007), 마케팅의 이해(형설, 2007), 특수마케팅 이론과 사례연구(형설, 2007), 소비자행동의 이해(형설, 2008), 현대기업경영론(무역경영사, 2008), 외식산업의 창업과 경영(백산, 2011) 외 논문 다수